미가 강해설교

전쟁 없는 나라

소선지서 강해설교
전쟁 없는 나라
The Kingdom without War

2004. 3. 9. 초판 발행
2016. 2. 16. 7쇄 발행

지은이 김서택
펴낸이 정애주
국효숙 김기민 김의연 김일영 김준표 박세정 박혜민
송승호 오민택 오형탁 윤진숙 이한별 임경혜 임승철
임진아 정성혜 조주영 차길환 한미영 허은
펴낸곳 주식회사 홍성사
등록번호 제1-449호 1977. 8. 1.
주소 (04084) 서울시 마포구 양화진4길 3
전화 02) 333-5161
팩스 02) 333-5165
홈페이지 www.hsbooks.com
이메일 hsbooks@hsbooks.com
트위터 twitter.com/hongsungsa
페이스북 facebook.com/hongsungsa
양화진책방 02) 333-5163

ⓒ 김서택, 2004

• 잘못된 책은 바꿔 드립니다.
• 책값은 뒤표지에 있습니다.

ISBN 978-89-365-0661-2 (03230)

미가 강해설교

전쟁 없는 나라

김서택 지음

홍성사

머리말
칼을 쳐서 보습을 만들고

우리 모든 사람이 희망하는 나라는 전쟁 없는 나라일 것입니다. 그러나 사람들이 기다리던 21세기는 전쟁으로 시작되었습니다. 사람들은 이 전쟁을 기독교 세계와 이슬람 세계의 문화적 충돌이라고 말하기도 합니다.

우리는 미가 선지자의 메시지를 몇 가지로 요약해 볼 수 있습니다. 첫째로, 그는 대단히 종교개혁적인 인물로서, 그 당시 누구도 감히 입에 담지 못했던 예루살렘의 부패를 지적하고 심판을 예언했습니다. 둘째로, 그는 탐욕스러운 거짓 지도자 대신 새 목자가 올 것인데, 그 목자는 베들레헴에서 태어날 것이라고 예언했습니다. 셋째로, 말일에 여호와의 전이 회복되면 사람들이 칼을 쳐서 보습을 만들고 창을 쳐서 낫을 만드는 진정한 평화의 나라가 임할 것이라고 예언했습니다. 그리고 마지막으로, 하나님께서 원하시는 제사는 천천의 수양이나 만만의 강수 같은 기름이 아니라 공의를 행하며 겸손히 하나님과 동행하는 것임을 일깨웠습니다.

이러한 미가의 예언은 오늘날 우리의 귀에도 얼마나 생생하게 다가오는지 모릅니다. 지금 우리 사회는 너무나도 부패해서 어떤 이들은 아예 '부패공화국'이라고 부르고 있을 정도입니다. 이러한 부패는 기독 사회의 물질만능주의 풍조와도 관계가 있습니다. 아무쪼록 오늘날도 미가 같은 용기 있는 그리스도인들이 많이 나와서 이 나라를 바로잡아 주기를 기대합니다.

　많은 이들이 가까이하기 어려운 소선지서가 우리 곁에 가까이 다가올 수 있도록 애써 주신 홍성사 여러분들께 감사드립니다.

2004년 1월
대구 수성교에서
김희택

차 례

머리말 칼을 쳐서 보습을 만들고

1. 성전에 임하시는 하나님 (1:1-7) 9
성전에 임하시는 하나님_하나님이 임하시는 모습_하나님이 임하시는 이유

2. 예루살렘까지 미친 위험 (1:8-16) 31
회복될 수 없는 이스라엘의 상처_정신 차려야 할 유다 성읍들_하나님의 백성들이 살 수 있는 길

3. 하나님 백성의 탐욕 (2:1-5) 51
일관된 욕심_그들이 탐냈던 것_하나님의 계획_나타난 결과

4. 예언하지 말라 (2:6-11) 69
하나님의 백성과 예언의 관계_유다 백성이 말씀을 거부한 이유_무너진 인본주의_유다답지 않은 행동

5. 이스라엘의 새 목자 (2:12-13) 85
이스라엘을 개혁하시는 하나님_하나님의 백성이 많아지다_길을 여는 자

6. 권력자들의 탐욕 (3:1-4) 101
통치자의 사명_통치를 탐욕의 기회로 사용할 때_악한 통치자에 대한 하나님의 반응

7. 선지자의 사명 (3:5-8) 119
선지자의 사명_유다의 거짓 선지자_거짓 선지자에 대한 하나님의 반응_미가의 확신

8. 잘못 지어진 예루살렘 (3:9-12) 137
예루살렘의 건축자들_예루살렘에 있었던 악의 고리_예루살렘의 파멸

9. 마지막 날의 축복 (4:1-4) 157
마지막 날에 임할 하나님의 축복_그곳에서 나타날 말씀의 역사_진정한 평화_진정한 만족의 삶

10. 예루살렘의 회복 (4:5-8) 179
하나님을 의지하는 신앙_하나님 나라의 회복_예루살렘의 회복

해산하는 고통 (4:9-13) 197
　　유다의 고통_이방의 오해_시온의 공격

이스라엘의 새 목자 (5:1-4) 215
　　단결해야 할 유다 백성들_새 목자를 주시리라_방치되는 이스라엘_그리스도의 통치

우리의 평강이신 하나님 (5:5-9) 235
　　이스라엘을 불안하게 만든 것_은혜가 온 후에도 위기는 남아 있다_세상에 나타나는 하나님 백성의 모습

실패한 유다 교회 (5:10-15) 255
　　외부환경이 주는 두려움_미래에 대한 불안_하나님에 대한 오해

하나님의 변론 (6:1-5) 277
　　증인을 세우시다_이스라엘의 불만_하나님의 쟁변

하나님이 원하시는 것 (6:6-8) 299
　　이스라엘 백성들의 신앙관_하나님께 나아가는 잘못된 방법들_종교성과 믿음_겸손히 네 하나님과 함께 행하라

하나님의 매 (6:9-16) 317
　　완전한 지혜_유다 백성들의 삶을 공허하게 하시다_유다 백성들의 불순종_왜 매가 필요한가?

소망이 없는 이유 (7:1-6) 335
　　유다 사회를 보는 선지자의 심정_열매가 없는 이유_말씀의 씨가 뿌려지도록

하나님만 바라보는 신앙 (7:7-10) 355
　　하나님의 백성들이 겪는 어려움의 성격_하나님만 바라보는 신앙_하나님의 치료방식_하나님의 치료과정_모든 사람이 보게 되리라

하나님의 인자와 성실 (7:11-20) 375
　　예루살렘의 회복_선지자의 기도_세상에 대한 심판_선지자의 찬양

■일러두기
1. 이 책은 2001년 1월부터 2001년 6월까지 대구 동부교회에서 설교한 내용을 정리한 것입니다.
2. 본문에 인용된 성경구절의 문장부호는 *New International Version*을 참고로, 편집자가 첨부한 것입니다.

1 성전에 임하시는 하나님

성전에 임하시는 하나님 _ 하나님이 임하시는 모습 _ 하나님이 임하시는 이유

1:1 유다 열왕 요담과 아하스와 히스기야 시대에 모레셋 사람 미가에게 임한 여호와의 말씀, 곧 사마리아와 예루살렘에 관한 묵시라.
2 백성들아, 너희는 다 들을지어다. 땅과 거기 있는 모든 것들아, 자세히 들을지어다. 주 여호와께서 너희에게 대하여 증거하시되 곧 주께서 성전에서 그리하실 것이니라.
3 여호와께서 그 처소에서 나오시고 강림하사 땅의 높은 곳을 밟으실 것이라.
4 그 아래서 산들이 녹고 골짜기들이 갈라지기를 불 앞의 밀 같고 비탈로 쏟아지는 물 같을 것이니
5 이는 다 야곱의 허물을 인함이요 이스라엘 족속의 죄를 인함이라. 야곱의 허물이 무엇이뇨? 사마리아가 아니뇨? 유다의 산당이 무엇이뇨? 예루살렘이 아니뇨?
6 "이러므로 내가 사마리아로 들의 무더기 같게 하고 포도 심을 동산 같게 하며 또 그 돌들을 골짜기에 쏟아 내리고 그 지대를 드러내며
7 그 새긴 우상을 다 파쇄하고 그 음행의 값을 다 불사르며 그 목상을 다 훼파하리니 그가 기생의 값으로 모았은즉 그것이 기생의 값으로 돌아가리라."

1:1-7

요즘 사람들은 평상복 차림을 선호합니다. 회사도 정장이 아닌 평상복 차림으로 출근하도록 허용하는 곳이 늘고 있고, 학교 선생님들도 정장이 아닌 평상복 차림으로 학생들을 가르칩니다. 평상복은 사람을 자유롭게 만들고 친근한 느낌을 갖게 하는 장점이 있습니다. 그러나 어떤 일이 있어도 반드시 정복을 입어야 하는 곳이 있습니다. 그곳은 바로 법정입니다. 법정에서 재판을 할 때에는 반드시 법복을 입어야 합니다. 그때 입는 법복은 공평과 정의로 재판한다는 뜻을 담고 있습니다. 만약 판사가 평상복을 입는다면 아무래도 사정을 봐주거나, 공적인 입장보다 개인적인 관계에 영향을 받는다는 인상을 주기 쉽습니다.

  오늘 본문은 하나님께서 정식으로 복장을 갖추시고 예루살렘에 임하시는 모습을 보여 주고 있습니다. 이것은 하나님의 임재를 가장 공식적인 표현으로 묘사하고 있는 본문입니다. 왜 하나님께서 이처럼 공식적으로 예루살렘을 방문하십니까? 예루살렘 교회를 재판하시기 위해서입니다.

하나님께서 일상적인 방식으로, 눈치 채지 못하도록 은밀하게 찾아오시는 것은 대단히 큰 복입니다. 그리스도께서 육신을 입고 세상을 찾아오신 것은 어떤 영광보다 큰 영광이요 어떤 은혜보다 큰 은혜였습니다. 하나님께서는 오늘도 성령으로 은밀하게 우리를 찾아오십니다. 이것은 그만큼 우리를 사랑하시며 친근하게 대하시고 귀하게 여기신다는 증거입니다.

그러나 유감스럽게도 오늘 본문은 하나님께서 가장 공식적인 모습으로, 시내 산에 임하셨을 때와 똑같이 정복을 차려입고 찾아오신다고 말씀합니다. 이것은 그들의 개인적인 사정을 전혀 고려하지 않고, 모든 행위를 있는 그대로 들추어내서 심판하시겠다는 의미입니다.

미가 선지자는 이사야와 같은 시대에 활동했던 선지자입니다. 기록에 따르면 이사야는 웃시야 왕 때부터 요담, 아하스, 히스기야 시대에 걸쳐 말씀을 전했고, 미가는 요담, 아하스, 히스기야 시대에 걸쳐 말씀을 전했습니다. 그러니까 이사야보다 조금 늦게 사역을 시작하기는 했지만, 거의 동시대에 말씀을 전했던 것입니다. 하나님께서는 이처럼 히스기야가 부흥을 일으킨 중요한 시기에 한 명의 증인만 보내신 것이 아니라, 함께 증거할 수 있는 동역자를 보내 주셨습니다. 교회가 부흥되는 시기에는 한 명의 설교자만 일어나지 않습니다. 여기저기에서 동시다발적으로 말씀을 전하는 자들이 일어나게 되는데, 이것은 대단히 큰 하나님의 은혜입니다.

특히 미가는 아주 직설적으로 예언했던 선지자로서, 성전 파괴를 예언한 것으로 유명합니다. 이스라엘 백성들에게 성전 파괴란 상상도 할 수 없는 일이었습니다. 성전은 하나님의 영광과 이름이 있는 곳이기 때문에 감히 성전을 저주하는 자는 죽어 마땅하다는 것이 그들의 생각이었습니다. 그들에게 성전은 치외법권 지역과 같았습니다. 그 안에서 어떤 나쁜 일이 일어나도 일반인들은 감히 지적할 수 없었습니다. 그러나 미가는 눈에 보이는 성전은 참 성전이 아니요, 하늘에 있는 성전의 모형에 불과하다는 것을 알았습니다. 그래서 감히 성전 파괴를 예언할 수 있었던 것입니다.

성경에서 성전 파괴를 예언했던 선지자는 세 명입니다. 첫 번째가 미가이고, 두 번째가 예레미야이며, 마지막이 우리 주 예수 그리스도십니다. 미가는 예레미야 선지자에게 깊은 영향을 끼쳤습니다. 예레미야가 성전 파괴를 예언했을 때 유대인들은 하나님의 성전을 모독했다면서 그를 죽이려 했습니다. 그때 몇몇 사람들이 미가 선지자의 예를 들어 예레미야를 보호해 준 덕분에 죽음을 면할 수 있었습니다(렘 26:16-19).

특히 미가서가 중요한 이유는, 자기 욕심만 좇는 유다의 거짓된 목자들이 모두 쫓겨나고 참 목자이신 예수 그리스도께서 태어나실 것을 예언한 데 있습니다. 미가는 그리스도가 오실 장소까지 구체적으로 예언했습니다. 이스라엘의 모든 지도자는 단순한 통치자가 아니라 유모였습니다. 즉, 하나님의 백성을 보호하고 양육해야 할 사람들이었던 것입니다. 그런데 지도자들이 그 일을 저버리고 자기 욕심만 좇았을 때, 하나님께서는 그들을 버리고 새로운 목자를 보내 이스라엘을 새롭게 하겠다고 말씀하셨습니다.

미가가 예언을 시작한 때는 사마리아가 망하기 직전이었습니다. 그는 사마리아 멸망의 원인이 종교적인 부패에 있음을 지적하면서, 그것을 곧바로 예루살렘의 부패에 적용하고 있습니다. 예루살렘도 근본적으로 회개하지 않으면 사마리아와 같은 운명이 된다는 것입니다.

이것을 볼 때 우리는 미가서의 성격을 짐작해 볼 수 있습니다. 그가 겨냥했던 것은 예루살렘의 종교적인 부패로서, 그의 설교는 대단히 종교개혁적인 것이었습니다. 아마도 그 당시 사람들은 미가의 설교를 좋아하지 않았을 것입니다. 그는 교회의 가장 치료하기 힘든 부분, 가장 위험한 부분을 다루고 있었기 때문입니다.

성전에 임하시는 하나님

오늘 본문은 미가서의 서론으로서, 미가가 사역한 시기와 하나님이 임하시는 모습, 임하시는 이유, 이스라엘과 유다의 구체적인 죄를 차례로 기록하고 있습니다. 이것을 보면 마치 정식 재판이 이루어지는 장면 같습니다. 1장 1절을 보십시오. "유다 열왕 요담과 아하스와 히스기야 시대에 모레셋 사람 미가에게 임한 여호와의 말씀, 곧 사마리아와 예루살렘에 관한 묵시라."

미가는 모레셋 사람이었는데, 모레셋은 블레셋의 지배를 오랫동안 받았던 곳입니다. 그래서 다른 성경을 보면 '가드모레셋'이라고도 불렸던 것을 알 수 있습니다. 즉, 블레셋 가드 사람들의 통치 아래 있던 곳이라는 뜻입니다. 그러니까 모레셋은 유다 지역 중에서도 가장 유다답지 못한 곳, 이민족의 지배를 가장 많이 받았던 곳이라고 할 수 있습니다. 이처럼 가장 유다답지 않은 곳에서 가장 종교개혁적인 사명을 가진 선지자가 나왔다는 것은 놀라운 일이 아닐 수 없습니다.

미가가 활동하던 아하스 왕 때에 유다 사람들은 북왕국 이스라엘의 멸망이라는 충격적인 사건을 경험했습니다. 미가는 그 기회를 놓치지 않고, 이스라엘 멸망의 원인이 다른 데 있는 것이 아니라 종교적인 데 있음을 지적했습니다. 이스라엘의 멸망은 군사적인 멸망이 아니라 종교적인 멸망이요 신앙적인 멸망이었습니다. 유다도 지금 같은 노선을 걸어가고 있기 때문에, 이대로 계속 가면 이스라엘처럼 망할 수밖에 없을 것입니다.

오늘 우리가 가장 알고 싶어 하는 것이 바로 이것입니다. 즉, 지금처럼 계속 살면 행복한 미래가 보장될까 하는 것입니다. 지금처럼 교회 와서 예배드리고 설교 듣고 기도하면서 살면 정말 우리 앞에 행복하고 풍성한 삶이 기다릴까 하는 것입니다.

구약의 선지자들은 현재와 미래를 연결시킬 수 있는 안목을 지닌 사람들이었습니다. 그들이 미래에 대해 설교할 수 있었던 것은 점치는 사람들처럼 남들이 보지 못하는 것을 보는 신통력이 있었기 때문이 아닙니다. 하늘을 보면 아무것도 없는 것 같지만 사실은 길이 따로 있어서 비행기는 반드시 그 길로만 운항을 해야 합니다. 바다도 마찬가지입니다. 아무 표시가 없어도 다 길이 있기 때문에 그 길을 따라 가지 않는 배는 암초에 부딪쳐 침몰하게 되어 있습니다. 우리도 인생을 그냥 살고 있는 것이 아니라 저마다 자기 가치관에 따라서 일정한 길을 걸어가고 있습니다. 사소한 농담이나 행동도 그냥 튀어나오는 것이 아니라 그 사람이 걸어가고 있는 길과 관련해서 나오는 것입니다. 선지자는 바로 그 길을 보는 사람들입니다. 그들은 사람들이 걸어가고 있는 길의 종착점을 알려 주어 방향을 바꾸게 하는 일을 했습니다.

미가가 한 말이 무엇입니까? 사마리아가 망한 전철을 예루살렘 사람들이 그대로 답습하고 있다는 것입니다. 그것이 지금 자기 눈에 보인다는 거예요. 지금 길을 바꾸지 않으면 그들도 사마리아처럼 망할 것이고, 예루살렘 성전도 그들을 지켜 주지 못한다는 것입니다. 예루살렘이 살아날 방법은 지금 그들이 가고 있는 길을 근본적으로 바꾸는 것뿐입니다.

"사마리아와 예루살렘에 관한 묵시"라는 구절에서 "묵시"에 해당하는 히브리어의 의미는 '본 것'입니다. 그렇다고 여기에 기록된 모든 것을 미가가 직접 눈으로 보았다는 뜻은 아닙니다. 마치 눈으로 보듯이 생생하게 하나님으로부터 받았다는 것입니다.

하나님의 말씀이 선지자들에게 임할 때는 눈으로 직접 보는 것이나 다름없이 생생하게 임했습니다. 선지자들은 혼자서 명상하다가 떠오른 생각을 발표하는 사람들이 아니었습니다. 그들에게 말씀이 임할 때는 평소와 다른 특별한 현상이 나타났습니다. 말씀은 그들을 사로잡아 놀라운 감동의 상태에 있게 했습니다. 눈으로 보듯이 생생하게 마음에 임했으며 뇌리에 박혔습니다. 이렇게 한번 말씀이 임하고 나면 그것을 전하지 않고서는 도저히 견딜 수 없는 엄청난 영적인 부담이 생겼습니다.

미가는 무엇이라고 말하고 있습니까? "백성들아, 너희는 다 들을지어다. 땅과 거기 있는 모든 것들아, 자세히 들을지어다. 주 여호와께서 너희에게 대하여 증거하시되 곧 주께서 성전에서 그리하실 것이니라"(1:2).

여기에서 "백성들"은 이스라엘 백성들을 가리킵니다. 하나님께서는 사랑하는 자기 백성들을 불러모아 그들을 재판하겠다고 말씀하십니다. 그리고 "땅과 거기 있는 모든 것들"을 증인으로 소환하십니다. 집안에 무슨 일이 있을 때 우리는 되도록 남들이 모르게 조용히 처리하려 합니다. 그런데 왜 하나님께서는 이처럼 온 세상을 불러다 놓고, 자기 백성들의 일을 공개적으로 처리하시는 것입니까? 그것은 예루살렘에 있는 이 성전과 이스라엘 백성들의 책임이 상상할 수 없을 정도로 크기 때문입니다. 온 세상이 사느냐 죽느냐가 바로 예루살렘 성전이 어떤 상태에 있느냐, 하나님의 백성들이 어떤 상태에 있느냐에 달려 있기 때문입니다.

세상에서 가장 어려운 재판이 종교에 대한 재판입니다. 어느 신앙이 옳은 신앙인지 어떻게 분별할 수 있겠습니까? 제각기 자기 신을 열심히 섬겼다고 주장하는데, 누가 거기에 이의를 제기할 수 있겠습니까? 그래서 신앙에 대한 재판만큼은 하나님께서 직접 나서서 하십니다. 그리고 세상 모든 사람들에게 이 재판에 관심 가질 것을 명하십니다. 신앙의 문제는 그 어떤 문제보다 중요하기 때문입니다. 신앙의 문제만 제대로 판단한다면 다른 문제들을 판단하는 일은 전혀 어려울 것이 없습니다.

여기에서 우리가 가질 수 있는 의문은 "땅과 거기 있는 모든 것들"이 어떻게 증인 역할을 할 수 있느냐 하는 것입니다. 땅이 어떻게 증인이 될 수 있습니까? 산이나 나무나 바위가 어떻게 증인이 될 수 있습니까? 사람들은 죄를 지을 때 사방을 둘러봐서 인기척만 느껴지지 않으면 안심합니다. 나무나 바위가 자기들이 하는 짓을 보고 있다는 생각은 전혀 하지 못합니다. 그렇다고 이 말씀이 나무나 바위가 직접 나서서 무슨 증언을 한다는 뜻은 아닙니다. 그만큼 하나님 앞에서는 아무것도 숨길 수 없다는 것입니다. 내가 알고 있고 하나님이 알고 계신 이상, 하나님의 백성에게는 완전범죄라는 것이 있을 수 없습니다.

하나님 백성의 특징은 죄를 감출 수 있는 능력이 있다는 것입니다. 믿지 않는 사람들은 무식하게 죄를 짓습니다. 자기들이 생각하기에 큰 죄인 경우에는 완전범죄를 시도하기도 하지만, 웬만한 죄는 죄인 줄도 모르기 때문에 오히려 그 죄를 자랑하며 떠들고 다닙니다. 그러나 하나님의 백성들은 살인죄 같은 큰 죄뿐 아니라 모든 죄가 부끄러운 것임을 알기 때문에 죄를 은폐합니다. 특히 목회자들은 죄를 은폐하는 능력이 더 뛰어납니다. 죄를 지으면 지을수록 더 화사한 옷을 입고, 더 두터운 화장을 합니다. 그러니까 죄가 완전히 곪아서 도저히 손쓸 수 없는 지경이 될 때까지 수습이 되지 않는 것입니다.

하나님께서는 우리가 특별한 존재라는 사실을 왜 잊어버리느냐고 물으십니다. 우리 한 사람 한 사람이 하나님 앞에서 얼마나 특별한 존재인지 왜 자꾸 잊어버리느냐는 것입니다. 우리가 사람들을 속일 수 있다고 생각하고 하나님을 속일 수 있다고 생각하는 한, 죄는 자꾸 곪아 갈 수밖에 없습니다.

그러므로 진짜 현명한 사람은 하나님께서 정복을 차려입고 심판의 자리에 앉으시기 전에 제 발로 나아가 손이 발이 되도록 싹싹 빌면서 회개하는 사람입니다. 아직 기회가 있을 때 하나님 앞에 나아가 눈물 콧물 흘리면서 회개하는 사람이에요. 하나님께서는 우리가 죄를 지을 때 잠자코 지켜보십니다. 천지가 조용한 것 같은 그 시간은 하나님께서 기다리고 계시는 시간입니다. 그 시간이 끝나기 전에 하나님 앞에 나아가 회개해야 합니다. 그러면 아무 일도 없었다는 듯 품어 주시고 안아 주시며 은혜를 내려 주십니다. 그런데 어리석은 사람은 하나님께서 잠자코 계실 때 '야, 성공했다! 드디어 하나님을 속였다!'고 생각합니다. 그래서 첫 번째 죄를 감추기 위해 두 번째 죄를 짓고, 두 번째 죄를 감추기 위해 세 번째 죄를 짓다가 결국에는 죄가 눈덩이처럼 불어나 도저히 수습할 수 없는 지경에 빠져 버립니다.

하나님께서 조용히 계실 때야말로 회개할 기회입니다. 그때 하나님 앞에 나아가서 "하나님, 제가 왔습니다. 상습범이 또 왔습니다. 한 번만 더 용서해 주십시오"라고 기도하면 아무 일도 없었다는 듯 넘어가 주십니다. 하나님은 우리 생각보다 훨씬 더 자비로우신 분입니다. 그런데 그걸 모르고 회개할 기회를 놓쳐 버릴 때, 하나님을 속이고 죄를 짓는 데 성공했다고 생각하며 안심할 때, 속부터 심각하게 곪아 가기 시작합니다.

누가 "어느 학교 나왔어요?"라고 묻는데 장난삼아 "서울 법대 나왔습니다"라고 대답했다고 합시다. 그러면 얼른 머리를 긁적거리면서 "미안합니다. 서울 법대에 놀러간 적은 있지만 거기 다니지는 않았습니다. 그냥 잘난 체하고 싶어서 거짓말을 했습니다"라고 말하면, 듣던 이들도 "사람이 왜 그렇게 싱거워?" 하고 넘어갈 것입니다. 그런데 그 말이 하기 싫어서 자꾸 숨기려 들면 문제가 점점 커지기 시작합니다.

"몇 학번이시죠?"
"○○학번인데요."
"그래요? 나도 그 학번인데 본 기억이……."
"아, 제가 군대를 먼저 갔거든요."
"어디로 갔는데요?"
"공수부대요."
"몇 부대인가요?"
"제2부대요."

공수부대는 원래 짝수가 없습니다. 그런데 자꾸 거짓말을 하다 보면 이렇게 없는 부대를 만들어 내는 지경까지 가게 됩니다.

이처럼 바로잡을 기회를 한번 놓치고 나면, 거짓말이 다른 거짓

말을 낳고 그 거짓말이 또 다른 거짓말을 낳게 되어 있습니다. 남편이 무언가 잘못했을 때에도 "여보, 미안해. 한 대 때려 줘" 하고 사과하면 끝날 일을, "그게 말이지, 요즘 회사 일이 굉장히 바빠서 말이야……" 하면서 거짓 핑계를 대기 시작하면 결국 수습할 수 없을 정도로 문제가 확대되어 버립니다.

예수님께서는 집안에서 은밀하게 말한 것이 지붕 위에서 선포될 것이라고 말씀하셨습니다. 하나님의 백성들은 모든 사람 앞에 죄가 들통 나기 전에 하나님 앞에 나아가 자백하고 용서를 받아야 합니다. 그렇게 하지 않고 숨기고 있으면 결국 온 세상이 다 아는 날이 오게 됩니다. 하나님께서는 어떤 방법을 통해서든지 자기 백성의 숨겨진 죄를 폭로하십니다.

하나님이 임하시는 모습

미가는 3절과 4절에서 하나님이 임하시는 모습을 자세히 설명하고 있습니다. "여호와께서 그 처소에서 나오시고 강림하사 땅의 높은 곳을 밟으실 것이라. 그 아래서 산들이 녹고 골짜기들이 갈라지기를 불 앞의 밀 같고 비탈로 쏟아지는 물 같을 것이니."

하나님께서 정복을 입고 임하시는 모습은 어떤 모습입니까? 미가는 그가 높은 곳을 밟으실 것이라고 말합니다. 그러면 산들이 녹고 골짜기들이 갈라질 것입니다. 즉, 화산이 폭발해서 용암이 흘러내리고 지진이 일어나 땅이 흔들린다는 것입니다. 한번 화산이 폭발하고 지진이 일어나면 아무도 감당할 수 없습니다. 산이 초처럼 녹아내리고 골짜기의 물처럼 쏟아져 내립니다.

여기에서 "땅의 높은 곳"은 예루살렘 성전을 가리킵니다. 예루살렘 성전은 높은 곳에 세워져 있었습니다. 하나님께서는 그곳에 조용히 임하는 것이 아니라 밟으며 임하겠다고 말씀하십니다. 다시 말해서 자기 백성들을 만나고 복 주기 위해 임하시는 것이 아니라 심판하기 위해 임하시겠다는 것입니다. 그렇다고 말 그대로 예루살렘에 화산 폭발이나 지진을 일으키신다는 뜻은 아닙니다. 예루살렘이 전쟁으로 폐허가 되는 일을 이렇게 표현한 것입니다. 미가는 예루살렘이 전쟁의 소용돌이에 빠져 성전이 무너지고 성의 잔해가 골짜기 아래로 던져지는 모습 속에서, 심판하기 위해 임하시는 하나님을 보고 있습니다.

하나님은 무서운 분입니다. 하나님보다 더 무서운 분이 없습니다. 요한계시록은 하나님의 보좌 앞에 번개와 뇌성과 음성과 우박과 지진이 있다고 말합니다. 이 세상에 임하는 모든 재앙은 하나님의 보좌에서부터 시작됩니다. 재앙은 하나님께서 부리시는 종들입니다. 그렇기 때문에 하나님이야말로 진짜 두려워해야 할 대상입니다.

하나님은 용암 같은 분이며 원자로 같은 분입니다. 원자로를 잘 사용하면 효율적으로 에너지를 생산할 수 있지만, 원자로에 문제가 생기면 대재앙이 시작됩니다. 체르노빌에서 방사능이 누출되었을 때 어떻게 되었습니까? 수많은 사람들이 죽고, 자연 생태계가 파괴되지 않았습니까? 그렇기 때문에 원자로에는 반드시 그 상태를 점검하며 책임지고 관리하는 사람들이 있어야 합니다. 이처럼 원자로를 책임지는 사람들, 또는 화산 활동을 책임지고 점검하는 집단에 해당하는 사람들이 바로 하나님의 백성들이며 예루살렘 성전입니다.

하나님의 백성들은 하나님을 책임지는 일에 헌신한 사람들입니다. 우리가 하나님을 떠안으면 세상에는 평화가 임합니다. 세상 사람들이 아무리 죄를 짓고 못되게 굴어도 우리가 신령과 진정으로 예배하며 나아가면, 하나님께서 우리를 보시고 세상의 죄악을 덮어 버리십니다. 세상의 죄악을 일일이 따지지 않고 간과해 주시는 것입니다. 그런데 우리가 하나님을 책임지지 못하면 어떤 일이 일어납니까? 화산에서 용암이 끓어오르기 시작합니다. 원자로에서 방사능이 누출되기 시작합니다. 그리고 그것은 대재앙으로 이어집니다.

인류의 역사를 살펴보면 교회가 무너졌을 때 사회도 완전히 폐허가 되었음을 알 수 있습니다. 지금 터키가 있는 소아시아 지역은 요한계시록에 나오는 일곱 교회가 있던 곳입니다. 그런데 사라센 제국이 침략하여 교회를 파괴하자, 그렇게 번창하던 소아시아 지역도 함께 망해 버렸습니다. 중국과 러시아와 평양 역시 교회가 번성했던 곳입니다. 그런데 공산주의가 들어와 교회를 파괴하자 사회도 함께 무너져 버렸습니다.

이처럼 교회의 파괴는 곧 사회 전체의 파괴로 이어지게 되어 있습니다. 왜 그렇습니까? 교회는 가장 무섭고도 위험한 분, 하나님을 책임지는 곳이기 때문입니다. 그러니까 친척들보다 돈을 많이 벌지 못해도, 명절 때 떡값이나 용돈을 척척 내놓지 못해도 주눅들지 마십시오. 우리가 예수 잘 믿는 것 자체가 세상 사람들에게는 비할 데 없이 큰 복입니다.

저희 아버지가 살아 계셨을 때, 설날 때마다 형제들이 찾아뵈었습니다. 아버지는 큰아들이 세배하고 봉투를 드릴 때 굉장히 만족해하셨습니다. 둘째 아들이 세배하고 그보다 얇은 봉투를 드리면 약간 언짢아하셨고, 셋째 아들이 두터운 봉투를 드리면 아주 기뻐하셨습니다. 그런데 저는 세배하고 아무것도 내놓지 못했습니다. 그냥 마음속으로 아버지를 위해 기도만 했습니다. 물론 아버지는 기도보다 봉투를 더 좋아하셨습니다. 그러나 사실은 봉투보다 기도가 훨씬 더 중요한 것입니다.

우리는 추운 겨울날 최전방을 지키는 군인들과 같습니다. 최전방이 뚫리면 무슨 장사를 하며 무슨 데이트를 하며 무슨 공부를 하겠습니까? 그렇기 때문에 최전방에 있는 군인들은 집에 돈 부치지 않아도 됩니다. 최전방을 지키고 있는 것만으로도 결정적으로 큰 일을 하는 것이기 때문입니다.

우리 그리스도인들은 제일 어려운 일을 맡은 사람들입니다. 하나님 앞에 나아가 신령과 진정으로 예배드리고 하나님의 긍휼을 간구함으로써 세상에 임할 재앙을 복으로 바꾸어 놓는 사람들입니다. 우리가 하나님의 마음에 맞는 예배를 드릴 때, 진심으로 하나님을 기뻐하며 찬송할 때, 하나님 앞에 마음을 쏟아놓고 기도할 때, 세상에 내릴 재앙이 복으로 바뀌어 버립니다. 내가 직접 물질로 사람들을 돕지는 못해도, 하나님 앞에서 영적으로 깨어 있음으로써 그들을 살리고 있다는 사실을 잊어서는 안 됩니다.

그동안 우리나라에는 끊임없이 하나님의 재앙과 심판이 나타났습니다. 그리고 이 땅을 기뻐하시지 않는다는 증거가 지금도 계속 나타나고 있습니다. 그 이유가 무엇입니까? 교회가 정직하지 않기 때문입니다. 우리의 예배가 위선적이기 때문입니다. 구멍에서 용암이 흘러나오고 있고 방사능이 누출되고 있습니다. 누가 이 구멍을 막을 수 있습니까? 오늘 이 자리에 나아온 우리들입니다.

하나님 앞에서 온전히 거룩할 수 있는 사람은 아무도 없습니다. 우리는 생각 자체가 오염되어 있는 존재입니다. 우리는 자연스럽게 교만하게 되어 있고, 악한 것을 생각하게 되어 있고, 거짓말을 하게 되어 있습니다. 그렇기 때문에 거룩해지려면 필사적으로 몸부림을 쳐야 하고, 의도적으로 악한 생각을 떨쳐내 버려야 하며, 의도적으로 하나님의 마음을 가슴에 담아야 합니다. 가만히 있으면서 거룩해질 수 있는 사람은 아무도 없습니다.

우리 마음속에는 두 가지 구멍이 있습니다. 하나는 시커먼 죄악의 구멍이고, 다른 하나는 성령의 구멍입니다. 믿지 않는 사람은 죄악의 구멍만 있지만, 믿는 사람은 두 개의 구멍이 다 있습니다. 우리가 해야 할 일은 악한 구멍은 기를 쓰고 막는 한편, 성령의 구멍은 막히지 않도록 자꾸 입구를 치우는 것입니다. 마치 숨을 쉴 때 이산화탄소는 배출하고 산소는 들이마시듯이, 악한 생각은 내뿜고 성령의 생각은 들이마셔야 합니다. 그렇게 할 때, 하나님께서는 우리를 사랑해 주실 뿐 아니라 믿지 않는 가족들까지 축복해 주십니다. 이것이 우리에게 맡겨진 책임입니다.

구약의 제사는 불완전한 제사였습니다. 아무리 제사장들이라고 해도 늘 아름답고 깨끗한 마음으로 모든 제사 과정을 집행할 수는 없었을 것입니다. 때로는 아무 생각 없이 기계적으로 제사 드린 적도 있을 것이고, 악하고 이기적인 마음으로 제사 드린 적도 있을 것입니다. 그럼에도 불구하고 그들이 '내가 이런 마음으로 제사 드리면 안 되는데' 하면서 하나님 앞에 자기 부족함을 인정하고 솔직하게 회개하며 나아갈 때, 하나님께서는 그 부족한 제사장들의 제사를 통해 이스라엘 백성들을 축복하시고 형통케 하셨습니다. 반면에, 제사장들이 거룩한 척하면서 자기 속에 있는 탐욕과 죄를 감추었을 때, 그들은 백성들과 함께 망하고 말았습니다.

하나님의 백성들은 자기만 위해서 살면 안 됩니다. 목회자는 어떻게 해서든지 교인들을 위해 거룩하게 살아야 하고, 교인들은 어떻게 해서든지 세상 사람들을 위해 거룩하게 살아야 합니다. 어떻게 해서든지 좀더 정직해지고자 애써야 하고 회개하고자 애써야 합니다. 그럴 때 세상에 하나님의 긍휼과 평화가 임하고 사람들의 상식이 회복되는 것입니다. 남을 살리기 위해 내 시간을 포기하고 내 욕심을 죽이며 어떻게 해서든지 하나님 앞에서 거룩하게 살고자 애쓸 때, 나도 살고 남도 살게 되어 있습니다.

그런데 하나님의 백성들이 '내가 왜 이 짓을 해야 하나? 나도 좀 즐겁게 살아 보자'는 생각으로 거룩함을 포기한다면, 세상과 함께 망하고 말 것입니다. 최전방을 지키는 군인들은 눈이 오든, 찬 바람이 불든, 선 채로 바위가 되든, 얼음이 되든, 전방에 박혀 있어야 합니다. 애인 만나서 놀겠다고 총 버리고 후방으로 돌아가 버리면 큰일 납니다.

사실 숨만 쉬어도 죄를 짓는 우리가 끝없이 회개하면서 거룩해지려고 몸부림을 친다는 것은 결코 쉬운 일이 아닙니다. 그럼에도 불구하고 그렇게 할 때, 하나님께서는 우리를 사랑해 주시며 세상에도 은혜를 베푸신다는 것이 미가가 전한 예언의 핵심입니다.

하나님이 임하시는 이유

하나님께서 성전에 임하시는 이유가 무엇입니까? 그들의 종교적인 죄를 드러내시고 심판하시기 위해서입니다. "이는 다 야곱의 허물을 인함이요 이스라엘 족속의 죄를 인함이라. 야곱의 허물이 무엇이뇨? 사마리아가 아니뇨? 유다의 산당이 무엇이뇨? 예루살렘이 아니뇨?"(1:5)

하나님께서 정복을 입고 화산 폭발과 지진으로 시온 산에 강림하시는 이유는 "야곱의 허물을 인함"인데, 그 야곱의 허물은 사마리아에 있다고 말씀하십니다. 사마리아의 종교는 금송아지 종교, 즉 우상의 종교였습니다. 그런데 미가는 북쪽 이스라엘의 죄만 지적하는 데서 그치지 않고 남쪽 유다의 죄까지 끌어들이고 있습니다. "유다의 산당이 무엇이뇨? 예루살렘이 아니뇨?" 미가는 예루살렘 성전은 바른 성전이 아니라 산당이라고 지적했습니다. 유다 사람들에게 이보다 더 모욕적인 말은 없었습니다.

원래 사마리아의 신앙과 예루살렘의 신앙은 서로 대비되는 것이었습니다. 사마리아의 신앙은 금송아지 신앙이었지만, 예루살렘의 신앙은 두 돌비 신앙이었습니다. 금송아지 신앙은 먹고 마시고 즐기는 것이었지만, 두 돌비 신앙은 조용히 말씀을 듣고 순종하는 것이었습니다. 사마리아 사람들이 섬기는 금송아지는 축복의 신이었지만, 예루살렘 사람들이 섬기는 여호와는 끊임없이 죄를 책망하며 회개를 촉구했습니다. 결국 예루살렘 사람들은 말씀의 능력을 포기해 버렸습니다. 눈에 보이는 금송아지를 만든 것은 아니었지만 실제로는 금송아지의 복을 구했습니다. 미가는 사마리아의 금송아지 신앙이나 말씀을 잃은 예루살렘의 신앙이나 다를 바가 없다고 단정하고 있습니다.

오늘날 설교 시간에 그렇게 돈 이야기를 많이 하는 이유가 무엇입니까? 사람들이 돈에 가장 관심이 많기 때문입니다. 돈 이야기를 해야 은혜를 받기 때문이에요. 그래서 금송아지를 앞에 세워 놓지는 않았지만, 실제로는 세워 놓은 것이나 마찬가지인 상황이 되어 버렸습니다. 우상 앞에 복을 달라고 빌지는 않는다 해도 설교를 통해 그런 효과를 내고 있다면 결국 같은 죄를 짓는 것이나 다름이 없습니다. 그런 일이 일어나는 곳은 성전이 아니라 산당이라고 불러야 할 것입니다. 사실 예루살렘 성전을 산당이라고 부르는 것보다 더 모욕적인 발언은 없습니다. 그러나 미가는 바로 그 모욕적인 표현을 써서 유다 백성들을 책망하고 있습니다.

  기독교의 본질은 바른 말씀이 설교되어 사람들의 인격이 바뀌고 삶이 변화되는 데 있습니다. 그런데 기독교가 자기 만족의 종교가 되어 버리고 자기 도취의 종교가 되어 버릴 때, 그 안에는 온갖 쓰레기들이 다 모이게 되어 있습니다. 그러면 가장 거룩해야 할 곳이 가장 더러운 곳이 되어 버립니다.

  사람들은 종교를 통해 고차원적인 자기 만족을 추구합니다. 이런 자기 만족을 채우기에 기독교만큼 좋은 것이 없습니다. 기독교에는 인권의 영역도 있고 구제의 영역도 있고 봉사의 영역도 있고 순교의 영역도 있습니다. 그래서 어떤 사람들은 다른 영혼을 사랑해서라기보다는 자신을 지극한 선에 바침으로써 최고의 종교적 희열과 만족감을 맛보기 위해 모든 것을 버리고 오지로 떠나거나 순교를 자청합니다. 그러나 하나님께서는 그런 영웅적인 행위 속에 들어 있는 위선을 알고 계십니다. 하나님께서 우리에게 원하시는 것은 그런 영웅적인 행위가 아니라 하나님의 말씀을 듣고 깨닫는 것, 그 말씀에 따라 하나씩 하나씩 삶을 바꾸어 가는 것, 하루에 몇 번씩 넘어져도 다시 일어나는 과정을 통해 조금씩 조금씩 인격이 변해 가는 것입니다.

  하나님께서 우리에게 주고자 하시는 삶은 풍성한 삶이지, 자기 자신을 학대함으로써 거짓된 종교적 희열에 빠지는 삶이 아닙니다. 물론 믿음 때문에 가난도 감수하고 순교도 당하는 이들이 있을 수 있습니다. 그러나 그것은 풍성한 삶을 지키기 위한 영적인 전투에서 발생하는 일입니다. 그렇지 않고 가난이나 순교 그 자체를 추구하는 것은 참된 믿음이 아닙니다.

하나님께서는 이스라엘 백성들이 누리고 있는 복은 하나님이 주신 선물이 아니라 기생의 값이라고 말씀하십니다. "이러므로 내가 사마리아로 들의 무더기 같게 하고 포도 심을 동산 같게 하며 또 그 돌들을 골짜기에 쏟아 내리고 그 지대를 드러내며 그 새긴 우상을 다 파쇄하고 그 음행의 값을 다 불사르며 그 목상을 다 훼파하리니 그가 기생의 값으로 모았은즉 그것이 기생의 값으로 돌아가리라"(1:6-7).

미가는 사마리아의 완전한 파괴를 예언합니다. 다시 회복될 수 없을 정도로 완전히 망한다는 것입니다. 그 이유는 그들의 바르지 못한 신앙에 있었습니다. 사마리아의 영광은 하나님의 선물이 아니라 기생의 값이었습니다. 남편이 정당하게 벌어다 준 재산이 아니라 기생 짓을 해서 모은 더러운 재산이었습니다.

하나님께서는 자신이 주지 않으신 것을 성도들이 가지고 있는 것을 굉장히 싫어하십니다. 예를 들어 어떤 가난한 남자가 약혼녀에게 가느다란 금반지를 하나 주었다고 합시다. 그 금반지는 남자의 마음이 담긴 것이므로 가격으로 따질 수 없는 물건입니다. 그런데 여자가 그 가격에 실망해서 다른 남자들에게 이 반지, 저 반지, 값비싼 반지들을 받아 끼고 나타났다면, 그것은 음행의 값이요 기생의 값이라고 해야 할 것입니다.

하나님께서 주시지 않은 것은 다 음행의 값이며 기생의 값입니다. 하나님께서 나를 가난하게 만드셨으면 가난한 대로 살아야 합니다. 그럴 때의 가난은 조금도 부끄러운 것이 아닙니다. 하나님께서 나에게 배필을 안 주셔서 혼자 살고 있는 것도 전혀 부끄러운 일이 아니에요. 하나님께서 반드시 책임져 주시게 되어 있습니다.

하나님께서는 자신이 주지 않으신 것을 금방 찾아내십니다. 그러므로 주시지 않은 것을 억지로 갖는 것, 안 되는 일을 억지로 되게 하는 것은 나중에 하나님 앞에서 전부 부담으로 나타날 것입니다. 하나님의 백성에게 중요한 문제는 잘사느냐 못사느냐가 아니라, 하나님이 주신 것만 가지고 사느냐 내 욕심대로 많이 가지고 사느냐 하는 것입니다. 군대에서 내무반 점검을 할 때는 무조건 많이 가지고 있다고 해서 좋은 게 아닙니다. 규정에 없는 물건을 규정에 넘치게 많이 가지고 있으면 전부 적발되어 처벌을 받기 때문입니다. 마찬가지입니다. 당장은 이 방법 저 방법 가리지 않고 많이 가지는 것이 좋은 것 같아도, 하나님 앞에 섰을 때 주시지 않은 것을 가지고 있으면 전부 음행의 값과 기생의 값으로 적발될 것입니다.

하나님께서 가난하게 하셨으면 가난한 대로 사십시오. 하나님께서 약한 몸으로 살게 하셨으면 약한 대로 살고, 하나님께서 못 배우게 하셨으면 못 배운 대로 사십시오. 그래도 하나도 꿇릴 것이 없습니다. 우리는 그 상태 그대로도 얼마든지 당당하고 아름답게 살 수 있습니다. 전에 어떤 직업 군인 한 분이 '하나님께서 진급시켜 주지 않으시면 진급하지 않고 살겠다'고 결심하고 로비를 하지 않았다는 말을 들은 적이 있습니다. 사실 군인이 이런 결심을 한다는 것은 쉽지 않은 일입니다. 그런데도 이런 결심을 했을 때, 하나님께서는 그에게 별을 두 개까지 달아 주셨습니다. 그것은 로비로 얻은 계급이 아니라 하나님이 주신 계급이었습니다.

우리가 맡은 중요한 일은 무엇입니까? 최전방에서 하나님을 책임지는 것입니다. 그 일만 잘 감당하면 좀 가난해도 괜찮고, 좀 못 배워도 괜찮습니다. 왜냐하면 그 사람은 세상에서 가장 어려운 일을 감당하고 있기 때문입니다. 하나님 앞에서 계속 정직하게 사는 것은 세상에서 가장 어려운 일입니다. 하나님 앞에서 눈물 흘리며 티끌같이 많은 죄, 수없이 솟구치는 정욕과 교만과 미움을 다 내어놓고 예배드리는 것은 세상에서 가장 어려운 일입니다. 세상에는 바로 그런 사람이 있어야 하고 그런 교회가 있어야 합니다. 그래야 이 땅에 전쟁이 비껴가고 홍수가 비껴가고 재앙이 비껴가는 것이며, 하나님의 자비로 계속해서 믿는 사람들이 생겨나는 것입니다.

무엇보다 위험한 것은 성도가 이러한 자기의 사명을 잃어버리고 세상 사람들과 같아지려 하는 것이고, 교회가 말씀의 신앙을 잃어버리고 쉽게 믿으려 하는 것입니다. 두 돌비 신앙, 말씀의 신앙을 포기하고 금송아지 신앙으로 돌이켜서 먹고 마시며 인간적인 친교 집단으로 전락하는 것입니다. 그러면 우리도 세상과 함께 망할 수밖에 없습니다.

우리 모두 하나님 앞에 나아갑시다. 숨을 쉬듯이 우리 속에 잘못된 것들은 내뿜고 은혜는 들이마십시다. 고독하고 외롭다 하더라도, 다른 사람들에게 자랑할 만한 모습으로 나서지 못한다 하더라도 우리의 이 사명이 중요한 줄 알고 힘써 지킬 때, 하나님께서 이 땅을 참으로 축복해 주실 줄 믿습니다.

² 예루살렘까지 미친 위험

회복될 수 없는 이스라엘의 상처_정신 차려야 할 유다 성읍들_
하나님의 백성들이 살 수 있는 길

1:8 이러므로 내가 애통하며 애곡하고 벌거벗은 몸으로 행하며 들개같이 애곡하고
타조같이 애통하리니
9 이는 그 상처는 고칠 수 없고 그것이 유다까지도 이르고 내 백성의 성문,
곧 예루살렘에도 미쳤음이니라.
10 가드에 고하지 말며 도무지 호곡하지 말지어다. 베들레아브라에서 티끌에 굴지어다.
11 사빌 거민아, 너는 벗은 몸에 수치를 무릅쓰고 나갈지어다. 사아난 거민은 나오지
못하고 벧에셀이 애곡하여 너희로 의지할 곳이 없게 하리라.
12 마롯 거민이 근심 중에 복을 바라니 이는 재앙이 여호와께로 말미암아 예루살렘
성문에 임함이니라.
13 라기스 거민아, 너는 준마에 병거를 메울지어다. 라기스는 딸 시온의 죄의 근본이니
이는 이스라엘의 허물이 네게서 보였음이니라.
14 이러므로 너는 가드모레셋에 작별하는 예물을 줄지어다. 악십의 집들이 이스라엘
열왕을 속이리라.
15 마레사 거민아, 내가 장차 너를 얻을 자로 네게 임하게 하리니 이스라엘의 영광이
아둘람까지 이를 것이라.
16 너는 네 기뻐하는 자식으로 인하여 네 머리털을 깎아 대머리 같게 할지어다.
네 머리로 크게 무여지게 하기를 독수리 같게 할지어다. 이는 그들이 사로잡혀
너를 떠났음이니라.

1:8-16

물건 중에 포장은 멋있고 그럴듯한데 내용물은 아주 부실한 것들이 있습니다. 포장만 보고 비싼 값을 주고 물건을 샀는데 이처럼 내용물이 좋지 않을 때, 사람들은 속았다고 생각할 것입니다. 겉만 보고 물건을 사는 것보다 더 심각한 일은 겉만 보고 결혼하는 것입니다. 예를 들어 어떤 남자가 키도 크고 인물도 좋고 학벌도 높아서 결혼했는데, 나중에 알고 보니 경제적인 능력은 하나도 없고 정신적인 문제까지 안고 있다고 합시다. 물건이야 한 번 손해 봤다고 생각하고 포기하면 그만이지만, 결혼은 그렇게 쉽게 포기하고 넘어갈 수가 없습니다.
　그런데 결혼보다 훨씬 더 중요한 일이 있습니다. 그것은 신앙을 선택하는 일이며, 교회를 선택하는 일입니다. 이것은 자기 영혼의 영원한 운명을 맡기는 일이기 때문에 속아서 물건을 사거나 속아서 결혼하는 것과는 비교도 되지 않을 만큼 중요합니다. 교리도 그럴듯하고 형식도 멋있지만 그 안에 진리가 없는 종교를 선택하는 사람은 멸망을 자초하는 것이나 다름이 없습니다.

　같은 이유에서 우리는 교회도 대단히 신중하게 선택해야 합니다. 교회를 선택할 때는 무엇보다 두 가지 사항을 반드시 확인할 필요가 있습니다. 첫째는 그 안에 성경적인 진리가 있느냐 하는 것입니다. 성경적인 진리가 없으면 그 교회가 무너질 때 자신도 도매금으로 같이 무너지게 되어 있습니다. 둘째는 그 안에 신실하고 정직한 형제 자매의 관계가 있느냐 하는 것입니다. 겉으로는 아주 잘해 주는 것 같고 서로 칭찬해 주는 것 같은데 관계가 정직하지 않다면, 그 교회는 믿을 수 없는 교회입니다. 교회의 겉모습은 화려하지 않아도 괜찮습니다. 그 안에 바른 말씀이 있고 정직한 관계만 있다면, 마음 놓고 자기 영혼을 맡겨도 됩니다.

　오늘 본문은 미가 선지자의 애통으로부터 시작됩니다. 선지자는 마치 가족 중에 누가 죽기라도 한 것처럼 심하게 애곡하고 있습니다. 그러나 실제로 그의 집에 죽은 사람이 있었던 것은 아닙니다. 그가 이처럼 애곡하고 있는 것은 이스라엘 백성들의 영적인 상태와, 그들을 믿고 영혼을 맡긴 자들의 비참한 멸망을 내다보고 있기 때문입니다.

　북쪽 이스라엘 왕국은 미가 시대에 앗수르에게 멸망을 당했습니다. 아마 오늘 말씀은 그 직전에 전해졌던 것 같습니다. 그럼에도 불구하고 이스라엘 사람들은 자기들이 곧 망한다는 사실을 모르고 있었습니다. 미가 선지자는 이스라엘이 다시는 회복되지 못하리라는 것을 알고 있었을 뿐 아니라 그 재앙이 유다의 문 앞에도 이르러 있는 것을 내다보았습니다. 무슨 뜻입니까? 남쪽 유다 역시 앗수르의 손에 거의 초토화되고 예루살렘만 비참한 상태로 겨우 남게 된다는 것입니다. 같은 시대에 예언했던 이사야는 예루살렘만 "포도원의 망대같이, 원두밭의 상직막같이, 에워싸인 성읍같이 겨우 남았도다"(사 1:8)라고 말했는데, 미가는 지금 그것을 내다보고 있습니다.

미가는 유다 여러 성읍의 이름을 부르면서 경고합니다. 그 성읍들은 아주 안전한 곳들이었고, 그 성읍 사람들은 하나님을 잘 믿는 자들로 알려져 있었습니다. 그러나 미가는 그 화려한 이름들이 다 빛 좋은 개살구로서, 멸망의 때에 전혀 도움이 되지 못할 것이라고 말하고 있습니다. "이 이름들은 너희의 영혼을 지켜 주지 못할 것이다. 살고 싶다면 지금 나처럼 울부짖어라. 나처럼 벌거벗은 모습으로 회개해라. 이것만이 너희가 살 수 있는 유일한 길이다"라고 말하고 있습니다.

회복될 수 없는 이스라엘의 상처

미가 선지자는 아주 심하게 애통하며 애곡합니다. "이러므로 내가 애통하며 애곡하고 벌거벗은 몸으로 행하며 들개같이 애곡하고 타조같이 애통하리니"(1:8).

"애통하며 애곡하고"라는 것은 심하게 울부짖으며 몸부림친다는 뜻입니다. 미가 선지자는 벌거벗은 몸으로 심하게 애통하며 울부짖었습니다. 속으로 울음을 삼키는 것이 아니라 온 세상이 알도록 시끄럽게 울면서 돌아다녔습니다. 아마 그 당시에는 들개나 타조가 슬피 울며 돌아다니는 소리를 자주 들을 수 있었던 것 같습니다. 제가 어렸을 때, 가끔 산에서 무서운 소리가 들리곤 했습니다. 나중에 알고 보니 산비둘기의 울음 소리였는데, 그 소리가 얼마나 청승맞고 듣기 싫었는지 모릅니다.

미가가 마치 그런 짐승처럼 슬픈 소리를 내면서 동네를 돌아다 닌 이유가 무엇입니까? "이는 그 상처는 고칠 수 없고 그것이 유다까지도 이르고 내 백성의 성문, 곧 예루살렘에도 미쳤음이니라"(1:9).

첫째로, 미가는 이스라엘의 상처를 고칠 수 없다는 사실 때문에 애통해했습니다. 그 상처가 어떤 상처입니까? 북쪽 이스라엘 왕국의 상처입니다. 이스라엘은 이번 앗수르의 공격으로 영원히 세상에서 사라져 버린다는 것을 미가는 알고 있었습니다. 그들의 상처는 이렇게 완전히 멸망해 버릴 정도로 치명적인 것이었습니다. 또한 그는 이 상처가 유다까지 이르러서 온 유다를 초토화하리라는 것을 알았습니다. 유다 역시 예루살렘만 겨우 남긴 채 전부 파괴될 것입니다.

지금 이스라엘 백성들은 자신들이 이런 식으로 멸망한다는 사실을 모르고 있습니다. '지금까지 많은 어려움이 있었지만 그때마다 우리는 이겨 냈다. 이번에도 어렵긴 하겠지만 결국은 이겨 낼 것이다' 라고 생각하고 있습니다. 또 유다는 유다대로 '이스라엘이 망할 리 없으니 우리는 안전하다' 고 생각하며 안심하고 있습니다. 그러나 미가는 그렇지 않다는 것입니다. 이번에 이스라엘이 입은 상처는 너무나 치명적이어서 결국 멸망으로 이어질 것이며, 유다 또한 온 땅이 쑥대밭이 되고 예루살렘 한 곳만 비참하게 남게 될 것을 그는 내다보고 있었습니다. 그래서 타조같이, 들개같이 슬피 울며 온 동네를 돌아다닌 것입니다.

세상에 있는 두 교회, 북쪽 이스라엘 교회와 남쪽 유다 교회는 중병에 걸려 있었습니다. 이스라엘 교회는 이 중병으로 결국 죽을 것입니다. 남쪽 유다는 거의 죽음에 가까운 대수술을 치르고 목숨은 건지겠지만, 다 회복되기까지 어느 정도의 기간이 걸릴지 예측할 수 없을 지경이 될 것입니다. 그런데 문제는 본인들이 증세의 심각함을 전혀 느끼지 못하고 있다는 것이었습니다. 그래서 선지자는 자신이 먼저 포로의 고통을 체험함으로써 그들에게 닥친 위기를 깨우쳐 주려 했습니다.

예를 들어 두 형제가 나란히 병원에 입원했는데, 둘 다 혈색이 좋다고 합시다. 그런데 검사를 해 보니 둘 다 중병에 걸려 있습니다. 그래서 의사가 말합니다. "한 사람은 이미 치료가 불가능할 정도로 병이 깊어서 죽음을 준비하셔야겠습니다. 또 한 사람은 죽음에 가까운 대수술을 하면 목숨은 건질 수 있겠는데, 평생 반신불수로 살아야 합니다." 이런 진단을 듣고도 울부짖지 않을 부모가 과연 있겠습니까? 아마 병원이 떠나가도록 소리를 지르면서 애통해할 것이며, 의사를 붙들고 늘어지면서 살릴 수 있는 방법이 없겠느냐고 애원할 것입니다.

미가가 보기에는 이스라엘과 유다 두 교회가 모두 중병에 걸려 있었습니다. 둘 다 병이 깊어서 한쪽은 죽고 다른 한쪽은 겨우 목숨만 건질 것입니다. 이렇게 치명적인 결과를 불러온 이 무서운 병의 정체는 대체 무엇입니까?

그것은 겉으로는 잘 믿는 것 같지만 속으로는 믿지 않는 병이었습니다. 사실 이보다 구분하기 힘들면서도 치명적인 결과를 낳는 병이 없습니다. 이것은 마치 소나무에 발생하는 솔잎혹파리와 같습니다. 겉으로는 멀쩡해 보이지만, 속을 들여다보면 솔잎혹파리가 즙을 다 빨아먹어서 나무가 죽어 있습니다. 하나님의 백성에게도 이런 병이 있습니다. 겉으로는 신앙의 요소를 다 갖추고 있는 것 같은데, 속을 들여다보면 신앙이 죽어 있는 것입니다.

그래서 하나님 앞에서 바른 신앙을 가지고 있는지 항상 점검해 보는 일이 중요합니다. 바른 신앙이란 어떤 것입니까? 바른 신앙이란 열정이나 봉사가 아니라, 하나님과 바른 관계 속에서 말씀에 순종하여 사는 것입니다. 하나님과 바른 관계를 유지한다는 것은 생각처럼 쉬운 일이 아닙니다. 왜냐하면 우리 속에는 하나님께 대적하고자 하는 마음이 있기 때문입니다. 말씀에 순종해서 사는 것도 쉬운 일이 아닙니다. 우리 속에는 늘 욕심대로 살고 싶은 욕망이 있기 때문입니다.

그래서 신앙에는 항상 긴장이 발생하게 마련입니다. 하나님과 바른 관계 속에서 말씀대로 순종해서 살고 싶은 마음과 그 관계를 깨뜨리고 내 마음대로 살고자 하는 본성이 늘 갈등을 일으킵니다. 하나님께서 우리에게 원하시는 것은 완전한 순종이 아닙니다. 우리는 완전히 순종할 수가 없습니다. 하나님께서 원하시는 것은 정직입니다. "말씀대로 살지 못했으면 살지 못했다고 말하거라. 넘어졌으면 넘어졌다고 말하거라. 실패했으면 실패했다고 말하거라. 그러고 나서 내 용서를 믿고 믿음으로 다시 시작하거라"라는 것입니다. 상태가 좋을 때는 이렇게 정직하게 나아가서 회개하고 다시 시작하는 일이 그다지 어렵지 않습니다. 그런데 상태가 안 좋을 때는 이렇게 회개하기가 얼마나 짜증스러운지 모릅니다. 그러면 점점 그것이 종교적인 행위로 변질되기 시작합니다.

하나님 앞에서 계속 긴장하며 산다는 것은 정말 힘든 일입니다. 하나님께 순종하며 살아야 한다는 마음과 자기의 실제적인 부족함 사이에서 긴장하며 산다는 것, 그 갈등 속에서 매 순간 하나님을 의지하며 산다는 것이 얼마나 힘든지 몰라요. 그런데 하나님은 우리가 그렇게 살기를 원하십니다. 그것이 싫어서 긴장을 풀어 버리면 어느 순간부터 기복적인 신앙, 율법적인 신앙으로 변질되어 버리는데, 그것이 바로 신앙의 솔잎혹파리입니다. 외형은 남아 있지만 내면은 따뜻한 생명력이 전혀 없이, 무서운 자기 자랑과 교만에 파먹히고 마는 것입니다.

우리는 남의 신앙이나 다른 교회의 신앙에 문제가 생겼을 때는 금세 알아차립니다. 그러나 자기 신앙의 상태는 잘 분별하지 못합니다. 그렇기 때문에 우리는 자기 신앙을 자꾸 객관화해서 볼 필요가 있습니다. 남을 보듯이 자기를 보지 않으면 자기 문제를 전혀 깨닫지 못해요. 혼자 잘 믿는다고 생각하는 신앙은 검증되지 않은 약품과 같습니다. 한편으로는 효과가 있을지 몰라도, 다른 한편으로 어떤 부작용이 있는지 알 수 없습니다.

우리는 무엇보다 말씀에 신앙을 비추어 봐야 합니다. 다른 사람과 비교해서 '그래도 내가 저 사람보다는 낫지'라고 생각하는 것은 아주 위험한 짓입니다. 또 남의 칭찬에 속아서도 안 됩니다. 남들은 나의 중심을 알지 못합니다. 우리는 남의 칭찬에 안주할 것이 아니라, 자꾸 하나님의 말씀 앞으로 나아가서 거기에 자신을 비추어 봐야 합니다.

말씀에 나를 비추어 보면 내 속에 잘못되지 않은 것이 없다는 사실을 알게 됩니다. 전부 회개할 거리뿐입니다. 그런데 하나님께서는 이상하게도 그것을 기뻐하십니다. 자기 잘못을 깨닫고 "하나님 앞에 저는 1퍼센트밖에 신앙생활 하지 못했습니다"라고 기도하기만 하면, 하나님께서 기꺼이 나머지 99퍼센트가 되어 주십니다. 그런데 그 1퍼센트가 창피해서 인정하지 않으면 하나님의 도움을 받을 수가 없습니다. 그러면 망하는 것입니다.

신앙생활의 긴장은 끝이 없습니다. 우리는 끝없이 자기의 부족함을 내어놓아야 하고, 끝없이 하나님 앞에서 회개의 눈물을 흘려야 합니다. 그럴 때 하나님께서 우리의 부족한 부분을 성령으로 채워서 온전케 해 주십니다. 그러나 그 긴장을 놓칠 때, 영적인 솔잎혹파리가 우리 개인의 신앙은 물론이요 공동체의 신앙까지 갉아먹을 것입니다. 원래 신앙의 특징은 위기 때 기적을 일으키는 데 있습니다. 그러나 솔잎혹파리가 갉아먹은 신앙은 위기 때 능력을 발휘하지 못하며, 어려울 때 영혼을 책임져 주지 못합니다.

미가는 바로 이 솔잎혹파리 신앙 때문에 이스라엘과 유다라는 두 교회가 망하게 된 것을 보고, 들개처럼 울부짖고 타조처럼 부르짖으면서 경고하고 있습니다.

정신 차려야 할 유다 성읍들

미가 선지자는 유다의 여러 성읍들에 경고합니다. 마치 민방위 훈련 사이렌을 울리는 것처럼, 이스라엘과 유다의 국경지대부터 시작해서 예루살렘 가까이 있는 도시들까지 일일이 이름을 부르면서 경각심을 불러일으키고 있습니다. "가드에 고하지 말며 도무지 호곡하지 말지어다. 베들레아브라에서 티끌에 굴지어다"(1:10)

'가드에 고하지 말라'는 것은 일종의 속담입니다. 예전에 이스라엘은 블레셋에 크게 패한 적이 있었습니다. 그때 이스라엘 왕 사울과 그의 세 아들이 모두 길보아 산에서 전사했습니다. 이것은 이스라엘 백성들을 크게 절망시켜서 자칫 잘못하면 영원히 블레셋의 속국으로 만들어 버릴 수도 있는 치명적인 소식이었으며, 원수들이 크게 기뻐하면서 하나님을 훼방할 것이 분명한 소식이었습니다. 그래서 다윗은 활의 노래를 지어 백성들에게 부르게 했는데, 거기에 '가드에 고하지 말라'는 가사가 있었습니다.

  북쪽 이스라엘의 패망 소식 역시 단순한 뉴스거리로 취급할 문제가 아니라, 온 유다 백성들이 진지하게 생각해야 할 문제였습니다. '도대체 왜 이런 일이 생겼을까? 이스라엘을 멸망케 한 문제가 우리에게도 있지 않을까?' 하면서 진지하게 고민해야 할 문제였던 것입니다.

  몸에 이상한 징후가 나타날 때 신중하지 못한 이들은 이 사람 저 사람 붙잡고 자꾸 물어봅니다. "속이 메스꺼운데 어떻게 할까요?" 그러면 이 사람은 호박을 삶아 먹으라고 하고, 저 사람은 무를 삶아 먹으라고 하고, 또 어떤 사람은 물을 많이 마시라고 합니다. 그러나 신중한 사람은 아무 소리 하지 않고 조용히 전문가를 찾아가 정밀검사를 받습니다. 마찬가지로 예루살렘이 위기에 처한 지금, 유다 백성들은 이 징후를 경솔히 처리하지 말고 하나님 앞에 나아가 진지하게 물어보아야 했습니다.

  이처럼 신앙을 미리 점검하는 것은 아주 중요한 일입니다. 신중한 사람은 바쁘면 바쁠수록 시간을 내서 하나님 앞에 나아가 깊이 생각해 봅니다. '지금 나는 어디에 있으며, 어디로 가고 있는가? 지금 내 삶을 끌고 가고 있는 이는 주님인가, 사람인가?' 하면서 질문을 던져 봅니다. 또 어려운 일이 생겼을 때, 여기저기 찾아다니면서 떠드는 대신 그 문제를 붙들고 하나님 앞에 나아가 깊이 성찰해 봅니다. 가드에 고하지 말라는 것은, 이것이 결코 가볍게 넘어갈 문제가 아니며 하나님 앞에 나아가 깊이 성찰해 볼 문제라는 뜻입니다. 대수술을 해서 근본적으로 고쳐야 할 문제라는 뜻입니다.

  "베들레아브라"는 유다와 이스라엘 경계에 있는 도시였던 것 같습니다. 여기에서 '아브라'는 '먼지'라는 뜻입니다. 그러니까 "베들레아브라"는 '먼지의 집'을 의미합니다. 미가 선지자는 베들레아브라 사람들에게 그 지명의 뜻 그대로 먼지에 뒹굴라고 말하고 있습니다. 왜냐하면 그곳에 곧 전쟁이 덮칠 것이기 때문입니다.

11절을 보십시오. "사빌 거민아, 너는 벗은 몸에 수치를 무릅쓰고 나갈지어다. 사아난 거민은 나오지 못하고 벧에셀이 애곡하여 너희로 의지할 곳이 없게 하리라."

"사빌"은 '아름답다, 영광스럽다'는 뜻을 가지고 있습니다. 아마도 사빌은 상업적으로 번창했던 곳 같습니다. 그러나 그곳 사람들은 벗은 몸으로 수치스럽게 잡혀 갈 것입니다. 또 "사아난"은 '떠나다'라는 뜻을 가지고 있습니다. 많은 이들이 그곳을 드나들면서 무역을 했기 때문에 붙은 이름인 것 같습니다. 그러나 이제는 많은 이들이 죽거나 포로가 되어서 아무도 그 성에서 나오지 못할 것입니다. "벧에셀"에서 '에셀'은 '뿌리, 근거'라는 뜻을 가지고 있습니다. 그러나 벧에셀은 더 이상 의지할 만한 근거지가 되지 못할 것입니다.

베들레아브라나 사아난이나 사빌은 북쪽에 있는 도시입니다. 그러나 전쟁은 이런 북쪽 도시들뿐 아니라 예루살렘 가까이에 있는 도시까지 덮칠 것입니다. 예루살렘에서 가장 가까운 곳은 마롯과 라기스였습니다. 특히 마롯은 '예루살렘의 성문'이라고 불릴 정도로 가까이 있었습니다. "마롯 거민이 근심 중에 복을 바라니 이는 재앙이 여호와께로 말미암아 예루살렘 성문에 임함이니라" (1:12).

마롯은 예루살렘 입구에 있었기 때문에 많은 고통을 받아야만 했습니다. 그래서 성 이름도 '쓰다'는 뜻의 "마롯"이었습니다. 그러나 이 성은 하나님의 도우심으로 근심 중에서도 위로와 축복을 누리곤 했습니다. 왜냐하면 지금까지 당한 고통은 하나님께서 그들을 연단하려고 주신 고통, 상급이 기다리고 있는 의미 있는 고통이었기 때문입니다. 그러나 이제 그런 복은 오지 않을 것이라고 말씀하고 있습니다.

13절을 보십시오. "라기스 거민아, 너는 준마에 병거를 메울지어다. 라기스는 딸 시온의 죄의 근본이니 이는 이스라엘의 허물이 네게서 보였음이니라."

라기스는 예루살렘을 지키는 요새로서, 유다의 마병 부대가 주둔하고 있었습니다. "라기스는 딸 시온의 죄의 근본이니"라는 것은 라기스에 있던 이 군대를 예루살렘이 의지했다는 뜻입니다. 하나님께서는 유다 백성들에게 말과 병거를 의지하지 말고 여호와 하나님만 의지하라고 말씀하셨습니다. 그런데도 군대를 의지한 유다 백성들은 준마에 병거를 메워서 도망치게 될 것입니다.

14절과 15절은 더 불길한 예언을 하고 있습니다. "이러므로 너는 가드모레셋에 작별하는 예물을 줄지어다. 악십의 집들이 이스라엘 열왕을 속이리라. 마레사 거민아, 내가 장차 너를 얻을 자로 네게 임하게 하리니 이스라엘의 영광이 아둘람까지 이를 것이라."

가드모레셋은 미가의 고향입니다. 그런데 그곳 사람들을 다시 만나지 못할 테니 작별의 예물을 주라는 것입니다. "악십"은 '속이다' 라는 뜻을 가지고 있습니다. 사람들은 악십을 안전한 곳으로 생각했지만, 이번에는 그 생각에 속게 될 것입니다. 또 마레사에는 하나님께서 정복자로 임하실 것입니다. "이스라엘의 영광이 아둘람까지 이를 것이라"고 했는데, 여기에서 아둘람이 다윗이 사울을 피해 도망쳤던 굴을 가리키는 것인지, 아니면 다른 곳을 가리키는 것인지 분명치 않습니다. 다만 분명한 것은 이스라엘의 영광이 쇠퇴하여 없어진다는 것입니다. 나라의 영광이 굴 속으로 숨듯이 사라져 버린다는 것입니다.

왜 미가 선지자는 이 달갑지 않은 예언을, 그것도 성읍 하나하나의 이름을 불러 가면서 하고 있는 것일까요? 이것은 선지자 본인이 원해서 하는 이야기가 아닙니다. 어떤 선지자도 축복의 설교를 하고 싶어 하지, 저주의 설교를 하고 싶어 하지 않습니다. 그런데도 이런 예언을 할 수밖에 없는 이유가 무엇입니까? 유다가 너무나 심각한 중병에 걸려 있기 때문입니다. 우리나라에 임진왜란이 일어나서 왕이 한성을 떠나 다른 곳으로 피신했을 때 무슨 일이 일어났습니까? 나라 전체가 유린되고 많은 백성들이 노예로 팔려 갔습니다. 미가 선지자는 바로 그런 일이 유다에 일어날 것을 내다보았기 때문에 이런 예언을 한 것입니다. 그런데 한 번 설교하고 넘어가면 잊어버릴 테니까, 아예 성읍의 이름과 재앙을 연결시켜서 노래처럼 만들어 기억하게 한 것입니다.

인간에게 가장 두려운 것은 보편적인 심판입니다. 평상시에는 죄지은 사람만 잡혀 가서 심판을 받습니다. 그러나 전쟁이나 재앙이 일어나면 남자나 여자나 아이나 노인이나 할 것 없이 고통을 당할 수밖에 없습니다. 사람의 심판은 피할 수도 있고, 심판받는다고 해서 다 죽는 것도 아닙니다. 그러나 하나님의 보편적인 심판이 임하면 남는 것이 하나도 없습니다. 아무리 화려하고 영광스러웠던 곳도 폐허가 되어 버립니다.

지금 미가는 심판의 성격이 변하고 있는 것을 안타까워하고 있습니다. 전에는 하나님께서 죄의 경중에 따라 심판하셨습니다. 그런데 이제는 죄의 경중을 따지지 않고 보편적으로 심판하시겠다는 것입니다. 평상시의 심판이라면 겁낼 것이 없습니다. 경찰관이 내 앞을 지나가도 주눅 들 필요가 없는 것과 같습니다. 내가 지은 죄가 없는데 왜 경찰관을 겁내겠습니까? 그러나 서로 전쟁을 할 때는 누가 죄를 지었느냐 아니냐를 가리지 않습니다. 남녀노소를 구별하지 않고 총을 쏘고 폭격을 가합니다. 그런데 미가 선지자가 보니 이번에 임할 심판이 그처럼 보편적인 성격을 띠고 있다는 것입니다.

미가는 이 재앙이 하나님으로부터 왔다는 점을 강조하고 있습니다. 이 재앙의 주인공은 앗수르가 아니라 하나님이십니다. 앗수르는 하나님이 부리시는 하수인에 불과합니다. 그렇다면 하나님께서 자기 백성을 이토록 철저하게 파멸시키시는 이유가 무엇입니까? 그들이 신앙의 알맹이를 잃어버렸기 때문입니다. 신앙의 긴장을 잃어버렸기 때문입니다. 그들은 하나님을 이용하려고 했습니다. 그러면서 하나님의 백성에게 요구되는 삶은 살지 않았습니다. 겉으로는 하나님의 백성이었지만 속으로는 세상 사람들과 다를 것이 하나도 없었습니다.

하나님께서 우리에게 요구하시는 것은 흠도 티도 없는 완전한 삶이 아닙니다. 우리는 아무도 완전하게 살 수 없습니다. 하나님께서 우리에게 원하시는 것은 넘어질 때마다 자신의 부족함과 실패를 정직하게 인정하고 다시 일어나 말씀을 붙들고 사는 것입니다. 다른 사람들이 말씀 없이 아무리 잘산다 해도, 아무리 복에 복을 겹쳐서 받는다 해도 곁눈질하지 않고 하나님이 책임져 주실 것을 믿고 사는 것입니다. 그러면 하나님께서 친히 산성이 되어 주시고 반석이 되어 주십니다. 물론 그래도 어려움은 옵니다. 그러나 그 어려움이 치명적인 상처가 되지 않도록 지켜 주십니다.

지금 유다에는 안전한 곳이 한 군데도 없습니다. 사빌도, 사아난도, 마롯도, 라기스도 전부 하나님의 심판 앞에 노출되어 있습니다. 마찬가지로 오늘 이 세상 어디에도 안전한 곳은 없습니다. 어디를 가든지 전쟁이나 폭력의 위험이 도사리고 있습니다. 가장 안전한 곳은 하나님 앞에 정직하고 겸손한 사람들이 모여 있는 공동체뿐입니다.

만약 우리에게 수술이 필요하다면 수술을 받아야 합니다. 어떤 사람은 정직하게 사업했는데도 거래처가 도산해서 치명타를 입을 수 있습니다. 또 대인관계에서 깊은 상처를 입을 수도 있습니다. 그럴 때는 '아, 이것이 수술이라면 기꺼이 받겠다' 고 생각하고 받아들여야 합니다. 억지로 피하려고 하면 오히려 문제가 생깁니다. '이것을 통해 내가 하나님을 두려워하며 그 앞에 겸손해질 수 있다면 기꺼이 받자' 라고 생각해야 합니다.

하나님의 백성들이 살 수 있는 길

미가는 유다 백성들에게 무엇을 권하고 있습니까? "너는 네 기뻐하는 자식으로 인하여 네 머리털을 깎아 대머리 같게 할지어다. 네 머리로 크게 무여지게 하기를 독수리 같게 할지어다. 이는 그들이 사로잡혀 너를 떠났음이니라"(1:16).

"네 기뻐하는 자식"이란 유다 백성들이 사랑하는 자녀들을 가리킵니다. 선지자는 "네 머리로 크게 무여지게 하기를 독수리 같게" 하라고 말합니다. 독수리는 털갈이를 할 때 머리에 있는 털이 다 빠져서 대머리가 됩니다. 선지자는 유다 백성들이 포로가 되기를 원치 않는다면 지금 미리 포로생활을 경험하라고 말합니다. "지금 너희가 사랑하는 자식들을 위해 재산을 축적하고 있는데, 그것은 아무 소용 없는 일이다. 하나님이 너희를 불쌍히 여기시게 하려면 오히려 그 자식들이나 너희나 이미 포로가 된 사람들처럼 머리를 밀고 겸손해져야 한다"라는 것입니다. 포로는 잡혀 갈 때 머리를 깎입니다. 그런데 이미 포로로 잡혀 간 사람처럼 스스로 머리를 깎는다면, 자기가 소중히 여겼던 것, 자기의 욕망을 포기하고 겸손해진다면, 하나님께서 불쌍히 여겨서 도와주신다는 것입니다. 수술을 받긴 하겠지만, 그리고 그 과정에서 출혈이 많이 있긴 하겠지만 반신불수까지는 되지 않는다는 것입니다.

하나님의 백성들은 하나님의 긍휼을 먹고사는 사람들입니다. 하나님께서 불쌍히 여겨 주시지 않으면 당장이라도 망할 수밖에 없습니다. 그러나 유다 백성들은 자식들을 위해, 또 자기 자신을 위해 스스로 강해지려 했고 높아지려 했습니다. 그 결과, 그들은 포로로 잡혀 가게 되었습니다.

하나님의 긍휼을 입으려면 하나님께서 불쌍히 여기시지 않을 수 없도록 자신을 연약한 상태에 두어야 합니다. 물론 그렇게 되면 사람들이 자꾸 무시하고 공격하기 때문에 우리는 그 상태에 있기를 두려워합니다. 그러나 하나님께서는 겁내지 말라고 하십니다. 하나님께서 긍휼히 여기시기만 하면, 그 무엇도 우리를 해치지 못한다고 하십니다.

미가 선지자는 지금 포로의 옷차림을 하고 있습니다. 그리고 포로로 잡혀 갈 때 예루살렘 사람들의 입에서 흘러나올 소리, 들개의 울음소리, 타조의 부르짖음 소리를 내고 있습니다. 우리도 미가처럼 하나님 앞에 미리 포로가 되어 머리를 깎을 필요가 있습니다. 마치 교도소에 들어간 사람처럼 하고 싶은 일이 있어도 좀 포기하고, 갖고 싶은 것이 있어도 좀 포기할 필요가 있습니다. 하나님께서 우리를 불쌍히 여기시게 하려면 그 방법밖에 없습니다. 우리나라 교회들이 부흥하려면 하나님께서 불쌍히 여겨 주셔야 하는데, 그렇게 만들 수 있는 사람은 머리를 아름답게 장식한 자들이 아니라 스스로 죄수가 되어 머리를 깎은 자들입니다. 스스로 죄수가 되어 시간 나는 대로 하나님 앞에 나아가 울며 기도하고 매달리는 자들입니다.

우리 중에도 유능하고 똑똑한 사람들이 많이 있습니다. 자기 마음대로만 할 수 있다면 얼마든지 성공할 사람들이 많이 있어요. 그럼에도 불구하고 하나님의 긍휼을 입기 위해 죄수처럼 나아가서 "저에게 수술이 필요하다면 수술해 주십시오. 그렇게 해서라도 저를 바르게 고쳐 주십시오"라고 기도하는 사람만이 예루살렘을 살릴 것입니다.

자기 자신을 하나님 앞에서 좀더 낮출 생각이 없습니까? 이런 재앙이 오기 전에 나의 쾌락이나 물질적인 안일함을 좀 포기할 생각이 없습니까? 텔레비전이나 다른 오락을 좀 포기하고 하나님께 무릎 꿇을 생각이 없습니까? 우리는 남들만큼 즐길 수 없거나 조금이라도 불편한 조건에 처하게 되면 금세 불만을 토해 냅니다. 그러나 저마다 자기 이익을 추구하는 세상에서 조금이라도 자기 이익을 포기하고 하나님 앞에서 스스로 낮아짐으로써 민족 전체를 불쌍히 여기시게 만들 용사는 없습니까?

그리스도인의 아름다움은 자기 권리를 다 쓰지 않는 데 있고, 자기 할 말을 다 하지 않는 데 있으며, 얼마든지 즐겁게 지낼 수 있음에도 불구하고 스스로 포기하고 죄수처럼, 노예처럼 지내는 데 있습니다. 어떻게 해서든지 자신을 약한 위치로 떨어뜨려서 하나님께서 도와주시지 않으면 안 될 상황으로 만드는 데 있습니다. 그렇게 하기 위해 오늘 포기해야 할 즐거움이 무엇입니까? 오늘 포기해야 할 권리가 무엇입니까?

   하나님께서 우리를 불쌍히 여기시지 않으면, 세상 어디를 찾아가도 안전할 수 없습니다. 자녀를 우상으로 삼지 마십시오. 진정으로 자녀들이 잘되기를 바란다면, 마치 그들이 노예로 잡혀 간 것처럼 여겨서, 자식을 생각하는 마음의 절반이라도 하나님께 드리십시오. 그렇게 할 때 하나님께서 온 땅에 긍휼을 베풀어 주실 것입니다.

³하나님 백성의 탐욕

일관된 욕심_그들이 탐냈던 것_하나님의 계획_나타난 결과

2:1 침상에서 악을 꾀하며 간사를 경영하고 날이 밝으면 그 손에 힘이 있으므로 그것을 행하는 자는 화 있을진저!
2 밭들을 탐하여 빼앗고 집들을 탐하여 취하니 그들이 사람과 그 집 사람과 그 산업을 학대하도다.
3 그러므로 여호와의 말씀에 "내가 이 족속에게 재앙 내리기를 계획하나니 너희의 목이 이에서 벗어나지 못할 것이요 또한 교만히 다니지 못할 것이라. 이는 재앙의 때임이니라" 하셨느니라.
4 그때에 너희에게 대하여 풍사를 지으며 슬픈 애가를 불러 이르기를 "우리가 온전히 망하게 되었도다. 그가 내 백성의 산업을 옮겨 내게서 떠나게 하시며 우리 밭을 나누어 패역자에게 주시는도다" 하리니
5 그러므로 여호와의 회중에서 제비를 뽑고 줄을 띨 자가 너희 중에 하나도 없으리라.

2:1-5

비만은 건강의 척도가 되지 못합니다. 우리가 보기에는 비만한 사람이 건강한 것 같아도 실제로는 병이 더 많을 수 있습니다. 건강을 가늠하기에 좋은 척도는 몸이 얼마나 크냐보다는 얼마나 오랫동안 지치지 않고 달릴 수 있느냐, 또는 얼마나 숨차 하지 않고 등산할 수 있느냐 등일 것입니다.

마찬가지로 그리스도인들이 사회적으로 얼마나 성공했느냐, 얼마나 돈을 많이 벌었느냐는 영적인 상태를 가늠하는 척도가 되지 못합니다. 우리는 대개 사회적인 지위가 높고 재산이 많으면 하나님의 축복을 받았다고 생각합니다. 그러나 그것은 '비만하면 건강하다' 는 생각만큼이나 터무니없는 것입니다.

오늘 본문은 유다와 예루살렘의 부유한 자들에 대해 말씀하고 있습니다. 그들은 신앙과 세상을 다 거머쥔 사람들이었습니다. 다시 말해서 신앙적으로나 세상적으로 부족할 것이 없는 사람들이었습니다. 그들이 정통 신앙을 가지고 있다는 것은 자타가 공인하는 사실이었습니다. 그리고 그들은 물질적으로도 풍족함을 누리고 있었습니다.

그런데 하나님께서는 그들이 얼마 가지 않아 모든 소유를 빼앗길 뿐 아니라 하나님의 영원한 나라에도 들어가지 못할 것이라고 말씀하고 계십니다. 그 이유가 무엇입니까? 탐욕 때문입니다. 그들은 하나님의 백성이면서도 탐욕과 싸우지 못했습니다. 하나님이 주신 것으로 만족하지 못하고 더 가지려 했고, 그 탐욕을 채우기 위해 주야로 연구하고 노력했습니다.

성경은 물질적인 부요함이란 축복인 동시에 시험이라고 말씀하고 있습니다. 사람들은 가난하면 좀 겸손해집니다. 배가 고파서라도 고개가 숙여집니다. 그러나 부자가 되면 속에 있는 인격이나 신앙이 있는 그대로 드러납니다. 신앙이 없는 사람은 주어진 것을 전부 자기 것으로 생각해서 더 지키려고 하고 더 가지려고 합니다. 반면에, 신앙이 있는 사람은 주어진 것을 오히려 부담스러워 하면서 물질에 매이지 않고 과거의 뜨거웠던 믿음을 유지하려고 노력합니다.

예루살렘 사람들은 겉보기에 신앙도 좋고 물질도 넉넉한 이상적인 사람들이었습니다. 요즘 식으로 표현하자면 '성공한 그리스도인'의 모델이라고 할 수 있었습니다. 그러나 하나님께서는 그들의 중심을 보시면서 "탐욕과 싸우지 않고 마음대로 살고 있는 너희는 내 백성이 될 수 없다"고 말씀하십니다.

일관된 욕심

지금 하나님께서는 예루살렘 부자들의 일시적인 충동을 비난하시는 것이 아닙니다. 부자가 되고 싶다는 욕심을 한 번 내 보았다고 해서, 지금 가진 것보다 더 가지고 싶다는 충동을 한 번 느꼈다고 해서 책망하시는 것이 아닙니다. 하나님께서 그들을 책망하신 이유는, 그들이 아주 일관되게, 잠시도 중단하지 않고 재산을 불리는 일에 대해 생각하고 계획하며 실천한 데 있었습니다. "침상에서 악을 꾀하며 간사를 경영하고 날이 밝으면 그 손에 힘이 있으므로 그것을 행하는 자는 화 있을진저!"(2:1)

한 사람이 계획을 세우고 있습니다. 그는 침상에서도 잠을 자지 않고 자기 욕심을 채울 궁리를 합니다. 그리고 날이 밝자마자 그 계획을 실천하기 위해 달려 나갑니다. 이것은 우리에게 그리 이상할 것이 없는 일입니다. 우리도 무슨 일을 계획해서 할 때는 그렇게 하기 때문입니다. 예를 들어 주부가 냉장고를 바꾸어야겠다고 생각하면, 밤새도록 여러 회사 카탈로그를 가져다 놓고 이 모델이 좋을지 저 모델이 좋을지 궁리하다가 날이 밝는 대로 주문을 합니다. 또 집을 옮겨야겠다고 생각하면 잠자리에 누워서까지 부동산에 대한 여러 정보와 아파트 시세를 따져 보다가 날이 밝는 대로 부동산 중개업자에게 전화를 하거나 직접 찾아가서 일을 추진합니다. 이것이 그렇게 잘못된 일입니까? 하나님을 모르는 사람에게는 전혀 잘못된 일이 아닙니다. 그러나 하나님의 백성들에게는 죄의 시작이 될 수 있습니다.

"그 손에 힘이 있으므로"라는 것은 자기 생각을 실천에 옮길 수 있는 돈이나 권력이 있다는 뜻입니다. 하나님의 백성이라면 '이 힘을 누구를 위해 어떻게 쓸 것인가?'를 생각해야 합니다. 물론 그 힘을 자기를 위해 쓰는 것도 전적인 잘못은 아닙니다. 자기 돈으로 자기에게 필요한 물건을 구입할 수도 있지요. 그러나 밤새도록 한 가지 목적만 골똘히 생각하다가 날이 밝자마자 그 목적을 성취하려고 달려 나가는 것은 탐심이 그의 마음을 지배하고 있다는 표시입니다. 밤은 잠을 자라고 주신 시간이지, 골똘하게 생각하라고 주신 시간이 아닙니다.

하나님께서는 우리 주변에 있는 것들을 통해 우리의 악한 마음을 바꾸어 주실 때가 많이 있습니다. 예를 들어 아침에 아내와 다투었던 사람이 출근하자마자 전화를 걸어 사과하는 것은 하나님께서 그의 마음을 바꾸어 주셨기 때문입니다. 하나님께서는 사람의 지나친 마음을 바꾸시기 위해 많은 것을 준비하십니다. 출근길에 꽃 한 송이를 보여 주면서 '내가 좀 지나쳤던 것 같아'라고 생각하게도 하시고, 날아가는 새 한 마리를 보여 주면서 '그렇게까지 화낼 일은 아니었는데' 하며 마음이 풀리게도 하십니다. 그런데 시간이 지날수록 화를 누그러뜨리기는커녕 스스로 화를 더 돋우는 사람이 있습니다. 그런 사람은 출근길에 꽃이 보이는지 새가 보이는지 신경도 쓰지 않고 자기가 하지 못한 말만 골똘히 생각했다가 출근하자마자 전화를 걸어 마구 퍼붓습니다. 그럴 때 하나님은 굉장히 마음 상해 하십니다.

하나님의 백성은 밤새 한 가지 문제를 가지고 씨름했다가도 아침이 되면 마음이 바뀌어야 정상입니다. 밤에는 '그래, 유학을 가야지. 영국으로 갈까? 미국으로 갈까? 일본으로 갈까?' 하면서 이 생각 저 생각 했다가도, 아침에 일어나고 나면 '에이, 그냥 있어야지' 하는 식으로 생각이 왔다 갔다 해야 정상이에요. '이렇게 오랫동안 돈을 안 갚다니! 오늘은 기필코 받아내야지' 하고서 집으로 쳐들어갔다가도 막상 당사자가 수염도 못 깎은 초췌한 모습으로 앉아 있고 아이들이 빽빽 울고 있는 것을 보면 "아, 그냥 나중에 갚아요" 하고 태도가 바뀌는 게 정상입니다. 하나님의 백성들은 일관되게 탐심을 갖거나 화를 내거나 남에게 나쁜 마음을 가질 수가 없습니다. 하나님께서 주위에 있는 많은 피조물들을 통해 자꾸 그 마음을 바꾸시기 때문입니다.

그런데 신앙이 좋다는 이 예루살렘 사람들은 어떠했습니까? 밤새 악한 생각을 골똘히 하고, 해가 떠올라도 그 생각을 포기하지 않았습니다. 현장에 가서 불쌍한 사람들을 보고서도 악한 생각을 포기하지 않고 그대로 밀어붙여 버렸습니다. 하나님께서는 그것에 대해 진노하고 계십니다.

한 아이가 떼를 쓰고 있습니다. 엄마는 그 아이의 마음을 바꾸기 위해 여러 가지 방법을 동원합니다. 딸랑이를 흔들기도 하고 과자를 주기도 하고 노래를 부르기도 합니다. 무슨 뜻입니까? 최후의 심판이 오기 전에 마음을 바꾸라는 것입니다. 웬만한 아이들은 과자 주고 껌 주면 마음을 바꿉니다. 그런데 딸랑이도 주고 껌도 입에 넣어 주었음에도 불구하고 끝까지 악을 쓰고 고집을 부리는 아이가 있습니다. 그럴 때 엄마는 결국 심판의 매를 들지 않을 수 없습니다.

하나님 백성의 정상적인 모습은 자기 마음대로 밀어붙이지 못하고 망설이며 주저하는 것입니다. 계획을 다 세워 놓고서도 자꾸 하나님의 눈치를 보면서 멈칫멈칫하는 거예요. 무엇을 하려고 결심을 했다가도 아침이 되면 주저앉아 버리고, 남에게 독한 말을 하려고 찾아갔다가도 막상 사는 모습을 보면 마음이 약해져서 그 말을 못하고 오는 것입니다. 화가 머리끝까지 났다가도 찬바람 한 번 쐬고 오면 마음이 누그러지는 것입니다. 왜 이렇게 되는 것이 정상입니까? 안팎으로 그들을 견제하시는 하나님의 손길이 있기 때문입니다.

예수를 믿으면 마음속에 성령의 소욕이 생겨납니다. 이 성령의 소욕과 이미 있던 육신의 소욕이 충돌하기 때문에 예수 믿는 사람은 어떤 일도 일사천리로 할 수가 없습니다. 이렇게 하려고 하면 성령님이 싫어하시고, 저렇게 하려고 하면 내가 손해 보는 것 같아서 자꾸 주저하고 망설이고 머뭇거리게 됩니다. 하나님의 말씀이 들어간 성도들의 삶에는 이처럼 위대한 주저함이 있고 망설임이 있습니다. 아무리 내 생각에 좋은 것 같아도 '하나님의 축복이 있어야 한다'는 생각 때문에 자꾸만 멈칫거립니다. 남들은 앞뒤 재지 않고 막 일을 벌이는데, 성도들은 이처럼 일일이 하나님의 허락을 받으려 하다 보니 진도가 늦어질 수밖에 없습니다. 그러나 나중에 보면 이것이야말로 가장 빠른 길이라는 것을 알게 됩니다.

예루살렘 사람들에게는 이런 망설임이 없었습니다. 하나님께서 온갖 방법으로 마음을 바꾸도록 애를 쓰셔도 자기가 한번 생각한 것은 인정사정없이 끝까지 밀어붙였습니다. 그리고 그렇게 얻은 물질로 감사예배를 드렸습니다. 그러니까 사람들이 보기에는 얼마나 완벽합니까? 그러나 하나님께서는 그것을 기뻐하지 않으시고, 오히려 그들에게 화가 있을 것이라고 말씀하십니다.

그들의 마음이 이렇게 강퍅했던 이유는 무엇일까요? 그들에게 어떤 철학 내지는 이데올로기가 있었기 때문입니다. 그런 것이 없다면 이렇게 일관된 행동이 나올 수가 없습니다. 예를 들어 '부자 되는 것이 하나님의 축복'이라는 철학이 있으면 주변의 충고나 양심의 소리가 귀에 들어오지 않습니다. 유다의 병이 바로 여기에 있었습니다. 그들은 아주 좋지 않은 사상에 전염되어 있었습니다. 그것은 '더 커지고 잘되는 것이 하나님의 축복'이라는 사상이었습니다. 그들은 더 잘살기 위해 수단 방법을 가리지 않는 것이 죄라는 생각을 하지 못했습니다. 다시 말해서 이 잘못된 사상이 하나님의 말씀이 비치지 못하도록 가로막고 있었던 것입니다.

이들은 완전히 망하기 전까지는 이 잘못된 사상을 버리지 못할 것입니다. 망하고 나서도 금방 회복되면 안 되고, 70년이라는 세월을 보내야 합니다. 이 복에 대한 욕망은 너무나 강력한 것이어서 완전히 새로워지지 않는 한 떨쳐 버릴 수가 없기 때문입니다.

그들이 탐냈던 것

유다 백성들이 그렇게 밤을 새워 가면서 생각하고 작전을 짰던 일이 무엇입니까? 그것은 이웃의 땅과 집을 빼앗는 일이었습니다. "밭들을 탐하여 빼앗고 집들을 탐하여 취하니 그들이 사람과 그 집 사람과 그 산업을 학대하도다"(2:2).

옛날에는 모든 것이 땅에서 나왔기 때문에, 땅을 많이 가져야 부자가 될 수 있었습니다. 그런데 유다 백성들은 하나님께서 분배해 주신 땅만 가지고 살아야 했고, 남의 땅을 탐내지 못하게 되어 있었습니다. 하나님께서는 십계명 마지막 계명에서 이 점을 명확히 못 박아 두셨습니다.

하나님 백성의 복은 많은 것을 차지하는 데 있지 않습니다. 오히려 나에게 주신 것에 만족하며, 그것을 잘 사용해서 많은 사람들을 기쁘게 하는 데 있습니다. 우리 마음이 참으로 기쁠 때가 언제입니까? 나를 통해서 남들이 기뻐할 때 아닙니까? 내 일이 잘되는 것도 기쁘지만, 나를 통해서 남들이 복을 받고 기뻐할 때 내 기쁨은 몇 배로 늘어납니다. 그런데 유다 백성들은 남들에게 기쁨을 주기는커녕 남의 눈에 피눈물을 내면서까지 자신들의 행복을 추구했습니다. 그렇게 한 이유가 무엇입니까?

첫 번째 이유는 미래의 불안정성에 있었습니다. 언제 무슨 일이 생길지 모르는 세상에서 자기 것만 가지고 있다가 어려움이 닥치면 어떻게 대처할 수 있겠습니까? 그래서 그들은 남의 것을 빼앗아서라도 부를 축적해서 미래를 대비하려 했습니다.

유다 백성들은 하나님이 주신 부족한 것을 가지고 계속 불안하게 살 것이냐, 아니면 말씀의 한계를 조금 벗어나더라도 무언가 축적해서 불안정한 미래를 대비할 것이냐 하는 선택의 기로에 서 있었습니다. 하나님은 늘 모자라게 주셨습니다. 당장은 견딜 수 있지만 미래의 어려움까지 대비할 수는 없을 정도만 주셨습니다. 이것이 그들에게 갈등을 일으켰습니다. 하나님께서 말씀하시는 것이 무엇입니까? 하나님의 백성들은 불안할 때가 가장 안전하다는 것입니다. 불안하면 기도하게 되어 있습니다. 어려울 때는 하나님께 매달리는 것밖에 다른 방법이 없기 때문입니다. 그러나 예루살렘 사람들은 이 불안한 생활의 연속을 싫어했습니다.

두 번째 이유는 항상 더 발전하기를 바라는 인간의 본성에 있었습니다. 인간은 어제보다는 오늘이, 오늘보다는 내일이 더 풍요롭기를 바랍니다. 우리는 변화가 없으면 견디지 못하며, 발전 가능성이 없으면 비참함을 느낍니다. 하나님은 어제나 오늘이나 변함없이 동일하신 분이지만, 사람은 그렇게 살면 아마 미쳐 버릴 것입니다. 사람은 변화 없이는 살 수가 없습니다. 스스로 불완전한 존재인 줄 알기 때문에 자꾸 무엇으로 채워 가야만 만족할 수 있습니다. 그래서 자꾸 더 배우려 하고 더 가지려 하는 것입니다.

그러나 하나님께서는 자기 백성들이 물질적인 풍요를 통해 발전하는 것이 아니라 하나님을 닮아 가는 성품과 남에게 베푸는 사랑의 영역에서 발전하기를 원하십니다. 땅이나 집을 넓히는 것이 아니라 하나님과 더 가까워지고 더 많은 사람들에게 베푸는 일에서 자라기를 원하십니다.

그렇다면 우리는 돈을 모으면 절대 안 되는 것일까요? 세상에서 내가 원하는 것들을 가지면 절대 안 되는 것일까요? 밤새도록 사고 싶은 것에 대해 생각하다가 아침에 사러 가면 절대 안 되는 것일까요? 그렇지는 않습니다. 하나님께서 말씀하시는 요점은 우리의 미래에 대한 계획을 하나님이 직접 세우고 계심을 믿으라는 것입니다. "너희를 변화시키는 것은 나다. 부자가 되게 하거나 승진하게 하거나 공부할 기회를 주는 것은 나다. 내가 너희 삶에 계획을 가지고 있다는 것을 믿으라"는 것입니다.

하나님께서 나의 모든 미래를 책임지심을 믿는 사람은 미래를 위해 많은 것을 대비할 필요가 없습니다. 그저 오늘 하루만 열심히 살면 됩니다. 그러나 그것을 믿지 못하는 사람은 스스로 삶을 책임지기 위해 마음이 분주할 뿐 아니라 좋은 기회가 주어졌을 때 무슨 수를 써서라도 차지하려 들며, 경쟁에서 이기기 위해 무리를 감행할 것입니다. 하나님께서는 우리가 이 믿음을 가지고 우리 속에 일어나는 욕심이나 불안이나 염려와 싸워서 이기기를 원하십니다.

하나님께서는 이스라엘의 가난한 자들, 미래를 하나님께 맡기고 기꺼이 가난하게 살기로 결심한 사람들을 사랑하셨습니다. 그렇다고 그들이 가난 그 자체를 즐기는 사람들은 아니었습니다. 다만 '하나님이 우리를 책임지신다'는 믿음이 있었기 때문에 눈앞의 어려움에도 흔들리지 않았던 것입니다.

하나님의 계획

하나님께서는 자기에게 주어진 것에 만족하지 않았던 예루살렘의 부자들에 대해 어떤 계획을 가지고 계십니까? "그러므로 여호와의 말씀에 '내가 이 족속에게 재앙 내리기를 계획하나니 너희의 목이 이에서 벗어나지 못할 것이요 또한 교만히 다니지 못할 것이라. 이는 재앙의 때임이니라' 하셨느니라"(2:3).

"이 족속"이라는 말 속에는 대단한 경멸의 의미가 들어 있습니다. 하나님께서는 유다 백성들을 부르실 때 항상 "내 백성"이라고 부르셨습니다. 그런데 여기에서는 "이 족속"이라고 부르고 계십니다. 그들의 삶은 하나님이 원하시는 방향과 정반대로 발전이 되었습니다. 그들 자신은 그 발전에 감탄하며 만족해했지만, 하나님께서는 한심하게 여기며 경멸하셨습니다.

하나님께서는 "너희의 목이 이에서 벗어나지 못할 것이요"라고 말씀하고 계십니다. 이것은 '너희가 아무리 재주를 부려도 이 재앙에서 벗어나지 못하고 반드시 노예생활을 하게 될 것'이라는 뜻입니다.

이러한 미가의 예언은 예루살렘 부자들에게 회개의 마음을 불러일으켰고, 히스기야의 개혁에 중대한 영향을 끼쳤습니다. 그런데 문제는 이 개혁이 근본적인 개혁이 되지 못하고 제도적인 개혁에 그쳤다는 것입니다. 만약 예루살렘 사람들이 마음 깊이 이 말씀을 듣고 근본적인 사고의 변화를 일으켰다면, 유다는 크게 부흥했을 것입니다. 그러나 그들은 욕심을 좀 자제하는 수준에서 그치고 말았고, 결국 유다는 히스기야의 개혁에도 불구하고 완전히 되살아나지 못했습니다.

사람의 의식구조가 바뀌지 않은 상태에서 개혁을 하면 부패의 속도만 다소 늦출 수 있을 뿐, 근본적으로 그 사회를 살릴 수는 없습니다. 마치 중병에 걸린 사람을 수술해서 상태만 약간 호전시키는 것과 같습니다. 그 병은 다시 재발하게 되어 있습니다.

그럼에도 불구하고 미가의 책망이 예루살렘 사람들에게 큰 호소력을 발휘했다는 것은 중요한 사실입니다. 우리는 '이런 설교를 듣고 예루살렘 부자들이 굉장히 화를 내면서 미가를 배척했겠구나'라고 생각하기 쉬운데, 실제로 그들은 이 책망을 달게 받아들이고 욕심을 자제했습니다. 그래서 히스기야 때 바벨론 포로가 되지 않고, 백 년 동안 나라가 지속될 수 있었던 것입니다.

하나님께서 오늘 우리에게 요구하시는 것은, 내 문제는 하나님께 맡겨 놓고 남에게 은혜를 베푸는 존재가 되라는 것입니다. 그렇다고 우리가 가진 것을 전부 남에게 주라는 말이 아닙니다. 하나님께서 주신 것 중에 아주 작은 부분이라도 남에게 한번 주어 보라는 말입니다. 그리고 욕심이 생길 때 하나님 앞에서 좀 망설이고 주저해 보라는 것입니다. 누가 굉장히 좋은 제안을 했다 하더라도, 아주 좋은 기회가 찾아왔다 하더라도, 덥석 달려들지 말고 좀 멈칫거려 보라는 것입니다. 하나님께서 주시기로 작정하신 것은 아무리 망설이고 주저해도 주시게 되어 있습니다.

그렇게 하지 않고 자기 욕심을 좇아갈 때, 하나님께서는 물질적인 풍요뿐 아니라 하나님 백성의 자격까지 박탈하겠다고 말씀하십니다. 사실 우리가 아무리 남들에게 은혜를 많이 베푼다 해도, 하나님이 주신 은혜에 비하면 백분의 일, 천분의 일에도 미치지 못합니다. 그런데 그것마저 남에게 베풀기 싫어한다면 하나님께서도 더 이상 우리를 기뻐하지 않으실 것입니다.

나타난 결과

남에게 작은 것도 주기 싫어했던 유다 백성들은 결국 어떻게 된다고 합니까? "그때에 너희에게 대하여 풍사를 지으며 슬픈 애가를 불러 이르기를 '우리가 온전히 망하게 되었도다. 그가 내 백성의 산업을 옮겨 내게서 떠나게 하시며 우리 밭을 나누어 패역자에게 주시는도다' 하리니"(2:4).

"풍사"는 비유나 속담을 의미합니다. 다시 말해서 예루살렘이 패망해서 끌려가게 될 때 사람들이 '하나님께서 그 백성의 산업을 옮겨서 패역한 자에게 주셨다'는 속담을 만들 것이라는 뜻입니다.

유다 주변에 있는 나라들은 유다야말로 하나님의 참된 백성인 줄 알았습니다. 그런데 사실은 그들이 굉장한 위선자로서, 하나님도 기뻐하지 않으신다는 사실이 온 세상에 알려진다는 것입니다. 여기에서 "패역자"란 하나님을 모르고 그를 거역하는 자들을 가리킵니다. 하나님께서는 이렇게 패역한 자들을 통해 하나님의 백성들을 심판하겠다고 말씀하십니다.

그뿐 아니라 그들 중에는 "여호와의 회중에서 제비를 뽑고 줄을 띨 자"(2:5)가 하나도 없을 것입니다. 즉, 영원한 천국에 들어갈 자가 아무도 없다는 것입니다. 하나님 백성의 특징은 탐욕이 없는 데 있습니다. 그들은 하나님께서 모든 것을 주신다고 믿기 때문에, 부정한 방법으로 부자가 될 수 있는 길이 있어도 그 길로 가지 않습니다. 하나님이 나의 공급자이신데 무엇 때문에 죄와 타협하여 하나님의 마음을 아프게 하면서까지 무엇을 가지려 하겠습니까? 그런데 유다 백성들은 탐욕을 자제하지 않고 끝없이 확장하려 했습니다. 그 결과 '너희는 하나님의 백성이 아니며, 하나님의 산업을 차지할 자격이 없다'는 평가를 받게 되었습니다.

하나님께서는 그들을 정신 차리게 하기 위해 패역자를 사용하겠다고 말씀하십니다. 그들을 패역자에게 굴복시킴으로써 자신들의 상태가 과연 어떤 것인지 보여 주시겠다는 것입니다. 패역자들은 법도 없고 윤리도 없이 남의 것을 마구잡이로 차지하며 부모 자식 가리지 않고 행패를 부리는 사람들입니다. 그러나 자기 욕심만 차리는 하나님의 백성들은 이런 패역자들에게조차 굴복하게 됨으로써, 자신들이 얼마나 보잘것없고 무가치한 삶을 살아왔는지 깨닫게 될 것입니다. 하나님의 백성들에게 가장 굴욕스러운 일은 하나님을 모르는 사람들 앞에서 수치를 당하는 것입니다. 그런데 하나님께서는 이런 수치를 통해 다른 사람들을 돌보지 않고 자기 탐욕의 노예가 되는 것이 얼마나 무가치한 일인지 보여 주십니다.

끝까지 탐욕에서 놓여나지 못하는 사람은 하나님의 나라에 들어가지 못합니다. 하나님 백성의 재산은 하나님을 아는 지식입니다. 하나님을 알아 가기만 하면, 하나님께서 모든 것을 공급해 주십니다. 문제는 조금 늦게 주신다는 것인데, 그래도 믿음으로 잘 기다리면 넉넉히 채워 주십니다. 그러므로 하나님의 백성들은 자기 욕심을 채우는 데 삶의 목적을 둘 것이 아니라 하나님을 알아 가는 데 삶의 목적을 두어야 합니다. 그러면 기쁨이 찾아오고, 남을 불쌍히 여기는 마음이 생기게 됩니다. 하나님의 백성이라고 해서 아주 경쟁하지 않는 것은 아니지만, 다른 사람들처럼 악에 받쳐서 경쟁하지는 않습니다. 도가 지나치다 싶으면 뒤로 물러설 줄 알아요. 또 자기를 위해 아주 물건을 사지 않는 것은 아니지만, 매번 망설이고 주저하면서, 하나님보다 앞서지 않도록 기다리면서 삽니다.

하나님의 백성이라고 하면서도 하나님께서 나를 책임지신다는 사실을 잊고 자기 문제에 빠지며, 내일 일을 염려해서 자꾸 더 가지려 하는 사람은 세상에서도 나쁜 평가를 받을 뿐 아니라 하나님의 나라에서도 아무것도 차지하지 못할 것입니다. 오늘날 교회나 그리스도인들이 주변 사람들에게서 좋은 소리를 듣지 못하는 것은 하나님의 백성답게 살지 못하기 때문입니다. 이런 교회나 그리스도인들은 아무리 늘어나도 하나님 나라를 확장시킬 수 없습니다. 어차피 그들은 하나님 나라에서 제비를 뽑지 못할 것이기 때문입니다.

우리는 믿음의 좋은 소문을 되찾아야 합니다. 데살로니가 교회에 대한 좋은 소문이 마게도냐와 아가야 모든 곳에 퍼졌던 것처럼, 세상 사람들의 좋은 평가를 되찾아야 합니다. 그러려면 우리 스스로 자신의 욕심에 한계를 정하고 작은 것으로 남을 도와야 합니다.

사랑하는 여러분, 하나님께서 우리에게 원하시는 것은 엄청난 헌신의 삶이 아닙니다. 하나님께서 원하시는 것은 굉장히 작은 것을 남에게 주는 삶이며, 하나님 앞에서 조금만이라도 머뭇거리는 삶입니다. 그럴 때 우리의 미래를 책임지시며, 우리를 통해 주변의 많은 사람들을 복되게 하겠다고 약속하십니다.

내 욕심대로 안 되고 내 계획대로 안 될 때 기뻐하십시오. 그것은 하나님이 개입하고 계신다는 증거이며, 내 속에 성령이 계신다는 증거입니다. '하나님은 내 아버지시기 때문에 내 필요를 다 알고 계신다. 내가 밥 세 끼를 먹어야 하며 옷을 입어야 하고 집에서 자야 한다는 것을 알고 계신다. 그런데도 주시지 않는다면, 그것은 무언가 특별한 계획과 은혜가 준비되어 있다는 뜻이다'라고 믿고 두려워하지 마십시오.

 욕망이 나를 부채질할 때 망설이시기 바랍니다. 어떻게 해서든지 브레이크를 잡고 하나님의 때를 기다리시기 바랍니다. 밤새도록 생각했던 일을 아침에 포기하는 것은 잘못된 현상이 아닙니다. 하나님께서는 우리가 그분께 이끌리기를 원하시지, 욕망에 이끌리기를 원치 않으십니다. 결과는 똑같다 하더라도 욕망에 이끌려서 그런 결과가 나오는 것과 하나님의 인도로 그런 결과가 나오는 것에는 굉장한 차이가 있습니다. 믿음으로 그런 결과에 도달한 사람에게는 하나님을 향한 사랑과 다른 사람들을 향한 애정이 나타나게 되어 있습니다.

 우리는 대단히 불안한 세상에서 살아가고 있습니다. 하나님께서도 그것을 알고 계십니다. 그러므로 세상에서 사는 문제는 하나님께 맡겨 놓고, 우리는 하나님을 아는 지식에서 자라 가기로 결심합시다. 물질에 부요한 성도가 아니라 믿음에 부요한 성도가 되어 남에게 작은 것을 주는 사람들이 되기로 결심합시다. 그러면 하나님께서 진정으로 우리를 축복해 주실 것입니다.

4 예언하지 말라

하나님의 백성과 예언의 관계_유다 백성이 말씀을 거부한
이유_무너진 인본주의_유다답지 않은 행동

2:6 그들이 말하기를 "너희는 예언하지 말라. 이것은 예언할 것이 아니어늘 욕하는 말을 그치지 아니한다" 하는도다.
7 너희 야곱의 족속아, 어찌 이르기를 여호와의 신이 편급하시다 하겠느냐? 그의 행위가 이러하시다 하겠느냐?
"나의 말이 행위 정직한 자에게 유익되지 아니하냐?
8 근래에 내 백성이 대적같이 일어나서 전쟁을 피하여 평안히 지나가는 자들의 의복 중 겉옷을 벗기며
9 내 백성의 부녀들을 너희가 그 즐거운 집에서 쫓아내고 그 어린 자녀에게서 나의 영광을 영영히 빼앗는도다.
10 이것이 너희의 쉴 곳이 아니니 일어나 떠날지어다! 이는 그것이 이미 더러워졌음이라. 그런즉 반드시 멸하리니 그 멸망이 크리라.
11 사람이 만일 허망히 행하며 거짓말로 이르기를 '내가 포도주와 독주에 대하여 네게 예언하리라' 할 것 같으면 그 사람이 이 백성의 선지자가 되리로다!"

2:6-11

만약 여러분 집 대문 앞에 더러운 옷을 입은 거지가 술에 취한 채 곯아떨어져 자고 있다면 어떻게 하겠습니까? 아마 그 거지를 흔들어 깨워서 다른 곳으로 보낼 것입니다. "아저씨, 여기는 아저씨네 안방이 아닙니다. 여기 이렇게 누워 계시면 어떻게 합니까? 빨리 다른 곳으로 가세요"하면서 쫓아낼 것입니다.

우리는 오늘 본문에서 하나님께서 유다 백성들에 대해 바로 이런 식으로 말씀하고 계신 것을 보게 됩니다. 하나님께서는 유다 백성들에게 "일어나 여기를 떠나 다른 곳으로 가라. 여기는 너희가 쉴 곳이 아니다"라고 말씀하십니다. 마치 집주인이 술 취한 더러운 거지를 쫓아내듯이 약속의 땅에서 쫓아내고 계신 것입니다. 그 이유가 무엇입니까?

하나님께서 이렇게 하시는 것은 유다 백성들의 모습이 하나님 보시기에 너무나도 더러웠기 때문입니다. 물론 그들은 하나님의 백성이었습니다. 그러나 그들이 보여 주는 모습은 하나님께 너무나 낯선 것이었습니다. 우리도 식구가 이상하게 행동하면 갑자기 낯설게 느껴질 때가 있지 않습니까? 예를 들어 아버지가 술에 취해서 이상한 짓을 하면 '정말 이 사람이 내 아버지가 맞을까?' 하는 생각이 들면서 낯설게 느껴질 수 있습니다.

유다 백성들의 모습도 하나님께 아주 낯선 것이었습니다. 그들은 도저히 하나님의 백성이라고 할 수가 없었습니다. 그래서 하나님께서는 이 낯선 불량배들을 약속의 땅에서 내쫓고 계십니다.

하나님의 백성과 예언의 관계

하나님께서 유다 백성들을 낯설게 느끼시는 가장 중요한 이유는, 그들이 더 이상 말씀을 듣지 않으려 하는 데 있었습니다. "그들이 말하기를 '너희는 예언하지 말라. 이것은 예언할 것이 아니어늘 욕하는 말을 그치지 아니한다' 하는도다"(2:6). 유다 백성들은 선지자들에게 "예언하지 말라"고 했습니다. "계속 이런 식으로 예언하면 가만두지 않겠다"고 협박했습니다.

예언이란 하나님의 백성에 대한 하나님의 생각과 뜻을 선포하는 것입니다. 우리는 보통 미래의 일을 미리 알아내는 것을 예언이라고 하는데, 좁은 의미에서는 그것도 예언이라고 할 수 있습니다. 그러나 넓은 의미의 예언은 하나님의 백성들이 현재 어떤 상태에 있으며 어느 방향으로 가고 있는지 가르쳐 주는 것입니다.

사람들은 하루하루 그냥 사는 것이 아니라 일정한 길을 가고 있습니다. 예를 들어 학자에게는 학자의 길이 있고, 의사에게는 의사의 길이 있는 것과 같습니다. 어떤 사람이 자기의 길을 벗어날 때 우리는 그가 '외도한다'고 말합니다. 마찬가지로 하나님의 백성들이 마땅히 가야 할 길을 버리고 악한 길로 접어들 때, 선지자는 "너희는 지금 외도하고 있다"고 책망하면서, 계속 돌아오지 않을 때 닥칠 결과를 경고합니다.

이처럼 예언에는 죄에 대한 책망과 미래의 심판에 대한 경고가 들어 있기 때문에, 얼핏 듣기에는 부정적인 내용만 있는 것처럼 생각되기 쉽습니다. 그러나 실제로 예언에는 긍정적인 내용도 아주 많이 있습니다. 예언은 하나님께 순종하며 사는데도 환난과 고통을 겪는 성도들이 있을 때, 반드시 풍성한 삶이 회복될 것을 약속하면서 격려하고 위로하는 역할도 합니다. 교만하여 자기 길을 벗어나는 자들은 책망하고 경고하지만, 말씀대로 살고자 애를 쓰는데도 어려운 일이 닥쳐서 낙심하고 절망하는 자들은 굳게 붙들어 주어서 계속 말씀을 신뢰하도록 돕는 것입니다.

그래서 세례 요한은 자신의 사명을 주의 길을 평탄케 하는 것, 즉 높은 산은 낮추고 골짜기는 메워서 대로를 만드는 것이라고 말했습니다. 너무 교만해서 말씀을 받아들이지 못하는 사람은 책망하고 낮추어서 말씀을 듣게 만들고, 너무 형편이 어려워서 절망에 빠진 나머지 말씀을 받아들이지 못하는 사람은 격려하고 축복해서 말씀을 듣게 만드는 것이 자신의 역할이라는 것입니다.

하나님께서는 그 모든 영광과 능력을 말씀 속에 다 넣어 두셨습니다. 그러니까 지금 우리가 읽고 있고 설교하고 있는 이 말씀은 하나님의 모든 영광과 능력과 신성의 결정체인 것입니다. 말씀 안에는 하나님의 통치가 있고 기적이 있고 생명이 있고 광대한 구원계획이 있습니다.

말씀은 마치 부자가 자기의 전 재산을 다 팔아 몇 개 안 되는 다이아몬드를 사서 넣어 둔 허름한 주머니와 같습니다. 부자의 재산은 그 주머니 속에 전부 들어 있습니다. 그러나 그 주머니의 모양새가 너무나 허름하기 때문에 사람들은 그 주머니를 눈여겨 보지 않습니다. 마찬가지로 하나님께서는 자신의 모든 능력과 영광과 축복을 아주 평범한 인간의 언어에 담아 두셨습니다. 그러나 사람들은 그 언어가 너무 평범하다고 해서 가치를 알아보지 못하고 있습니다.

만일 하나님께서 그 능력과 신성과 축복을 번개와 천둥 속에 넣어서 주셨다면, 말씀이 한 번 떨어질 때마다 사람과 산천초목이 다 벌벌 떨었을 것입니다. 그러나 하나님께서는 번개와 천둥이 아니라 평범한 언어를 사용하셨습니다. 그것은 왕의 말도 아니고, 학자의 말도 아니고, 돈 많은 부자의 말도 아닙니다. 하나님께서는 아주 평범한 선지자들의 말 속에 자신의 모든 축복을 다 넣어 두셨습니다. 그래서 교만한 사람들이 말씀 속에 있는 하나님의 지성소 안으로 들어가지 못하는 것입니다.

유다 백성들이 선지자들을 향해 예언하지 말라고 하는 이유가 무엇입니까? 이제는 책망하는 말을 듣기 싫다는 것입니다. 교만한 사람의 특징은 책망의 말씀을 듣기 싫어한다는 데 있습니다. 그러나 축복의 말씀은 책망의 말씀 속에 들어 있습니다. 책망의 말씀을 들어야 바른길로 돌아올 수 있기 때문입니다. 다윗의 아름다운 점이 무엇입니까? 다윗은 왕으로서 모든 권력을 가지고 있었음에도 불구하고, 선지자가 책망할 때 주저 없이 무릎을 꿇었습니다. 이런 다윗을 하나님께서는 끝까지 사랑하셨습니다.

내 영혼이 지금 바른길로 가고 있는지 검증하고 싶습니까? 책망의 말씀에 어떻게 반응하고 있는지 보십시오. 책망의 말씀이 들릴 때 "맞습니다, 하나님, 정말 맞습니다! 제 속에서는 항상 죄와 교만이 솟구치고 있습니다"라고 고백하며 무릎을 꿇는 사람은 바른길로 가고 있는 것입니다. 그런데 그 말씀이 듣기 싫고 거부반응이 나타나며 대적하고 싶은 마음이 올라온다면 바른길에서 벗어났다고 보아야 합니다.

유다 백성이 말씀을 거부한 이유

유다 백성들은 왜 예언의 말씀을 듣기 싫어했습니까? "그들이 말하기를 '너희는 예언하지 말라. 이것은 예언할 것이 아니어늘 욕하는 말을 그치지 아니한다' 하는도다"(2:6).

"이것은 예언할 것이 아니어늘"이라고 할 때, "이것"은 예루살렘의 멸망을 가리킵니다. 그들이 가장 견디기 힘들어했던 말은 "예루살렘은 망하고 성전은 무너지며 너희는 노예로 끌려간다"는 것이었습니다. 그들은 하나님보다 성전을 더 믿고 있었습니다. 즉, 하나님 자신보다 하나님이 주신 축복을 더 붙들었던 것입니다. 그런데 그 축복을 빼앗긴다고 말하니까 싫어할 수밖에 없었습니다.

"욕하는 말을 그치지 아니한다"는 구절은 여러 가지로 번역할 수 있는데, 그 중에서도 가장 그럴듯한 번역은 '욕이 결코 우리에게 돌아오지 아니한다' 는 것입니다. 다시 말해서 이런 일은 결코 자신들에게 일어나지 않는다는 뜻입니다.

유다 백성들은 왜 이렇게 책망하는 말씀을 듣기 싫어하고 성전이 파괴된다는 말씀을 듣기 싫어했을까요? 첫째로, 그들은 하나님과 바른 관계를 맺는 것보다 세상에서 잘되는 것을 더 중시했습니다. 이미 말한 대로 하나님 자신이 아니라 하나님이 주시는 물질적인 축복을 더 신앙의 대상으로 삼았던 것입니다. 하나님 자신을 신앙의 대상으로 삼는 사람은 하나님과의 잘못된 관계를 지적하는 말씀을 듣는 즉시 회개하고 돌아섭니다. 그러나 돈이나 성공을 신앙의 대상으로 삼는 사람의 귀에는 그런 말씀이 들어오지 않습니다.

둘째로, 심령이 어두워진 유다 백성의 눈에는 하나님이 보이지 않고 사람만 보였습니다. 선지자를 볼 때에도 '하나님이 저 사람을 통해 말씀하신다'고 생각한 것이 아니라 '나도 사람이고 너도 사람인데 왜 자꾸 잘난 체하면서 내 죄를 지적하는 거야? 왜 잘한 것은 알아주지도 않고 잘못한 것만 책망하는 거야?'라고 생각했습니다. 하나님이 눈에 보여야 다른 사람을 통해 말씀해 주시는 것이 얼마나 큰 긍휼이고 자비인지 알 수 있는데, 하나님이 보이지 않으니까 사람을 통해 주시는 책망이 고깝게 들린 것입니다.

셋째로, 그들에게는 성공한 자들의 자만심이 있었습니다. 사람이 어릴 때는 스스로 부족한 것이 많다고 생각하기 때문에 야단을 쳐도 비교적 잘 받아들입니다. 그런데 어른이 된 후에 남에게 좋지 않은 말을 들으면 굉장히 기분 나빠합니다. 더구나 세상에서 성공을 거두고 나면 책망보다는 칭찬을 듣고 싶은 마음이 더 강해집니다. 주변에는 이미 자기를 칭찬하고 인정해 주는 사람들이 많이 있습니다. 아첨이 나쁘다는 건 알지만, 그래도 아첨하는 소리가 듣기 좋은 것은 어쩔 수가 없습니다. 그래서 성공하면 할수록 자꾸 아첨하는 사람들을 가까이하게 되고, 선지자들 중에서도 거짓 선지자들을 좋아하게 됩니다. 자기는 기쁨으로 교회에 갔는데 잘한 일은 하나도 인정해 주지 않고 잘못한 일만 마구 지적하면서 찬물을 끼얹으면 '정말 싫다!'는 생각이 들지 않겠습니까?

유다 백성들도 힘들고 가난했을 때는 지푸라기라도 붙들고 싶은 심정으로 책망하시는 말씀을 달게 받았고, 그때마다 불같은 감동이 임하면서 성령의 역사가 일어나곤 했습니다. 그런데 어느 정도 생활이 펴지고 나니까 자꾸 인정해 주는 소리나 아첨하는 소리만 듣고 싶어지고, 미가 같은 선지자들의 설교는 듣기 싫어진 것입니다.

세상에서 성공을 거둔 사람들이 교회를 찾는 이유가 무엇입니까? 세상에서는 이미 인정받았으니 하나님 앞에서도 인정받고 싶고, 정신적인 위안을 얻고 싶다는 마음 때문입니다. 이런 사람들은 서로서로 위로해 주고 추켜세워 주기를 좋아합니다. 물론 그런 말들이 공허하다는 사실을 모르는 것은 아닙니다. 그래도 그 말이 듣고 싶은 것은 어쩔 수가 없습니다. 이 정도 지위에 오르기까지 인생의 쓴맛 단맛 다 경험해 가면서 애를 썼으니, 이제는 좀 인정받고 싶고 대접받고 싶고 위로받고 싶은 것입니다. 이런 사람들은 자신의 삶을 바꿀 의사가 전혀 없기 때문에 책망하는 설교나 지적하는 설교를 듣고 싶어 하지 않습니다. 그들이 듣고 싶어 하는 것은 마음을 안심시켜 주고 도닥거려 주는 설교입니다.

아무리 맛있는 진수성찬도 배부른 사람에게는 소용이 없고, 아무리 훌륭한 의사도 스스로 건강하다고 생각하는 사람에게는 도움이 되지 않는 법입니다. 하나님 앞에서 참으로 복된 사람은 은혜에 주리고 목마른 사람이며, 자기의 부족함과 죄 때문에 몸부림치는 사람입니다. 그런 사람들만이 책망하는 말씀 안에 들어 있는 뜨거운 사랑을 받아 누릴 수 있습니다. '나는 배가 부르다. 나는 아무 문제가 없다'고 생각하는 사람은 하나님도 도와주실 수 없습니다.

무너진 인본주의

유다 백성들이 가지고 있는 생각이 무엇입니까? "너희 야곱의 족속아, 어찌 이르기를 여호와의 신이 편급하시다 하겠느냐? 그의 행위가 이러하시다 하겠느냐?"(2:7상)

"여호와의 신이 편급하시다 하겠느냐?"라는 것은 유다 백성들의 말로서, '편급하다'는 '조급하다, 부족하다'는 뜻입니다. 즉, 하나님은 절대로 조급한 분이 아니라는 것입니다. 항상 느긋하신 분, 늘 같은 자리에 계시면서 언제 찾아가도 반갑게 맞아 주시는 분, 자신들이 설사 잘못을 저질렀다 하더라도 자비롭게 받아 주시는 분이라는 것입니다. 그래서 그들은 하나님께 돌아가는 일을 급하게 여기지 않았습니다.

"그의 행위가 이러하시다 하겠느냐?"라는 것은 하나님께서 선지자들의 말처럼 일하실 리가 없다는 뜻입니다. 선지자들이 이런 식으로 좋지 않은 내용을 설교하는 것은 그들 자신의 기질이 부정적이기 때문이지, 하나님은 절대 그런 분이 아니라는 것입니다.

방정식에 비유하자면, 하나님은 상수이고 세상은 변수라는 것이 유다 백성들의 생각이었습니다. 하나님은 수백 년 동안 성전에 계셨고 앞으로도 성전에 계실 테니까 신경 쓸 것 없고, 늘 급변하는 세상의 변화에 신경을 써야 한다는 것입니다. 요즘 젊은이들이 시골에 계신 부모님과 회사 거래처 중 어느 쪽에 신경을 많이 쓰겠습니까? 물론 마음속으로야 부모님을 더 중요하게 여기겠지요. 그러나 부모님은 언제 찾아가도 상관이 없는 분들입니다. 언제 찾아가도 반갑게 맞아 주면서 참기름도 싸 주시고, 깨소금도 싸 주시는 분들이에요. 그러나 거래처는 늘 신경을 써서 관리하지 않으면 당장 매출에 손해가 생깁니다. 유다 백성들은 하나님을 시골에 계신 부모님처럼 생각해서 관심도 갖지 않았던 반면, 국제정세에는 굉장히 민감하게 반응했습니다.

그러나 미가의 방정식은 그들과 달랐습니다. 그가 볼 때, 세상은 아무리 급변한다 해도 큰 물통 속에 들어 있는 물방울 하나에 불과했습니다. 하나님이야말로 중요한 변수이며, 국제정세나 세상은 아무리 변해 봐야 큰 의미가 없는 상수였습니다.

우리도 교회에 가면 늘 똑같다는 생각이 듭니다. 설교도 늘 그게 그것이고, 부르는 노래도 늘 그게 그것입니다. 그런데 세상은 얼마나 다채롭고 급변합니까? 인터넷 사이트에서는 매순간 최신 정보가 쏟아지고 있는데 "아브라함과 다윗의 자손 예수의 세계라" 하면서 성경을 펴 놓고 읽는 것이 무슨 의미가 있습니까? 하나님은 언제 돌아가도 반갑게 맞아 주시는 분이니까, 일단은 세상일부터 챙기는 것이 현명하지 않겠습니까?

그러나 하나님은 우리 생각처럼 마냥 두 팔 벌리고 기다리시는 분이 아닙니다. 우리가 한 걸음 다가서면 백 걸음 다가오시지만, 한 걸음 물러서면 백 걸음 물러서십니다. 말씀에 귀를 기울이고 은혜를 받고자 애를 쓰면 바로 다가와 안아 주시고 위로해 주시고 치료해 주시지만, 마음에 욕심이 생겨서 한눈을 팔면 바로 기쁨을 빼앗아 가십니다. 기쁨이라는 것이 얼마나 잃기 쉬운 것인지 모릅니다. 말씀이 얼마나 잃기 쉬운 것인지 몰라요. 하나님의 은혜는 굉장히 예민한 것입니다. 그러나 유다 백성들은 그것을 몰랐습니다.

세상의 변화는 우리 눈에 보이는 것처럼 크지 않습니다. 참으로 중요한 것은 세상이 어떻게 변하고 있느냐가 아니라 하나님이 나를 어떻게 보고 계시느냐, 내가 얼마나 하나님과 가까이 있느냐

하는 것입니다.

유다답지 않은 행동

　죄가 무엇입니까? 꼭 비열하고 나쁜 짓을 해야 죄를 짓는 것은 아닙니다. 성경은 자신에게 기대되는 행동을 하지 않는 것을 다 죄라고 말합니다. 예를 들어 존귀한 사람이 존귀한 사람답게 행동하지 않고 천박하게 행동하는 것이 죄인 것입니다. 아마도 유다 백성들은 자신들이 다른 민족들에 비해 큰 죄를 저지르지 않았다고 생각했을 것입니다. 그러나 하나님께서는 그들이 하나님의 백성답게 살지 않은 것이야말로 죄라고 말씀하십니다. 하나님의 백성에게는 하나님의 백성다운 존귀한 삶이 있는데 그렇게 살지 않은 것이 죄라는 것입니다. "근래에 내 백성이 대적같이 일어나서 전쟁을 피하여 평안히 지나가는 자들의 의복 중 겉옷을 벗기며 내 백성의 부녀들을 너희가 그 즐거운 집에서 쫓아내고 그 어린 자녀에게서 나의 영광을 영영히 빼앗는도다"(2:8-9).

　유다 백성들은 하나님의 백성답게 살기는커녕 흉악한 강도들이나 할 짓을 했습니다. 아마도 전쟁을 피해 지나가는 행렬에 비싼 통행료를 요구하고, 통행료가 없는 사람들에게서는 겉옷을 빼앗았던 것 같습니다. 그 당시 사람들에게 겉옷은 단순한 옷이 아니었습니다. 잘 때는 이불이 되기도 하고 바람이 불거나 비가 올 때는 텐트가 되기도 했습니다. 그런데 그들은 전혀 저항할 의사가 없는 피난민들을 그냥 지나가게 두지 않았습니다. 돕고 싶은 생각이 없으면 편히 지나가게 내버려 두기라도 해야 하는데, 통행료를 요구하고 겉옷까지 빼앗은 것입니다. 물론 다른 민족들도 다 이런 짓을 했고, 이보다 더 심한 짓도 했습니다. 그러나 하나님이 보시기에는 도저히 자신의 백성다운 행동이 아니었습니다. 그들의 모습은 너무나 낯선 것이었습니다.

그뿐만이 아닙니다. 그들은 빚을 갚지 못한 부녀들을 집에서 내쫓았습니다. 성경은 "그 즐거운 집에서" 쫓아냈다고 말씀하고 있습니다. 그들은 가난했지만 자기들 나름대로 단란하게 살고 있었습니다. 그런데 유다 백성들은 그들을 노예로 팔아 버림으로써 그 작은 행복을 깨뜨려 버렸습니다. "그 어린 자녀에게서 나의 영광을 영영히 빼앗는도다"에서 "나의 영광"은 하나님께서 주신 땅을 의미합니다. 물론 빚을 갚지 못한 것은 잘못이지만, 그렇다고 울면서 사정하는 부녀들과 어린것들에게 그렇게까지 매정하게 굴 필요가 있습니까? 하나님께서는 "이것은 내 백성답지 않은 행동이다. 너희는 더 이상 내 땅에 살 자격이 없다. 그런 짓을 하려거든 다른 곳에 가서 하라"고 말씀하십니다.

10절을 보십시오. "이것이 너희의 쉴 곳이 아니니 일어나 떠날지어다! 이는 그것이 이미 더러워졌음이라. 그런즉 반드시 멸하리니 그 멸망이 크리라."

우리는 남들처럼 큰 죄를 지어야 죄를 짓는 것이 아닙니다. 하나님께서 우리에게 주신 존귀함에 어울리지 않게 행동하는 것, 우리에게 주신 새로운 삶에 맞지 않게 행동하는 것이 다 죄입니다. 하나님께서는 술 취한 주정뱅이를 문 앞에서 쫓아내듯이 유다 백성들을 약속의 땅에서 쫓아내고 계십니다.

우리에게 가장 가슴 아픈 일이 무엇입니까? 하나님이 주신 은혜의 천분의 일, 만분의 일에도 못 미치는 생활을 할 때가 너무나도 많다는 것입니다. 세상 사람들을 상대해서 화를 내며 다투다가, 사소한 일에 집착하다가 우리의 존귀함을 놓쳐 버릴 때가 너무나 많다는 것입니다.

사람은 누구를 자주 상대하느냐에 따라 달라지게 되어 있습니다. 관대한 사람을 자주 상대하면 관대해집니다. 쩨쩨한 사람을 자주 상대하면 또 상상할 수 없을 정도로 쩨쩨해집니다. 그러니까 상대하는 대상을 잘 선택해야 합니다. 우리가 상대해야 할 대상은 하나님입니다. 우리는 자꾸 하나님을 만나야 하고, 자꾸 존귀한 사람들을 만나야 합니다. 그리고 거울을 보면서 하루에도 백 번씩 "나는 존귀하다"라고 외쳐야 합니다. 누군가 나의 존귀함을 깎아 내리려 할 때마다 "나는 존귀한 하나님의 백성이다"라고 되뇌어야 합니다. 내 속에 있는 분노나 치사한 생각들, 끝까지 사람들을 상대해서 이기고 싶은 마음을 씻어 버리고 자꾸 하나님께 나아가야 합니다. 그렇게 하지 않으면 한순간에 고아의 자리로 되돌아가게 되어 있습니다.

11절을 보십시오. "사람이 만일 허망히 행하며 거짓말로 이르기를 '내가 포도주와 독주에 대하여 네게 예언하리라' 할 것 같으면 그 사람이 이 백성의 선지자가 되리로다!"

유다 백성들이 종교 자체를 부인하고 버리려 했던 것은 아닙니다. 그들은 여전히 선지자를 원하고 있었습니다. 그러나 그들이 원한 선지자는 진실하게 설교하는 참 선지자가 아니라 자기 만족을 채워 주는 거짓 선지자였습니다. 거짓 선지자들은 말씀에 기초해서 설교하지 않습니다. 포도주와 독주에 기초해서 설교합니다. 포도주와 독주를 마시면 어떻게 됩니까? 기분이 아주 좋아집니다. 유다 백성들은 자신들이 무슨 짓을 하더라도 책망하지 않고 공허함을 달래 주며 정신적인 만족을 주는 설교를 듣기 원했습니다.

오늘 성경이 우리에게 말씀하는 것이 무엇입니까? 하나님께서는 자신의 전 재산을 이 말씀 속에 넣어 두셨습니다. 그 모든 능력과 영광과 축복을 이 평범한 언어 속에 담아 놓으셨습니다. 하나님께서는 우리가 그것을 캐내어 갖기를 원하십니다.

하나님이 책망하실 때 싫어하지 마십시오. 그 책망 속에 무한한 애정이 들어 있으며, 그 경고 속에 따뜻한 위로가 들어 있습니다. 그러나 교만한 사람은 책망과 경고 대신 아첨의 말을 좇을 것이며, 결국 그 책임을 지게 될 것입니다.

방정식을 잘 세우시기 바랍니다. 이 세상은 아무리 변해 봐야 물 한 방울에 불과하다는 것을 잊지 마십시오. 중요한 변수는 하나님입니다. 하나님을 아는 것, 하나님과 바른 관계를 맺는 것이 가장 중요합니다. 유다 백성들은 하나님을 늘 성전에 계시는 마음씨 좋은 할아버지처럼 생각했기 때문에 하나님을 멀리하고 세상에 휩쓸렸습니다. 하나님께서는 이들을 낯설어하시면서, 약속의 땅에서 쫓아내고 계십니다.

하나님께서는 우리를 존귀한 자리로 부르셨습니다. 그런데 우리가 그 존귀함을 자꾸 잃어버리는 것이 문제입니다. 오늘 하나님 앞에 나아가 잃어버린 존귀함을 회복시켜 달라고 간구합시다. 하나님께 낯선 사람들이 되지 않게 해 달라고, 하나님께서 친밀하게 다가오실 수 있는 사람들이 되게 해 달라고 간구합시다.

5 이스라엘의 새 목자

이스라엘을 개혁하시는 하나님 _ 하나님의 백성이 많아지다 _ 길을 여는 자

2:12 "야곱아, 내가 정녕히 너희 무리를 다 모으며 내가 정녕히 이스라엘의 남은 자를 모으고 그들을 한 처소에 두기를 보스라 양 떼 같게 하며 초장의 양 떼 같게 하리니 그들의 인수가 많으므로 소리가 크게 들릴 것이며
13 길을 여는 자가 그들의 앞서 올라가고 그들은 달려서 성문에 이르러서는 그리로 쫓아 나갈 것이며 그들의 왕이 앞서 행하며 여호와께서 선두로 행하시리라."

2:12-13

얼마 전에 필리핀 대통령 에스트라다가 부정한 여자관계와 돈 문제로 대통령직을 사임한 일이 있었습니다. 사람은 이상하게도 자기에게 주어진 직책을 이용하여 별도의 이익을 챙기려 드는 성향이 있습니다. 직책이란 남에게 봉사하라고 주어지는 것으로서, 직책을 맡은 사람은 자신의 봉사를 통해 남들이 기뻐하고 행복해 하는 것을 상급으로 생각해야 합니다. 그런데 오히려 남들 위에 군림하려 하고 더 나아가 부정한 이득을 취하려 할 때, 그 단체나 나라는 부패할 수밖에 없습니다.

세상에는 완전히 깨끗하고 의로운 나라가 있을 수 없습니다. 사람의 본성 자체가 남의 행복보다는 나의 욕심을 추구하게 되어 있기 때문에, 덜 부패한 권력은 있을 수 있어도 절대적으로 깨끗한 권력이란 있을 수 없습니다.

그런데 하나님께서는 이 세상에 참으로 깨끗한 한 나라를 세우기 원하셨습니다. 그 나라가 바로 이스라엘입니다. 고대세계는 아무도 믿을 수 없는 세계였습니다. 그러나 이스라엘과 예루살렘만큼은 믿을 수 있었습니다. 이를테면 밤거리를 여성이 돌아다녀도 아무 걱정이 없었습니다. 그런데 문제는 이스라엘과 예루살렘 역시 부패하고 타락하면서, 이곳의 밤거리 역시 마음껏 다닐 수 없게 되었고 이곳 사람들 역시 믿을 수 없게 되었다는 것입니다. 하나님께서는 이 땅에 진정한 하나님 나라의 모습을 보여 주기 원하셨습니다. 하나님의 백성들이 얼마나 서로 사랑하며 남들을 소중히 여기는지 보여 주기 원하셨습니다. 그러나 이 나라에도 죄가 들어오고 욕심이 들어오면서 다른 나라들과 똑같아지고 말았습니다.

하나님께서는 미가 선지자를 통해 이 나라를 어떻게 정화시키고 개혁할 것인지에 대해 말씀하셨습니다. 그 방법은 놀랍게도 말씀대로 살고자 하는 자들, 믿음으로 살고자 하는 자들을 포로로 잡혀 가게 하시는 것이었습니다. 권력자들, 악한 자들은 예루살렘에 남겨서 멸망시키시고, 포로로 잡혀 간 자들이 있는 곳에서 다시금 하나님의 나라를 시작하시는 것이었습니다.

중세에는 기독교가 서구 사회를 지배하고 있었습니다. 그런데 그 당시 기독교가 얼마나 부패하고 썩었는지 교황직까지 돈으로 사고 팔 정도였습니다. 하나님께서는 그 안에서 바로 믿고자 하는 사람들을 끌어내셔서, 엉뚱한 곳에서 새로운 교회를 시작하셨습니다. 이것이 하나님의 개혁 방식입니다.

교회가 부패할 때 하나님께서는 우선 선지자를 통해 말씀을 주십니다. 그때 곧바로 개혁을 하면 모든 문제가 해결됩니다. 그런데 사실 말씀만 듣고 돌아오는 교회는 별로 많지 않습니다. 그래서 말씀을 무시한 채 계속 욕심을 향해 나아가면 여러 가지 어려움을 보내서 경고해 주십니다. 그리고 그 어려움 속에서도 정신을 못 차리면 물리적인 방법을 동원하시는데, 그것이 곧 기존의 교회를 해체하고 엉뚱한 곳에서 새롭게 교회를 시작하시는 것입니다.

하나님께서는 북쪽 이스라엘의 멸망과 남쪽 유다의 바벨론 유수라는 물리적인 방법을 사용하셨습니다. 미가 선지자가 말하는 것이 무엇입니까? 예루살렘의 멸망은 그냥 멸망이 아니라 교회를 정화시키시는 하나님의 개혁운동이라는 것입니다. 하나님께서는 이런 식으로 자신의 교회를 정화시키신다는 것입니다. 철저한 해체와 파괴를 행하신 후에, 생각지도 못했던 엉뚱한 곳에서 흩어진 양 떼들을 불러모아 다시 교회를 시작하신다는 것입니다.

이스라엘을 개혁하시는 하나님

하나님과 이스라엘 백성들 사이에는 한 가지 약속이 있었습니다. 그것은 이스라엘 백성들이 오직 하나님 한 분만 섬기고 서로를 형제 자매로 대하면, 그들이 아무리 연약하고 무능해도 가나안 땅에서 영원히 추방하지 않으신다는 약속이었습니다. 예를 들어 누군가 바알을 섬기고 아세라를 섬겨서 굉장히 돈을 많이 벌었다 해도 거기에 속지 않고 하나님만 바라본다면, 믿음 때문에 좀 손해 보고 좀 가난해지고 좀 굶는다 해도 세상적인 방법으로 성공한 사람들을 부러워하지 않고 흉내 내지 않는다면, 아름다운 여자가 있어도 욕심을 품지 않고 누이로 생각하며 돈 가진 남자가 있어도 악한 마음을 품지 않고 '형이 요즘 돈 잘 버니까 좋네! 아우가 행복하니까 좋네!' 라고 생각한다면, 가나안 땅에서 영원히 쫓겨나지 않는다는 것입니다.

하나님의 백성은 출생으로 되는 것이 아닙니다. 하나님의 말씀을 듣고 변화가 되어야 합니다. 그렇기 때문에 이스라엘과 유다가 전 존재를 걸고 해야 하는 일은 자녀들에게 계속 말씀을 가르쳐서 진정한 하나님의 백성이 되게 하는 것이었습니다. 그런데 먹고사는 데 바쁘고 돈 버는 데 바빠서 자녀들을 교육하지 않으니까, 겉으로는 여호와 종교를 믿어도 속으로는 하나님의 백성이 아닌 빈 껍데기가 되고 만 것입니다.

그 결과, 예루살렘은 다른 나라들처럼 믿지 못할 곳이 되고 말았습니다. 그들은 빚을 갚지 못한 사람들을 노예로 팔아넘기고 와서 예배를 드렸습니다. 남의 소를 잡아먹고 와서 예배를 드렸으며, 남의 아내를 범하고 와서 예배를 드렸습니다. 그들은 우상을 섬기는 주변 나라와 아무 차이가 없었습니다.

하나님의 백성은 신실해야 하며, 상대방의 믿음을 깨뜨리지 말아야 합니다. 그런데 예루살렘은 그 믿음을 깨뜨려 버렸습니다. 이것은 하나님이 보시기에 심각한 문제였습니다. 하나님의 백성다운 모습을 가진 나라를 세우는 것이 유일한 소망이었는데, 그 소망이 사라져 버린 것이기 때문입니다.

처음에 하나님께서는 선지자를 보내서 이들을 돌이키려 하셨습니다. 더 많이 타락한 북쪽 이스라엘에는 아주 강력한 선지자, 엘리야와 엘리사를 보내셨습니다. 엘리야 시대에는 3년 반 동안 비가 내리지 않았습니다. 그러다가 엘리야의 기도에 응답하여 바알 제사장 450명을 죽이시고 비를 내리심으로써 하늘을 주장하는 분이 여호와 하나님이심을 보여 주셨습니다. 또 남쪽 유다에도 많은 선지자를 보내어 경고해 주셨습니다. 그럼에도 불구하고 이스라엘과 유다는 자신들의 죄를 깨닫지 못했습니다. 하나님께서는 많은 재앙을 통해서도 그들을 깨우치려 하셨지만, 그들은 여전히 깨닫지 못했습니다. 그래서 마지막으로 쓰신 방법이 무엇입니까? 북쪽 이스라엘을 완전히 멸망시키신 것입니다. 그리고 유다는 일부만 바벨론으로 데려가서 다시 교회를 시작하신 것입니다.

하나님의 백성들도 부패한 본성을 가지고 있기 때문에, 늘 바른 관계로 되돌아오기를 힘써야 합니다. 그래서 교회는 항상 개혁될 필요가 있습니다. 우리가 하나님과 바른 관계를 맺고 있는지 확인하는 방법이 무엇입니까? 말씀에 어떤 반응을 보이는지 살펴보는 것입니다. 말씀을 중심에 두고 어떻게 해서든지 그것을 붙들고자 애쓰고 있다면, 아무리 다른 부분이 많이 부족해도 바른 위치에 있는 것입니다. 그러나 말씀은 뒷전으로 밀어 놓은 채 다른 것들을 앞에 두고 있다면, 아무리 목이 터져라 기도하고 찬송해도 바른 위치에서 벗어나 있는 것입니다.

왜 예루살렘이 망해야 했습니까? 말씀을 듣기 싫어했기 때문입니다. 선지자들에게 더 이상 예언하지 말라고 했기 때문입니다. 그래서 하나님께서는 마지막으로 예루살렘의 해체라는 극약처방을 쓰셨습니다. 하나님께서 말씀하시는 것이 무엇입니까? "이 땅을 떠나라. 너희는 여기 있을 자격이 없다"는 것입니다.

12절을 보십시오. "야곱아, 내가 정녕히 너희 무리를 다 모으며 내가 정녕히 이스라엘의 남은 자를 모으고 그들을 한 처소에 두기를 보스라 양 떼 같게 하며 초장의 양 떼 같게 하리니 그들의 인수가 많으므로 소리가 크게 들릴 것이며."

하나님께서는 예루살렘을 폐허로 만드시고 양 떼를 흩으신 후에 남은 자들을 다시 모으실 것입니다. "정녕히 이스라엘의 남은 자를 모으고"라는 말씀을 히브리어 그대로 해석하면 '정녕히 이스라엘의 남은 자를 모으고 또 모으며'라고 할 수 있습니다. 이 두 가지 '모으다'는 각기 다른 단어이지만 뜻은 같습니다. 즉, 구석구석에 흩어져 있는 양들을 하나하나 불러모아 다시 교회를 세우시겠다는 것입니다. 그래서 신실한 형제 자매들이 주위에서 하나씩 없어질 때에는 조심해야 합니다. 곶감 빼 가듯이 신실한 사람들을 다 빼 가신 후에 남은 자들을 심판하실지도 모르기 때문입니다.

하나님께서 자기 백성들에게 원하시는 것은 뛰어난 능력이나 처세술이 아닙니다. 하나님께서 원하시는 것은 딱 두 가지입니다. 남들이 아무리 세상적인 방법으로 성공해도 따라가지 않고 하나님 한 분으로 만족하는 것, 이웃을 탐욕의 대상으로 보지 않고 내 형제와 자매와 어머니와 아버지로 보는 것입니다. 그러면 아무리 부족하고 연약해도 가나안 땅에서 쫓겨나지 않을 것입니다. 좀 어려움을 겪을 수는 있어도 아주 쫓겨나지는 않을 것입니다.

하나님의 백성들도 인간이기 때문에 끊임없이 말씀에서 멀어지려는 성향을 가지고 있습니다. 그렇게 멀어져서 하나님이 선지자를 통해 말씀으로 경고하신다면 되도록 빨리 돌아서는 것이 좋습니다. "어, 하나님이 말씀하시네. 어디 보자. 내 생활에서 하나님의 말씀이 얼마나 중요한 위치를 차지하고 있지? 내가 얼마나 말씀 듣기를 기뻐하고 있지? 내가 얼마나 하나님을 의지하고 있지?"라고 물어보고, 많이 떠내려 갔다 싶으면 재빨리 자기의 생활방식을 개혁해야 합니다. 예를 들어 아르바이트를 많이 하느라 바빠서 말씀을 듣지 못하고 있다면 아르바이트를 줄여야 하고, 무슨 계획을 세워서 진행하는 일에 마음을 빼앗겨서 하나님으로부터 멀어지고 있다면 그 계획을 포기해야 합니다. 그러면 복 받는 위치로 다시 돌아갈 수 있습니다. 그러나 말씀의 경고를 무시하는 교회나 개인은 비싼 대가를 치르게 됩니다.

성경은 우리를 "양 떼"라고 표현하고 있습니다. 양 떼의 특징이 무엇입니까? 목자가 인도해 주지 않으면 어디에 푸른 풀밭이 있고 잔잔한 물가가 있는지 모른다는 것입니다. 그래서 엉뚱한 곳을 헤매다가 절벽에서 떨어져 죽거나 늑대에게 물려서 죽는 것입니다. 우리가 스스로 길을 못 찾는 것은 조금도 이상한 일이 아닙니다. 하나님께서 우리를 그렇게 만들어 놓으셨습니다. 우리 자신의 힘으로는 어디가 축복으로 가는 길이며 행복으로 가는 길인지 모르는 것이 당연해요. 우리는 주님의 인도를 받아야만 합니다. 그런데 길을 못 찾는 것을 답답하게 여기고 '나는 바보인가 봐. 남들은 길만 잘 찾던데 왜 내 눈에는 보이지 않을까? 나도 한번 내 힘으로 길을 찾아봐야겠다'고 나서면 절벽에서 떨어지거나 늑대를 만나게 되어 있습니다.

사람들이 세상적인 방법으로 잘되는 것을 부러워하지 마십시오. 그것은 우상 숭배의 길이고, 이방인의 길이고, 멸망으로 가는 넓은 길입니다. '나는 주님이 인도해 주셔야 한다. 난 양이니까, 바보 양이니까' 하면서 주님만 의지하면, 주님이 친히 인도해 주십니다.

하나님은 어떤 분입니까? 자신의 교회를 스스로 개혁하시는 분입니다. 하나님께서는 자신의 교회가 타락하고 변질되는 것을 절대로 그냥 내버려 두시지 않습니다. 처음에는 말씀을 주시고, 말씀을 듣지 않을 정도로 완악해져 있을 때에는 몽둥이로 때려서라도 말씀을 듣게 하십니다. 그리고 그 방법도 통하지 않으면 완전한 해체라는 극약처방을 쓰신 후에 다시 교회를 세우십니다. 그렇게 철저하게 개혁을 해서, 누구라도 믿을 수 있는 공동체, 누구라도 안심하고 영혼을 맡길 수 있는 공동체를 만드십니다.

하나님의 백성이 많아지다

미가 선지자는 유다가 예루살렘의 멸망으로 완전히 망하는 것이 아니라 오히려 보스라의 양 떼처럼 많아질 것이라고 말합니다. "보스라 양 떼 같게 하며 초장의 양 떼 같게 하리니 그들의 인수가 많으므로 소리가 크게 들릴 것이며"(2:12 하).

보스라는 모압의 지명으로서, 양이 많기로 유명한 곳이었습니다. 뉴질랜드에 가 본 분은 사람보다 양이 더 많은 광경을 보았을 것입니다. 보스라도 그런 곳이었습니다. 모압은 양 목축으로 유명해서 왕의 칭호도 '대목자'라고 할 정도였습니다.

이스라엘이 멸망하고 유다 백성들이 포로로 잡혀 간다면 하나님 백성의 수는 적어져야 마땅합니다. 그런데 하나님께서는 오히려 보스라 양 떼처럼 많아질 것이라고 말씀하십니다. 어떻게 그럴 수가 있습니까? 나라가 멸망하면 아무래도 많은 사람들이 죽어 없어지지 않겠습니까? 또 살아남은 사람들도 전보다 신앙이 위축되지 않겠습니까?

하나님께서는 이스라엘과 유다를 가득 채우고 있던 백성들을 진정한 자기 백성으로 보지 않으셨습니다. 그들은 가짜였습니다. 그들의 신앙은 작동하지 않는 시계와 같았습니다. 물질적인 풍요에 젖어 있을 때에는 믿음이 작동하지 않는 법입니다. 그런데 이스라엘이 멸망하고 유다가 포로로 잡혀 가는 최악의 상황이 벌어지면 어떻게 됩니까? 하나님을 두려워하는 사람들이 생겨납니다. 필사적으로 말씀을 붙드는 소수의 사람들이 생겨납니다. 하나님께서는 이 소수의 사람들에게 능력을 주시고 축복을 주셔서 믿음을 온 세상에 전파하려 하셨습니다. 하나님께서는 어중간하게 믿는 사람들이 많아지는 것을 원치 않으십니다. 하나님께서 원하시는 것은 말씀에 전적으로 헌신하는 소수의 사람들을 통해 세계를 뒤엎으시는 것입니다.

  돈과 욕심은 사람을 눈멀게 해서 말씀대로 살지 못하게 만듭니다. 그렇기 때문에 돈이 날아가고 세상적으로 잘살 기회가 박탈될 때, 오히려 믿음으로 살고자 애쓰게 될 수 있습니다. 사람에게 부탁할 길이 아예 막혀 버릴 때, 오히려 마음이 자유로워지면서 말씀을 붙들고자 노력하게 될 수 있습니다.

  물론 풍요로울 때에도 사람들은 교회를 많이 찾습니다. 그러나 그때는 말씀을 들으려고 교회에 오는 것이 아닙니다. 설교 시간이 조금만 길어져도 얼마나 화를 내는지 몰라요. 가난할 때는 몇십 명, 몇백 명밖에 안 되던 교회가 풍요로울 때는 수천 명, 수만 명으로 늘어날 수 있습니다. 그러나 하나님께서는 오히려 그 백성의 수가 줄어든 것으로 여기십니다. 풍요로우면 믿음으로 살 필요가 없기 때문입니다. 인간의 힘으로 모든 문제를 해결할 수 있는데 굳이 하나님을 찾을 이유가 어디 있겠습니까? 그러나 고난의 시기가 닥치면 눈에 보이는 교인들의 숫자는 확 줄어드는 반면, 진심으로 하나님을 두려워하고 의지하는 백성의 수는 늘어나게 됩니다. 하나님께서는 그들에게 성령을 부으셔서 고난만 이기는 것이 아니라 온 세상을 뒤엎을 능력을 주십니다.

  예수님께서 십자가에 못 박혀 죽으셨을 때 그를 끝까지 따른 사람의 숫자는 백 명이 조금 넘는 정도였습니다. 그러나 그들은 아주 분명한 신앙을 가지고 있었습니다. 그들은 세상의 부귀영화에 담을 쌓은 채 예수와 운명을 같이하고자 했습니다. 물론 그들에게도 부족한 점이 많았지만, 마음속으로는 분명히 예수님만을 붙들고 있었습니다. 그랬기 때문에 성령이 부어졌을 때 온 세상을 떠들썩하게 만들 수 있었던 것입니다.

오늘 우리가 구해야 할 축복이 바로 이것입니다. 하나님께서는 신실한 소수의 사람들에게 성령을 부으셔서 온 세상을 뒤엎기 원하십니다. 사람들이 하는 짓을 보면 사회나 교회나 틀림없이 망할 것만 같습니다. 그러나 주님의 약속을 붙들고 기도하기 시작하면 도저히 변할 수 없을 것 같았던 그들이 변하기 시작합니다. 도저히 새로워질 수 없을 것 같았던 곳에서 변화의 바람이 불기 시작합니다. 하나님께서는 당신의 백성들을 완전히 버리시지 않습니다. 하나님께서 원하시기만 하면 아무리 악한 자라도 새로워질 수 있고, 아무리 절망적인 상황이라도 새로워질 수 있습니다. 그래서 기도해야 하는 것입니다.

오늘 본문에서 미가는 양 떼의 숫자가 많아져서 그 소리가 크게 들릴 것이라고 말합니다. 지금까지는 하나님의 백성들이 살았는지 죽었는지 알 수가 없었습니다. 믿음으로 사는 사람을 도무지 찾아볼 수가 없었어요. 그런데 나중에는 어떻게 된다고 합니까? 도저히 시끄러워서 참을 수가 없을 정도로 양들이 많아진다고 합니다. 우리는 가만히 있으면 안 됩니다. 소리를 내야 합니다. 우리의 믿음을 조용히 사장하지 말고 크게 소리를 내야 합니다.

길을 여는 자

이 엄청난 일은 누구를 통해 이루어집니까? 길을 여는 자를 통해 이루어집니다. "길을 여는 자가 그들의 앞서 올라가고 그들은 달려서 성문에 이르러서는 그리로 좇아 나갈 것이며 그들의 왕이 앞서 행하며 여호와께서 선두로 행하시리라"(2:13).

"길을 여는 자"는 의역으로서, 원래 의미는 '길을 터뜨리는 자' 입니다. 앞으로 행진하는데 큰 장애물이 나타나면 어떻게 해야 합니까? 누군가 앞에 나서서 그 장애물을 제거해야 합니다. 담이 있으면 부수어 버리고, 절벽이 있으면 터널을 뚫어서 길을 열어야 합니다.

지금 하나님의 백성들은 수용소 안에 갇힌 죄수들과 같습니다. 그것도 몇 겹의 철조망 위에 고압전류가 흐르고 총 든 군인들이 빙 둘러 지키고 있으며, 철조망 밖에는 지뢰가 깔려 있는 수용소에 갇힌 죄수들과 같습니다. 그 철조망을 뚫고 나간다는 것은 불가능한 일입니다. 설사 그것을 뚫고 나간다 하더라도 살아날 길이 없습니다. 바벨론이라는 이 수용소를 탈출한 사람은 지금껏 아무도 없었습니다. 그런데 이 수용소에 특수요원 한 사람이 죄수로 위장하고 들어가 수용소 담장을 폭파한다는 것입니다. 그가 앞장서서 길을 열고 나가면, 나머지 죄수들도 모두 그 뒤를 따라 탈출한다는 것입니다.

우리는 모두 무서운 정욕에 포로로 잡혀 있습니다. 결심만 단단히 하면 빠져 나올 수 있을 것 같지만, 사실 그것은 생각처럼 쉬운일이 아닙니다. 우리가 갇혀 있는 욕망의 수용소는 2만 볼트 고압전류가 흐르는 철조망으로 둘러싸여 있습니다. 그런데 이 수용소 안에 죄수로 위장하고 들어온 특수요원이 한 사람 있습니다. 그가 누구입니까? 나사렛 예수입니다. 그는 수용소 담장을 폭파하고 위대한 탈출의 길을 열었습니다. 그곳에서 놓여난 자들은 다른 곳으로 가지 않습니다. 오직 그의 뒤만 따라갑니다. 그러면 하나님의 성문으로 직행할 수 있습니다. 그 성문은 지금껏 굳게 닫혀 있었고, 어떤 죄인에게도 열린 적이 없습니다. 그런데 나사렛 예수 앞에서는 활짝 열리게 되어 있습니다. 그렇기 때문에 그 뒤를 따르는 자들도 저절로 들어갈 수 있는 것입니다.

성경은 지금까지 이스라엘 백성들을 속이고 착취하던 거짓 목자들 대신 이분이 그들의 왕이 되실 것이라고 말씀합니다. 이분이 친히 그들의 목자가 되어 모든 삶을 책임져 주실 것이라고 말씀합니다.

하나님께서 우리에게 원하시는 것은 진정으로 이분을 믿고 따라가는 것입니다. 우리는 목자가 아니라 양입니다. 양은 모르는 것이 많은 게 당연합니다. 다만 목자를 믿고 하루하루 살아갈 뿐입니다. 하나님께서는 우리 스스로 삶을 책임지길 원치 않으십니다. 우리는 스스로 삶을 책임질 수 없습니다. 다만 우리 형편에서 하나님이 말씀하시는 대로 순종하기만 하면 됩니다. 물론 완벽하게 순종하지 못할 때도 있습니다. 그럴 때는 자기의 부족함과 완악함을 고백하고 다시 시작하면 됩니다.

사랑하는 여러분, 하나님께서는 소수의 헌신된 사람들을 축복하기 원하십니다. 그러므로 오늘 무엇을 먹을까 무엇을 입을까 염려하지 말고, 더 큰 것을 구하십시오. "저에게 폭탄을 주십시오. 이 세상을 뒤엎을 성령의 능력을 주십시오"라고 기도하십시오.

우리의 축복이 무엇입니까? 아무리 미련하고 연약해도, 아무리 침체되어 있어도, 주님의 이름만 부르면 성령이 임하신다는 것입니다. 지쳐 있을 때, 예민해져 있을 때, 손가락 하나 움직이기 싫을 때에도, 내 모습 그대로 주님께 아뢰기만 하면 조금 전까지 나를 지배했던 감정들이 싹 사라지면서 다시 눈물이 흐르고 기쁨이 솟구친다는 것입니다. 이것이 주님이 주신 약속이며, 우리가 이 세상에서 믿음으로 살 수 있는 유일한 길입니다.

　말씀이 우리 삶의 중심에 와 있습니까? 그렇다면 우리는 복 받을 위치에 와 있는 것입니다. 하나님께서 우리 삶의 모든 영역을 축복하시고 부흥시키실 것입니다.

6 권력자들의 탐욕

통치자의 사명_통치를 탐욕의 기회로 사용할 때_악한 통치자에 대한 하나님의 반응

3:1 내가 또 이르노니 야곱의 두령들과 이스라엘 족속의 치리자들아, 청컨대 들으라. 공의는 너희의 알 것이 아니냐?
2 너희가 선을 미워하고 악을 좋아하여 내 백성의 가죽을 벗기고 그 뼈에서 살을 뜯어
3 그들의 살을 먹으며 그 가죽을 벗기며 그 뼈를 꺾어 다지기를 냄비와 솥 가운데 담을 고기처럼 하는도다.
4 그때에 그들이 여호와께 부르짖을지라도 응답지 아니하시고 그들의 행위의 악하던 대로 그들 앞에 얼굴을 가리우시리라.

3:1-4

사회가 일부만 썩은 것이 아니라 전체적으로 썩어 있을 때, 우리는 그 사회가 총체적으로 부패했다고 말합니다. 사회가 이처럼 총체적으로 부패해 있을 때에는, 어디서부터 손을 대야 할지 모를 정도로 구석구석 문제가 쌓여 있게 마련입니다.

오늘 본문에서 미가 선지자는 유다의 통치자들로부터 시작해서 선지자와 제사장들의 비리를 폭로하면서 하나님의 심판을 예고하고 있습니다. 이러한 총체적 부패의 근본적인 이유는 지도자들의 부패에 있습니다. 가난한 사람들이 살기 힘들어서 죄를 지을 때 총체적인 부패가 일어나는 것이 아닙니다. 사회 지도자들이 자신의 권력을 이용해서 치부할 때, 위로부터 부패의 영향력이 내려와서 사회 전체가 부패하는 것입니다. 미가는 이런 말을 하고도 온전할 수 있었을까 싶을 정도로 엄청난 공격의 포문을 당시 지배층 전체에 들이대고 있습니다.

오늘 본문을 해석할 때 주의할 점은, 유다가 일반 사회가 아니라 정교가 일치되어 있는 사회였다는 것입니다. 다시 말해서 유다는 오늘날의 교회와 같은 곳이었습니다. 그런데 이 교회가 일반 사회와 똑같이 부정과 부패를 저지를 때 과연 어떻게 되는지, 오늘 본문은 우리에게 말씀해 주고 있습니다.

통치자의 사명

하나님께서는 무엇 때문에 유다에 통치자를 세우셨습니까? "내가 또 이르노니 야곱의 두령들과 이스라엘 족속의 치리자들아, 청컨대 들으라. 공의는 너희의 알 것이 아니냐?"(3:1)

미가는 "유다의 지도자들아"라고 부르지 않고, "야곱의 두령들과 이스라엘 족속의 치리자들아"라고 부르고 있습니다. 이것은 그들을 대단히 경멸하는 호칭입니다. 유다의 지도자들은 북쪽 이스라엘의 지도자들을 엉터리로 생각하면서, 자신들이야말로 성경적이고 정통적인 사람들이라고 자부했습니다. 그런데 미가 선지자는 그들을 야곱의 두령과 이스라엘 족속의 치리자라고 부름으로써 "너희가 늘 비난하던 그들과 너희가 무엇이 다르냐?"고 도전하고 있습니다.

사람에게는 각자 자기의 전문영역이 있습니다. 사회가 많이 달라져서 남편이 가사를 전담하는 경우도 있지만, 대체로 가사는 부인들이 전담하는 편입니다. 그런데 집안 문제에 대해 물었을 때 부인이 아무것도 모르고 있을 뿐 아니라 관심조차 갖고 있지 않다면 "이것이 부인의 전문영역 아닙니까? 부인이 모르면 대체 누가 안단 말입니까?"라는 말이 절로 나올 것입니다.

미가는 유다 지도자들에게 "공의는 너희의 알 것이 아니냐?"고

묻고 있습니다. 다시 말해서 공의에 대해서는 그들이 전문가여야 하지 않겠느냐는 것입니다. 다른 건 몰라도 공의만큼은 그들이 가장 관심을 가져야 할 문제요 가장 정통해야 할 문제가 아니냐는 거예요. 그러나 그들은 공의를 집행해야 할 사람들이었음에도 불구하고 공의가 무엇인지 전혀 모르고 있었습니다. 어떻게 하면 권력을 이용해서 좀더 이득을 챙길 것인가에만 관심이 있었지, 어떻게 하면 이 사회를 좀더 공의롭게 만들 것인가에는 전혀 관심이 없었습니다.

하나님께서 유다에 통치자를 세우신 목적이 무엇입니까? 하나님의 백성들도 다 마음에 죄성이 있고 욕심이 있기 때문에 누군가의 통치를 받을 필요가 있습니다. 하나님의 백성들이라고 해서 모든 일을 스스로 알아서 할 수 있는 것이 아닙니다. 그렇기 때문에 하나님께서는 통치자를 세워서, 강한 자는 좀 누르고 약한 자는 좀 일으켜 줌으로써 유다 사회에 속한 어느 누구도 상처 받거나 억울하게 손해 보지 않도록 공의를 실현하게 하셨습니다.

하나님의 백성들도 말씀에 순종하기 어렵습니다. 물론 순종해야 한다는 것은 알지만 실천이 잘 되지 않습니다. 화학실험 공식대로 실험을 해도 잘 되지 않는 이유가 무엇입니까? 반응을 방해하는 고비 내지는 문턱이 있기 때문입니다. 그 문턱을 낮추어서 반응을 촉진시켜 주는 것이 촉매가 하는 일입니다. 유다의 통치자들이 해야 하는 역할이 바로 이 촉매의 역할이었습니다.

하나님의 말씀대로 살아야 한다는 것은 누구나 압니다. 그런데 그대로 하려니 귀찮기도 하고 힘들기도 해서 아무도 선뜻 나서지 못할 때, 통치자들이 앞장서서 "우리 함께 일어서자. 이렇게 앉아서 뭉그적거리면 안 된다. 다같이 힘을 함해서 이 고비를 넘어 보자"라고 격려하며 방향을 제시해야 하는 것입니다. 하나님의 백성들로 이루어진 사회에서도 강한 자가 약한 자를 다치게 할 수 있습니다. 그럴 때 강한 자를 눌러서 억울하게 피해를 보거나 상처받는 사람들이 없도록 지켜 주고 보호해 주는 것, 하나님의 뜻인 줄 뻔히 알면서도 주저앉아 있을 때 "목표는 저기다. 함께 가자!"고 격려해서 순종하도록 도와주는 것이야말로 통치자들이 해야 할 역할입니다.

세상의 통치자들은 공정해야 하며, 위기 관리 능력이 있어야 하고, 사회 질서를 잘 유지할 수 있어야 합니다. 그러나 하나님의 통치자들에게는 한 가지가 더 필요합니다. 그것은 사랑입니다. 하나님의 통치자도 질서를 잘 유지해야 하지만, 그 질서는 사랑에 찬 질서여야 합니다. 하나님의 통치자도 공정해야 하지만, 그것은 사랑에 찬 공정함이어야 합니다.

이것을 잘 보여 주는 성경이 빌레몬서입니다. 바울은 주인 빌레몬에게 상당한 손해를 끼치고 도망친 오네시모를 다시 돌려보냅니다. 질서를 중요하게 생각했기 때문입니다. 그런데 그 당시에 도망쳤던 노예가 잡히면 굉장히 가혹한 처벌을 받게 되어 있었습니다. 바울은 그가 끼친 손해를 자신이 다 보상해 주겠다고 하면서, 그를 처벌하지 말고 용서해 줄 것을 부탁했습니다. 그렇다고 바울이 노예제도 자체를 파괴하려 한 것은 아닙니다. 노예제도는 그 당시에 가장 중요한 경제제도였습니다. 그러나 바울은 그 제도 안에 오네시모를 가두어서 처벌할 것이 아니라, 그리스도인의 사랑으로 그 제도를 초월할 것을 부탁했습니다. 이것이 그리스도인 지도자의 역할입니다. 질서를 유지하되 사랑으로 유지하는 것입니다.

세상의 통치자들은 정확히 법대로만 다스리면 훌륭하다는 소리를 듣습니다. 그러나 하나님의 통치자는 법적으로 정확하고 공평하기만 하다고 해서 훌륭하다고 말할 수 없습니다. 그의 공의는 기계적인 공의가 아니라 고민하는 공의가 되어야 합니다. 통치자는 반드시 공의를 실현해야 합니다. 그런데 그 과정에서 어느 한 쪽이 회복할 수 없는 피해를 입게 될 경우, 어떻게 하면 공의도 세우고 그 형제도 파멸에 빠뜨리지 않을 것인가를 고민하는 것, 그것이 하나님께서 세우신 통치자의 통치 원리인 것입니다.

교회 안에서는 은혜가 법보다 중요합니다. 은혜란 강한 자가 손해를 봄으로써 약한 자를 살리는 것입니다. 그렇기 때문에 은혜는 공평하지 않습니다. 가진 자의 입장에서 보면 분명히 손해입니다. 세상에서는 부자도 만 원 손해 보고, 가난한 사람도 만 원 손해 보는 것을 공평하다고 말합니다. 그러나 교회에서는 부자가 50만 원 손해 보고, 가난한 사람은 5천 원 손해 보는 것이 공평한 것입니다.

하나님께서 유다에 통치자를 주신 것은 악과 싸우고 이기주의와 싸우며, 무정함과 싸우게 하시기 위해서였습니다. 그래서 하나님께 기름 부음을 받은 통치자는 항상 불의와 싸워서 약한 자를 살리고, 사회에 구조적인 악이 있을 때 지혜와 모략과 믿음과 용기로 그것을 뒤엎어야 했습니다. 사실 개인의 힘으로는 그런 악과 싸울 수가 없습니다. 그래서 통치자들을 세우신 것입니다. 그들은 약하고 고통 받는 자들을 위로하고 세워 주는 한편 강하면서도 불의한 자들에게 경고하는 자들이었고, 그 경고가 통하지 않을 때에는 그들과 맞서 싸우는 자들이었습니다. 그런데 이러한 통치자들이 정의의 편에 서기는커녕 오히려 악의 세력이 되어 버릴 때, 굉장히 무서운 재앙이 일어날 수밖에 없습니다. 미가는 지금 그것을 지적하고 있는 것입니다.

통치를 탐욕의 기회로 사용할 때

유다의 통치자들은 백성들을 사랑의 대상으로 보는 대신 자신들의 욕망을 채울 대상으로 보았습니다. "너희가 선을 미워하고 악을 좋아하여 내 백성의 가죽을 벗기고 그 뼈에서 살을 뜯어 그들의 살을 먹으며 그 가죽을 벗기며 그 뼈를 꺾어 다지기를 냄비와 솥 가운데 담을 고기처럼 하는도다"(3:2-3).

참으로 무서운 지적입니다. 미가가 이런 말을 하고도 살아남았다는 것이 놀라울 정도입니다. 그는 마치 정육점의 한 장면을 묘사하고 있는 것 같습니다. 어떤 부인이 시장 바구니를 들고 정육점에 들어서자 점원이 묻습니다.

"고기를 어떻게 해서 드릴까요?"

"불고깃거리 세 근 주시고, 국거리 두 근 주세요. 한 근은 동그랑땡 만들 거니까 잘게 다져 주시고, 곰국 끓이게 뼈도 좀 주세요."

그러면 점원은 날쌘 솜씨로 고기를 잘라서 불고깃거리와 국거리와 다진 고기와 뼈를 포장해 줄 것입니다.

유감스럽게도 이것은 정육점 이야기가 아니라 유다의 현실을 보여 주는 말입니다. 유다의 통치자들은 백성들을 잡아먹을 고깃덩어리로 보았습니다. 어떤 사람은 불고깃거리로, 어떤 사람은 국거리로, 어떤 사람은 동그랑땡거리로, 어떤 사람은 곰탕거리로 보았습니다. 부자는 부자대로, 가난한 사람은 가난한 사람대로, 노인은 노인대로, 젊은이는 젊은이대로 최대한 이용해 먹을 생각을 했습니다. 그들은 백성들을 섬길 대상으로 생각하지 않았습니다. 각각 삶의 가치를 되찾고 행복을 누리며 살도록 섬겨야겠다는 생각을 하지 않았습니다. '이 사람의 필요가 무엇이며 아픔이 무엇일까? 내가 어떤 부분을 치료해 주어야 이 사람이 힘을 낼 수 있을까?'를 생각한 것이 아니라 '이 사람은 불고깃거리일까, 국거리일까? 어떻게 하면 가장 잘 이용해 먹을 수 있을까?'만 생각했습니다.

유다의 지도자들은 어쩌다가 이런 지경까지 이르게 되었을까요? 우선, 지도자가 지나치게 목표지향적일 경우에 사람을 목적이 아닌 수단으로 취급하게 되기 쉽습니다. 대표적인 인물이 솔로몬입니다. 그는 뛰어난 머리로 사람들을 적재적소에 활용했지만, 거기에는 사랑이 없었습니다. 물론 멋있는 성전을 지어 하나님께 바친다는 목표 자체는 좋은 것이었습니다. 그러나 그는 그 일을 사랑으로 하지 못했습니다.

아무리 좋은 일이라도 그 일 자체를 주된 목표로 삼으면, 약한 자들을 돌볼 여유가 생기지 않습니다. 사실 목자는 약하고 병든 양들을 부끄러워하지 않아야 합니다. 왜냐하면 그런 양들을 돌보는 것이야말로 자신의 사명이기 때문입니다. 그러나 목표지향적인 지도자는 약하고 병든 사람들이 자기 밑에 있는 것을 부끄러워합니다. 강한 군사를 거느려야 자기의 목표를 달성하고 영웅이 될 수 있기 때문입니다.

오늘 저녁에 여러분이 교회에 오시기까지 여러 가지 우여곡절이 있었을 것입니다. 비도 오는데다가 개인적으로 바쁜 일이 있는 분들도 있었을 것입니다. 산에 갔다가 비를 맞아가며 온 청년도 있을 것이고, 회사 일로 멀리 출장을 갔다가 길이 막히는데도 늦지 않으려고 종종걸음을 쳐 가며 온 분도 있을 것이며, 중요한 약속을 취소하고 온 분도 있을 것입니다. 그런데 목표지향적인 사람은 출석인원이 총 몇 명인지만 생각하지, 그런 개인적인 사정을 일일이 살피지 않습니다. 그래서 교회를 너무 숫자로만 평가하는 것은 좋은 일이 아닙니다. 한 사람 한 사람이 교회에 오기까지 그 나름대로 얼마나 많이 망설이고 고민했겠습니까? 그것을 숫자 몇 명으로 싸잡아 평가하는 것은 좋은 일이 아닙니다.

또한 지도자 자신이 고난이 무엇인지 모를 때에도 고난당하는 백성들의 어려움을 이해할 수 없습니다. 자기가 한번 낮아지고 고통을 겪어 보고 연단을 겪어 보아야지, 이론만 가지고서는 다른 사람의 고통을 이해할 수 없습니다. 그래서 고생을 모르는 지도자는 가진 자나 힘 있는 자의 기준에서 모든 것을 결정합니다. 그리고 약한 자가 힘들어하는 일을 엄살로 생각해서 점점 보기 싫어하게 됩니다. 예를 들어 직장에서 월급을 받으며 일한다는 것은 그렇게 쉬운 것이 아닙니다. 아침 일찍 출근해서 온갖 소리 다 들어가며 꾹꾹 참고 일해야 비로소 월급을 손에 쥘 수가 있습니다. 그런데 힘들게 일해 본 적이 없는 사람은 이것이 얼마나 힘든 일인지 모릅니다. 교인들이 얼마나 속이 상해 있는 상태에서, 얼마나 하나님의 위로가 필요한 상태에서, 얼마나 다급한 마음으로 예배드리러 오는지 모르는 것입니다.

다윗이 그토록 훌륭한 왕이 될 수 있었던 것은 그 자신이 많은 고난을 겪었기 때문입니다. 그는 왕이 되기 전에 철저히 낮아졌던 사람입니다. 그의 머릿속에는 항상 고통당하는 자들의 모습이 새겨져 있었습니다. 그는 얼굴만 봐도 그 사람이 하나님 안에 있으려고 얼마나 고생하고 힘들어하는지 알 수 있었습니다. 그런데 한번도 고생해 보지 않고 높은 자리에 덜컥 올라간 솔로몬은 백성들이 얼마나 고생하면서 살아가는지 이해하지 못했습니다 그뿐 아니라 권력은 사람을 마취시키는 힘이 있습니다. 권력의 속성이 무엇입니까? 말 한마디로 사람을 마음대로 움직일 수 있는 것입니다. 다른 사람들의 행복과 불행을 자신이 좌지우지할 수 있다는 것이 얼마나 기분 좋은 일이겠습니까? 그래서 한번 권력을 맛본 사람은 그 마력에서 헤어나오지 못합니다. 사람들 위에 절대적으로 군림하는 권력자는 마치 스스로 신이 된 것처럼 착각해서 자기에게 일시적으로 권력을 맡기신 분이 하나님이라는 사실을 잊어버리기 쉽습니다. 그러나 권력은 하나님께서 사람들을 도우라고 맡겨 주신 것입니다. 그것을 남용하면 반드시 심판을 받게 되어 있습니다. 권력을 맡은 자는 항상 두렵고 떨리는 마음으로 조심스럽게 그것을 사용해야 합니다.

권력을 남용하는 통치자는 말씀 선포의 자유를 제한할 수밖에 없습니다. 왜냐하면 자신들의 행동 하나하나가 다 말씀에 저촉이 되기 때문입니다. 그래서 그들은 참 선지자들을 감옥에 가두고 돌로 쳐 죽이고 칼로 베어 죽입니다.

사람들의 눈치를 보지 않고 성경을 있는 그대로 설교할 수 있다는 것이 얼마나 큰 자유인지 모릅니다. 이 땅에 정치적인 자유를 실현하기 위해 얼마나 많은 젊은이들이 고문을 받고 죽임을 당했습니까? 오늘날 언론의 자유와 집회 결사의 자유를 얻기까지 얼마나 많은 사람들이 고통을 감수했습니까? 그러나 설교의 자유, 복음을 마음껏 설교할 수 있는 자유는 아직도 완전히 도래하지 않은 것 같습니다.

교회는 한순간이라도 딴 짓을 하면 복음의 자유를 빼앗긴 채 말씀 아닌 것들의 지배를 받게 되어 있습니다. 그러면 거듭난 사람들이 큰 고통을 받습니다. 성경이 말씀하지 않는 것을 자꾸 가르치고 설교하는 소리를 들을 때 심령이 얼마나 괴로운지 몰라요. 이런 일이 계속되면 매사에 의욕이 생기지 않습니다. 공부할 의욕도 나지 않고 장사할 의욕도 나지 않습니다. 그 속이 병들어 버리기 때문입니다. 그런데 유다에는 이미 참된 설교가 사라져 버렸습니다. 미가 같은 사람만 마지막까지 남아서 소리치고 있었을 뿐입니다.

우리가 누릴 수 있는 최고의 자유는 하나님의 말씀을 있는 그대로 선포하고, 있는 그대로 듣는 것입니다. 이것이 쉬운 일인 것 같아도 사실은 쉬운 일이 아닙니다. 많은 희생과 피흘림이 없이는 이 자유를 얻을 수 없습니다. 실제로 루터 이전에 수많은 사람들이 이것을 얻기 위해 목숨을 잃었습니다. 여러분은 지금 이 설교를 쉽게 듣고 있지만, 사실은 이런 순간이 오기까지 굉장히 많은 희생이 있었다는 사실을 잊지 말아야 합니다.

사랑하는 여러분, 이것을 빼앗기면 안 됩니다. 돈은 좀 빼앗겨도 되고 사회적인 지위는 좀 빼앗겨도 되지만 마음껏 말씀을 들을 수 있는 이 자유만큼은 빼앗기면 안 됩니다. 이 자유를 마음껏 누리면서 하나님의 말씀 속에서 헤엄치십시오. 말씀 속에서 마음껏 웃고 울고 감격하고 기도하고 찬송하고 축복하고 꿈꾸십시오.

악한 통치자에 대한 하나님의 반응

하나님께서는 권력을 자신의 욕망을 채울 기회로 사용하고 있는 유다의 통치자들에게 무엇이라고 말씀하고 계십니까? "그때에 그들이 여호와께 부르짖을지라도 응답지 아니하시고 그들의 행위의 악하던 대로 그들 앞에 얼굴을 가리우시리라"(3:4).

하나님께서는 무엇보다 먼저 그들의 기도를 듣지 않겠다고 하십니다. 하나님께서는 어떤 사람의 기도를 들으십니까? 선에 대한 열망을 가지고 있는 사람, 어떻게 해서든지 남에게 좀 잘해 주고 싶어 하고, 남을 복되게 하고 싶어 하는 사람의 기도를 들으십니다.

기도는 말씀에 대한 반응이며, 하나님께서 말씀해 주신 대로 살겠다는 고백입니다. "하나님, 이렇게 말씀하셨지요? 아멘입니다! 저는 꼭 이 말씀대로 살고 싶습니다. 그런데 여기에 순종하려니 이러이러한 장애가 있습니다. 저를 도와주십시오"라고 말씀드리는 것입니다. 그렇지 않고 자기 욕심만 나열하는 것은 기도가 아닙니다. "하나님, 이런 집도 가지고 싶고요, 저런 차도 가지고 싶습니다"라고 기도하는 것은 기도가 아니에요.

통치자가 되었을 때 제일 두려운 일이 무엇입니까? 자기 힘으로 제어할 수 없는 요인들이 많이 생긴다는 것입니다. 아무리 높은 대통령이나 큰 기업 회장들도 그런 요인들 때문에 망하는 경우가 많습니다. 그들이 바라는 것은 제발 그런 요인들이 발생하지 않는 것입니다. 그런데 그런 요인들이 발생하지 않게 하려면 어떻게 해야 합니까? 기도하는 수밖에 없습니다. 하나님께서 도와주시지 않으면, 여기저기에서 펑펑 터지는 문제들을 수습할 길이 없습니다.

집안도 마찬가지입니다. 집안도 하나님이 지켜 주셔야 해요. 그렇지 않으면 가스불에 국 올려놓고 시장 보러 간 사이에 불이 나질 않나, 아이가 계단에서 미끄러져 팔이 부러지질 않나, 다른 차가 후진하다가 우리 차를 박아 버리질 않나, 정신을 차릴 수가 없습니다. 욥기를 보십시오. 하나님께서 사탄의 활동을 허락하시자 마구 일이 터지지 않습니까? 한 종이 달려와서 큰 바람이 불어 집이 무너지는 바람에 자식들이 다 죽었다고 보고합니다. 그 보고가 채 끝나기도 전에 또 다른 종이 달려와 군대의 공격으로 목자들도 죽고 양과 소도 다 빼앗겼다고 말합니다. 그리고 숨 돌릴 틈도 없이 또 다른 기막힌 보고가 연이어 들어옵니다.

우리가 지금까지 편안하게 살 수 있었던 것은, 우리도 모르는 사이에 하나님께서 지켜 주시고 보호해 주셨기 때문입니다. 그리고 이처럼 우리를 지켜 주시는 것은 남을 축복하고 사랑하게 하시기 위해서입니다. 우리가 선한 일을 위해 애쓸 때, 하나님께서는 우리가 통제할 수 없는 요인들을 알아서 다 막아 주십니다. 어떤 것도 우리를 건드리지 못하고 해치지 못하도록 밀봉을 해서 지켜 주십니다. 그것도 모르고 남들을 섬기기는커녕 이용해 먹을 생각을 할 때, 여기저기에서 일이 펑펑 터지게 되어 있습니다.

사도 바울은 디모데에게 편지를 보내면서 "그러므로 내가 첫째로 권하노니 모든 사람을 위하여 간구와 기도와 도고와 감사를 하되 임금들과 높은 지위에 있는 모든 사람을 위하여 하라. 이는 우리가 모든 경건과 단정한 중에 고요하고 평안한 생활을 하려 함이니라"(딤전 2:1-2)고 말했습니다. 우리는 높은 지위에 있는 사람들을 위해 기도할 필요가 있습니다. 왜냐하면 사탄이 쉴 새 없이 그들을 흔들어서 하나님의 은혜가 이 땅에서 떠나가게 만들고, 결국 우리의 신앙생활까지 위태롭게 만들려 하기 때문입니다. 바람은 높은 곳에서 심하게 불게 마련입니다. 사탄은 권력자들을 속여서 스스로 절대적인 존재인 양 착각하게 만들기 위해 온갖 수단과 방법을 동원하고 있습니다. 그렇게만 하면 성도들의 편안한 삶을 빼앗을 수 있기 때문입니다.

그러므로 우리는 통치자들이 정상적인 판단을 내릴 수 있도록, 또 아첨하지 않는 정직한 참모들이 세워지도록 기도해야 합니다. 통치자들이 정상적인 판단을 내리지 못하는 것은 사탄의 역사입니다. 통치자가 오판을 하면 전쟁이 터질 수도 있고 무리한 정책이 세워질 수도 있습니다. 우리는 그들이 정상적인 분별력을 잃지 않도록 기도할 필요가 있습니다. 통치자들의 잘못으로 환난이 닥치면 교회가 새 신자들을 얻기도 어렵고 기존의 신자들을 양육하기도 어렵습니다. 우리가 평화를 위해 기도하는 것은 놀러 다니고 춤추러 다니고 술 마시러 다니기 위해서가 아닙니다. 좀더 많이 말씀을 읽고 배우기 위해, 좀더 많이 하나님의 뜻을 이루어 드리기 위해 기도하는 것이며, 아직 어리고 연약해서 환난을 이겨 낼 수 없는 사람을 위해 기도하는 것입니다.

평화가 주어졌을 때에도 우리는 그것을 남용하지 않도록 애써야 합니다. '아, 참 소중한 평화가 주어졌구나. 이럴 때 더 기도하고 더 말씀 듣고 더 다른 사람들을 돌봐 주어야겠다'고 생각할 때, 그 평화는 계속 유지될 것입니다.

사탄은 어떻게 해서든지 우리의 평화를 빼앗아 가려 합니다. 우리는 이 평화를 빼앗기지 않도록 나 자신을 위해 기도할 뿐 아니라 우리 주변의 환경을 위해 많이 기도할 필요가 있습니다.

오늘 우리가 생각해야 할 것은, 권력자들의 타락은 하나님이 사용하시는 아주 무서운 징계의 방법이라는 것입니다. 원래 권력자들은 하나님이 주신 선물입니다. 약한 자들은 돌봐 주고 악한 자들은 싸워서 물리침으로써 질서를 유지하도록 세워 주신 선물입니다. 그런데 통치자가 본연의 역할을 잊고 제 욕심을 추구하며 잘못된 판단을 내릴 때, 그 존재 자체가 심판의 수단이 될 수 있습니다. 그러므로 우리는 그들이 공의를 사랑하며 열정을 품고 자기 일을 감당할 수 있도록 기도해야 하며, 그들이 징계의 수단이 되지 않도록 기도해야 합니다.

오늘날 우리 믿는 사람들은 평화와 자유를 자꾸 공짜로 생각하는 것 같습니다. 아무 노력 없이도 주어지는 것으로 착각하는 것 같아요. 사실 여기에는 이유가 있습니다. 우리나라는 해방도 순전한 우리 힘으로 이루지 못했고, 전쟁도 우리 힘으로 끝내지 못했습니다. 그래서 평화와 자유를 남이 주는 것으로 생각하기가 쉽습니다. 그러나 평화와 자유는 쟁취해야 하는 것입니다. 가장 비싼 대가를 지불해야 얻을 수 있는 것이고, 사탄의 모든 모략과 거짓을 진리로 이겨야 얻을 수 있는 것입니다. 특히 우리가 오늘날 마음껏 기도할 수 있는 자유, 마음껏 말씀 들을 수 있는 자유는 데이트하는 자유나 돈 버는 자유와는 비교도 할 수 없을 만큼 소중한 하나님의 선물입니다. 우리는 이 자유를 절대 빼앗겨서는 안 됩니다.

하나님의 백성은 공정한 것만으로는 부족합니다. 그 공정함 속에 사랑이 있어야 하고 긍휼이 있어야 합니다. 단순한 질서가 아니라 사랑에 찬 질서가 이루어질 때, 비로소 진정한 하나님 나라의 모습이 나타납니다.

지도자가 타락했을 때 하나님께서 사용하시는 방법이 몇 가지 있습니다. 첫째는 지도자 스스로 깨닫게 하시는 것입니다. 지도자가 말씀을 듣고 자신의 문제를 깨달아 하나님 앞에 무릎을 꿇을 때, 그 나라는 마치 무혈혁명에 성공한 것처럼 값비싼 승리를 얻을 수 있습니다. 유다에는 종종 이런 일이 있었습니다.

둘째는 다른 권력자를 세워서 기존의 권력자를 제거하시는 것인데, 이것은 긴 후유증을 남기게 되어 있습니다. 아무리 악한 권력자라도 무리한 방법으로 제거하고 나면 그 사람 중심으로 만들어졌던 질서를 다시 형성하기까지 많은 시간과 비용이 소요되기 때문입니다. 그리고 일단 이런 일이 일어나면, 또 같은 일이 벌어지기 쉽습니다. 이를테면 피가 피를 부르는 것입니다. 이런 일은 북쪽 이스라엘에서 많이 벌어졌습니다.

셋째는 가장 무서운 방법으로서, 나라 자체를 완전히 뒤엎으시는 것입니다. 하나님께서는 지도자의 부패가 나라 전체에 스며들어서 도저히 바른 질서를 회복할 길이 없을 때 이 방법을 쓰십니다. 하나님께서 이제 사용하시려고 하는 방법이 바로 이 방법입니다.

그러므로 미리 알아서 하나님의 말씀대로 사는 것이 가장 쉽고 편한 길입니다. 말씀 아닌 방법으로 잘되려 하면 이처럼 비싼 대가를 치러야 합니다. 말씀을 듣고 스스로 고치는 것이 가장 피를 덜 흘리고 치료받는 길입니다.

사랑하는 여러분, 오늘 우리에게 주신 이 평화와 자유를 잘 사용합시다. 그리하여 하나님께서 계속해서 우리의 생활을 지켜 주시고 보호해 주시고 인도해 주시는 아름다운 삶이 이루어지게 합시다.

7 선지자의 사명

선지자의 사명_유다의 거짓 선지자_거짓 선지자에 대한
하나님의 반응_미가의 확신

3:5 "내 백성을 유혹하는 선지자는 이에 물면 평강을 외치나 그 입에 무엇을 채워 주지 아니하는 자에게는 전쟁을 준비하는도다." 이런 선지자에 대하여 여호와께서 가라사대
6 "그러므로 너희가 밤을 만나리니 이상을 보지 못할 것이요 흑암을 만나리니 점치지 못하리라" 하셨나니 이 선지자 위에는 해가 져서 낮이 캄캄할 것이라.
7 선견자가 부끄러워하며 술객이 수치를 당하여 다 입술을 가리울 것은 하나님이 응답지 아니하심이어니와
8 오직 나는 여호와의 신으로 말미암아 권능과 공의와 재능으로 채움을 얻고 야곱의 허물과 이스라엘의 죄를 그들에게 보이리라.

3:5-8

사람의 정직성을 시험하는 데에는 사기꾼들이 상당히 큰 역할을 하는 것 같습니다. 가끔 사업하는 사람들 중에 사기꾼에게 속아서 큰 피해를 입는 이들이 있습니다. 물론 세상 물정을 몰라서 속는 경우도 있지만, 그보다는 욕심 때문에 눈이 어두워져서 속는 경우가 더 많을 것입니다. 사기꾼들은 언제나 정상적인 이익 이상의 좋은 조건을 제시하게 마련입니다. 정직한 사람들은 그 조건을 분수에 넘치는 것으로 생각해서 덥석 달려들지 않습니다. 그러나 욕심 있는 사람은 귀가 솔깃해져서 위험한 줄 알면서도 미끼를 물었다가 사기를 당합니다.

  그런데 사기꾼 말고도 사람의 정직성을 시험하는 존재, 사기꾼보다 더 위험한 존재가 있습니다. 그것은 악한 통치자입니다. 악한 통치자는 직언보다는 아첨을 좋아합니다. 그래서 정직한 사람들보다는 기회주의적인 사람, 간사한 사람들을 많이 기용합니다. 이런 통치자가 권력을 잡고 있을 때, 사람들은 아첨과 거짓말로 출세하거나 목숨을 지탱하고자 하는 유혹을 느낍니다. 악한 통치자 밑에서 높은 자리에 오르는 사람들은 대개 정직하지 못한 사람들입니다. 정직한 사람은 그런 분위기에서 붙어 있을 수가 없기 때문입니다. 그는 아첨과 거짓말로 출세하느니 차라리 어렵게 사는 편을 택할 것입니다. 악한 자에게 아부하는 것은 창녀가 하는 짓이나 다를 바가 없다고 생각하는 탓입니다.

이런 악한 통치자보다 더 무서운 유혹은 오늘 본문이 이야기하고 있는 거짓 선지자입니다. 선지자는 하나님의 권위를 가지고 말씀을 전하는 사람입니다. 그런데 거짓 선지자는 이 절대적인 권위를 등에 업고 옳지 않은 말을 하나님의 말인 양 전하는 것이 문제입니다. 거짓 선지자는 절대로 죄를 지적하는 법이 없습니다. 나중에야 어떻게 되든지 간에 일단은 듣기 좋은 말만 골라서 하는 것이 거짓 선지자의 특징입니다.

거짓 선지자가 왜 무섭습니까? 지금 분명히 위험한 길을 가고 있는 사람은 안심하게 만들고, 오히려 바른길을 가고 있는 사람은 불안하게 만들기 때문입니다. 거짓 선지자가 없다면 잘못된 길을 가는 사람도 '이게 아닌데' 하는 꺼림칙한 마음이나 걱정하는 마음을 가질 수 있습니다. 그런데 거짓 선지자는 그들에게 확신을 심어 줌으로써 자신 있게 잘못된 길을 가게 만듭니다.

예를 들어 산사태가 나서 길이 끊긴 곳에는 '안전'이라는 표지판을 세워 놓고, 진짜 안전한 길에는 '위험'이라는 표지판을 세워 놓는다면 어떤 일이 벌어지겠습니까? 분명히 엄청난 혼란이 일어날 것입니다. 살아서 돌아올 수 없는 길을 가는 사람들은 기분 좋게 걸어가고, 안전한 길을 가는 사람들은 오히려 불안해서 그 길을 떠나려 하거나 계속 가더라도 두려움에 떨면서 갈 것입니다.

성경은 우리 모두에게 이러한 거짓 선지자를 구별해 낼 책임이 있다고 말씀합니다. 예수님께서는 소경이 소경을 인도하면 둘 다 구덩이에 빠진다고 말씀하셨습니다. 다시 말해서 인도하는 소경도 문제지만, 그 소경을 따라가는 사람도 책임을 져야 한다는 것입니다. 그러므로 우리는 어떤 일이 이익이 많으냐 적으냐 불편하냐 편하냐를 분별하는 것보다, 내 귀에 들리는 말이 하나님의 음성이냐 사람들이 제멋대로 하는 소리냐를 분명히 분별할 필요가 있습니다.

왜 사람들이 거짓 선지자를 분별하지 못합니까? 욕심 때문입니다. 정직한 사람은 이것을 본능적으로 구별할 수 있습니다. 말씀을 들어보면 그것이 자기 운명을 걸 수 있는 말씀인지, 아니면 믿어서는 안 될 말씀인지 알 수가 있어요. 아무리 권위를 가지고 이야기해도 거짓 선지자의 말에는 어딘가 의심이 가는 구석이 있게 마련입니다. 그러나 욕심 때문에 그것을 보지 못하는 사람은 스스로 그 책임을 져야 할 것입니다.

선지자의 사명

우리는 어떤 사람이 거짓 선지자인지를 논하기 전에 선지자가 과연 어떤 사람인지부터 알 필요가 있습니다. 선지자는 하나님의 백성 사이에만 있는 직책입니다. 하나님께서는 그 백성들에게 한 가지 약속을 하셨습니다. 그것은 그들이 어떤 환경과 처지에 있든지 신앙을 가지고 계명을 지키기만 하면 반드시 그들을 책임지시고 인도하셔서 풍성한 삶을 살게 해 주신다는 약속이었습니다. 그러나 그들도 인간이기 때문에 이 약속을 잊어버릴 때도 있었고 욕심에 빠질 때도 있었습니다. 그래서 하나님께서는 그들 가운데 선지자를 세워서 언약을 기억하게 하시고 그들의 도움으로 위기를 넘기게 하셨습니다.

이처럼 선지자는 하나님께서 자기 백성에게 주신 굉장히 중요한 선물이었습니다. 그들은 설교자로서 욕심을 따라 세상으로 가려는 백성들을 하나님께로 돌이키게 했으며, 상담자로서 혼란에 빠진 백성들에게 구체적인 지혜를 가르쳐 주었습니다. 그들은 마치 폭포로 떠내려가는 배를 잡아매고 있는 끈 같은 존재였습니다. 이들만 있으면 세상에 아무리 유혹과 죄악이 들끓어도 휩쓸리지 않을 수 있었습니다. 선지자의 강력한 말씀이 그들을 붙들어 주었기 때문에 용광로에서도 살아나올 수 있었고 지뢰밭도 넘어갈 수 있었습니다.

하나님의 백성들에게 가장 중요한 것은 자신의 인생을 걸 수 있는 말씀, 전 존재의 무게를 실을 수 있는 말씀입니다. 거기에 자신의 인생을 거는 사람은 반드시 살아나게 되어 있습니다. 물론 사망의 음침한 골짜기를 지나갈 때도 있고 칠흑 같은 어둠을 통과할 때도 있지만, 결국은 평안하고 복된 땅에 도달할 수 있습니다.

선지자는 예언을 받는 방식에 따라 선견자와 선지자로 구분됩니다. 선견자는 주로 사무엘 이전에 있던 사람들로서, 환상을 통해 말씀을 받았습니다. 그러나 후대에는 환상보다 구체적인 메시지를 통해 말씀을 받았기 때문에, 선견자가 아니라 선지자라고 불렀습니다. 환상이든 구체적인 메시지든, 그들은 그것이 그냥 머리를 스쳐 가는 생각이 아니라 영혼을 휘어잡는 능력의 말씀이라는 것을 알았습니다. 그들은 거기에 압도되어 탈진 상태에 빠지곤 했습니다. 그 말씀이 얼마나 강력한지, 그것을 전하지 않으면 속이 터져 죽을 것 같은 강력한 부담감이 마음을 짓눌렀습니다. 그들은 이처럼 자기의 생각과 하나님의 말씀을 분명히 구별할 수 있었습니다. 그래서 말씀을 전할 때 주저 없이 "주 여호와께서 가라사대"라는 표현을 쓸 수 있었던 것입니다.

그런데 여기에는 문제가 한 가지 있었습니다. 그것은 이 예언의 말씀이 선지자의 주관적인 체험의 형태로 임했기 때문에, 다른 사람들은 그 말씀의 진위를 확인할 길이 없다는 것이었습니다. 본인이 "나에게 하나님의 말씀이 임했다"고 말하면 그냥 그렇게 믿을 뿐, 진짜 말씀이 임했는지 아닌지 객관적으로 구별하기가 힘들었습니다. 그러다 보니 말씀이 임하지 않았는데도 자기의 주관적인 확신을 하나님의 뜻인 양 설교하고 권면하는 사람들이 나타나게 되었습니다. 성경은 그런 사람들을 거짓 선지자라고 부르고 있습니다.

선지자는 무엇을 가지고 생계를 유지했을까요? 선지자에게는 아무런 생활대책이 없었습니다. 한번 말씀에 붙들리면 더 이상 자기 직업이라는 것을 가질 수 없었기 때문에, 말씀에 은혜 받은 사람들이 조금씩 가져다주는 것으로 생계를 유지할 수밖에 없었습니다. 바로 여기에 선지자의 위기가 있습니다. 자기가 전하는 말씀을 듣고 복종하는 사람들이 있으면 그들이 가져다주는 것으로 살 수 있지만, 사람들이 말씀을 거부하면 그냥 굶고 지내든지 엘리야처럼 까마귀가 물고 온 떡을 먹고 살아야 하는 것입니다. 사실 까마귀는 더러운 새입니다. 아마 위생관념이 투철한 사람은 아무리 배가 고파도 까마귀가 물고 온 떡은 먹지 않을 것입니다. 까마귀는 주로 죽은 짐승의 고기나 썩은 내장을 뜯어 먹고 살기 때문입니다. 그러나 선지자는 이빨도 닦지 않은 그 부리로 물어다

주는 떡을 먹고 살아야 합니다.

　이처럼 선지자는 불안정하기 짝이 없는 생활을 하는 사람들로서, 사람들이 말씀을 거부하면 굶든지 맞든지 어떤 방식으로든 가장 먼저 희생될 수밖에 없었습니다. 그들은 말씀의 역사 하나만 믿고 최전방에 서서 싸워야 했습니다. 예수님께서도 그것을 아셨기 때문에 제자들을 보내면서 전대도 갖지 말고 두 벌 옷도 갖지 말고 지팡이 하나만 들고 가라고 하신 것입니다. 그들이 정말 사람들의 영혼을 사랑해서 복음을 전하면 그 사람들에게서 먹을 양식이 나올 것입니다.

　그러나 선지자의 문제는 사람들에게서 늘 좋은 반응을 기대할 수 없다는 데 있었습니다. 왜냐하면 선지자는 듣기 좋은 말을 할 때가 거의 없었기 때문입니다. 선지자가 해야 할 일은 죄를 향해 떠내려가는 사람들을 다시 잡아당기는 것입니다. 돌아오지 않으려고 버티면 막 책망을 해서라도 돌아오게 해야 하는 사람이 선지자예요. 그렇기 때문에 선지자는 강력한 믿음으로 나아가야 합니다. '하나님이 나를 보내신 데에는 이유가 있다. 주님께서 택하신 백성들이 있으면 이 말씀에 귀를 기울일 것이고 부흥의 역사가 일어날 것이다. 하지만 혹시라도 말씀을 받아들이는 사람이 없으면 죽을 각오를 하겠다' 는 마음으로 나아가야 합니다.

　그러나 거짓 선지자들에게는 이런 마음이 없습니다. 그들은 듣기 좋은 말만 하기 때문에 얼마든지 좋은 대접을 받으면서 잘살 수가 있습니다. 그러나 그들의 말에 자기 인생을 거는 사람들은 전부 망할 것입니다. 세상은 결코 단순하지 않습니다. 죽도록 몸부림쳐도 살 수 있을까 말까 합니다. 요즘 경제가 상당히 어려운데, 사실은 이렇게 어려운 것이 정상입니다. IMF 이전에 우리가 잘살았던 것은 정상이 아닙니다. 경제가 급성장해서 명문대학만 나오면 취직이 되고, 유학만 다녀오면 취직이 되는 것은 정상이 아니에요. 지금처럼 죽도록 몸부림쳐도 먹고살 길이 보이지 않는 것이 세상의 본래 모습입니다. 이럴 때 하나님의 말씀이 아닌 듣기 좋은 말에 자기 인생을 걸면 그대로 추락하게 되어 있습니다. 마치 절벽에서 벼락 맞은 나뭇가지를 붙잡는 것과 같습니다. 벼락 맞은 나무는 겉보기에는 나무 형태를 갖추고 있어도 실제로는 지탱하는 힘이 전혀 없기 때문에 붙잡는 순간 추락하게 되어 있습니다.

우리는 오늘 무엇을 붙잡아야 합니까? 하나님의 능력 있는 말씀, 권세 있는 말씀, 오늘 미가가 확신 있게 전하고 있는 것과 같은 말씀을 어떻게 해서든지 찾아내서 붙잡아야 합니다. 땅 끝까지 가서라도 그 말씀을 찾아내서 거기에 우리의 운명을 걸어야 합니다. 그렇게 하지 않고 대충 편하게 믿으려 하는 사람은 스스로 책임을 져야 할 것입니다.

유다의 거짓 선지자

원래 유다에는 거짓 선지자라는 것이 없었습니다. 선지자면 선지자고 아니면 아닌 것이지, 거짓 선지자는 존재할 수가 없었습니다. 그런데 어떻게 거짓 선지자들이 생기게 되었습니까? 이들은 다 정식 선지자들이었습니다. 선지자 학교를 나왔거나, 한때 하나님의 말씀을 받은 적이 있는 사람들이었습니다. 그러나 아무리 전에 선지자였다 해도 지금 말씀이 임하지 않으면 입을 다물어야 합니다. 선지자는 말씀이 임할 때 말을 해야지, 말씀이 임하지 않았는데도 하나님의 이름으로 말을 하면 거짓 선지자가 되는 것입니다. 다시 말해서 선지자는 하나님이 침묵하실 때 자신도 침묵해야 합니다. 물론 거짓 선지자들도 처음에는 좋은 의도로, 백성들을 격려해 주고 싶은 마음으로 말을 했을지 모릅니다. 그러나 자꾸 그렇게 거짓으로 예언하다 보면 결국에는 욕심이 비집고 들어오게 됩니다.

오늘 말씀은 선지자들에 대한 비난 중에서도 가장 신랄한 비난이라고 할 수 있습니다. "내 백성을 유혹하는 선지자는 이에 물면 평강을 외치나 그 입에 무엇을 채워 주지 아니하는 자에게는 전쟁을 준비하는도다"(3:5 상).

참으로 무서운 말씀입니다. 이에 무언가를 물려 주기만 하면 평강을 외친다는 것입니다. 이 표현을 보면 미가가 이 거짓 선지자들을 무엇으로 생각하고 있는지 쉽게 짐작할 수 있습니다. 미가는 이들을 개로 생각하고 있는 것입니다. 개가 입에 뼈다귀만 물려 주면 좋아라 하는 것처럼 거짓 선지자들도 입에 무엇가를 물려 주기만 하면 기분이 좋아서 "평강!" 하고 짖는다는 것입니다. 그러나 입에 물려 주는 것이 없으면 전쟁을 준비합니다. 저주의 말씀을 예언하는 것입니다.

백성들이야 세상으로 떠내려가든 말든 상관이 없고, 자기 입에 뭐가 들어오느냐에만 관심 있는 사람들이 바로 이 거짓 선지자들입니다. 이들은 이방의 점쟁이와 다를 것이 하나도 없습니다. 점쟁이들의 목적이 무엇입니까? 복채를 두둑히 받아내는 것 아닙니까? 돈만 많이 주면 얼마든지 좋은 점괘를 말해 줍니다. 그러나 이렇게 대우에 따라 달라지는 메시지는 절대 하나님의 말씀이 될 수 없습니다.

하나님의 말씀은 대우에 따라 달라질 수 없습니다. 그렇기 때문에 선지자는 먹고사는 문제를 초월해야 합니다. 다른 영혼들을 말씀으로 돌이키기 위해 모든 것을 버리는 사람만이 이 말씀을 감당할 수 있습니다. 그렇지 않으면 선지자가 먼저 세상으로 떠내려가게 되어 있습니다.

그렇다면 거짓 선지자를 분별하는 방법은 무엇일까요? 우선, 그가 정직한지 아닌지부터 보아야 합니다. 이런 경우에는 이렇게 말하고 저런 경우에는 저렇게 말하는 사람은 당연히 의심해야 합니다. 물론 어린 사람들에게는 좀더 부드럽게 설교하고, 들을 준비가 되어 있는 사람들에게는 좀더 강하게 이야기하는 식으로 강약의 차이는 있을 수 있습니다. 바울은 이방인들에게는 이방인처럼 설교하고 유대인들에게는 유대인처럼 설교한다고 말했습니다. 그렇다고 해서 바울의 메시지가 근본적으로 달라졌던 것은 아닙니다. 듣는 상대의 신분이나 대우에 따라 내용이 바뀐 것은 아니었다는 말입니다.

예수님께서는 제자들을 보내실 때, 한 집에 머물다가 다른 집으로 옮기지 말라고 하셨습니다. 그렇게 하면 더 나은 대접을 받으려고 옮기는 것처럼 오해받을 수 있기 때문입니다. 사도들도 사람이기 때문에 더 나은 대접을 찾아 옮기고 싶다는 유혹을 받을 수 있습니다. 그러나 그렇게 하면 메시지가 흔들리게 됩니다.

또 중요한 분별 방법은 그 설교의 핵심이 무엇인지 보는 것입니다. 거짓 선지자라고 해서 100퍼센트 거짓된 말을 하는 것은 아닙니다. 90퍼센트 이상 엇비슷하게 맞는 소리를 해요. 그러나 그가 최종적으로 설교하는 핵심이 무엇인지를 보아야 합니다. 95퍼센트까지는 맞는 소리를 하더라도 마지막 5퍼센트에서 헌금 많이 내라는 데 설교의 핵심을 둔다면 그 메시지는 당연히 의심해 보아야 합니다. 물론 헌금에 대해 설교하는 것 자체가 나쁘다는 말이 아닙니다. "우리에게 이러이러한 공통과제가 있는데, 다 같이 책임을 나누어 집시다"라는 식의 호소는 얼마든지 할 수 있습니다. 그러나 그것이 설교의 핵심이 될 수 있습니까? 설교의 핵심은 듣는 자들을 어떻게든 붙잡아서 바른길로 가게 하려는 데 있어야 하며, 분명한 믿음을 가지고 그리스도인다운 삶을 살게 하려는 데 있어야 합니다. 어떤 사람은 여러 가지 좋은 이야기를 하긴 하는데, 그 핵심이 자기 자랑에 있는 경우가 있습니다. 그것 역시 참된 메시지라고 볼 수 없습니다.

그러므로 설교자는 설교하기 전에 자신이 전하려는 핵심이 무엇이며 목적이 무엇인지 분명히 해야 합니다. 예를 들어 제가 오늘 설교하는 목적은 거짓 선지자의 유혹이 얼마나 무서운 것인지 깨우치고, 우리가 정직해지기만 하면 얼마든지 거짓 선지자를 구별해 낼 수 있다는 사실을 가르치는 것입니다. 그럼에도 불구하고 사람들이 거짓 선지자를 따라가는 것은 자기 안에 욕심이 있기 때문이며, 그들은 스스로 그 일에 대한 책임을 져야 한다는 점을 깨우치기 위해 오늘 이 설교를 하고 있는 것입니다.

거짓 선지자의 또 한 가지 특징은 사람들의 마음을 당장은 편하게 해 준다는 데 있습니다. 일종의 카타르시스 효과를 내는 것이지요. 마음속에 차 있는 욕구불만을 해소해 주는 것입니다. 그런데 문제는 그 말씀이 하나도 성취되지 않는다는 데 있습니다. 그 시간만 끝나고 나면 남는 게 없어요.

반면에, 참된 말씀은 논증으로 가득 차 있습니다. 그래서 듣기가 어렵습니다. 왜 이런 논증이 필요합니까? 우리를 설득하기가 그만큼 힘들기 때문입니다. 사람에게는 자기의 태도를 쉽게 바꾸려 하지 않는 고집이 있습니다. 자신이 정해 놓은 길은 바꾸지 않은 채 하나님의 승인과 축복만 받으려는 잘못된 마음이 있어요. 하나님께서는 왜 그러면 안 되는지 논증하시고 설득하십니다. 그래서 말씀이 어려운 것이고, 신경을 써서 들어야 이해가 되는 것입니다. 그러나 이 말씀은 거짓 말씀과 달리 반드시 성취됩니다. 틀림없어요. 반드시 그대로 이루어집니다.

이것은 참 선지자들이 점쟁이들처럼 미래의 일을 알아맞힌다는 의미가 아닙니다. 사람들은 다 일정한 길을 걸어가고 있습니다. 성경은 그 길이 의인의 길과 악인의 길로 나뉜다고 말씀합니다. 선지자들이 말하는 바는 악인의 길로 가면 반드시 망한다는 것입니다. 그리고 의인의 길로 가면 당장은 손해를 보고 어려움을 겪을지 몰라도 반드시 하나님의 복을 받는다는 것입니다. 우리는 우리가 가고 있는 길 끝에 무엇이 기다리고 있는지 알지 못합니다. 이 길 끝에 무엇이 기다리고 있는지 아시는 분은 하나님밖에 없습니다. 그런데 그 하나님께서 하시는 말씀이 악인의 길은 망하고, 의인의 길은 형통한다는 것입니다. 선지자는 그 길의 끝을 내다보고, 사람들을 일깨워서 바른길을 가게 하는 사람입니다.

거짓 선지자는 사탄이 보낸 유혹 중에서도 가장 무서운 유혹입니다. 거짓 선지자는 가장 위험할 때 오히려 안심하게 함으로써 아무 대책 없이 갑자기 망하게 만듭니다. 사람의 가장 큰 교만은 악한 짓을 하면서도 칭찬을 듣고 싶어 하는 것입니다. 거짓 선지자는 바로 그 욕망을 채워 줍니다. 교만한 자와 거짓 선지자는 악의 고리로 긴밀하게 연결되어 있습니다. 이 동반자 관계는 멸망이 찾아올 때까지 청산되지 않습니다.

거짓 선지자에 대한 하나님의 반응

하나님께서는 이 거짓 선지자들을 심판하실 것입니다. "'그러므로 너희가 밤을 만나리니 이상을 보지 못할 것이요 흑암을 만나리니 점치지 못하리라' 하셨나니 이 선지자 위에는 해가 져서 낮이 캄캄할 것이라. 선견자가 부끄러워하며 술객이 수치를 당하여 다 입술을 가리울 것은 하나님이 응답지 아니하심이어니와"(3:6-7).

선지자의 생명은 정직입니다. 선지자가 정직하지 못하면 죽은 것이나 다름없습니다. 우리에게 최고로 중요한 것은 영혼입니다. 한 사람이 장차 얼마나 행복하고 아름답고 풍성하게 사느냐는 그 영혼의 상태에 달려 있습니다. 지금 영혼이 건강한 사람은 십 년 뒤에 그만큼 아름다운 삶을 살게 되어 있습니다. 하나님께서 그 영혼의 크기만큼 채워 주시기 때문입니다. 그러나 지금 잘살고 있지만 영혼이 병든 사람은 십 년 뒤에 그만큼 비참한 삶을 살게 되어 있습니다.

그렇기 때문에 선지자는 하나님의 말씀을 정직하게 전하는 일에 목숨을 걸어야 합니다. 말씀하신 것은 말씀하셨다고 분명히 알려야 하며, 모르는 부분은 모른다고 정직하게 밝혀야 합니다. 모르면서도 아는 것처럼 말하고, 듣지 않았으면서도 들은 것처럼 말하는 것은 다른 사람을 속이는 일입니다. 그렇게 하는 선지자는 사람의 영혼을 망쳐서 멸망으로 나아가게 만듭니다.

하나님께서는 이런 거짓 선지자들에게 "너희가 밤을 만나리니"라고 말씀하십니다. "밤"은 전혀 깨닫지 못하는 상태, 상식적으로도 바른 판단을 내리지 못하는 상태를 가리킵니다. 지각이 완전히 어두워질 뿐 아니라 마음속에 기본적인 신뢰감이나 자신감마저 없는 상태를 말하는 것입니다. 그들 위에는 해가 져서 낮이 캄캄해질 것입니다. 다른 곳은 다 환해도 이 선지자들과 그의 말을 따르는 자들에게는 빛이 없을 것입니다. 마치 이스라엘 백성들이 출애굽 했을 때와 같습니다. 그때 이스라엘 백성들이 있는 곳에는 빛이 있었지만, 애굽 사람들에게는 흑암이 있어서 길을 찾지 못하고 헤맸습니다.

오늘 본문은 거짓 선지자들을 거의 점쟁이 취급 하고 있습니다. 6절에서는 "점치지 못하리라"고 말하고 있으며, 7절에서는 아예 "술객"이라고 부르고 있습니다. 그들은 부끄러워서 입술을 가릴 것입니다. 왜 그렇습니까? 맞는 말이 하나도 없기 때문입니다. 거짓말이 탄로나고 나면 그들도 할 말이 없을 것입니다. 아무리 뻔뻔스러운 거짓말쟁이라도 명백하게 드러난 사실 앞에서는 할 말이 없는 법입니다.

거짓 선지자들은 이처럼 흑암에 거할 뿐 아니라 실제로도 흑암을 좋아합니다. 모든 것이 명백하게 드러나면 자신들이 설 곳이 없어지기 때문입니다. 어둠이 지배하는 곳에서는 사람들이 막연하고 미신적인 두려움에 빠지게 되어 있고, 그래야 거짓말이 먹혀들 수 있습니다. 여기에서 자유인과 노예의 차이가 나타납니다. 노예는 귀에 들리는 대로 믿어 버립니다. 그러나 자유인은 '이 말이 정말 맞는가? 이 말에 내 미래를 걸 수 있는가? 내 운명을 걸 수 있는가?'를 반드시 확인합니다. 빛과 어두움 사이에 애매하게 서 있지 마십시오. 그러면 나중에 도매금으로 함께 쓸려 내려가게 되어 있습니다.

끝까지 남아서 하나님의 축복을 받는 사람이 누구입니까? 여호와의 말씀을 갈망하는 사람, 비싼 대가를 지불하더라도 그 말씀을 찾고 분별하여 거기에 자기의 생명을 거는 사람입니다. 그런 사람만이 세상으로 떠내려가지 않고 살아남아서 하나님이 주시는 풍성한 삶을 누릴 수 있습니다.

미가의 확신

미가는 자기 자신에 대해 무엇이라고 말하고 있습니까? "오직 나는 여호와의 신으로 말미암아 권능과 공의와 재능으로 채움을 얻고 야곱의 허물과 이스라엘의 죄를 그들에게 보이리라"(3:8).

그 당시 많은 선지자들은 자기 마음대로 예언을 했습니다. 그것은 다 사람들 듣기 좋으라고 하는 소리였습니다. 그러나 미가는 "나는 성령으로 예언할 것이며 권능과 공의와 재능으로 채움을 받아 예언할 것이다"라고 말하고 있습니다. 이것들이 다 무엇입니까? 거짓을 이길 수 있는 하나님의 능력입니다. 선지자는 눈에 보이지 않는 것에 대해 예언하기 때문에 사람들이 받아들이면 다행이지만 거부해도 어쩔 수가 없습니다. 그러나 하나님께서는 이러한 사람들의 무관심과 거부를 극복할 수 있는 능력과 용기와 열정을 주십니다.

오늘날 우리는 세상을 너무나 겁내고 있습니다. 그러나 사실은 세상이 우리를 겁내야 합니다. 왜 그렇습니까? 우리가 가진 말씀에는 세상을 뒤엎는 권능, 황폐한 곳을 옥토로 바꾸는 권능이 있기 때문입니다. 그냥 듣기에는 책망의 말씀 같고 귀에 거슬리는 말씀 같고 위협하는 말씀 같지만, 그 말씀 속에는 모든 불가능한 일들을 가능케 만드는 권능이 들어 있습니다. 온 세상이 덤벼들어도 이 말씀을 붙들고 있는 사람들만큼은 절대 이길 수가 없습니다.

말씀을 전하는 자들에게는 설득력이 있어야 합니다. 처음부터 말씀에 반응을 보이는 사람도 없을 뿐 아니라 말씀 자체도 어렵기 때문에, 자신이 가지고 있는 모든 지혜를 동원하여 알아들을 수 있도록 전할 필요가 있습니다. 또한 말씀을 전하는 자들에게는 사람들의 무관심을 일깨우고자 하는 열정이 있어야 합니다. 지금 수많은 영혼들이 멸망을 향해 나아가고 있는데도 '죽고 싶으면 말고 살고 싶으면 들으라' 는 식으로 다가간다면 그의 말은 전혀 관심을 끌지 못할 것입니다. 게다가 사탄은 "네가 계속 그런 식으로 듣기 싫은 말을 하면 위험에 빠질 것"이라고 위협하기 때문에, 그 모든 두려움을 이길 용기도 필요합니다.

오늘날 설교자들은 구약 시대의 선지자들처럼 말씀을 받지 않습니다. 더 이상 환상을 보지도 않고 계시를 새로이 받지도 않습니다. 그러나 성령께서는 우리에게 필요한 모든 말씀을 이미 성경에 기록해 두셨습니다. 성경을 읽을 때 어떤 말씀이 갑자기 설교자를 사로잡기 시작합니다. 마치 구약 시대 선지자들이 말씀을 받을 때 거의 압도되어 숨을 쉴 수 없었던 것처럼, 오늘날의 설교자들도 말씀에 압도당하는 일이 일어납니다.

사람들은 매끄럽고 듣기 좋은 설교를 많이 찾습니다. 그러나 하나님의 말씀은 그렇게 마냥 듣기 좋은 말로 되어 있지 않습니다. 하나님의 말씀은 영혼을 사로잡는 말씀입니다. 그 말씀은 먼저 설교자를 압도합니다. 그래서 그 설교자가 말씀을 사용하여 설교하는 것이 아니라, 그 말씀이 설교자를 사용하여 역사합니다. 사람들은 위로를 받기 위해 교회를 찾지만, 위로받기 전에 해야 할 일이 있습니다. 그것은 말씀의 빛으로 자신의 죄를 낱낱이 보아서 그것을 고백하는 일입니다. 그렇게 하기 전까지 위로나 축복을 기대해서는 안 됩니다.

  요즘 교인들은 두 부류로 나뉘어 있습니다. 한 부류는 바른 말씀을 듣고자 하는 사람들입니다. 그들은 '어차피 세상에서 가진 것도 없으니, 말씀이 뭐라고 말하는지 들어 보기나 하자'는 생각으로 말씀을 들었다가, 거기에 자기의 모든 것을 걸고 전심으로 매달립니다. 반면에, 치료받기보다는 위로와 인정을 받고 싶어서 교회에 나오는 사람들도 있습니다. 그들이 제일 듣기 싫어하는 설교가 지금의 삶을 바꾸라는 설교입니다. 그렇게 바꾸기에는 이미 너무 먼 길을 걸어 왔고, 너무 많은 것을 가지고 있기 때문입니다. 그래서 그들은 정직한 설교보다는 무조건 위로해 주고 싸매어 주는 설교를 좋아합니다. 그러나 그런 설교는 그들의 영혼을 책임져 주지 못합니다.

  사랑하는 여러분, 듣기가 좀 괴로워도 바른 말씀에 자신의 삶을 거십시오. 당장은 어리석은 짓처럼 보여도 말씀에 모든 것을 거는 사람은 반드시 살아나게 되어 있습니다. 그러나 세상과 말씀 사이에 양다리를 걸치고 있는 사람은 거센 죄악의 물결에 휩쓸려 멸망 당할 것입니다.

⁸잘못 지어진 예루살렘

예루살렘의 건축자들_**예루살렘에 있었던 악의 고리**_**예루살렘의 파멸**

3:9 야곱 족속의 두령과 이스라엘 족속의 치리자, 곧 공의를 미워하고 정직한 것을 굽게 하는 자들아, 청컨대 이 말을 들을지어다.
10 시온을 피로, 예루살렘을 죄악으로 건축하는도다.
11 그 두령은 뇌물을 위하여 재판하며 그 제사장은 삯을 위하여 교훈하며 그 선지자는 돈을 위하여 점치면서 오히려 여호와를 의뢰하여 이르기를 "여호와께서 우리 중에 계시지 아니하냐? 재앙이 우리에게 임하지 아니하리라" 하는도다.
12 이러므로 너희로 인하여 시온은 밭같이 갊을 당하고 예루살렘은 무더기가 되고 성전의 산은 수풀의 높은 곳과 같게 되리라.

3:9-12

한때 신도시 아파트 부실공사가 문제된 적이 있습니다. 예를 들어 소금기가 있는 바다모래를 쓴다든지 굵기가 규정에 못 미치는 철근을 사용하는 바람에, 혹시 건물이 붕괴되지는 않을까 우려하고 불안해했던 적이 있습니다. 지하철도 부실공사 문제가 심각해서, 개통한 지 불과 얼마 되지 않았는데도 물이 새거나 균열이 생기는 일이 있습니다. 이런 대형 아파트나 공공시설들은 한두 해 사용하는 것도 아니고 한두 사람이 사용하는 것도 아니기 때문에, 한번 문제가 생기면 대형사고로 연결될 가능성이 큽니다. 그러나 우리나라 건축업자들은 이런 대형사고가 일어났을 때, 과연 누가 그 책임을 져야 하는지조차 모르는 경우가 많이 있습니다.

사람들은 이처럼 눈에 보이는 시설물 외에 또 다른 건물을 짓고 있습니다. 그것은 사회라는 공동체입니다. 사람들은 그냥 어울려 살고 있는 것이 아니라, 특정한 가치관이나 목표 아래 하나의 공동체를 건설해 나가고 있습니다. 그 가치관이나 목표가 어떠하냐,

그 구성원들의 사고방식과 생활방식이 어떠하냐에 따라서 사회는 건강하게 발전할 수도 있고 병들어 붕괴될 수도 있습니다. 지금 한국 사회는 정치, 경제, 교육, 도덕이라는 중요한 네 부분에서 부실공사 상황이 드러나고 있습니다. 이 정도라면 조만간 대형사고 발생을 막기 힘들다고 보아야 할 것입니다.

오늘 본문에서 미가 선지자는 유대 사회에 대해 진단을 내리고 있습니다. 그는 이 사회가 완전히 부실공사로 지어졌기 때문에 아무것도 건지지 못하고 완전히 붕괴될 것이라고 예언합니다. 유다 지도자와 구성원들이 잘못된 재료, 잘못된 공법으로 이 사회를 건설하고 있기 때문에 밭이 뒤엎어지듯이 뒤엎어질 것이라고 말하고 있습니다.

교회에도 건강한 교회가 있고 부실한 교회가 있습니다. 시간이 오래 걸려도 말씀으로 차근차근 건설되는 교회, 한 사람 한 사람의 신앙이 변하고 삶이 변하는 교회는 건강한 교회로서 쉽게 무너지지 않습니다. 그러나 세상의 유행이나 방법으로 세운 교회는 그 기능을 제대로 감당하지 못할 뿐 아니라 자칫 대형사고를 일으킬 가능성이 큽니다.

예루살렘의 건축자들

건축현장에 몇 차례 가 본 적이 있는 형제가 한번은 이런 말을 했습니다. "목사님, 건물은 꼭 살아 있는 사람의 몸 같아요. 제일 안쪽에는 **뼈대** 역할을 하는 철근을 세우고, 그 다음에는 사람의 신경에 해당하는 전기배선이나 수도관 공사를 하지요. 그 다음으로 살에 해당하는 콘크리트를 입히고, 피부에 해당되는 외벽을 쌓습니다." 이렇게 보면 건물에도 살아 있는 건물이 있고 죽은 건물이 있다고 할 수 있습니다. 전기가 끊어지고 상수도 공급이 되지 않아서 사람이 살지 않는 건물은 죽은 건물이라고 해야 할 것입니다.

사회도 사람의 몸과 비슷합니다. 사회를 구성하는 뼈대가 있는가 하면, 정신이 있고, 중심 되는 기관이 있으며, 전체를 움직여 나가는 원동력이 있습니다. 그러나 이보다 더 중요한 사실은 사회가 특정 방향을 향해 발전하기도 하고, 주저앉아 있기도 하며, 후퇴하기도 한다는 것입니다. 이처럼 사회의 방향을 결정하는 사람들은 바로 그 사회의 지도자들입니다. 미가 선지자는 유다 사회를 이끌고 있는 지도자들에게 이렇게 말하고 있습니다. "야곱 족속의 두령과 이스라엘 족속의 치리자, 곧 공의를 미워하고 정직한 것을 굽게 하는 자들아, 청컨대 이 말을 들을지어다"(3:9).

두령과 치리자는 유다 사회의 중요한 방향을 결정하는 사람들이며, 하나님 백성의 공동체를 만들어 가는 사람들입니다. 그런데 미가 선지자는 그들을 "공의를 미워하고 정직한 것을 굽게 하는 자들"이라고 부르고 있습니다. 즉, 지금 유다 사회를 건설해 가고 있는 이 중요한 자들이 정직한 사회가 되는 방향으로 이끌고 있지 않다는 뜻입니다. 그렇다면 그들은 이 사회를 어떤 방향으로 이끌고 있습니까? 효율성이나 이윤의 극대화를 추구하는 쪽으로, 자기 배를 채우는 쪽으로 이끌고 있습니다.

어떤 사회든지 좀더 많은 구성원들이 행복해지기를 바라는 욕구를 가지고 있습니다. 자기들을 좀더 행복하게 해 준다는데 불만을 가질 사람은 아무도 없을 것입니다. 그러나 지도자들이 사람들을 행복하게 해 주기는커녕 오히려 그들을 착취하며 자기 배만 채울 때, 그 사회는 악한 사회가 될 수밖에 없습니다. 그러면 정의는 사라지고 힘을 앞세워 자기 이익을 챙기는 자들이 늘어나면서, 그 사회는 깊이 병들게 됩니다.

특히 유다 사회는 그냥 사회가 아니라 하나의 교회요 하나님 백성의 공동체였습니다. 이 공동체의 특징이 무엇입니까? 자기 힘으로 잘살거나 스스로 지킬 수 없다는 것입니다. 그래서 성경은 예루살렘을 '처녀 시온'이라고 부르며 이스라엘 백성들을 '신부'라고 부르고 있습니다. 신부의 특징은 자기 힘으로 아무것도 할 수 없다는 데 있습니다. 신부인 이스라엘 백성들은 하나님께 아주 의존적인 사람들이었습니다. 하나님이 지켜 주셔야만 살 수 있는 사람들이었어요. 다시 말해서 그들은 자립성이 없는 사람들이었습니다. 그들은 항상 무언가가 부족했습니다. 자신들의 힘으로는 위기에서 벗어날 수 없었기 때문에 늘 불안했습니다. 물론 하나님이 도와주실 것을 믿긴 했지만, 혹시라도 도와주시지 않으면 망할 수도 있는 것이 그들의 상황이었습니다.

요즘 제 아내는 운전을 배우겠다는 말을 많이 합니다. 운전을 못하니까 불편한 점이 너무 많다는 것입니다. 물론 남편이 태워주는 것이 편할 때도 있지만, 차가 필요한데 남편이 태워 줄 수 없을 경우에는 아무래도 불편할 수밖에 없습니다. 이처럼 남에게 의존한다는 것은 대단히 불편한 일입니다. 이스라엘 백성들의 문제가 바로 여기 있었습니다.

하나님께서는 예루살렘을 지켜 주겠다고 약속하시면서 말과 병거를 두지 못하게 하셨습니다. 그렇게 해도 다른 나라가 쳐들어오지 않는다면 문제가 없겠지만, 실제로는 자주 침공을 받았습니다. 물론 그때마다 하나님이 도와주시지 않았던 것은 아닙니다. 우여곡절 끝에 살아남기는 했지만 그 과정이 너무 힘들었습니다. 처음부터 군대를 가지고 있고 말과 병거를 가지고 있었다면 얼마나 좋았겠습니까? 그러나 이들은 적이 쳐들어온 후에야 나팔을 불어서 군대를 모으고 무기를 준비해야 했기 때문에 늘 한 박자씩 뒤처질 수밖에 없었습니다. 그래서 지도자들은 이렇게 불안한 신부의 자리를 내던지고, 스스로 힘을 갖추는 쪽으로 나아가기로 했습니다.

10절을 보십시오. "시온을 피로, 예루살렘을 죄악으로 건축하는도다." 무슨 말입니까? 예루살렘의 지도자들은 예루살렘을 아주 멋진 사회로 건축했습니다. 결과적으로 유다와 예루살렘은 강한 사회가 되었습니다. 그러나 하나님께서는 그 결과가 아니라 과정에 대해 묻고 계십니다. "너희가 어떻게 해서 강한 사회가 되었고 부족한 것이 전혀 없는 완전한 사회가 되었느냐?"는 것입니다.

하나님께서는 예루살렘이 강해지는 것 자체를 죄라고 말씀하시지 않습니다. 만약 그들이 약한 자들을 끌어안고 돌보아 줌으로써 함께 강해졌다면 큰 칭찬을 받았을 것입니다. 그러나 그들은 약한 자들을 강하게 만들어서 강해진 것이 아니라, 그들을 제거함으로써 강해졌습니다. 그들은 가난을 부끄러운 일로 생각했고, 힘이 없는 것을 게으름의 결과로 생각했습니다. 그래서 가난하고 병들고 약한 자들을 다 노예로 팔아 버렸습니다. 그러니까 결과적으로 강한 자들만 남게 된 것입니다. 다시 말해서 하나님이 보시기에 유다 사회는 잘못 건축된 집이었습니다. 하나님의 집은 정직과 공평으로 지어져야 했습니다. 그러나 유다 사회는 구석구석 날림공사와 부실공사의 흔적이 수두룩했습니다.

하나님 백성의 공동체 안에는 가난하고 병들고 어려운 사람들이 반드시 있어야 합니다. 하나님께서는 가난한 자들을 통해 부자들을 축복해 주시고, 병든 자들을 통해 건강한 자들을 축복해 주시기 때문입니다. 그러니까 부자들은 사정을 해서라도 가난한 사람들이 떠나지 못하도록 붙잡아야 하며, 공부 많이 한 사람들은 큰절을 해서라도 못 배운 사람들이 떠나지 못하도록 붙잡아야 합니다. 약한 사람들에게 엄청나게 잘해 주지는 못한다 하더라도 그들이 교회에서 위축되지 않고 마음껏 신앙생활 할 수 있도록 돌보아 주어야 합니다. 그럴 때 하나님께서 "이 건물이 아주 잘 지어지고 있구나" 하시면서 교회를 사랑하시고 축복하시는 것입니다.

유다와 예루살렘의 지도자들이 했어야 하는 일이 무엇입니까? 나라의 방비는 좀 허술히 한다 해도, 약한 사람들이 팔려 가거나 어려움을 겪지 않도록 돌보아 주는 것이었습니다. 그렇게 했다면 하나님께서 보이지 않는 손으로 지켜 주셨을 것입니다.

하나님의 집은 공평과 정직으로 세워져야 합니다. 공평으로 세우라 했다고 해서 부자의 돈을 빼앗아 가난한 자에게 주라는 말이 아닙니다. 적어도 약한 자가 소외되지 않도록 지켜 주라는 것입니다. 강한 자와 약한 자가 함께 공존하며 살라는 거예요. '저 가난한 사람들이 있기 때문에 하나님께서 내 기도를 들으시는구나. 저 병든 사람들이 있기 때문에 하나님께서 우리를 축복하시는구나'라고 생각하라는 것입니다.

사도 바울은 고린도에 있는 여러 교회들이 지도자에 따라 각기 다르게 세워지는 모습을 보았습니다. 어떤 건축자는 금이나 은이나 보석으로 교회를 짓는가 하면, 어떤 건축자는 나무나 풀이나 짚으로 교회를 지었습니다. 바울은 나무나 풀이나 짚으로 지은 교회는 불로 그 공력을 시험할 때 타서 없어질 것이라고 말했습니다. 이것은 고린도의 지도자들에게 굉장히 큰 도전이었습니다. 그 당시 고린도에는 철학이 크게 유행했습니다. 그래서 성경을 무시하는 풍조가 만연했습니다. 실제로 고린도 교회 교인들은 사도 바울조차 무식하다고 업신여겼습니다.

그러나 바울이 하는 말이 무엇입니까? 하나님의 교회는 철저하게 성경적으로 지어야 한다는 것입니다. 말씀을 재료 삼아, 말씀의 방법으로 지어야 한다는 것입니다. 그래야 불 시험이 와도 넘어지지 않습니다. 그러나 사람들이 좋아하는 인간의 철학이나 방법으로 교회를 지으면 불 시험이 올 때 다 타서 없어질 것입니다.

사실 우리가 듣기에는 이 말이 뻔하게 생각될 수도 있습니다. "교회를 당연히 성경적으로 세워야지, 다른 걸로 세우나?" 하면서 쉽게 넘어갈 수 있어요. 그러나 실제로 교회를 성경적으로 세우는 것은 굉장히 어려운 일입니다. 교회를 성경적으로 세우다 보면, 생각만큼 쉽게 성장하지도 않을뿐더러 사람들도 별로 좋아하지 않습니다. 사람들은 유행을 따라가는 쪽을 훨씬 더 좋아합니다. 성경적으로 목회하면 금방 부흥할 것 같지요? 그렇지 않습니다. 오히려 당장은 더 어려워지기 쉽습니다. 사람들은 대개 이 기간을 견디지 못하고 세상적인 풍조를 따라가 버립니다.

그러나 부실공사로 지어진 교회에서 신앙생활을 하면, 인생의 위기를 만났을 때 제대로 대처할 수가 없습니다. 갑작스럽게 퇴직을 하게 되었을 때, 가족을 병으로 잃게 되었을 때, 생각지 못했던 불행이 닥쳤을 때, 무엇을 어떻게 해야 할지 갈피를 잡을 수가 없어요. 교회생활은 익숙하고, 사람들과 어울려 교제하거나 행사 치르는 데에는 익숙해도, 자기에게 닥친 위기를 어떻게 풀어 나가고 이겨 내야 하는지에 대해서는 아무것도 알지 못합니다. 그래서 결국에는 인생 밑바닥으로 떨어져서 처음부터 다시 신앙을 배워야 할 상황이 되거나, 세상으로 아주 휩쓸려 가서 영영 돌아오지 못하게 됩니다. 이것이 나무나 풀이나 짚으로 집을 지은 결과입니다.

저는 아주 어렸을 때부터 교회생활을 착실히 했습니다. 청년이 되기까지 거의 빠지지 않고 교회에 다녔습니다. 그런데 막상 위기가 닥치고 인생이 뒤틀리기 시작하자, 도무지 어떻게 해야 좋을지 알 수가 없었습니다. 결국 저는 밑바닥에서부터 다시 신앙생활을 해야 했습니다. 부실공사를 하면 이렇게 될 수밖에 없습니다.

요즘처럼 어려운 때야말로 신앙의 진정성이 빛을 발할 수 있는 때입니다. 참된 믿음을 가진 사람들은 여기에서 살아남을 것이며, 이 어려움을 뚫고 나갈 것입니다. 그러나 나무나 풀이나 짚으로 집을 지은 사람들은 밑바닥으로 떨어지거나 세상으로 휩쓸려 갈 것입니다.

미가 당시의 예루살렘은 상당히 불안한 상태에 있었습니다. 그러나 하나님께서는 "불안해도 그냥 살아라. 너희는 나의 신부가 아니냐? 내가 책임져 주겠다"고 말씀하셨습니다. 그것을 믿고 불안을 감수하는 사람은 위기를 이겨 낼 수 있습니다. 적군이 쳐들어와서 성벽 뜯어 가고 문짝 떼어 가고 금붙이들을 약탈해 가도, 한번 실컷 울고 나서 다시 시작할 수 있습니다. 문짝은 없어졌어도 예배는 더 간절해지고, 방패는 다 빼앗겼어도 찬양은 더 뜨거워질 수 있습니다. 그런데 "우리 신부 그만두겠다. 우리 힘으로 싸워 보겠다"고 하면서 갑옷 차려 입고 무기 챙겨 들고 약한 자들을 다 쫓아내 버리면 위기를 이겨 낼 수가 없습니다. 약한 자들을 팔아넘기는 것은 하나님을 팔아넘기는 것이며, 병든 자들을 쫓아내는 것은 하나님을 쫓아내는 것입니다.

하나님께서는 예루살렘에 약한 부분이 있기를 원하셨습니다.

하나님께서 늘 불쌍히 여기시지 않으면 안 되도록 약한 부분을 남겨 놓기를 원하셨습니다. 사도 바울이 말한 것이 바로 이것입니다. "내가 약할 그때에 곧 강함이니라"(고후 12:10). 연약하니까 하나님을 더 의지하게 되고 더 붙들게 된다는 것입니다. 그러나 유다의 지도자들과 백성들은 연약해지기를 원치 않았습니다. 그들은 그리스도의 신부가 아니었습니다. 그리스도 없이도 얼마든지 모든 것을 해 낼 수 있는 강한 사람들이었습니다.

오늘날 교회도 마찬가지입니다. 목회자든 교인이든 교회가 성장하기를 바라고 있습니다. 19세기를 통과하면서 성장과 발전은 일종의 신앙이 되어 버렸습니다. 물론 사회도 발전해야 하고 개인도 발전해야 하며 공동체도 발전해야 합니다. 사실 사회는 기술이라는 새로운 요소의 등장으로 얼마든지 발전을 기대할 만하기도 합니다. 실제로 19세기와 20세기에 일어난 기술의 발전은 세계의 모습을 완전히 바꾸어 놓았습니다. 그러나 사람이나 사회는 기술로 발전시킬 수가 없습니다. 사회가 발전하려면 구성원들의 도덕성과 신뢰도가 깊어져야 합니다. 그러나 기술의 발전은 오히려 사회를 퇴보시키고 말았습니다. 사회를 발전시키는 것은 어쩌면 기술이 아니라 과거 농촌의 대가족 제도일지도 모릅니다. 많은 사람들이 어울려 살다 보면 개인의 인격도 바람직하게 형성되고 유대관계도 밀접해지기 때문입니다.

그렇다면 교회는 어떻게 해야 발전할 수 있을까요? 교회의 발전은 교인이 얼마나 늘었느냐, 헌금이 얼마나 늘었느냐에 달려 있지 않습니다. 그것은 각 사람이 얼마나 말씀을 사모하게 되었느냐, 서로 얼마나 정직하게 대하게 되었느냐에 달린 문제입니다. 아기가 젖을 빨려 하지 않는다면 그 아기는 무언가 이상이 생긴 것이 분명합니다. 마찬가지로 건강한 교인이라면 무엇보다 말씀을 사모하는 것이 당연합니다. 그렇지 않다면 병이 든 것입니다.

예루살렘은 사회인 동시에 교회였습니다. 그들은 적의 공격도 막아 내고 무역도 하는 동시에 하나님을 섬기는 공동체의 기능도 감당해야 했습니다. 그런데 이 두 가지 기능은 항상 갈등을 일으키게 되어 있습니다. 이런 갈등이 가장 많이 나타나는 곳이 기독교 계통의 직장입니다. 은혜로만 대하면 일이 되지 않고, 다른 직장들처럼 대하면 사람들이 마음에 상처를 입습니다. 실제로 어떤 기독교 회사에 다니는 사람은 아침 기도회 때 보는 상사의 모습과 일할 때 보는 모습이 달라서 회의를 느꼈다고 합니다. 사실 직장은 어디까지나 직장의 기능을 담당해야 할 것입니다. 그러나 예루살렘은 일반 사회이기 이전에 교회였기 때문에 교회의 성격을 더 붙들었어야 합니다. 그들이 말씀으로 모든 백성들의 삶을 변화시키는 데 목적을 두었다면 바른 방향으로 나아갈 수 있었을 것입니다.

하나님께서는 교회가 말씀을 붙들 때 어떤 어려움도 이길 수 있는 능력을 주겠다고 약속하셨습니다. 그러므로 우리는 교회를 세울 때 무엇보다 말씀으로 세우기를 힘써야 하며, 한 사람 한 사람의 중심을 변화시키고 영혼을 성장시키는 데 목적을 두어야 합니다. 처음에는 말씀의 가치관과 세상의 가치관이 겹쳐져서 혼동이 많이 생길 수 있습니다. 그래도 계속 말씀으로 나아가다 보면 점점 선명하게 하나님의 뜻을 분별할 수 있게 됩니다. 그러나 그 기간을 못 참고 세상적인 방식을 취하면, 위기가 닥쳤을 때 살아남을 수가 없습니다.

예루살렘에 있었던 악의 고리

　예루살렘이 계속 이런 방향으로 나아갈 수 있었던 것은 악의 고리가 형성되어 있었기 때문입니다. "그 두령은 뇌물을 위하여 재판하며 그 제사장은 삯을 위하여 교훈하며 그 선지자는 돈을 위하여 점치면서 오히려 여호와를 의뢰하여 이르기를 '여호와께서 우리 중에 계시지 아니하냐? 재앙이 우리에게 임하지 아니하리라' 하는도다"(3:11).
　이 말씀을 보면 세 종류의 지도자가 나오는 것을 알 수 있습니다. 첫째는 두령이고, 둘째는 제사장이고, 셋째는 선지자입니다. 그러나 이들은 정직하게 자기 책임을 감당하지 않고, 서로 공모해서 백성들을 뜯어 먹음으로써 자기들의 배를 채웠다는 점에서 전혀 차이가 없었습니다. 이 세 종류의 지도자들 중에서 어느 한쪽만 정직했더라도, 유다 사회가 이 정도까지 병들지는 않았을 것입니다. 그러나 그들은 똑같았습니다. 전부 한통속이었어요. 두령들은 뇌물을 받고 재판을 했습니다. 제사장들은 돈을 위해 율법을 가르쳤습니다. 선지자들도 돈만 많이 주면 얼마든지 좋은 예언을 쏟아냈습니다. 그 대표적인 예언이 "여호와께서 우리 중에 계시지 아니하냐? 재앙이 우리에게 임하지 아니하리라"는 것이었습니다.
　악은 혼자 일하지 않습니다. 항상 연결고리를 형성해서 사람들을 감쪽같이 속여 넘깁니다. 어느 한 쪽만 거짓말을 해서는 지속적으로 속여 넘길 수가 없습니다. 서로 짜서 거짓말을 해야 쉽게 자기들의 목적을 이룰 수 있는 것입니다.
　악의 속성이 바로 이런 것입니다. 처음에는 연약한 모습으로 접근하지만 일단 허용되고 나면 악의 고리를 형성해서 그 악을 지속시키는 것입니다. 그래서 악은 처음부터 용납하지 말아야 합니다. 일단 용납한 후에는 그 악과 싸우기가 얼마나 어려워지는지 모릅니다.

예루살렘의 지도자들은 어떻게 이러한 악의 고리를 형성하게 되었을까요? 지도자들에게만 책임이 있었던 것은 아닙니다. 예루살렘 공동체 구성원 모두에게 책임이 있었습니다. 그들의 무관심이 문제였던 것입니다. 그들이 처음부터 먹고사는 문제보다 말씀에 더 민감하게 관심을 가졌더라면, 통치자들이 이상하게 재판하고 제사장들이 이상하게 가르치고 선지자들이 이상하게 예언할 때 금세 알아차렸을 것입니다. 그런데 '제사장들이야 만날 제사 드리는 게 일이고 선지자들이야 만날 말씀 다루는 게 일이니까 잘하겠지 뭐. 우리는 먹고사는 일이 바빠서……' 라고 생각하면서 방치하니까, 어느 순간에 악의 고리가 형성되어 버린 것입니다.

예를 들어 미성년자인 자녀가 친구 집에 놀러갔다면 누구네 집에 갔으며 언제 돌아오는지 반드시 확인을 하는 것이 부모의 마땅한 책임입니다. 아이를 인격적으로 대한다고 해서 아무것도 묻지 않고 관심을 갖지 않는 것은 부모의 책임을 포기하는 거예요. 또 남편이 출장을 갔는데도 어디로 갔는지, 언제 돌아오는지 모른다면 그것은 남편을 믿는 것이 아니라 아내의 책임을 포기하는 것입니다. 그러다 보면 어느새 악의 고리가 형성되게 되어 있습니다. 교회도 마찬가지입니다. 교인들이 항상 말씀을 사모하고 예민하게 관심을 가져야 제대로 된 목사가 나오고 장로가 나오는 것이지, '다 알아서 하겠지' 생각하면서 자기 볼일만 보러 다니면 어느 순간부터 이상해지게 되어 있어요.

제사장이나 선지자는 위험한 직책입니다. 왜냐하면 검증이 불가능하기 때문입니다. 제사장의 말이 율법에 있는 말인지 아닌지 쉽게 판별할 수 있습니까? 선지자가 하는 말이 하나님이 주신 말씀인지 아닌지 쉽게 확인할 수 있습니까? 그렇기 때문에 백성들이 깨어 있어야 하는 것입니다. 만일 백성들이 처음부터 제사장이나 선지자의 말에 관심을 기울여서 참된 말씀과 거짓된 말씀을 구별할 수 있는 귀를 단련해 놓았다면 감히 거짓 예언을 하지 못했을 것입니다. 무조건 믿어 버리는 것을 달리 표현하면 '무관심'이라고 할 수 있습니다. 사람들이 무관심한 곳에는 반드시 죄가 틈타게 되어 있고, 어느 순간 악의 고리가 생기게 되어 있습니다.

그리스도인은 바로 이러한 악의 고리와 싸워야 합니다. 악의 고리가 일단 형성되고 나면 한 사람의 힘으로는 해결할 수가 없습니다. 예를 들어 고등학교 폭력서클은 학생 한 명이나 담임 선생 한 명이 해결할 수 있는 문제가 아닙니다. 자기들 나름대로 고리를 형성하고 있기 때문에 개인은 힘을 쓸 수가 없습니다. 이 고리를 끊을 수 있는 용사는 그리스도 한 분밖에 없습니다.

예수님께서 변화산에 올라가셨을 때, 산 아래 남아 있던 제자들은 귀신을 쫓아내지 못해서 고전하고 있었습니다. 산에서 내려오신 예수님께서 귀신을 쫓아내시자 제자들이 물었습니다. "우리는 어찌하여 능히 그 귀신을 쫓아내지 못하였나이까?" 그러자 주님이 대답하셨습니다. "기도 외에 다른 것으로는 이런 유가 나갈 수 없느니라"(막 9:28-29). 무슨 뜻입니까? 기도를 양적으로 많이 해야 한다는 뜻입니까? 아닙니다. '너희 힘으로는 안 된다'는 것입니다. '이것은 내가 개입해야만 해결되는 문제다'라는 것입니다.

악의 고리는 한 사람의 정의감으로 해결되는 문제가 아닙니다. 계속 기도하면서 주님이 개입하시도록 초청해야 합니다. "주님,

저는 이성교제에서 이런 문제를 겪고 있습니다", "저는 직장에서 이런 악의 고리에 매여 있습니다", "저는 가정에서 이런 어려움을 겪고 있습니다. 오셔서 해결해 주십시오"라고 기도하면서 자꾸 초청해야 합니다. 처음에는 그렇게 기도해도 잘 해결되지 않는 것 같습니다. 그러나 조금씩 주님께서 지혜를 주시고 분별력을 주십니다. 더 강하게 기도하게 하시고 더 담대하게 기도하게 하시며 낙심하지 않게 하십니다. 그러다가 어느 한 순간에 상황을 확 뒤집어 주십니다.

선지자들이 거짓으로 예언한 내용이 무엇입니까? 하나님께서 함께하시기 때문에 재앙이 임하지 않는다는 것입니다. 하나님께서 은혜를 주시기 때문에 자신들이 뇌물을 받고 재판하고 엉터리로 예언해도 재앙을 내리지 않으신다는 거예요. 이에 대해 미가는 뭐라고 말합니까? 천만의 말씀이라는 것입니다. 하나님께서 지금 그들을 노리고 계시다는 것입니다.

하나님께서 우리와 함께하시는 증거는 우리가 몇 년 믿었느냐, 과거에 무슨 체험을 했느냐와 아무 상관이 없습니다. 문제는 지금 내가 얼마나 하나님의 은혜에 목말라하며 말씀을 사모하느냐 하는 것입니다. 겸손하게 말씀에 매달리고 있는 사람은 하나님의 긍휼을 입을 것입니다. 그러나 나의 신앙 관록이나 체험을 자랑하면서 재앙이 임하지 못할 것이라고 자신하는 사람은 미가의 무서운 책망을 받게 될 것입니다.

예루살렘의 파멸

미가의 설교 중에 가장 충격적인 부분은 예루살렘이 완전히 파괴되어 폐허가 된다는 것입니다. "이러므로 너희로 인하여 시온은 밭같이 갊을 당하고 예루살렘은 무더기가 되고 성전의 산은 수풀의 높은 곳과 같게 되리라"(3:12).

가장 두려운 것이 이것입니다. 하나님께서는 자신의 이름이 걸려 있는 예루살렘도 말씀에 순종하지 않으면 버리시는 분입니다. 유다 백성들은 '아무리 우리가 죄를 지은들 하나님의 이름이 걸려 있는 예루살렘을 설마 파괴하시겠어? 자신의 이름을 먹칠하면서까지 우리를 멸망시키시겠어?' 라고 생각했습니다. 그러나 그들이 알지 못한 것이 무엇입니까? 하나님께서는 자신의 이름보다 의를 더 사랑하신다는 사실입니다. 그는 가까운 곳에서부터 의를 실천하시는 분입니다.

하나님께서는 이 점을 사사 시대 때 이미 보여 주셨습니다. 엘리 제사장 때 이스라엘 백성들은 하나님을 온전히 섬기지 않았으면서도 법궤를 지고 전쟁터에 나갔습니다. 그러자 하나님께서는 블레셋 사람들에게 법궤를 빼앗기게 하시고 성막도 불타게 하셨습니다.

하나님은 절대 죄를 용납하지 못하시는 분입니다. 그리고 자기 백성들에게는 오히려 더 높은 수준의 의를 요구하시는 분입니다. 우리는 세상 사람들과 같은 수준의 의를 지키는 데 만족해서는 안 됩니다. 그리스도인이 세상 사람들과 같은 수준으로 사는 것은 망하는 길입니다.

오늘 본문에는 몇 가지 짚고 넘어가야 할 점들이 있습니다. 첫째로, 예루살렘이 완전히 파괴되면 그 안에 있던 가난하고 병든 자들은 어떻게 되느냐 하는 것입니다. 과거에는 지도자들에게 핍박받고 이번에는 예루살렘 파괴로 고통을 당하니까 이중적으로 심판을 당하는 것이 아닙니까? 그렇지 않습니다. 하나님께서는 그들을 이미 다 옮겨 놓으셨습니다. 세 차례에 걸쳐 포로로 잡혀 가게 하심으로써 미리 다 옮겨 놓으셨습니다.

둘째로, 죄악이 보편화된 사회에는 죄인 아닌 자가 없다는 것입니다. 죄악이 보편화되면 거기에서 떨어지는 콩고물을 얻어먹지 않는 사람이 없습니다. 정도의 차이는 있을지 몰라도, 모든 사람이 어떤 식으로든 죄와 연결됩니다. 그렇기 때문에 이렇게 죄가 보편화되었을 때에는 다니엘이나 사드락, 메삭, 아벳느고처럼 특별한 결심을 해야 합니다. 신앙의 순결을 지키기 위해 특별한 조처를 해야 해요. 그렇게 하지 않으면 결국 다른 사람들과 함께 엮여서 심판을 받게 됩니다.

셋째로, 하나님의 백성이 당하는 고난에는 공통적인 고난과 예외적인 고난이 있다는 것입니다. 세상이 고통을 당할 때 하나님의 백성들도 어느 정도까지는 함께 고통을 당합니다. 그러나 모든 고통을 다 함께 당하는 것은 아닙니다. 하나님께서 그들을 특별히 지켜 주시기 때문입니다. 출애굽 때를 생각해 보십시오. 어떤 재앙은 애굽인들과 이스라엘 백성들에게 공히 내렸습니다. 그러나 어떤 단계부터는 이스라엘 백성들을 제외시켜 주셨습니다.

어느 정도 세상과 함께 고통당하게 하시는 이유는, 그렇게 하지 않을 때 세상의 현실을 이해하지 못하고 세상에 책임을 지려 하지 않기 때문입니다. 그러나 필요 이상의 고통을 주시지는 않습니다. 함께 포로가 되어 잡혀 간다 해도 결과는 다르게 나타납니다. 사는 자가 있는가 하면 죽는 자도 있습니다.

넷째로, 이런 식의 파멸이 아니면 악은 없어지지 않는다는 것입니다. 악은 근본까지 철저히 파헤쳐야지, 그렇지 않으면 절대 뿌리가 뽑히지 않습니다.

악을 심판하시는 분은 하나님입니다. 우리는 세상에서 악이 심판받는다는 소식을 들을 때, 주님은 살아 계시며 이 세상을 통치하고 계시다는 사실을 깨달아야 합니다. 부패의 고리가 들통 나게 하시고 철저하게 파헤쳐지게 하시는 분은 그리스도십니다.

오늘 말씀을 듣고 생각해야 할 것이 무엇입니까? 무엇보다 먼저 자신의 입장을 분명히 해야 한다는 것입니다. 지금까지 우리나라 경제가 급속히 발전한 것은 일종의 환상이었습니다. 투기를 해서 떼돈을 벌고 벤처사업을 해서 갑자기 큰돈을 만지게 되는 시대는 이미 끝났습니다. 이제부터는 진짜 말씀만 붙들고 살아남는 수밖에 없는데, 이때 기억해야 할 것은 다음과 같은 엘리야의 촉구입니다. "너희가 어느 때까지 두 사이에서 머뭇머뭇하려느냐? 여호와가 만일 하나님이면 그를 좇고 바알이 만일 하나님이면 그를 좇을지니라"(왕상 18:21).

내가 속한 곳에서 죄악이 보편화되고 있을 때, 상식이 통하지 않을 때는 곧 떠나야 할 때입니다. 주님께서도 멸망의 가증한 것이 서지 못할 곳에 선 것을 보거든 산으로 도망치라고 하셨습니다. 죄악이 보편화될 때 거기에서 부스러기라도 얻어먹으려고 머뭇거리다가는 도매금으로 같이 멸망하게 되어 있습니다.

하나님께서는 우리에게 살길을 주셨습니다. 그것은 말씀과 공동체입니다. 이 두 가지가 있을 때 우리는 어떤 상황에서도 살아남을 수가 있습니다. 그러므로 우리는 예민하게 관심을 가져야 합니다. 하나님의 말씀이 나에게 생생하게 들리고 있는지, 우리가 정말 하나님의 공동체로 세워져 가고 있는지 관심을 가져야 합니다. 그렇게 하지 않으면 부실공사가 되어서 위기가 닥쳤을 때 휩쓸려 가게 됩니다.

　교회를 세상의 지식으로 세우려 들면 안 됩니다. 교회에 주신 약속은, 우리가 말씀을 붙들 때 성령을 부어 주신다는 것입니다. 성령이 부어지면 사방이 막힌 곳에서도 길이 열리게 되어 있고, 사막도 옥토로 바뀌게 되어 있습니다. 그리고 믿지 않는 사람들도 어느 정도까지는 죄를 버리고 상식적인 삶을 살게 됩니다. 그러므로 교회에서는 항상 진리가 선포되어야 합니다. 그래야 성도들이 자신의 길을 밝히 보고 걸어갈 수 있습니다.

　우리 함께 하나님의 말씀을 붙들고 신실한 공동체로 모입시다. 그러면 하나님께서 약속대로 성령을 부으셔서 우리만 사는 것이 아니라 이 사회까지 살리는 축복을 주실 것입니다.

⁹마지막 날의 축복

마지막 날에 임할 하나님의 축복_그곳에서 나타날 말씀의 역사_
진정한 평화_진정한 만족의 삶

^{4:1} 말일에 이르러는 여호와의 전의 산이 산들의 꼭대기에 굳게 서며 작은 산들 위에 뛰어나고 민족들이 그리로 몰려갈 것이라.
² 곧 많은 이방이 가며 이르기를 "오라, 우리가 여호와의 산에 올라가서 야곱의 하나님의 전에 이르자. 그가 그 도로 우리에게 가르치실 것이라. 우리가 그 길로 행하리라" 하리니 이는 율법이 시온에서부터 나올 것이요 여호와의 말씀이 예루살렘에서부터 나올 것임이라.
³ 그가 많은 민족 중에 심판하시며 먼 곳 강한 이방을 판결하시리니 무리가 그 칼을 쳐서 보습을 만들고 창을 쳐서 낫을 만들 것이며 이 나라와 저 나라가 다시는 칼을 들고 서로 치지 아니하며 다시는 전쟁을 연습하지 아니하고
⁴ 각 사람이 자기 포도나무 아래와 자기 무화과나무 아래 앉을 것이라. 그들을 두렵게 할 자가 없으리니 이는 만군의 여호와의 입이 이같이 말씀하셨음이니라.

4:1-4

우리나라는 정기적으로 미군과 함께 군사훈련을 하는데, 그것이 이른바 팀스피리트 훈련입니다. 실제로 전쟁이 터져서가 아니라, 전쟁이 터졌을 때를 가정해서 미리 대비하여 훈련하는 것입니다. 우리가 이런 훈련을 한다는 것은 아직도 우리나라에 전쟁이 일어날 가능성이 있다는 뜻입니다. 전쟁이 일어날 가능성이 전혀 없다면 이러한 군사훈련이 필요치 않을 것입니다. 실제로 구소련이 붕괴된 후에 이 훈련을 계속해야 하느냐가 중요한 쟁점이 되었습니다. 소련도 무너졌고 북한도 곧 무너질 텐데 구태여 이런 군사훈련을 함으로써 북한을 자극할 필요가 있느냐 하는 문제를 놓고 활발한 논의가 벌어졌습니다.

유엔 본부의 벽면에는 오늘 본문에 나오는 성경구절이 기록되어 있다고 합니다. "무리가 그 칼을 쳐서 보습을 만들고 창을 쳐서 낫을 만들 것이며." 이것은 모든 인류가 염원하는 평화를 표현해 주는 말입니다. 모든 나라와 민족이 다시는 서로에게 칼과 창을 들이대지 않으며 무기도 만들지 않는 시대, 이미 만들어진 무기는 농기구로 바꾸어 사용하는 평화의 시대를 누구나 소원하고 있습니다. 그러나 지구상에는 온 인류를 멸망시키고도 남을 전쟁 무기들이 비축되어 있을 뿐 아니라, 오늘날에도 도처에서 서로 죽고 죽이는 크고 작은 전쟁이 일어나고 있습니다. 탱크를 개조해서 건설장비를 만들고 대포를 녹여서 다리를 만들 수만 있다면 얼마나 좋겠습니까? 그러나 그러한 평화의 날은 아직도 오지 않고 있습니다.

오늘 본문은 예루살렘의 무서운 파괴에 대한 예언에 연이어 나오는 말씀입니다. 미가 선지자는 눈에 보이는 예루살렘 성전이 무너진다고 해서 두려워하지 말라고 말하고 있습니다. 성전이 무너진다고 해서 하나님의 통치가 끝나는 것은 아니기 때문입니다. 오히려 눈에 보이는 이 성전이 무너짐으로써 하나님의 나라는 더 구체적으로 이 땅에 임할 것이며, 그때는 유대인들뿐 아니라 온 세상의 이방인 나라가 여호와의 율법을 배우기 위해 하나님의 산으로 나아올 것입니다. 더 이상 사람들이 무기를 들고 서로 죽이거나 전쟁을 연습하는 일 없이 진정한 평화가 도래할 것입니다.

이것은 신약교회에 주시는 약속의 말씀입니다. 우리는 오늘 이 말씀을 통해서 우리에게 주신 약속이 무엇이며, 그 축복이 어떻게 구체적으로 이루어지는지 살펴볼 것입니다.

마지막 날에 임할 하나님의 축복

미가 선지자는 마지막 날에 임할 하나님의 축복에 대해 무엇이라고 말씀하고 있습니까? "말일에 이르러는 여호와의 전의 산이 산들의 꼭대기에 굳게 서며 작은 산들 위에 뛰어나고 민족들이 그리로 몰려갈 것이라"(4:1).

말일에는 여호와의 전의 산이 모든 산꼭대기에 서게 될 것입니다. 그렇다면 지금 이 예루살렘 성전은 어떻게 됩니까? 지난번에 살펴본 3장 12절 말씀 그대로입니다. "이러므로 너희로 인하여 시온은 밭같이 갊을 당하고 예루살렘은 무더기가 되고 성전의 산은 수풀의 높은 곳과 같게 되리라." 예루살렘 성전이 파괴되는데 마치 밭이 갈아엎어진 것처럼 철저하게 파괴된다는 것입니다.

이러한 예루살렘 성전의 파괴는 하나님을 믿는 모든 이들에게 대단히 어려운 문제를 제기합니다. 예루살렘 성전은 단순히 예배만 드리던 곳이 아니었습니다. 하나님께서 온 세상을 다스리시던 보좌였습니다. 이 보좌가 파괴된다면 하나님의 통치는 어떻게 되는 것이며, 우리 인간들을 구원하시겠다는 하나님의 약속은 어떻게 되는 것입니까?

이에 대해 미가 선지자는 예루살렘이 파괴된다고 해서 하나님의 통치가 끝나는 것은 아니며, 인간을 구원하시려는 계획이 취소되는 것도 아니라고 말하고 있습니다. 오히려 하나님께서는 말일에 성전을 더 높이 세우실 것입니다. 그 성전은 다른 모든 산들의 꼭대기에 설 것이며 온 세상 사람들이 하나님의 율법을 배우기 위해 그 산으로 몰려갈 것입니다. 여기에서 산은 세상의 권세나 지식을 상징하고 있습니다. 이 세상에 많은 지식이나 권력이나 세력들이 있지만 하나님의 성전은 그것들의 꼭대기에 선다는 것입니다. 언제 이러한 축복을 주십니까? 말일에 주십니다. 지금 당장은 아니지만 상당한 시일이 지난 후에 다시 성전을 일으키시고 영화롭게 하신다는 것입니다.

그렇다면 다시 한 번 생각해 봅시다. 지금 눈에 보이는 예루살렘 성전이 파괴되는 이유가 무엇입니까? 이 성전이 사람들을 진정으로 변화시키지 못했기 때문입니다. 사람을 변화시키지 못하는 성전은 허수아비나 마찬가지입니다. 이스라엘 백성들이 말씀을 귀히 여기고 스스로 복종했을 때에는 성전이 존귀한 곳이 될 수 있었습니다. 그러나 그들이 말씀을 귀하게 여기지 않고 자기 욕심대로 살았을 때, 성전은 한낱 허수아비 같은 곳이 되고 말았습니다. 하나님께서는 사람을 변화시키지 못하는 허수아비 같은 성전을 밭 갈듯이 갈아엎어 버리고, 진정으로 사람들을 변화시킬 수 있는 새로운 성전을 짓겠다고 말씀하십니다.

제가 어렸을 때, 아버지가 집을 다시 짓기 위해 옛집을 부순 적이 있습니다. 살고 있던 집을 부수니까 불편한 점이 한두 가지가 아니었습니다. 우리 형제들은 백 년도 넘은 옛집이 부수어지는 것을 아까워했습니다. 지붕에서는 물이 새고 여기저기 허물어졌는데도, 그 옛집에 대한 미련을 쉽게 버릴 수가 없었습니다.

이스라엘 백성들이 그러했습니다. 눈에 보이는 이 성전은 사람을 변화시킬 수 없는 허수아비 성전이었습니다. 여기에서는 더 이상 하나님의 영광을 체험할 수도 없었고, 타락한 마음을 새롭게 할 수도 없었습니다. 그런데도 그들은 고집스럽게 이 성전에 집착하고 있었습니다. 한 사람도 변화시키지 못하는 성전이 무슨 소용이 있습니까? 그래도 그들은 성전이 있다는 사실만으로 만족하려 했습니다. 그러나 하나님의 생각은 달랐습니다. 하나님께서는 이 옛 성전을 무너뜨리고 새 성전을 짓겠다고 말씀하십니다. 이 새 성전은 유다 백성들만의 정신적인 지주 노릇을 하는 성전이 아닙니다. 모든 권력과 사상과 세력 위에 뛰어난 성전입니다.

이 일이 언제 이루어진다고 합니까? 말일에 이루어진다고 합니다. 이 말씀의 비밀을 풀어 주는 것은 요엘서 2장 28절입니다. "그 후에 내가 내 신을 만민에게 부어 주리니 너희 자녀들이 장래 일을 말할 것이며 너희 늙은이는 꿈을 꾸며 너희 젊은이는 이상을 볼 것이며." 미가가 말한 "말일"과 요엘이 말한 "그 후"는 같은 것입니다. 미래의 어느 때에 하나님께서 참으로 놀라운 축복을 이 땅에 베푸실 것인데, 그때는 성령이 무차별적으로 부어진다는 것입니다.

인류에게 일어난 사건 중에 가장 놀라운 것이 무엇입니까? 어떤 사람은 불의 발명을 이야기할 것이고, 어떤 사람은 바퀴의 발명을 이야기할 것이며, 또 어떤 사람은 비행기의 발명을 이야기할 것입니다. 그러나 인류에게 일어날 수 있는 최고의 사건은 여호와의 신이 무차별적으로 부어져서 완전히 다른 종류의 사람이 되는 것입니다.

구약 시대 때는 이런 일이 부분적으로 일어났습니다. 이것을 경험한 대표적인 사람이 이스라엘의 초대 왕 사울입니다. 그의 평소 성향은 완벽주의에 가까웠습니다. 그는 심한 열등감을 가지고 있는 사람이었고, 아주 예민하며 신경질적인 사람이었습니다. 그런데 그에게 성령이 임해 있는 동안에는 완전히 새로운 사람이 되었습니다. 사람이 그렇게 겸손할 수가 없었어요. 성령이 임하셨을 때의 사울과 성령이 임하시지 않았을 때의 사울은 완전히 다른 사람이었습니다.

우리는 삼손을 생각할 때 영화배우 슈워제네거 같은 근육질 남성을 떠올리기 쉽습니다. 그러나 삼손이 원래부터 근육질이었던 것은 아닙니다. 그는 하나님의 성령이 임했을 때에만 괴력을 발휘

했습니다. 이처럼 하나님의 신은 사람을 완전히 바꾸어 놓습니다.

구약의 선지자들도 원래부터 능력 있는 예언을 하던 사람들이 아니었습니다. 아마 그 중에는 대중 연설에 능하지 못한 사람도 있었을 것입니다. 그러나 여호와의 신이 임했을 때, 세상이 감당할 수 없는 능력의 말씀이 그들의 입에서 쏟아져 나왔습니다.

하나님이 주신 위대한 약속이 무엇입니까? 미래의 어떤 시점에 이 여호와의 신을 모든 사람에게 무차별적으로 한량없이 부어 주시겠다는 것입니다. 모든 사람을 사울처럼, 삼손처럼, 선지자들처럼 바꾸어 주시겠다는 것입니다.

성전은 하나님의 성령이 거하시는 집으로서, 사람들은 그 한 곳에서만 죄 사함을 체험하고 은혜를 체험했습니다. 유다 백성들은 그 귀한 집을 자기들만 독차지하려고 했습니다. 그런데 하나님께서는 그 한 집에서만 이런 일이 일어나는 것이 아니라, 모든 사람들이 언제 어디에서나 죄 사함과 능력과 은혜를 체험하는 축복의 때가 올 것을 약속하고 계십니다.

이 놀라운 축복은 그냥 일어나지 않습니다. 누군가 우리 죄를 영원히 사하는 한 제사를 드려야 합니다. 그것이 바로 예수 그리스도의 십자가 사건입니다. 그 사건이 일어난 후에야 누구에게나 성령이 한없이 부어지는 놀라운 일이 일어나게 되었습니다. 그러나 누구에게 부어진다고 해서 세상 모든 사람이 이 축복을 받는 것은 아닙니다. 예수의 이름을 믿는 사람들, 특히 그 이름을 믿는 공동체 위에 이 축복을 주신다는 것이 하나님의 약속입니다.

그래서 하나님께서는 먼저 예수 그리스도께 성령을 한없이 부어 주셨습니다. 요한의 세례를 받고 물에서 올라오시는 예수 그리스도 위에 성령을 폭포같이 부어 주신 것입니다. 이 세상 어느 누구도 그렇게 엄청난 성령의 세례를 받은 적이 없었습니다. 마치 아론의 머리에 기름이 한없이 부어졌듯이 그리스도께 성령이 한없이 부어졌습니다. 그 이유가 무엇입니까? 우리에게도 성령을 한없이 부어 주시기 위해서입니다.

그러므로 누구든지 예수의 이름을 부르는 자는 성별이나 직분이나 피부색에 상관없이 무차별적으로 성령을 한없이 부어서 새로운 사람으로 만들어 주실 것입니다. 비겁한 사람은 담대해질 것이요, 미련한 사람은 지혜로워질 것이며, 연약한 자는 삼손처럼 강해질 것입니다. 이것이 하나님의 약속입니다.

여기에서 "여호와의 전의 산이 산들의 꼭대기에 굳게 서며 작은 산들 위에 뛰어나고"라는 것은 파괴된 예루살렘 성전이 재건된다는 뜻이 아닙니다. 눈에 보이는 성전은 더 이상 필요가 없습니다. 예수의 이름을 믿는 자들이 모인 곳은 어디나 성전이기 때문입니다. 즉, 그들의 모임 자체가 "여호와의 전의 산"이 되는 것입니다.

성령이 충만하게 임하는 자들의 모임은 이 세상 어떤 권력자들의 모임이나 사상가들의 모임보다 뛰어납니다. 왜 그렇습니까? 성령이 계속적으로 부어지기 때문입니다. 지식은 사람을 바꾸지 못합니다. 지식이 하는 일은 지금까지 살면서 경험하고 깨달은 것을 체계적으로 정리하여 사람들을 깨우치고 지혜롭게 만드는 것입니다. 이것이 세상의 작은 산들이 하는 일입니다. 그러나 그 지식으로는 술주정뱅이를 온전한 사람으로 바꿀 수도, 도둑을 선한 선생으로 바꿀 수도 없습니다. 세상의 작은 산들을 오르는 사람은 조금은 더 똑똑해질 수 있고 조금은 더 지혜로워질 수 있습니다. 그러나 여호와의 산에 오른 자들은 완전히 딴사람이 되어서 돌아옵니다. 생각만 새로워지는 것이 아니라 감정까지 새로워집니다.

우리는 알맹이보다는 껍데기를 바꾸고 싶어합니다. 키가 작은 사람은 커지고 싶어 하며, 턱이 나온 사람은 깎고 싶어 합니다. 그러나 성령께서는 알맹이를 바꾸어 놓으십니다. 겉은 그대로인데 속을 완전히 바꾸어 놓으시는 것입니다. 언제 이런 일이 일어납니까? 바로 지금입니다. 이것은 바로 지금, 우리에게 주어진 약속입니다.

그곳에서 나타날 말씀의 역사

미가 선지자는 약속의 때에 엄청난 말씀의 역사가 일어날 것이라고 예언하고 있습니다. "곧 많은 이방이 가며 이르기를 '오라, 우리가 여호와의 산에 올라가서 야곱의 하나님의 전에 이르자. 그가 그 도로 우리에게 가르치실 것이라. 우리가 그 길로 행하리라' 하리니 이는 율법이 시온에서부터 나올 것이요 여호와의 말씀이 예루살렘에서부터 나올 것임이라"(4:2).

요엘 선지자가 예언한 것도 이것입니다. "그 후에 내가 내 신을 만민에게 부어 주리니 너희 자녀들이 장래 일을 말할 것이며 너희 늙은이는 꿈을 꾸며 너희 젊은이는 이상을 볼 것이며." 여기에서 꿈을 꾸거나 이상을 보거나 장래 일을 말하는 것은 전부 구약 시대 때 하나님의 말씀을 받는 방식이었습니다. 성령의 역사가 임할 때 나타나는 가장 큰 특징은 엄청난 양의 말씀이 선포되는 것입니다. 이것은 모든 사람이 선지자가 된다거나 목사가 된다는 뜻이 아닙니다. 하나님의 뜻을 깨닫는 일에서, 모든 백성이 구약 선지자들의 수천 배, 수만 배에 이르는 놀라운 지각을 얻게 된다는 뜻입니다.

많은 이방인들이 깨닫는 바가 무엇입니까? 이제 누구든지 여호와의 산에 가기만 하면 율법을 배울 수 있다는 것입니다. 여호와께서 친히 그 도를 가르쳐 주실 것이며, 자신들도 그 길을 갈 수 있다는 것입니다. 사람을 가장 비참하게 만드는 일은 마땅히 행할 길을 알지 못하는 것입니다. 물론 사회마다 사람들이 살아야 할 길이 있고 행해야 할 도리가 있어서, 어려서부터 무엇이 나쁜 일이고 좋은 일인지에 대해 배웁니다. 그러나 살다 보면 그것만 가지고서는 자신들의 진정한 가치를 회복할 수 없다는 사실을 알게 됩니다. 그래서 공허한 마음으로 여기저기 기웃거리며 진정으로 가치 있는 길을 찾으려 드는 것입니다.

그런데 그들의 귀에 들리는 소식이 무엇입니까? 하나님의 산에 가면 하나님께서 직접 도를 가르쳐 주신다는 것입니다. "나는 너에 대해 이런 생각을 가지고 있고 이런 계획을 가지고 있다"라고 직접 말씀해 주신다는 거예요. 하나님께서 직접 가르쳐 주시니 얼마나 정확하고 진실하겠습니까? 사람들은 그 소식을 듣고 너도나도 그곳으로 몰려갈 것입니다. 자기들만 가는 것이 아니라 주위에 있는 사람들까지 초청해서 함께 갈 것입니다.

사람들은 이 세상의 어느 것으로도 완전한 만족을 얻지 못합니다. 돈을 많이 벌어도 만족하지 못하고, 공부를 많이 해서 탁월한 지식을 얻어도 만족하지 못합니다. 솔로몬은 그 모든 경험을 해 본 사람이었습니다. 그러나 그는 모든 것이 헛되고 헛되다고 말하면서, 이 세상의 모든 시도가 바람을 잡으려는 것과 같다고 했습니다. 막상 손에 잡고 나서 보면 아무것도 아니라는 것입니다.

이처럼 사람의 영혼에는 채워지지 않는 갈급함이 있습니다. 그래서 누군가 영적인 일에 귀의할 때 마음으로 부러움을 느낍니다. 누구나 마음속에 '나는 언제까지 먹고사는 일에 매달려야 할까?

나도 무언가 영원한 것을 추구하면서 살고 싶다'는 욕구를 가지고 있습니다. 그래서 사상적으로나 종교적으로 편력을 하는 사람들이 생기는 것입니다. 그들은 유교도 기웃거리고 불교도 기웃거리면서 여러 사상과 철학과 종교를 섭렵합니다. 이것이 다 돈이나 권력이나 명예만으로는 채워지지 않는 갈급함이 있기 때문입니다. 예수님을 찾아왔던 부자 청년을 보십시오. 그렇게 돈이 많은 사람이 무엇이 부족했겠습니까? 그러나 영적인 문제는 돈으로 풀리지 않습니다. 그의 영혼은 돈으로 만족되지 못했습니다.

신앙 없는 사람들이 광신자들은 경멸하면서도 진정한 신앙인들은 말할 수 없이 부러워하는 이유가 여기 있습니다. 그들은 진정한 만족을 느끼지 못합니다. 단지 남들보다 나은 부분이 좀 있을 뿐입니다. 남들보다 공부를 좀더 했고 돈을 좀더 벌었을 뿐이에요. 그러나 영혼에 시원한 만족감이 없다는 점에서는 다를 바가 없습니다. 그럴 때 누군가 그 사람을 직시하면서 근본적인 문제를 지적해 주고 고쳐 준다면 진정한 만족을 얻을 수 있을 것입니다.

예를 들어 어떤 사람이 병들었는데, 아무리 이 병원 저 병원을 찾아다녀도 시원하게 병명을 말해 주는 의사가 없다면 얼마나 속이 답답하겠습니까? 요셉 때 바로가 경험한 일이 바로 그런 것이었습니다. 대 애굽의 왕이 무슨 부족한 것이 있었겠습니까? 그런데 그가 무언가 이상한 꿈을 꾸었을 때, 속시원히 해석해 주는 사람이 없었습니다. 어떤 신이 애굽에 일어날 일을 미리 알려 준 것 같기는 한데, 그것이 도대체 무엇인지 알 수가 없었어요. 그때 히브리 죄수 요셉이 하나님의 뜻을 명확히 말해 주고 대책까지 분명하게 제시해 주었습니다. 바로는 그제야 미신과 운명의 두려움에서 벗어나 기쁨을 느낄 수 있었습니다.

사실 우리의 인생은 물음표의 연속이라고 할 수 있습니다. 왜 대학을 가야 하는지, 왜 결혼을 해야 하는지, 왜 죽어야 하는지, 온통 의문투성이에요. 그러니까 뭘 해도 찜찜할 수밖에 없습니다. 그런데 여호와의 말씀을 들으면 어떻게 됩니까? 온통 막혀 있던 것이 확 뚫려 버립니다. 시원하게 해결이 되어 버리는 것입니다.

참 생명은 무엇입니까? 하나님의 말씀대로 사는 것입니다. 세상은 불확실한 곳입니다. 그러나 말씀대로 사는 사람은 절대 망하지 않습니다. 하나님께서 생명의 길로만 인도하시기 때문입니다. 그런 사람은 바다에 들어가도 길이 나오고, 광야로 들어가도 물이 나옵니다. 사드락과 메삭과 아벳느고처럼 용광로에 들어가도 살아 나옵니다.

온 세상이 홍수로 뒤덮여도 여호와의 말씀은 불변합니다. 온 세상이 불바다가 되어도 여호와의 말씀은 안전합니다. 새로 세워질 하나님의 성전에는 이 말씀이 있습니다. 하나님께서 직접 우리의 행할 바를 가르쳐 주십니다. 내가 누구이며 어떻게 살아야 하는지 가르쳐 주십니다.

우리 중에 불행을 원하는 사람은 아무도 없을 것입니다. 깡패에게 맞아 죽거나 납치당해서 죽고 싶은 사람은 아무도 없어요. 그러나 세상은 한 치 앞도 내다볼 수 없는 불확실한 곳입니다. 우리는 모두 알 수 없는 미래에 대해 불안감을 느끼고 있습니다. 이렇게 미래가 불안한 사람은 다 시온으로 와야 합니다. 시온으로 와서 여호와의 말씀을 배워야 합니다. 그러면 절대적으로 안전합니다.

오늘 우리에게 필요한 것은 분명한 하나님의 말씀입니다. 하나님의 말씀을 바로 듣지 못하면 미신에 사로잡힐 수밖에 없습니다. 누가 조금 불길한 이야기만 해도 두려워하면서 그 말을 따르게 되고, 누가 약간 공격하기만 해도 힘없이 무너져 버리며, 미래에 대해 늘 불안해하게 됩니다. 그러나 말씀을 알고 나면 미신은 더 이상 우리를 속일 수 없습니다. 누가 무슨 말을 해도 자신 있게 분별해서 대처할 수 있습니다. 말씀은 미신을 몰아냅니다. 미래를 두려워하지 않고, 스스로 옳다고 분별한 것에 따라 살 수 있게 합니다.

진정한 평화

하나님께서는 이처럼 진리를 깨닫게 하실 뿐 아니라 진정한 평화를 주실 것입니다. "그가 많은 민족 중에 심판하시며 먼 곳 강한 이방을 판결하시리니 무리가 그 칼을 쳐서 보습을 만들고 창을 쳐서 낫을 만들 것이며 이 나라와 저 나라가 다시는 칼을 들고 서로 치지 아니하며 다시는 전쟁을 연습하지 아니하고"(3:3).

왜 많은 민족 중에 심판하시며 먼 곳 강한 이방을 판결하십니까? 무력만 믿고 사는 강한 자들이 심판을 받아서 완전히 망해야 이 땅에 진정한 평화가 오기 때문입니다. 예를 들어 북한이 무력 도발을 포기하지 않는다면 우리에게는 평화가 오지 않을 것입니다. 우리는 늘 무장하고 있어야 하며 긴장하고 있어야 합니다. 북한이 언제 어디서 어떤 방식으로 쳐들어올지 모르기 때문입니다.

악한 자에게 협박을 받는 사람이 쉽게 경찰에 고발하지 못하는 데에는 이유가 있습니다. 고발해서 감옥에 집어넣는다 해도 얼마 지나지 않아 풀려날 테고, 그렇게 풀려나고 나면 또 무슨 짓을 저지를지 모르기 때문입니다. 세상 법정은 사람이 사납고 범죄를 저지를 가능성이 있다는 것만으로 처벌하지 못합니다. 그렇다면 진정한 평화는 언제 얻을 수 있을까요? 죄를 지을 수 있는 가능성마

저 완전히 사라질 때, 서로를 향한 적대감이 완전히 뿌리 뽑힐 때 얻을 수 있습니다.

성령께서는 모든 미움과 갈등의 진정한 원인인 사탄을 심판하심으로써 진정한 평화를 가져오십니다. 사탄은 속임수를 통해 서로 미워하게 만들고, 저마다 피해의식을 갖게 만듭니다. 그러니까 누구든지 잠재적인 적이 될 수 있는 것입니다. 상대방이 나의 적인지 친구인지 모를 때는 불안할 수밖에 없습니다. 그러나 성령께서는 이 모든 문제의 원인을 전부 밝혀 버리셨습니다. 모든 죄는 교만에서 나온다는 사실, 사탄은 그 교만을 충동질해서 남들을 공격하게 만든다는 사실을 밝혀 버리신 것입니다. 그리고 우리가 죄인임에도 불구하고 하나님께서는 우리를 사랑하시며 불쌍히 여기시고 귀히 여기신다는 사실을 알려 주셨습니다. 이처럼 성령께서는 인간의 본질에 대한 모든 문제에 대답을 주십니다. 이 성경적인 인간론이야말로 모든 문제의 실마리가 됩니다.

진정한 평화가 이 땅에 임한다는 것은 폭력과 전쟁이 전부 없어진다는 뜻이 아닙니다. 말씀의 빛이 비추어지지 않는 곳에는 여전히 폭력과 전쟁이 있을 것입니다. 그러나 빛이 비추어지는 곳에서는 싸울 이유가 없어집니다. 서로를 너무나 잘 알게 되기 때문에 싸울 이유가 없어져요. 우리는 다 약한 존재이며, 다 피해의식을 가지고 있고, 도움과 이해가 필요한 존재라는 것을 알게 되기 때문에 서로 미워할 필요가 없습니다.

사람에게 가장 어려운 문제는 분노를 해결할 길이 없다는 것입니다. 분노나 증오가 한번 생기면 누군가를 해쳐서 복수를 하기 전에는 사라지지 않습니다. 흘러간 옛 노래를 부른다거나 잠을 청한다거나 술을 마심으로써 일시적으로 누그러뜨릴 수 있을지는 몰라도, 근본적으로 없앨 수는 없습니다. 사람은 이러한 분노와 증오 때문에 싸웁니다. '나는 도저히 저 사람과 같은 하늘 아래 살 수 없다'고 생각한다면 둘 중에 한 사람은 죽어 없어져야 끝이 나지 않겠습니까?

그런데 성령께서는 우리 안에 있는 이 분노를 치료하시고 피해의식을 치료하십니다. 피해의식이란 '나만 억울하게 손해를 보았다'는 생각입니다. 그러나 하나님께서는 어떻게 하십니까? 억울한 내 모습, 상처 입은 내 모습을 있는 그대로 받아 주십니다. 그러니까 손해 볼 것이 없어요. 억울하면 억울할수록, 상처가 크면 클수록 더 채워 주시고 더 축복해 주시니까 피해의식을 가질 필요도 없고 화를 낼 필요도 없습니다. 나의 상처 때문에 하나님께서 거절하신다면 분노가 폭발하겠지만, 상처 입은 그대로 사랑하실 뿐 아니라 더 많은 은혜를 주시는데 왜 분노하겠습니까? 예를 들어 내가 다른 사람 때문에 십만 원 손해 봤다고 하나님 앞에 나아가서 꺽꺽 울었더니 천만 원을 주셨다면, 십만 원 손해 본 것이 과연 피해의식으로 남겠습니까?

오히려 아직도 깨닫지 못하고 무지한 가운데 화를 내며 분노하는 사람을 볼 때 불쌍한 마음이 들 것입니다. '나도 전에는 저런 적이 있었는데' 하면서 그를 이해하려고 애쓰게 될 것입니다. 그리고 한 걸음 더 나아가 '내가 그토록 하나님을 대적하며 살았을 때에도 사랑해 주셨는데 이까짓 것을 참지 못하면 어떻게 되겠는가' 하면서, 남을 적시하는 마음을 영구적으로 포기해 버립니다. 자기 마음속에 품고 있던 칼을 꺼내서 보습을 만들어 버립니다. 언젠가 기회가 오면 남을 찌르려고 준비해 두었던 창을 꺼내서 낫을 만들어 버립니다.

사람들은 다 마음속에 칼을 품고 다닙니다. '네가 나를 이렇게 고생시켰지? 언젠가는 본때를 보여 주마'라는 마음을 품고 다닙니다. 그러나 하나님께 근본적인 문제를 해결받은 사람은 이 칼을 품고 다닐 필요가 없습니다.

저도 옛날에 칼을 품고 다닌 적이 있습니다. 그래서 설교를 해도 굉장히 무섭게 했고, 사람들도 쉽게 저에게 다가오지 못했습니다. 그런데 어느 날 말씀을 묵상하다가 심각하게 회개하게 되었습니다. 그리고 "하나님, 저는 이 칼을 쓰지 않겠습니다. 이 창을 쓰지 않겠습니다. 이 칼을 숟가락으로, 이 창을 젓가락으로 만들어 버리겠습니다"라고 기도하게 되었습니다. 그러자 모든 사람과 친구가 될 수 있었습니다. 노인과도 친구가 되고 아이들과도 친구가 되었습니다. 아이들과 캠프를 가면 설교하기 전에 씨름부터 합니다. 배낭 집어들고 "덤벼라!" 하면 30-40명이 한꺼번에 "삼손을 쓰러뜨리자!" 하면서 덤벼들어 난장판을 벌입니다. 그렇게 한바탕 신나게 놀고 나서 소파 하나 가져다 놓고 설교를 시작합니다. 나 혼자 높은 데 서서 뚫어져라 쳐다보면서 무섭게 설교하는 것이 아닙니다. 소파에 앉아서 이야기를 시작하면 한 놈은 옆에 앉아서 듣기도 하고, 또 한 놈은 그 옆에 턱 드러누워서 듣기도 합니다.

진정한 평화는 내면에 먼저 찾아옵니다. 내면에서 전쟁을 포기하지 않는 한, 평화를 이루려는 어떤 노력도 성공할 수 없습니다. 이렇게 내면의 평화를 맛본 사람은 불화가 있는 곳을 찾아가 평화를 만들어 냅니다.

독일과 프랑스는 역사가 오랜 원수였습니다. 그들은 수없이 공격하고 공격당한 전력을 가지고 있었습니다. 그런데 지금은 서로 평화를 이루고자 많은 애를 쓰고 있습니다. 미테랑 대통령이 건립

선암으로 죽었을 때 독일의 콜 수상이 장례식에 참석하여 엄청난 눈물을 쏟았는데, 기자들은 '콜의 눈물'이라는 제목 아래 그 일을 대서특필했습니다. 그들은 콜의 눈물이 위장된 것이 아니라는 결론을 내렸습니다.

내면에 평화가 임한 사람은 다른 곳에서도 분쟁이나 갈등이 일어나는 것을 좋아하지 않습니다. 우리 속담에 "불난 집에 부채질 한다"는 말이 있습니다. 그만큼 사람들은 남이 싸우는 것을 좋아합니다. 그러나 하나님의 백성들은 이 땅에서 싸움과 전쟁이 사라지기를 진정으로 소원합니다. 물론 자신들의 손이 닿지 않는 곳에 대해서는 어찌 할 수 없지만, 자신의 영역 안에서는 어떻게 해서든지 평화를 이루어 내려 합니다.

어떤 사람이 평화를 이루어 낼 수 있습니까? 누구에게 욕을 먹어도 화가 나지 않는 사람, 화가 나더라도 참고 화를 내지 않는 사람, 억울하게 맞아도 욕하지 않는 사람입니다. 예수님은 채찍으로 맞고 십자가에 못 박히면서도 욕하지 않으셨습니다. 인간이 얼마나 약하고 무지한지 아셨기 때문에, 오히려 그들을 용서해 달라고 기도하셨습니다.

남을 치료하려면 내 속의 열등감이 먼저 치료되어야 합니다. 예수님께서는 다른 사람의 발을 씻는 종의 모습을 보여 주셨습니다. 남 밑으로 들어가려면 먼저 열등감을 버려야 합니다. 자존심을 버려야 하고, 마음속의 콤플렉스를 치료받아야 합니다. 그 치료가 되지 않으면 발 씻어 주려고 고개 숙였다가 바로 대야 집어들어서 치게 될 수가 있어요. 내 마음이 먼저 치료되어야 남을 용서하고 섬길 수 있습니다.

그리스도인들은 그 속에 진정한 만족감이 있습니다. 하나님께서 너무 많은 것을 주셨다는 사실을 알기 때문에 사람들과 싸우지 않습니다. 그리고 갈등이 있을 때 지혜와 끈기로 어떻게 해서든지 화평을 만들어 냅니다. 남을 심판하고 정죄하기는 굉장히 쉽습니다. 말 안 듣는 사람 때려 주기는 너무너무 쉬워요. 그러나 그 사람을 어떻게 해서든지 설득해서 바른 쪽으로 움직이게 하는 것은 큰 능력이 필요한 일입니다. 99퍼센트 문제가 있고 가능성은 단 1퍼센트밖에 없는 사람도 변화될 수 있습니다. 아니, 단 1퍼센트의 가능성도 없어 보이는 사람이라도 변화될 수 있습니다. 모든 사람을 불쌍히 여기고 아름답게 봐 주십시오. 그러면 생각한 대로 만들어질 것입니다. 그것이 하나님께서 우리에게 주신 능력입니다.

진정한 만족의 삶

성령이 주시는 또 하나의 선물은 자신에 대해 만족을 느끼는 것입니다. "각 사람이 자기 포도나무 아래와 자기 무화과나무 아래 앉을 것이라. 그들을 두렵게 할 자가 없으리니 이는 만군의 여호와의 입이 이같이 말씀하셨음이니라"(4:4).

이스라엘 백성들이 이상향으로 생각한 것은 제각각 자기 포도나무와 무화과나무 아래에서 쉬는 것이었습니다. 이것은 그들이 임금을 받고 일하는 노동자가 아니라, 자기 소유의 나무를 가진 자들이 된다는 뜻입니다. 이 얼마나 여유로운 풍경입니까?

성령의 시대에 사는 사람들은 진정한 만족을 누릴 수 있습니다. 왜 그렇습니까? 가장 중요한 부분이 채워졌기 때문입니다. 성령께서는 돈을 주시지 않습니다. 건강을 주시지 않습니다. 다만 우리 한 사람 한 사람이 하나님 앞에 얼마나 소중하고 존귀한 존재인지 깨닫게 하시며, 영혼에 만족감을 주십니다. 그것은 말로 표현할 수 없는 만족감입니다. 돈이 많은 것도 아니고 남들처럼 건강한 것도 아닌데, 무언가 마음을 뿌듯하게 채워 주는 만족감이 있습니다. 무엇이 그런 만족감을 줍니까? 하나님의 사랑입니다. 사람들은 그것을 찾지 못했기 때문에 그렇게 방황하는 것입니다. 그것을 찾지 못했기 때문에 그렇게 많이 싸우며, 서로에게 상처를 입히는 것입니다.

하나님 앞에서 우리 한 사람 한 사람은 모두 독특한 가치를 가지고 있는 존재입니다. 그러니까 다른 사람들의 삶을 부러워할 필요가 없습니다. 그 사람에게는 그 사람의 삶이 있고, 나에게는 나의 삶이 있습니다. 쌍둥이라도 하나님의 인도하심이 각각 다릅니다. 저마다 독특한 하나님의 인도하심과 축복이 있는 것입니다. 그렇기 때문에 남이 잘되어도 배 아파할 필요가 없습니다. 그것은 그 사람의 밥그릇이고 내 밥그릇은 따로 있어요. 그러니까 오히려 마구 축복해 주어야 합니다. 친구들은 매주 연속으로 결혼하는데 나는 만날 앞에 나가서 축가만 불러 준다고 속상해할 필요 없습니다. 나에 대한 인도하심은 따로 있다는 것을 믿고, 마음껏 축가를 불러 주십시오.

우리는 하나님 앞에서 자신의 가치를 찾아야 합니다. 그렇지 않으면 남의 인생을 살아 주는 것밖에 되지 않습니다. 아무리 큰 과수원에서 일을 해도 남의 과수원에서 일할 때는 만족이 없습니다. 작아도 자기 과수원에서 일을 해야 만족이 있습니다. 화려하고 멋진 삶을 살고 있는 것 같지만, 사실은 남의 삶을 살고 있는 사람들, 남들이 원하는 대로 살고 있는 사람들이 많이 있습니다. 그런 사람들은 머리 스타일도 남들이 다 그렇게 하니까 자기도 그렇게 하고, 옷도 남들이 다 그렇게 입으니까 자기도 그렇게 입습니다. 이처럼 모든 것을 남들 때문에 하는 사람은 자기 인생을 살고 있는 것이 아닙니다. 아무리 보잘것없어도 자기 인생을 살아야 진정한 만족을 누릴 수 있습니다. 성령은 이 축복을 주십니다.

　오늘 우리는 위대한 약속을 붙들고 하나님 앞에 나아왔습니다. 그것이 무엇입니까? 우리에게 성령을 무차별적으로 부어 주시겠다는 약속입니다. 그런데 이것을 얻으려면 기도를 해야 합니다. 시시한 것들은 기도하지 않아도 주실 때가 있습니다. 그러나 진짜 중요하고 귀한 것은 부지런히 기도해야 주십니다. 우리의 마음이 지금 아무리 괴롭고 침체되어 있어도, 주님의 이름으로 간구하면 한없이 부어지는 성령을 체험할 수 있습니다. 그러면 삼손 같은 용사가 될 수 있습니다. 선지자처럼 하나님의 뜻을 깨달을 수 있습니다. 사울처럼 분노하던 중에도 황홀한 하나님의 은혜를 체험할 수 있습니다. 세상을 이기려면 자신감이 있어야 합니다. 우리는 여호수아처럼 세상을 정복할 사람들이지, 세상을 두려워하면서 살 사람들이 아닙니다.
　이제 주변 사람들에게 이렇게 말합시다. "오라, 우리가 여호와의 산에 올라가서 야곱의 하나님의 전에 이르자. 그가 그 도로 우리에게 가르치실 것이라. 우리가 그 길로 행하리라!" 진정한 만족은 바로 여기에 있습니다. 세상의 작은 산들은 절대 이 산의 높이와 깊이와 넓이와 숭고함을 따라오지 못합니다. 하나님이 친히 이 산에서 내 길을 가르쳐 주실 것입니다. 내가 누구이며 어떻게 살아야 하는지 가르쳐 주실 것입니다.
　지금 마음속에 칼을 품고 있습니까? 숟가락으로 바꾸십시오. 숟가락으로 바꾸어서 남을 먹이는 데 쓰십시오. 분노로 공부해도 좋은 대학 들어갈 수 있고, 분노로 노력해도 성공할 수 있습니다. 그러나 그런 사람은 그 성취에 따라오는 허탈감을 이기지 못할 것입니다. 칼을 품고 있는 사람은 그 칼에 자기가 먼저 찔리게 되어 있습니다. 우리 마음속에 있는 칼을 영원히 버립시다. 다시는 다른 사람과 대결하지 않겠다, 다시는 그들을 찌르지 않겠다, 그냥 다 용서해 버리겠다고 결심합시다. 그러면 나의 내면에 평화가 이루어질 뿐 아니라 남북한에 화해가 이루어지고, 노사간에 화해가 이루어지며, 고부간에 화해가 이루어지는 역사가 일어날 것입니다.

10 예루살렘의 회복

하나님을 의지하는 신앙 _ 하나님 나라의 회복 _ 예루살렘의 회복

4:5 만민이 각각 자기의 신의 이름을 빙자하여 행하되 오직 우리는 우리 하나님 여호와의 이름을 빙자하여 영원히 행하리로다.
6 여호와께서 말씀하시되 "그날에는 내가 저는 자를 모으며 쫓겨난 자와 내가 환난 받게 한 자를 모아
7 그 저는 자로 남은 백성이 되게 하며 멀리 쫓겨났던 자로 강한 나라가 되게 하고 나 여호와가 시온 산에서 이제부터 영원까지 그들을 치리하리라" 하셨나니
8 너 양 떼의 망대요 딸 시온의 산이여, 이전 권능, 곧 딸 예루살렘의 나라가 네게로 돌아오리라.

4:5-8

얼마 전 어느 회사에서 건강을 주제로 세미나를 개최했는데, 수백 명의 직원들이 몰려들어 대성황을 이루었다는 말을 들은 적이 있습니다. 그 세미나가 그처럼 인기를 끈 이유가 무엇일까요? 그만큼 건강에 문제가 있는 사람들이 많았기 때문일 것입니다. 만약 건강한 사람만 있었다면 그 세미나는 주목을 끌지 못했을 것입니다. 그 대신 재산 증식이나 외국어 학습에 대한 세미나가 인기를 끌었겠지요.

마찬가지로 병원이나 의사가 권위를 갖는 것은 사회에 병자들이 많기 때문입니다. 만약 아픈 사람이 한 명도 없다면 병원은 문을 닫아야 할 것이며, 의사들도 직업을 바꿔야 할 것입니다. 아픈 사람이 많으면 많을수록 병원이나 의사의 권위는 올라갈 것이며, 사람들은 그 존재를 중시하게 될 것입니다. 죽을병에 걸린 사람에게 의사의 말 한마디는 하나님의 말씀만큼이나 큰 권위를 갖습니다. 살 수만 있다면 의사가 처방하는 어떤 약이든지 먹으려 할 것이며 어떤 수술이든지 받으려 할 것입니다.

　법원이나 판사가 영향력을 갖는 것도 그 사회에 죄를 지은 사람들이 많기 때문입니다. 죄인에게 판사의 말 한마디는 결정적인 권위를 행사합니다. 그의 말 한마디로 당장 석방될 수도 있고 몇 년씩 감옥에서 썩을 수도 있습니다. 그러나 죄를 짓지 않은 사람은 법원에 갈 일도 없거니와 판사에게 이래라저래라 말을 들을 이유도 없습니다.

　그렇다면 교회는 어떨 때 권위를 갖겠습니까? 사람들의 마음속에 하나님께 대한 비상한 두려움이 생길 때입니다. '하나님은 분명히 살아 계신다. 지금까지 나는 하나님을 대적하면서 말할 수 없이 교만하게 살아왔다' 는 심각한 깨달음이 생길 때입니다. '하나님은 지금 나의 죄에 진노하고 계시며 당장이라도 진노의 심판이 내 머리 위에 떨어질 수 있다' 는 경각심이 일어날 때, 사람들은 교회를 찾게 되어 있으며 목사의 입에서 나오는 말 한마디 한마디를 영원한 운명을 결정하는 절대적인 말씀으로 듣게 되어 있습니다. 그러나 하나님의 존재를 인정하지 않는 사람은 교회가 왜 존재하는지, 목사가 뭐 하는 사람인지 전혀 이해할 수 없을 것입니다.

　오늘 본문에는 철저하게 파괴되는 예루살렘이 앞으로 회복될 것을 약속하는 말씀이 나오고 있습니다. 지금 예루살렘 성전이 파괴되는 이유가 무엇입니까? 하나님의 백성들부터 하나님의 존재를 인정하지 않았기 때문입니다. 그들에게 하나님은 장식품에 불과했고, 신앙은 액세서리에 불과했습니다. 그들은 실제 생활에서 전혀 하나님을 의식하지 않고 살았습니다. 그들이 신앙을 고수한 이유는 자신들이 그만큼 고상한 문화를 가지고 있으며 수준 높은 신앙을 가지고 있다는 것을 자랑하기 위해서였습니다. 하나님은 그들에게 들러리 이상이 되지 못했습니다. 그러나 하나님은 결코 이용당하지 않으시며, 만홀히 여김을 당하지 않으십니다. 사람은 절대 하나님을 이용할 수 없습니다. 하나님을 이용했다고 생각하는 순간, 오히려 자기 꾀에 빠지게 되어 있습니다.

하나님께서는 이런 사람들을 내쫓고, 참으로 하나님을 의지하지 않고서는 살 수 없는 사람들, 다리를 저는 사람들, 빚 때문에 팔려 간 사람들, 연약한 사람들을 다시 모아 그들의 목자가 되고 왕이 되어 성전을 회복시키겠다고 약속하고 계십니다.

하나님을 의지하는 신앙

사람은 누구나 자기 나름대로 신앙을 가지고 있습니다. 미가 선지자 당시에도 그러했습니다. 땅 위에 사는 모든 민족들이 그들 나름대로 신앙을 가지고 있었고, 그 신앙을 열심히 붙들었습니다. 그러나 유독 하나님의 백성들만큼은 여호와 신앙을 굳게 지키지 못했습니다. "만민이 각각 자기의 신의 이름을 빙자하여 행하되 오직 우리는 우리 하나님 여호와의 이름을 빙자하여 영원히 행하리로다"(4:5).

"만민이 각각 자기의 신의 이름을 빙자하여 행하되"라는 것은 세상 모든 사람들이 그 나름대로 신앙을 가지고 살아간다는 뜻입니다. 집에 신상을 모셔 놓은 사람은 아침저녁으로 음식을 가져다 바치고, 지문이 지워질 정도로 빌고 또 빕니다. 또 중요한 일이 있을 때마다 그 신의 축복을 받기 위해 애를 쓰며, 그 신을 거스르거나 배신하지 않으려고 노력합니다. 그런데 유독 유다 백성들은 자기 하나님을 그렇게 섬기지 않았습니다. 하나님은 한쪽 구석에 밀어 놓은 채 다른 신전에 가서 제사를 드렸을 뿐 아니라 다른 신상을 훔쳐 와 자기 집에 모셔 놓았습니다. "오직 우리는 우리 하나님 여호와의 이름을 빙자하여 영원히 행하리로다"라는 것은 지금 유다 백성들이 하는 말이 아닙니다. 앞으로 하나님께 돌아올 사람들이 할 말입니다.

그렇다면 왜 유독 이들만 하나님을 부끄러워하며 소홀히 했을까요? 첫째로, 이들이 믿는 하나님은 사랑의 하나님이었기 때문입니다. 다른 민족의 신들은 조금이라도 소홀히 대하면 진노하는 신들이었습니다. 제때 제사하지 않거나 정성이 부족하면 당장 재앙을 내리는 것이 이방 신들의 특징이었습니다. 물론 그 신들이 진짜 그렇게 진노할 수 있었던 것은 아닙니다. 단지 사람들이 그렇게 믿었을 뿐입니다. 그들은 신들을 제대로 대접하지 않으면 벌을 받는다고 생각했습니다. 그래서 어떻게 해서든지 주야로 열심히 공양해서 만족시키려고 했습니다.

그러나 여호와 하나님은 어떤 분입니까? 백성들에게 무엇을 요구하시는 분이 아니라 오히려 그들의 부족함을 채워 주시는 분입니다. 하나님의 요구는 오직 말씀대로 사는 일과 하나님께 바칠 것을 이웃끼리 나누는 일뿐이었습니다. 만약 하나님께서 이스라엘 백성들에게 많은 것을 요구하시고, 그렇게 하지 않을 때마다 재앙을 내리셨다면 하나님을 소홀히 대하지 못했을 것입니다. 그런데 말씀대로 살고 서로 사랑할 것만 요구하시니 오히려 하나님을 멀리하며 부끄러워했던 것입니다.

그뿐 아니라 여호와 신앙은 화끈한 게 없다는 점이 특징입니다. 조용히 말씀을 듣고 그 말씀대로 살기만 하면 됩니다. 그런데 사람들은 이것을 힘들어합니다. 다른 건 아무리 힘든 일을 시켜도

하겠지만, 공부만큼은 시키지 말라고 하는 것도 다 그 때문입니다. 가만히 앉아서 무언가를 듣는다는 것은 그만큼 어려운 일입니다. 다른 종교에는 그 나름대로 신명이 있고 재미가 있습니다. 한바탕 먹고 마시고 흥을 돋우고 기분을 푸는 일이 있어요. 그런데 여호와 신앙은 그냥 듣고 순종하는 것입니다. 그래서 이스라엘 백성들은 하나님을 멀리했습니다.

셋째로, 다른 종교에서는 신과 거래가 가능했습니다. 사람들은 신에게 정성을 바치면 바칠수록 신도 자신들에게 잘해 준다고 믿었고, 제물의 양을 늘리면 늘릴수록 보답이 있다고 믿었습니다. 그러나 여호와 신앙은 거래가 되지 않았습니다. 제물을 많이 바쳤다고 해서 하나님께서 더 좋아하시는 게 아니에요. 열심을 많이 냈다고 해서 부자가 되게 해 주시는 것이 아닙니다. 부자는 부자대로, 가난한 사람은 가난한 사람대로 감사하면서, 끊임없이 자기 욕심을 죽이면서 살아야 했습니다.

처음에는 이스라엘 백성들도 감사하며 말씀대로 살았습니다. 가나안 땅도 주셨고 어려울 때도 도와주셨기 때문입니다. 그러나 일단 욕심이 생기기 시작하자, 이 신앙이 그렇게 거추장스러울 수가 없었습니다. 여호와 신앙과 욕심은 서로 상극입니다. 부자가 더 큰 부자가 되려 할 때, 말씀은 절대 그들을 축복해 주지 않습니다. 그래서 그들은 하나님의 이름을 빙자하여 행하지 않았습니다. 차마 이 신앙을 버리지는 못했지만, 하나님의 이름을 부끄러워하고 다른 신의 이름을 부러워했습니다.

성경이 말씀하는 것이 무엇입니까? 하나님은 절대로 들러리가 되길 원치 않으신다는 것입니다. 하나님은 우리 삶의 중심에 계시기를 원하십니다. 하나님은 사람에게 이용당하지 않으십니다. 백성들이 말씀을 듣고 순종하면 더 큰 믿음과 은혜를 주시지만, 듣기만 하고 아무것도 하지 않으면 마음을 답답하게 하시고 힘들게 하시며, 믿음이 쭈그러들게 하시고 위축되게 하십니다.

이스라엘 백성들이 하나님의 이름을 좋아하지 않았던 것은 세상이 너무나 커 보였기 때문입니다. 실제로는 하나님이 훨씬 더 크신 분인데도, 그들의 눈에는 세상이 더 크게 보였습니다. 그들은 세상을 향한 하나님의 진노를 알지 못했습니다.

미가 선지자가 말하는 것이 무엇입니까? "오직 우리는 우리 하나님 여호와의 이름을 빙자하여 영원히 행하리로다." 여기에서 "우리"는 신실하게 하나님을 믿는 몇몇 사람들을 가리킵니다. 그들은 이 세상이 하나님 앞에 얼마나 미미하고 작은 것인지 알고 있습니다. 그렇기 때문에 오직 하나님만 의지하겠다고 말하는 것입니다.

이 세상은 하나님의 백성들을 훈련시키기 위해 존재하는 가건물이자 하나님의 백성들에게 정복당하기 위해 있는 곳입니다. 여호수아도 "그들은 우리 밥이라"(민 14:9)고 말하지 않았습니까? 다른 정탐꾼들은 "가나안 사람들에 비하면 우리는 메뚜기"라고 자조했지만, 여호수아와 갈렙은 그들이 자신들의 밥이라는 것을 알았습니다.

오늘날 우리는 세상을 너무 두려워하고 있습니다. 취직하는 일을 두려워하고 있고, 결혼하는 일을 두려워하고 있고, 먹고사는 일을 두려워하고 있습니다. 그러나 두려워하지 마십시오. 세상은 우리 밥입니다. "오직 우리는 우리 하나님 여호와의 이름을 빙자하여 영원히 행하리로다!" 이렇게 말할 수 있는 근거가 무엇입니까? 우리에게는 약속이 있기 때문입니다. 그 약속을 믿기 때문에 아무리 세상이 커 보이고 길이 다 막힌 것 같아도 당황하지 않고 하나님을 의지할 수 있는 것입니다. 하나님께서는 자기를 의지하는 자들을 절대로 내팽개치지 않으십니다. 하나님을 의지해서 손해 본 사람 아무도 없어요. 세상이 절망적이면 절망적일수록 더 소망이 있습니다. 이런 때 신앙생활 하는 것이 진짜 신앙생활이지, 잘먹고 잘 살 때 신앙생활 하는 것이 무슨 신앙생활이겠습니까?

우리가 진짜 두려워해야 할 것은 이 세상이 아니라 내 신앙이 소홀해지는 것이고, 내 기도가 약해지는 것이며, 세상이 더 재미있어지는 것입니다. 내가 정말 말씀을 사랑하고 있고 하나님을 신뢰하고 있는데도 상황이 점점 어려워지는 것은 절망적인 일이 아니에요. 하나님께서 무언가를 보여 주시려고 준비하시는 것입니다. 세상은 우리 밥입니다. 밥을 무서워하는 사람 봤습니까? "오직 우리는 우리 하나님 여호와의 이름을 빙자하여 영원히 행하리로다!"

하나님 나라의 회복

하나님께서는 어떤 사람들을 불러모아 하나님 나라를 회복시키겠다고 하십니까? "여호와께서 말씀하시되 '그날에는 내가 저는 자를 모으며 쫓겨난 자와 내가 환난 받게 한 자를 모아"(4:6).

지금 예루살렘의 가난한 자들은 빚을 갚지 못해서 먼 곳으로 팔려 가고 있습니다. "저는 자"는 여러 가지 신체적 장애를 가진 사람들을 대표적으로 가리키는 말입니다. 장애인들은 노예로도 팔려 갈 수가 없었습니다. 노동가치가 없기 때문에 그 자리에서 죽임을 당하기 십상이었습니다. 그러니 요행으로 살아남아 그 먼 길을 절면서 노예로 끌려간다 해도 그 형편이 다른 노예들에 비해 얼마나 더 비참하겠습니까? "쫓겨난 자"나 "환난 받게 한 자"는 빚을 갚지 못해서 먼 곳으로 팔려 간 사람들을 가리킵니다. 그런데 이러한 사람들이 돌아와서 이 축복의 나라에 참여한다는 것입니다.

하나님께서 이처럼 이들을 사랑하신다면 왜 처음부터 노예로 끌려가거나 환난을 당하지 않도록 막아 주지 않으신 것입니까? 왜 처음부터 도와주지 않으신 것입니까? 이것은 우리가 볼 때 선뜻 이해가 되지 않는 일입니다.

사람이 잘살게 되면 하나님이 눈에 들어오지 않습니다. 자기보다 잘사는 사람들만 눈에 들어오지, 말씀 들을 마음이 생기지 않습니다. 사람의 죄성은 너무나 뿌리가 깊어서 고난을 당하지 않으면 절대 뽑히지가 않습니다. 발을 절게 되어야, 쫓겨나게 되어야, 환난을 받아야 하늘에 계신 하나님이 눈에 들어오지, 제 발로 자유롭게 돌아다니는 동안에는 절대 하나님을 바라보게 되지 않습니다. 가난한 사람도 마음은 부자와 똑같습니다. 부자와 똑같이 잘살고 싶어요. 저는 자들도 건강한 자들과 똑같이 욕심을 가지고 있습니다. 그래서 하나님께서는 예루살렘의 참된 백성들을 더 어렵게 만드셨습니다. 신체적으로 어려움을 겪게 하시고 빚 때문에 쫓겨나게 하시고 많은 환난을 당하게 하셨습니다. 그리하여 자기 자신은 조금도 의지하지 못하게 하시고 오직 하나님만 바라보게 만드셨습니다.

7절을 보십시오. "'그 저는 자로 남은 백성이 되게 하며 멀리 쫓겨났던 자로 강한 나라가 되게 하고 나 여호와가 시온 산에서 이제부터 영원까지 그들을 치리하리라' 하셨나니." 하나님께서는 이렇게 어려움을 당하게 했던 자들을 다시 불러모아 예루살렘을 회복시키겠다고 말씀하십니다.

예루살렘의 멸망은 하나님의 실패가 아니라, 하나님의 종교개혁입니다. 하나님께서는 가난하고 어려운 사람들을 흩어 버리셨습니다. 이제 예루살렘에 남아 있는 자들은 누구입니까? 부자들, 권력자들, 떵떵거리며 잘사는 자들입니다. 하나님께서는 느부갓네살의 군대를 보내 이들을 전부 청소하셨습니다.

하나님께서는 어떤 자들의 하나님이 되기를 원하십니까? 하나님 없이는 단 하루도 살 수 없는 자들의 하나님이 되기를 원하십니다. "하나님께서 도와주시지 않으면 저는 굶어 죽습니다. 하나님께서 도와주시지 않으면 저는 불쌍하고 비참하게 살 수밖에 없습니다"라고 고백하는 자들의 하나님이 되기를 기뻐하십니다. 그들에게 하나님은 생명 그 자체입니다.

그렇다면 하나님께서는 그들을 어떻게 모으십니까? 그들을 물리적으로 모으시는 것이 아니라, 말씀을 보냄으로써 모으십니다. 그들이 어디 있든지 간에 말씀을 보내서 기쁜 소식을 전하시는 것입니다. 그 복음을 믿으면 바로 그 자리에서 하나님의 백성이 될 것이며, 바로 그곳에 하나님의 나라가 임할 것입니다. 하나님 나라의 특징은 국경이 없다는 것입니다. 복음이 증거되는 곳은 어디든지 하나님의 나라가 됩니다. 누구든지 말씀을 들으면 성령이 임해서 하나님 나라의 백성으로 삼아 주시며 동행해 주십니다.

그렇다면 세상에는 왜 하나님의 나라가 있어야 합니까? 가장 중요한 숙제가 우리 인간들에게 주어져 있기 때문입니다. 그것은 하나님과 원수 된 관계를 청산하는 것입니다. 인간은 하나님의 원수로 태어나서 원수로 살다가 원수로 죽습니다. 만약 우리의 생명이 이 세상에서 끝나 버린다면 종교를 가질 필요도 없고 예수를 믿을 필요도 없습니다. 그러나 성경은 인간의 생명이 죽음으로 끝나지 않는다고 말합니다. 우리를 향한 하나님의 영원한 요구는 이 몸을 가지고 우리 정욕을 위해 살지 말고 하나님의 영광을 위해 살라는 것입니다. 그런데 그것을 모르고 술이나 퍼마시며 가족이나 때리고 자기 욕심이나 추구하면서 살 때, 하나님은 진노하십니다. 그 진노는 언제, 어떤 형태의 심판으로 우리에게 쏟아질지 모릅니다.

만약 하나님이 존재하시지 않는다면, 또 심판이라는 것이 존재하지 않는다면, 세상에서 자기 하고 싶은 대로 다 하면서 사는 편이 훨씬 더 현명할 것입니다. 그러나 하나님이 참으로 존재하시며 진노와 심판에 대한 성경의 가르침이 전부 사실이라면, 한시라도 빨리 살길을 찾아야 합니다.

사실 하나님의 존재를 부인하기에는 인간이라는 존재가 너무 잘 만들어져 있습니다. 또 하나님이 계시지 않는다면 우리에게 주어진 이 놀라운 은혜를 설명할 길이 없습니다. 하루도 빠짐없이 태양이 떠오르고 비가 내리고 계절이 변하는 것은 이 세상에 주인이 있다는 증거입니다. 주인이 없다면 이 모든 것이 이렇게 풍성하고도 정확하게 움직일 수가 없습니다.

인간은 마치 주인 없는 집에 함부로 들어가 먹고 마시는 자들과 같습니다. 하나님은 조용히 지켜보고 계십니다. 만약 성경이 사실이라면 한시라도 빨리 주인과 화해해야 합니다. 좀더 잘사는 것, 좀더 공부하는 것, 좀더 행복하고 편하게 사는 것은 하나도 급하지 않습니다. 진짜 급한 일은 주인과 화해해서 새로운 관계를 맺는 것입니다. 그래서 예수님께서도 빛이 있는 동안에 믿으라고 말씀하셨습니다. 그 밖의 일들은 전혀 급하지 않습니다.

우리는 어떻게 하나님과 화해할 수 있습니까? 우선, 내 몸이 내 것이 아님을 인정해야 합니다. 지금까지는 하나님의 영역에 뛰어들어서 하나님의 주권을 침해하며 살았지만, 이제부터는 그렇게 하지 않고 하나님이 원하시는 대로 살겠다고 결심해야 합니다. 이 몸을 하나님의 뜻을 이루는 데 마음껏 사용하시도록 맡겨야 합니다. 우리는 그렇게 할 때, 혹시라도 원치 않는 곳으로 보내 버리시는 것은 아닐까 두려워합니다. 어느 날 갑자기 오지에 선교사로 보내 버리시는 것은 아닐까 두려워해요. 그러나 하나님은 그런 분이 아닙니다. 하나님은 정말 우리가 행복해지기를 원하신다는 것을 믿으십시오. 하나님은 우리를 마구 패서 억지로 싫어하는 일을 시키시는 분이 아닙니다.

하나님과 화해하려면 하나님의 백성이 되어야 합니다. 그리고 하나님의 백성이 되려면 나 자신을 완전히 맡겨야 합니다. 하나님이 알아서 이 몸을 쓰시도록 맡겨야 합니다. 그러면 처음에는 손해를 보는 것 같습니다. 남들은 갖고 싶은 것 다 갖고 누리고 싶은 것 다 누리면서 사는데, 나만 되는 일이 하나도 없는 것 같습니다. 그러나 어느 순간부터 성령의 역사가 나타나기 시작하고 은혜가 강같이 쏟아지기 시작하는데 감당할 수가 없을 정도로 쏟아집니다. 독수리가 날개 치며 올라가듯이 솟구치는 내 모습을 보고 세상 사람들이 다 깜짝 놀랍니다. 그때 우리 입에서 나오는 고백이 무엇입니까? "저는 손해 본 것 하나도 없습니다. 사람이 무엇이관대 이렇게 축복하십니까? 원수의 목전에서 내게 상을 베푸시고 기름으로 내 머리에 바르셨으니 내 잔이 넘치나이다!"라는 것입니다.

세상은 광야와 같습니다. 처음에는 휙휙 달리던 사람도 결국에는 지쳐서 쓰러지게 되어 있습니다. 인간의 힘으로는 이 광야를 건너갈 수가 없습니다. 하나님과 화해한 후에 그분의 힘으로 가야 합니다. "하나님, 저는 당신이 없으면 단 한 순간도 살 수 없는 사람입니다. 제발 저를 기억해 주십시오. 저를 기억해 주시지 않으면 저는 오늘 굶고 있을 수밖에 없고 죄를 지을 수밖에 없습니다"라고 매달릴 때, 하나님께서 그 걸음 하나하나를 인도하셔서 가장 풍성하고 아름다운 삶을 살게 해 주실 것입니다.

예루살렘의 회복

하나님께서는 예루살렘을 어떻게 회복시키십니까? "너 양 떼의 망대요 딸 시온의 산이여, 이전 권능, 곧 딸 예루살렘의 나라가 네게로 돌아오리라"(4:8).

"양 떼의 망대"는 예루살렘 성전을 가리키는 말입니다. 예루살렘 성전은 하나님 백성들의 망대였습니다. 망대는 위험을 미리 보고 알려 주는 역할만 하는 것이 아니라, 그 안으로 많은 사람들이 피할 수 있는 요새 역할도 합니다. 망대는 튼튼하고 높게 세워지기 때문에 맹수가 와도 끄떡없고, 적이 쳐들어와도 쉽게 무너지지 않습니다.

"이전 권능"이란 다윗과 솔로몬 시대의 영광을 의미합니다. 다윗과 솔로몬 시대에 이스라엘이 그토록 유명했던 것은 단순히 국력 때문만은 아니었습니다. 다윗이 치른 전쟁은 전부 거룩한 전쟁이었고, 그가 멸망시킨 나라들은 다 악한 나라들이었습니다. 다윗은 그런 나라들만 정확히 공격해서 멸망시킨 의로운 왕으로서 주변 나라들의 존경을 받았습니다. 또 솔로몬이 유명했던 것은 그 말씀 때문이었습니다. 오늘날로 표현하면 설교 때문이었던 것입니다. 그의 지혜는 세상의 학자들을 무색하게 만드는 지혜, 사물의 본질을 꿰뚫어보는 하나님의 지혜였습니다. 이전 권능이 회복된다는 것은 예루살렘에 이와 같은 축복이 다시 임한다는 것입니다. 즉, 하나님의 백성들이 불의와 타협하지 않고 정의롭게 행하게 된다는 것이며, 사탄의 역사를 꿰뚫어보는 그들의 지혜를 아무도 이길 수 없게 된다는 것입니다.

"양 떼의 망대"와 "딸 시온의 산"은 교회를 가리킵니다. 언제 교회의 권세가 높아지며 세상의 큰 자나 작은 자들이 모두 하나님의 말씀 앞에 무릎을 꿇게 됩니까? 사람들의 마음속에 죄에 대한 비상한 깨달음이 일어날 때입니다. 지금까지 살아온 것이 정말 교만한 삶이었으며 이 길로 계속 가면 진노의 심판을 면할 수 없다는 사실을 자각할 때, 사람들은 교회를 존중하게 되어 있습니다.

이것은 사람이 할 수 없는 일입니다. 오직 성령만이 하실 수 있습니다. 성령이 임하시면, 누가 지적하지 않아도 자기 죄에 말할 수 없는 부끄러움과 수치심을 느끼게 되며, 자기 죄를 지켜보고 계시는 하나님께 두려움을 느끼게 됩니다. 그때 그들이 피할 수 있는 곳은 오직 이 양 떼의 망대밖에 없습니다.

요즘은 죄가 얼마나 만연되어 있는지, 누가 특별히 지적하지 않아도 지나치다는 생각이 절로 들 정도입니다. 그런데도 사람들이 쉽게 돌아서지 않는 이유가 무엇입니까? '나만 죄짓나' 하는 생각 때문입니다. 전부 똑같은 죄를 짓고 있는데 나만 부끄러워할 필요가 뭐가 있겠습니까? 이럴 때 그들에게 보여 주어야 할 사람들이 정말 거룩하게 살고자 애쓰는 하나님의 백성들입니다. 일이 잘 풀리든 풀리지 않든 세상과 타협하지 않고 믿음을 지키며 사는 사람들이에요. 하나님께서는 그런 백성 한두 사람을 통해 세상에 두려움이 임하게 하십니다. '야, 나와는 정말 다르게 사는 사람이 있구나. 먹고사는 일에 연연하지 않고 정말 자기 믿음대로 살려고 하는 사람이 있구나' 라는 발견이 일어나는 곳, 그곳이 지진의 진앙지가 됩니다. 그 한두 사람이 있는 곳에서부터 땅이 흔들리면서 많은 사람들에게 두려움이 퍼지기 시작하는 것입니다.

 죄가 이렇게 만연되어 있는 것은 멸망의 시작인 동시에 큰 은혜의 시작이 될 수 있습니다. 죄의 정도가 너무 심각하니까 사람들이 문제를 느끼고 하나님을 두려워하는 마음으로 회개할 가능성도 있는 것입니다. 그런데 저는 교회가 거룩한 삶을 포기하고 세상의 욕심을 좇아감으로써 교회를 찾아오는 자들을 오히려 더 죄 짓게 만드는 것은 아닐까 하는 두려운 생각이 듭니다. 자기 죄를 부끄러워하면서 교회를 찾아왔는데 교회 안에 있는 사람들이 똑같은 죄를 전혀 부끄러움 없이 짓는 것을 보게 된다면, 얼마나 죄에 대해 뻔뻔스러워지겠습니까?

 교회는 세상과 같아짐으로써 부흥될 수 없습니다. 세상의 방법을 끌어들임으로써 사람들이 교회에 들어오는 것을 익숙하게 여기고 전혀 부담스러워하지 않게 만든다면, 그것은 교회를 부흥시키는 것이 아니라 해체하는 것입니다. 진정한 부흥은 성령이 임하여 죄에 대한 비상한 깨달음을 주실 때 일어납니다.

 오늘 성경이 말씀하시는 바가 무엇입니까? 하나님은 절대로 사람에게 이용당하지 않으신다는 것입니다. 신앙은 결코 장식품이 될 수 없습니다. 신앙을 장식품 취급 하는 사람은 스스로 속고 있는 것입니다. 자신은 하나님을 믿는다고 생각하겠지만, 하나님께서는 전혀 그 사람을 기뻐하시지 않을 것입니다.

하나님께서는 "당신 없이는 살 수 없습니다"라고 고백하는 자들의 하나님이 되기를 원하십니다. 자기 욕망을 실현하고자 하는 자들은 이런 고백을 할 수 없습니다. 그들은 그리스도의 십자가를 오히려 걸림돌로 생각합니다.

성령께서는 우리 삶을 하나님이 기뻐하시는 수단으로 사용하십니다. 우리는 이 몸으로 하나님의 목적을 이루어 드리기 위해 마음과 뜻과 정성을 다해야 합니다. 우리가 이처럼 거룩한 삶을 살고 성령께서 세상을 책망하실 때, 교회는 그 권세와 영광을 되찾을 수 있습니다.

오늘날은 극도로 세속화된 시대입니다. 사람들은 하나님을 인정하지 않고 있습니다. 자신을 신처럼 생각해서 하고 싶은 대로 다 하며 살고 있습니다. 그 결과가 무엇입니까? 허무함입니다. 두려움입니다. 하나님께서 다시 한 번 이 세상의 죄를 책망해 주시기를 기도합시다. 사람들의 뻔뻔스러운 가면을 벗겨서 자신들의 참모습을 보게 해 주시기를 간구합시다. 그럴 때 교회는 권세를 되찾게 될 것이며, 죄로 가득 찬 세상에서 살고 있는 양 떼들의 망대 역할을 하게 될 것입니다.

11 해산하는 고통

유다의 고통 _ 이방의 오해 _ 시온의 공격

4:9 이제 네가 어찌하여 부르짖느냐? 너희 중에 왕이 없어졌고 네 모사가 죽었으므로 네가 해산하는 여인처럼 고통함이냐?
10 딸 시온이여, 해산하는 여인처럼 애써 구로하여 낳을지어다. 이제 네가 성읍에서 나가서 들에 거하며 또 바벨론까지 이르러 거기서 구원을 얻으리니 여호와께서 거기서 너를 너의 원수들의 손에서 속량하여 내시리라.
11 이제 많은 이방이 모여서 너를 쳐 이르기를 "시온이 더럽게 되며 그것을 우리 눈으로 바라보기를 원하노라!" 하거니와
12 그들이 여호와의 뜻을 알지 못하며 그 모략을 깨닫지 못한 것이라. 여호와께서 곡식단을 타작마당에 모음같이 그들을 모으셨나니
13 "딸 시온이여, 일어나서 칠지어다. 내가 네 뿔을 철 같게 하며 네 굽을 놋 같게 하리니 네가 여러 백성을 쳐서 깨뜨릴 것이라." 내가 그들의 탈취물을 구별하여 여호와께 드리며 그들의 재물을 온 땅의 대주재께 돌리리라.

4:9-13

우리는 몸이 아플 때 가능하면 쉽게 해결하려고 합니다. 예를 들어 감기 몸살에 걸렸어도 약을 먹지 않고 병원에도 가지 않은 채 견디는 식입니다. 어떤 사람들은 몸에 분명히 심각한 이상이 있는데도, 병원에 가지 않고 차일피일 미루다가 병을 키우기도 합니다. 그러나 세상에 병원이 많은 이유는 혼자 참아서 해결할 수 없는 병이 많기 때문이라는 사실을 알 필요가 있습니다.

병은 대략 세 종류로 나눌 수 있습니다. 한 가지는 약을 먹지 않고 참기만 해도 낫는 병입니다. 우리 몸의 구조는 아주 놀라워서, 어떤 병들은 잘 참기만 해도 치유가 됩니다. 또 한 가지는 이처럼 참기만 해서는 낫지 않는 병입니다. 이런 병은 장기적인 치료가 필요하고 때로는 수술까지 받아야 합니다. 이런 병들은 그 병명과 치료법이 이미 알려져 있기 때문에 치료과정이 좀 고통스러워서 그렇지, 치료만 잘 받으면 얼마든지 고칠 수 있습니다. 마지막으로, 치료를 받아도 고칠 수 없는 병들이 있습니다. 이런 병들은 병명 자체가 알려져 있지 않거나, 병명은 알려졌다 하더라도 아직까지 치료법이 개발되지 않았기 때문에 고칠 수가 없습니다.

　하나님께서는 유다 백성들의 문제가 두 번째 경우에 해당된다고 말씀하십니다. 지금 유다 백성들의 상태는 심상치가 않습니다. 이것은 내버려 둔다고 해서 저절로 나을 병이 절대 아닙니다. 그러나 아주 고칠 수 없는 병은 아닙니다. 그래서 하나님께서는 이들의 상태를 해산하는 여인의 고통에 비유하고 계십니다. 아마도 그 당시 사람들은 수술이라는 방법을 잘 몰랐기 때문에 해산의 고통에 비유하셨을 것입니다. 여인이 해산할 때 어떻습니까? 아이를 낳는 순간에는 거의 죽을 것 같지만, 일단 낳고 나면 제왕절개로 아이를 낳았을 때보다 훨씬 빠르게 회복이 됩니다. 미역국 먹으면서 좀 쉬면 금방 정상적인 몸 상태를 되찾을 수 있습니다.

　유다 백성들의 상태가 바로 그와 같았습니다. 그들은 저절로 치료될 수 없는 병에 걸려 있었습니다. 그러나 수술을 받기만 하면 100퍼센트 나을 수 있었습니다. 유다 백성들의 병이 무엇입니까? 하나님 백성의 모습을 잃어버린 것입니다. 그렇다면 어떤 수술을 받아야 합니까? 가나안 땅에서 쫓겨나 바벨론에 포로로 잡혀 가야 합니다. 미가 선지자는 유다 백성들에게 이 수술을 잘 견뎌 내라고 권면하고 있습니다. 이 수술만 잘 견뎌 내면 다시 정상적인 하나님의 백성으로 회복될 수 있다고 말하고 있습니다.

유다의 고통

　어떤 집단이든지 힘을 발휘하려면 두 가지가 있어야 합니다. 즉, 강력한 리더십과 좋은 아이디어를 제공하는 참모진이 있어야 하는 것입니다. 아무리 약한 집단이라도 리더십이 뛰어나고 참모진이 막강하면 어려움을 이겨 낼 수 있습니다. 그러나 리더십도 시원찮고 참모진도 미련하면, 아무리 구성원들이 똑똑하다고 해도 어중이떠중이가 될 수밖에 없습니다.

미가 선지자는 유다 백성들이 앞으로 겪게 될 어려움은 바로 이 같은 리더십도, 전략을 짤 수 있는 모사들도 사라져 버리는 것이라고 말합니다. "이제 네가 어찌하여 부르짖느냐? 너희 중에 왕이 없어졌고 네 모사가 죽었으므로 네가 해산하는 여인처럼 고통함이냐?"(4:9) 유다 백성들은 왕도 없고 모사들도 없는 재기불능 상태에서 방향감각을 잃은 채 상당 기간 표류할 것입니다.

강한 리더십이나 뛰어난 전략은 사람이 원한다고 얻을 수 있는 것이 아니라 하나님이 주셔야 하는 것입니다. 나라가 망할 때가 되면 우유부단한 지도자가 세워지고, 간신배나 더러운 협잡꾼들이 참모 자리를 차지하게 되어 있습니다. 그러면 아무리 국민들이 우수하고 똑똑하다고 해도 그 나라는 망할 수밖에 없습니다.

하나님께서는 유다가 바로 그렇게 될 것이라고 말씀하십니다. 백성들이 아무리 돈을 많이 벌고 똑똑하고 의욕이 넘쳐도, 강력한 리더십을 가진 왕이 사라지고 뛰어난 전략을 세울 모사들이 사라진다면 무슨 재주로 난국을 뚫고 나갈 수 있겠느냐는 것입니다.

유다가 이렇게 되는 이유가 무엇입니까? 유다를 부패하게 만든 장본인은 바로 지도자 집단이었습니다. 유다의 문제는 백성들에게 있는 것이 아니었습니다. 일반 백성들은 비교적 순수한 여호와 신앙을 지키고 있었습니다. 다시 말해서 누군가 불을 지펴 주기만 하면, 누군가 바른 말씀으로 방향을 가르쳐 주기만 하면, 언제든지 다시 타오를 수 있는 신앙의 잠재력을 가지고 있었습니다. 그런데 지도자들은 말씀의 인도를 받지 않고 세상적인 방식을 따름으로써 그 가능성을 차단해 버렸습니다. 이것은 죽을병이 아니었습니다. 그러나 대수술이 필요한 병이었습니다.

이것이 남쪽 유다와 북쪽 이스라엘의 차이점입니다. 북쪽 이스라엘은 지도자뿐 아니라 백성들까지 전부 타락했기 때문에 수술을 해도 고칠 수가 없었습니다. 그래서 하나님께서는 그들이 앗수르의 손에 망하도록 방치하셨습니다. 그러나 남쪽 유다는 지도자들이 부패했을 뿐, 일반 백성들 사이에는 상당히 건전한 신앙이 유지되고 있었습니다. 즉, 지도자들만 제거하고 나면 다시 건강한 하나님 나라의 모습을 회복할 수 있었던 것입니다.

저는 공동체의 병도 세 가지로 분류할 수 있다고 생각합니다. 첫째는 지도자는 깨어 있는데, 백성들이 침체되어 불순종하고 있는 상태입니다. 이 병은 지도자의 인내로 고칠 수 있습니다. 출애굽 때 모세가 경험한 것이 바로 이것입니다. 이스라엘 백성들은 노예 출신으로서 아직 믿음을 가지지 못한 상태였지만, 지도자 모세가 철저하게 하나님께 헌신했기 때문에 몇 번에 걸친 위기를 이겨 낼 수 있었습니다. 이처럼 지도자가 중심을 잡고 40년 동안 인내했을 때, 보잘것없는 노예들이 하나님의 군사로 변화되는 일이 일어났습니다. 그러니까 이것은 끝까지 잘 견디기만 하면 나을 수 있는 병입니다. 아무리 백성들이 침체되어 있고 말씀을 모른다고 해도, 지도자가 정신을 차리고 10년, 20년 바른 방향으로 이끌다 보면 결국 다 따라오게 되어 있습니다.

히스기야도 그런 지도자였습니다. 그 당시 유다는 하나님께 크게 불순종하고 있었지만, 히스기야가 워낙 성경적이고 개혁적이었기 때문에 변화가 일어날 수 있었습니다. 이런 개혁은 혁명과 구별됩니다. 이것은 지도자가 끝까지 인내하면서 사람들을 깨우치는 방법입니다. 히스기야가 30대 후반에 병에 걸려 죽게 되었을 때 왜 그렇게 울면서 기도했습니까? '내가 좀더 버티지 못하고 지금 죽으면 이 나라가 과연 어떻게 되겠는가?' 라는 안타까움 때문입니다.

사실 이런 경우는 굉장히 귀한 축복이라고 할 수 있습니다. 모세 같은 사람, 히스기야 같은 사람이 흔들림 없이 10년, 20년만 버티고 있으면 부흥의 역사가 일어나게 되어 있습니다. 이것은 큰 수술 없이 교회나 나라가 살아날 수 있는 가장 아름다운 방법입니다. 그래서 바른 지도자 한 명을 길러 내는 일이 그토록 중요한 것입니다.

둘째는 북쪽 이스라엘처럼 지도자와 일반 백성이 다 함께 하나님의 말씀을 떠난 경우입니다. 북쪽 이스라엘의 왕들 중에는 말씀에 헌신한 사람이 한 명도 없었습니다. 그런데 문제는 일반 백성들도 똑같이 타락해서 이런 인간적인 지도자들을 좋아했다는 것입니다. 이런 경우에는 치료가 거의 불가능합니다. 실제로 하나님께서 엘리야와 엘리사 같은 강한 충격요법을 쓰셨음에도 불구하고 이스라엘은 다시 살아나지 못했습니다. 결국 그들은 이방 나라처럼 멸망하여 사라지고 말았습니다.

셋째는 남쪽 유다처럼 지도자는 타락했는데 일반 백성들은 비교적 바른 신앙을 지키고 있는 경우입니다. 이런 경우에는 백성들이 굉장한 고통을 받습니다. 지도자가 성경적이지 않은 것을 계속 가르치기 때문에 설교를 들을 때마다 아주 고통스럽습니다. 정책도 자꾸 잘못된 쪽으로 끌고 가기 때문에 마음이 상하고 침체되며 심한 경우에는 우울증을 얻기도 합니다. 이럴 때는 수술이 필요합니다. 어떤 수술입니까? 지도자를 제거하고 백성들만 남기는 수술입니다.

교인들은 바른 신앙이 무엇인지 알고 있는데 지도자는 그렇지 못할 때 떠돌이 생활을 하게 되기 쉽습니다. 오늘날 우리 사회에는 이러한 떠돌이 신자들이 많이 있습니다. 물론 그들이 전부 바른 지도자를 만나지 못해서 신앙적인 순례를 하거나 방랑생활을 하고 있는 것은 아닙니다. 개중에는 자신의 강한 기질 때문에 교회에 잘 적응하지 못하는 사람도 있고, 책임지기 싫어하는 이기적인 생각 때문에 교회에 소속되지 못하는 사람도 있습니다. 그러나 많은 경우에는 바른 지도자를 만나지 못한 탓에 여기저기 방랑하는 것을 볼 수 있습니다.

지금 바른 신앙을 붙들고자 애쓰고 있는 유다 백성들이 해야 할 일은 무엇입니까? 하나님께서 곧 시행하실 수술을 견뎌 내는 것입니다. "딸 시온이여, 해산하는 여인처럼 애써 구로하여 낳을지어다. 이제 네가 성읍에서 나가서 들에 거하며 또 바벨론까지 이르러 거기서 구원을 얻으리니 여호와께서 거기서 너를 너의 원수들의 손에서 속량하여 내시리라"(4:10).

지금 유다 백성들은 예루살렘에 미련을 가지고 있습니다. 지도자가 없는 것보다는 그래도 있는 편이 낫고, 나라가 없는 것보다는 성경적이지는 않아도 이대로 유지되는 편이 낫지 않습니까? 그런데 미가는 그 미련을 버려야 한다고 말합니다. 포기할 것은 포기하고 잘라 버릴 것은 잘라 버리고 욕 얻어먹을 것은 얻어먹고서라도 신앙의 열정을 되찾아야 한다고 말합니다.

교인들은 성경적인데 지도자들이 성경적이지 못할 때 생기는 가장 큰 병은 냉소주의입니다. 교인들은 신앙 문제에 애써 관심을 갖지 않으면서, 집안일이나 개인적인 일에 몰두하려 합니다. 처음에 신앙생활을 할 때에는 분명히 뜨거움이 있었고 감격이 있었습니다. 그러나 교회에서 엉터리 같은 일을 몇 번 겪고 나면 그런 열정이 사라져 버립니다. 성경 지식은 늘지만 눈물은 나오지 않습니다. '내가 아무리 이 모양이라도 저 지도자보다는 낫다'는 사실에 만족하면서, 더 이상 하나님께 나아가려고 하지 않습니다. 그리고 매사에 굉장히 비판적이 됩니다. 이것은 믿지 않는 것보다 더 무서운 병입니다.

성도들이 말씀을 들을 때는 바이올린 현보다 더 팽팽한 긴장과 단 한 마디도 놓치지 않으려는 열정이 감지되어야 합니다. 말씀을 들으면서 탄식하기도 하고 울기도 하고 기뻐하기도 해야 정상이에요. 그런데 냉소주의에 빠지게 되면 이런 것들이 다 사라져 버리고 비판하는 마음만 남게 됩니다. 이 병을 치료하려면 수술을 받아야 합니다. 예루살렘은 파괴되고, 나는 쇠사슬에 묶여서 바벨론으로 끌려가는 믿음의 대가를 치러야 합니다. 어떤 사람에게는 그것이 기득권을 포기하는 일이 될 수도 있고, 어떤 사람에게는 사람들의 인정을 포기하는 일이 될 수도 있으며, 또 어떤 사람에게는 안정된 생활을 포기하는 일이 될 수도 있습니다. 열정이 사라지는 것보다는 그런 것들을 포기하는 쪽이 훨씬 이득입니다.

때로는 교회 중직자들 중에도 아주 냉랭한 분들이 있습니다. 물론 그분들이 처음부터 그렇게 냉랭했던 것은 아닙니다. 그분들도 예전에는 주님을 정말 사랑했습니다. 중등부 때 밤새도록 욕 먹어 가면서 주보를 등사하기도 했고, 예배당 짓는다고 벽돌을 져 나르기도 했습니다. 그런데 시간이 지나는 가운데 자기도 모르게 인간적인 요소에 익숙해지면서 그 뜨거움과 간절함을 잃고 냉소주의에 빠져 버린 것입니다. 이런 상태에서 회복되려면 대가를 치러야 합니다. 하나님의 은혜를 회복하기 위해 대가를 지불하는 것이 얼마나 귀한 일인지 모릅니다. 물론 그것은 굉장히 고통스러운 일입니다. 마치 여자들이 해산할 때처럼 고통스럽습니다. 그러나 그렇게 고생해서 아이를 낳고 나면 얼마나 귀하고 사랑스럽습니까? 아무리 아이가 많아도 절대 남에게 주고 싶지 않을 만큼 사랑스럽습니다.

이처럼 대가를 지불한 신앙과 대가를 지불하지 않은 신앙에는 아주 큰 차이가 있습니다. 대가를 지불한 신앙에는 간절함이 있습니다. 대가를 치르고 신앙을 얻은 사람은 돈은 좀 손해 보고 세상적인 것은 좀 잃어버린다 해도 신앙만큼은 절대 포기하지 않습니다. 이 신앙 때문에 얼마나 고생을 하고 욕을 얻어먹고 어려움을 당했는데 포기하겠습니까?

유다 백성들은 지도자의 부패를 애써 모르는 척 넘어가려 했습니다. 사실 그런 문제는 그들의 힘으로 고칠 수 있는 것도 아니었습니다. 그러나 더 큰 문제는 그것을 핑계로 하나님을 향한 열정까지 슬그머니 내버린 데 있었습니다. 하나님께서는 그 열정을 되살리기 원하셨습니다. 그래서 예루살렘 성전을 무너뜨리시고 바벨론에 끌려가 70년 간 노예생활을 하게 하신 것입니다.

부패한 지도자들과 타협하면서 산다면 나라는 유지할 수 있을지 모릅니다. 그러나 하나님께서 기뻐하시는 싱싱한 신앙은 절대 되찾을 수 없습니다. 하나님께서는 그들의 육체적인 평안보다는 식어 가는 열정을 더 염려하셨으며, 하나님과의 관계가 자꾸 소홀해지는 것을 더 염려하셨습니다.

주님은 우리가 신앙을 지키기 위해 집에서 쫓겨나기도 하고 직장을 잃어버리기도 하며 출세의 기회를 놓치기도 하는 것을 기뻐하십니다. 해산의 진통을 아는 그리스도인이야말로 진정한 그리스도인입니다. 아무것도 희생하지 않고 예수님을 사랑한다는 것은 거짓말입니다. 신앙은 예수님을 위해 무언가를 잃는 것입니다. 예수님 때문에 돈 벌 기회를 놓친 사람은 그 손해 본 돈만큼 예수님을 사랑하는 것입니다. 예수님 때문에 출세할 기회를 잃은 사람은 그 잃은 기회만큼 예수님을 사랑하는 것입니다.

미가 선지자는 분명히 말합니다. "이대로 주저앉아 있으면 절대 이 병을 고칠 수 없다. 그러나 수술만 하면 100퍼센트 나을 것이다. 그러니 이 수술을 잘 견뎌 내라. 그러면 예루살렘은 다시 한 번 부흥할 것이다."

다른 사람의 부패나 타락을 내가 하나님을 덜 사랑해도 되는 이유로 삼지 마십시오. 다른 사람들이 제대로 믿지 않는 것이 곧 내가 주저앉아도 되는 이유는 아닙니다. 지도자가 타락한 것이 내가 냉소주의에 빠져도 되는 이유는 아니에요. 다른 사람들이 세상적인 방법으로 떼돈 번 것이 내가 하나님을 소홀히 섬겨도 되는 이유는 아닙니다.

요즘 사람들은 다른 누군가에게 업혀서 신앙생활을 하려 합니다. '목사님이 기도해 주고 있으니까', '엄마가 기도해 주고 있으니까' 하면서 자기는 주저앉아 있는 것입니다. 그러나 우리는 직접 하나님을 만나야 합니다. '신앙이 이렇게 중요한 것이라면 남에게 맡길 수도 없고 남에게 맡겨서도 안 된다. 나는 직접 해산하는 수고를 하겠다'는 결단을 내려야 합니다. 물고기처럼 퍼덕퍼덕 살아 움직이는 신앙을 위해 예루살렘을 포기하고 자유를 포기하며 수술의 고통을 견딜 각오를 해야 합니다. 이것이 미가가 유다 백성들에게 던진 메시지였습니다.

이방의 오해

미가는 예루살렘의 멸망이 하나님을 모르는 이방인들에게 얼마나 큰 충격이 될지 충분히 내다보고 있었습니다. 사실 이방인들은 예루살렘에 늘 질투의 시선을 보내고 있었으며, 예루살렘이 폐허가 되기를 바라고 있었습니다. "이제 많은 이방이 모여서 너를 쳐 이르기를 '시온이 더럽게 되며 그것을 우리 눈으로 바라보기를 원하노라!' 하거니와"(4:11).

믿지 않는 사람들은 하나님의 백성들에게 항상 시기와 질투의 마음을 가지고 있습니다. 왜냐하면 그들에게는 근접할 수 없는 거룩함이 있기 때문입니다. 여기에 미묘한 문제가 있습니다. 유다 백성들에게는 이방인들과 근본적으로 구별되는 깨끗함이 있었습니다. 그 당시 이방인들의 삶은 짐승의 삶과 다를 바가 없었습니다. 그런데 하나님의 백성들은 이들이 감히 접근할 수 없는 정결한 생활을 하고 있었습니다.

아마 이방인들은 그들을 얄미워하면서도 한편으로는 '믿으려면 저렇게 믿어야지' 하는 마음을 가지고 있었을 것입니다. 어떤 남편은 아내가 교회에 다닌다고 그렇게 핍박을 하면서도, 어쩌다가 술자리에서 흥이 오르면 "그래도 우리 마누라는 천당 갈 거야. 믿으려면 우리 마누라같이 믿어야 한다니까" 하면서 슬쩍 본심을 내보입니다. 이처럼 믿지 않는 사람들은 믿는 사람들이 망하기를 바라면서도, 마음속 깊은 곳에서는 '그래도 저 사람은 제대로 믿고 있다'라고 인정하는 일종의 존경심을 가지고 있습니다.

그런데 문제가 생기는 것은 믿는 사람들이 타락했을 때입니다. 믿는 사람들에게서 거룩함과 정결함이 사라지고 자존심만 남을 때, 세상 사람들은 그들을 정말로 미워하게 됩니다. 그것은 존경하는 미움이 아니라 멸시하는 미움입니다.

어느 동네에 아름다운 처녀가 있다고 합시다. 이 처녀는 얼굴만 아름다운 것이 아니라 행동도 아름답습니다. 누구나 친절하고 상냥하게 대하는데도, 함부로 다가갈 수 없는 위엄 같은 것이 있습니다. 남자들한테는 눈길도 주지 않아서 온 동네 남자들이 "제까짓 게 잘났으면 얼마나 잘났다고" 하면서 욕을 하지만, 마음속으로는 '사실은 저런 여자가 정말 좋은 여자인데' 하는 존경의 마음을 가지고 있습니다. 반면에, 행동은 형편없으면서도 얼굴만 예쁘다고 아무나 업신여기고 깔보는 처녀가 있다면, 겉으로만 욕을 하는 것이 아니라 마음으로부터 경멸하고 싫어할 것입니다.

처음에는 이방인들이 예루살렘을 바라보는 눈빛에도 존경 어린 질투심이 실려 있었습니다. 그러나 세월이 지나면서 그 질투심은 순전한 미움과 멸시의 질투심으로 바뀌고 말았습니다. "이제 많은 이방이 모여서 너를 쳐 이르기를 '시온이 더럽게 되며 그것을 우리 눈으로 바라보기를 원하노라!' 하거니와"라는 것은 이제는 더 이상 예루살렘을 존경의 눈으로 보지 않고 멸시의 눈으로 본다는 뜻입니다.

그리스도인들은 언제부터 추해지기 시작합니까? 겸손을 잃을 때부터입니다. 스스로 아무리 잘 믿는다고 생각하고 유능하다고 생각해도 겸손하지 않을 때, 사람들이 먼저 그것을 알아차리기 시작합니다. 믿지 않는 사람들의 눈이 얼마나 정확한지 몰라요. 그들이 그리스도인들을 존경할 때는 거룩하면서도 겸손할 때입니다.

그럴 때는 "저 사람들은 얼마나 바쁜지 얼굴 한 번 볼 틈도 없다니까. 시간에 매여서 저렇게 쩔쩔 매는 꼴이라니. 그래도 믿으려면 저렇게 화끈하게 믿어야지, 안 그래? 좌우간 지독한 인간들이야" 하는 식으로 한편으로는 욕을 하면서도 다른 한편으로는 인정을 해 줍니다. 그런데 그들의 입에서 "믿는다고 하지만 저거 다 엉터리야. 완전히 위선자들이라니까. 저런 작자들이 믿는다고 거드름 떠는 꼴을 보면 입맛이 다 떨어진다고. 언제나 되어야 저런 꼴들을 안 보고 살 수 있을지, 원" 하는 식의 말이 나온다면 이미 끝장이 났다고 보아야 합니다.

그런데 이방인들이 알지 못했던 것이 무엇입니까? 그들은 예루살렘만 무너지면 하나님의 백성들도 멸망할 것이라고 생각했습니다. 사실상 이스라엘의 역사는 그때부터 다시 시작된다는 것을 그들은 몰랐습니다. 이제는 작은 가나안 땅에 국한된 백성이 아니라 전 세계 가운데 있는 백성이 된다는 것을 몰랐습니다. "그들이 여호와의 뜻을 알지 못하며 그 모략을 깨닫지 못한 것이라. 여호와께서 곡식단을 타작마당에 모음같이 그들을 모으셨나니"(4:12).

하나님의 백성들에게 시련은 치료이지 멸망이 아닙니다. 참으로 마음에 말씀을 가지고 있는 사람들은 시련을 받으면 받을수록 하나님의 뜻에 가까이 갑니다. 교만했던 눈빛이 사라지고 원래의 순수한 모습이 살아납니다. 예루살렘의 멸망은 도살이 아니라 수술이었습니다. 하나님께서 예루살렘을 멸망시킨 것은 그들의 냉소주의를 치료하시기 위해서였고, 마음과 뜻과 정성을 다해 하나님 앞에 모이게 하시기 위해서였습니다.

유다 백성들이 몇 차례에 걸쳐 바벨론 포로로 잡혀 갔을 때 그들은 이미 멸망한 것처럼 보였습니다. 그러나 사실상 그것은 하나님께서 자기 백성들을 하나씩 물어다가 옮기시는 작업이었습니다. 어미 고양이는 새끼를 낳은 장소가 탄로났을 때, 한 마리씩 물어다가 안전한 장소로 옮겨 놓습니다. 그처럼 하나님께서도 회복의 가능성이 있는 백성들을 바벨론으로 미리 옮겨다 놓으시고 교만한 자들만 남기신 후에 한꺼번에 심판하셨습니다. 그래서 예레미야 선지자가 예루살렘에 남은 자들을 가마 속에 든 고기에 비유한 것입니다. 하나님께서 하시는 일은 참으로 오묘해서 미리 예측할 수가 없습니다. 만약 바벨론에 가야 산다는 사실을 부자들이 알았더라면 엄청난 돈을 주고서라도 이민을 가려고 했을 것입니다. 그러나 그들은 예루살렘이 안전하다고 믿었기 때문에 기를 쓰고 예루살렘에 남았다가 몰살을 당했습니다.

  하나님께서는 오늘날에도 사람들에게 걸림돌을 마련해 두셨습니다. 그것이 무엇입니까? 그리스도의 십자가입니다. 바울은 십자가가 유대인들에게는 거리끼는 것이요 헬라인들에게는 미련한 것이라고 말했습니다. 복음이 난해한 학문이었다면 머리 좋은 사람들이 기를 쓰고 파고들어서 전부 차지해 버렸을 것입니다. 복음이 인간의 의를 쌓는 것이었다면 열성파들이 모조리 달려들어서 차지해 버렸을 것입니다. 그러나 복음은 하나님 앞에서 자기를 부인하고 버리는 것입니다. 그러니까 세상에서 버릴 것이 없는 사람들, 버려 봐야 손해 볼 것도 없는 무지하고 가난한 사람들이 복음을 차지하게 된 것입니다.

  물론 세상 사람들의 눈에는 바보들만 복음을 믿는 듯이 보일 것입니다. 하나님께서 원하시는 것이 바로 그것입니다. 이 세상의 바보들을 긁어모아 축복하고 변화시켜서 능력 있게 하시는 것이 하나님의 뜻입니다. "그들이 여호와의 뜻을 알지 못하며 그 모략을 깨닫지 못한 것이라. 여호와께서 곡식단을 타작마당에 모음같이 그들을 모으셨나니." 하나님은 굉장히 머리가 좋으신 분입니다. 교만한 사람들은 절대 끼어들지 못하도록 바벨론 유수라는 방법을 사용하심으로써, 그래도 열정이 남아 있고 제대로 믿고자 하는 순수한 사람들을 옮겨 놓으신 후에 예루살렘을 무너뜨리셨습니다.

교회가 계속 십자가를 외쳐야 하는 이유가 무엇입니까? 그래야 세상에서 자랑거리가 많은 사람들, 자기를 부인하기 싫어하는 교만한 사람들이 나아올 생각을 하지 못하기 때문입니다. 심령이 가난한 사람, 애통하는 사람들을 모아서 하나님 자신을 나타내시고 성령의 축복을 주시는 것이 하나님의 모략입니다. 그래서 우리는 항상 심령이 가난하고 겸손한 사람들과 함께 있기를 힘써야 합니다. 높은 데 마음을 두면 안 돼요. 사실 너무 똑똑한 사람들하고 어울리면 할 얘기도 별로 없습니다. 알아듣지도 못하는 이야기만 자꾸 하니까 소외감만 듭니다. 무식한 사람들끼리 있어야 실없는 소리 하면 같이 웃었다가, 슬픈 이야기 하면 같이 울었다가, 눈물 콧물 흘리며 같이 기도했다가 하면서 은혜를 받는 것입니다. 물론 가난하고 못 배웠다고 해서 다 겸손한 것은 아니지만, 대개는 가난한 사람들과 모여 있을 때 놀라운 역사가 많이 일어납니다.

하나님의 은혜는 낮은 곳으로 임하는 법입니다. 어떤 경우에든 교만한 사람들이 모인 곳을 피하십시오. 그리고 겸손한 사람들이 자꾸 모임에서 빠져 나갈 때 주의해서 보십시오. 하나님께서 자기 백성들을 따로 모으기로 작정하시고 옮기시는 것일 수도 있기 때문입니다.

시온의 공격

미가 선지자는 유다가 바벨론에서 돌아오면 다시 힘을 회복하게 될 것이라고 말합니다. 그때의 유다는 더 이상 예전의 영역에 갇혀 있는 작은 나라가 아니라, 온 세상을 상대해서 싸우는 강력한 나라가 될 것입니다. "'딸 시온이여, 일어나서 칠지어다. 내가 네 뿔을 철 같게 하며 네 굽을 놋 같게 하리니 네가 여러 백성을 쳐서 깨뜨릴 것이라.' 내가 그들의 탈취물을 구별하여 여호와께 드리며 그들의 재물을 온 땅의 대주재께 돌리리라"(4:13).

하나님께서 이 백성들을 바벨론으로 보내시는 데에는 이유가 있습니다. 즉, 하나님은 한 민족만의 하나님이 아니라 온 세계의 하나님이심을 체험케 하려고 보내시는 것입니다. 처음 바벨론으로 잡혀 갔을 때 이들은 아주 형편없는 포로들이었습니다. 그러나 그곳에서 다시 한 번 하나님을 향해 뜨거운 마음이 일어나기 시작했고, 하나님의 살아 계심을 체험하기 시작했습니다. 하나님은 예루살렘에만 계신 것이 아니라 바벨론에도 계셨습니다.

그것을 잘 보여 주는 성경이 다니엘서와 에스더서입니다. 하나님께서는 다니엘 앞에서 바벨론 왕 느부갓네살을 짐승으로 만들어 7년 동안이나 기어다니면서 풀을 뜯어 먹고 살게 하셨습니다. 그는 정신이 돌아온 후에 하나님을 찬양하는 조서를 내렸습니다. 또 에스더서는 택한 백성을 죽이려 했던 하만과 다른 원수들이 어떻게 하나님의 손에 멸망을 당했는지 보여 주고 있습니다. 예수님이 탄생하셨을 때 옛 바벨론 지역에 살고 있던 점성가들이 별을 보고 찾아온 것은, 한 왕의 탄생에 대한 기록이 그들의 땅에 남아 있었기 때문입니다.

바벨론에 포로로 잡혀 간 유다 백성은 신약교회를 준비하는 과도기적인 교회였습니다. 오늘날 전 세계에 흩어져 있는 교회를 통해 하나님께서 보여 주시는 사실이 무엇입니까? 그분이 온 세상을 다스리신다는 것입니다. 주님은 신앙을 위해 대가를 지불한 성도들의 뿔을 철같이 만들어서 세상을 들이받아 이기게 하시며, 그들의 발굽을 놋같이 만들어서 짓이겨 정복하게 하겠다고 약속하셨습니다.

그렇다면 우리가 그분께 바칠 탈취물은 무엇입니까? 사람들의 영혼입니다. 우리는 사탄이 다스리고 있는 영혼들을 정복해서 대주재이신 하나님께 바칠 것입니다. 이것이 우리에게 주어진 약속입니다.

우리는 우리에게 주어진 능력이 얼마나 큰지 모른 채 스스로 과소평가하고 있습니다. 그것은 겸손한 것이 아니라 무지한 것입니다. 주님께서는 하늘과 땅의 모든 권세를 주시면서 땅 끝까지 정복하라고 하셨습니다. 세상에 굴복하지 맙시다. 우리가 세상에 사는 것은 세상을 정복하기 위해서이지, 세상에서 무엇을 얻어먹기 위해서가 아닙니다.

사랑하는 여러분, 오늘 우리 신앙의 열정을 되찾기 위해, 냉소적인 신앙을 치료받기 위해 기꺼이 대가를 지불하기로 결심합시다. 그러면 우리의 뿔은 쇠같이 되고 우리의 발굽은 놋같이 되어서 능히 세상을 정복할 수 있을 것입니다.

12 이스라엘의 새 목자

단결해야 할 유다 백성들_새 목자를 주시리라_방치되는 이스라엘_그리스도의 통치

5:1 딸 군대여, 너는 떼를 모을지어다. 그들이 우리를 에워쌌으니 막대기로 이스라엘 재판자의 뺨을 치리로다.
2 "베들레헴 에브라다야, 너는 유다 족속 중에 작을지라도 이스라엘을 다스릴 자가 네게서 내게로 나올 것이라. 그의 근본은 상고에, 태초에니라."
3 그러므로 임산한 여인이 해산하기까지 그들을 붙여 두시겠고 그 후에는 그 형제 남은 자가 이스라엘 자손에게로 돌아오리니
4 그가 여호와의 능력과 그 하나님 여호와의 이름의 위엄을 의지하고 서서 그 떼에게 먹여서 그들로 안연히 거하게 할 것이라. 이제 그가 창대하여 땅 끝까지 미치리라.

5:1-4

열쇠가 아무리 많아도 특정한 문을 열 수 있는 열쇠는 하나뿐입니다. 만약 다른 열쇠로도 문이 열린다면 큰 문제가 될 것입니다. 우리의 모든 어려움을 풀 수 있는 열쇠는 예수 그리스도 한 분뿐입니다. 만약 다른 것으로 우리의 어려움이 풀린다면, 그것은 좋은 일이 아니라 오히려 큰 문제입니다.
　전에 어떤 분이 아주 낙심해 있길래 "왜 그렇게 표정이 어두우십니까?"라고 물었더니, 회사가 곧 넘어가게 되었다고 했습니다. 그래서 어떤 조건으로 넘어가느냐고 묻자, 직원들은 그대로 둔 채 주인만 바뀐다는 것입니다. 그렇다고 해도 직원들은 불안할 수밖에 없습니다. 왜냐하면 새 주인이 어떤 사람인지도 알 수 없고, 자신이 계속 이 회사에서 일할 수 있을지 여부도 불투명하기 때문입니다.
　그런데 때로는 회사 주인이 바뀌는 것이 더 좋은 경우가 있습니다. 예를 들어 이전 주인이 회사 일은 하지 않고 도박만 했다든지 회사 경영을 방만하게 하고 자금을 유용했다면, 오히려 회사를 살릴 능력이 있는 새 주인이 오는 편이 훨씬 나을 것입니다. 그럴 때 부장이나 과장 같은 중간관리자들은 부하직원들에게 "지금 주인이 바뀌는 것은 나쁜 일이 아니라 좋은 일이며, 여러분들의 신상에는 전혀 변화가 없을 테니 딴생각 하지 말고 일치단결해서 이번 기회에 회사를 살려 보자"고 격려할 것입니다.

우리는 오늘 본문에서 이와 비슷한 상황을 보게 됩니다. 지금 유다는 멸망 직전에 처해 있습니다. 나라가 멸망하면 백성들은 어떻게 되겠습니까? 전부 노예로 끌려가든지, 나라 전체가 킬링필드가 되어 무참하게 죽임을 당할 것입니다. 그런데 예루살렘 멸망을 앞둔 이 상황에서 미가 선지자는 오히려 백성들을 위로하고 있습니다. 유다의 멸망은 멸망이 아니라, 회사에 새 주인이 오듯이 주인만 바뀌는 일이라는 것입니다. 다시 말해서 나쁜 주인은 물러가고 새 목자가 오시는 일이니 두려워하지 말라는 것입니다.

예루살렘의 멸망으로 심판받는 자들은 나라를 이렇게 망쳐 놓은 악한 지도자들뿐입니다. 바벨론에 포로로 잡혀 간 백성들은 아무도 다치지 않을 것입니다. 이것은 멸망이 아니라 지도자를 교체하는 일입니다. 이제 참 목자가 와서 그들을 다스릴 것입니다.

새롭게 그들을 다스릴 지도자는 누구입니까? 바벨론 왕이 아닙니다. 하나님이 보내실 참 목자입니다. 그는 사람이 아닙니다. 그의 근본은 태초이며 상고입니다. 그러므로 설사 포로가 된다 하더라도 경거망동하지 말고 끝까지 똘똘 뭉쳐서 인내하라고 미가 선지자는 권면하고 있습니다.

단결해야 할 유다 백성들

위기에 처한 사람에게 가장 두려운 문제는 '내 인생이 과연 이 상태로 끝날 것이냐, 아니면 다시 재기할 수 있느냐?' 하는 것입니다. 그때 누군가 책임질 수 있는 사람이 "당신은 반드시 재기할 수 있다"고 말해 준다면, 어떤 어려움이 와도 참고 견딜 수 있을 것입니다. 그러나 그런 결정적인 말을 듣지 못한 사람은 자포자기해서 제풀에 넘어지고 말 것입니다.

지금 유다 백성들은 유다의 멸망과 예루살렘 성전의 파괴라는 엄청난 사건을 눈앞에 두고 있습니다. 나라가 망하고 성전이 파괴되면 모든 소망이 사라지는 것 아닙니까? 사실 나라가 그 지경이 된 상태에서 살아남는다 한들 무슨 소망이 있겠습니까?

예수께서 십자가에 못 박히신 후, 유대인들은 로마와 전쟁을 벌였습니다. 그들은 마사다 요새에서 끝까지 항전하다가 마지막 한 사람까지 자결하고 말았습니다. 그 이유가 무엇입니까? 나라가 망했고 성전이 파괴되었기 때문입니다. 그들은 더 이상 살아야 할 이유를 찾을 수 없었습니다. 우리나라에서도 을사보호조약이 체결되었을 때 여러 사람이 자결했습니다. 망한 나라의 백성들은 보복적인 죽음을 당하든지, 살더라도 노예로서 굴욕적인 삶을 살 수밖에 없다고 생각했기 때문입니다.

그러나 미가 선지자는 멸망을 앞둔 유다 백성들에게 놀라운 말을 하고 있습니다. "딸 군대여, 너는 떼를 모을지어다. 그들이 우리를 에워쌌으니 막대기로 이스라엘 재판자의 뺨을 치리로다" (5:1).

미가 선지자는 유다 백성들을 "딸 군대"라고 부르고 있습니다.

딸이면 딸이고 군대면 군대지, "딸 군대"는 무엇입니까? 이 말에는 깊은 의미가 들어 있습니다. 유다 백성들은 사람으로 치면 딸처럼 연약한 나라로서, 바벨론에 꼼짝없이 붙들려 갈 수밖에 없는 처지입니다. 그러나 그들은 동시에 군대입니다. 다시 말해서 포로로 잡혀 가더라도 다른 포로와는 다른 존재라는 것입니다. 그들에게는 하나님이 함께하시는 자들의 긍지가 있습니다. 다른 포로들은 누가 뭐라고 하기도 전에 이미 맥이 빠져 있고 공포에 사로잡혀 있으며 생의 의욕을 잃고 있습니다. 그들은 죽지 못해 끌려가는 사람들입니다. 그러나 딸 군대는 다릅니다. 포로는 포로지만, 군대처럼 질서가 있고 규칙이 있으며 힘이 있습니다. 그러니까 고난을 당해도 아주 적극적으로 당하는 것입니다.

회복될 가능성이 없는 상태에서 수술실에 들어가는 환자의 심정은 '후회나 없도록 마지막으로 수술이나 한번 해 보자'는 것입니다. 그러니까 수술실에 들어가기 전에 이미 맥이 다 빠져 있습니다. 그러나 회복을 확신하는 환자는 잠시 쇼핑하러 가는 사람처럼 "금방 나올게" 하면서 적극적인 태도로 수술실에 들어갑니다.

미가 선지자는 유다 백성들에게 설사 나라가 망해서 전부 포로가 된다 하더라도 무장해제를 당하는 것 외에는 하나도 잃는 것이 없으리라고 말하고 있습니다. 왜 그렇습니까? 이번에 그들을 포로로 잡혀 가게 하시는 것은 멸망시키기 위해서가 아니라 개혁하시기 위해서이기 때문입니다. 그러니까 서로 격려하고 붙들어 주어서 흩어지거나 너무 심하게 절망하지 않도록 하라는 것입니다. '우리는 반드시 돌아온다. 세상이 감당하지 못할 여호와의 군대로 돌아온다. 우리에게는 소망이 있고 비전이 있다'는 확신으로, 잡혀 가도 군대처럼 힘 있게 잡혀 가라는 것입니다.

"그들이 우리를 에워쌌으니 막대기로 이스라엘 재판자의 뺨을 치리로다"라는 것은 바벨론 군대가 예루살렘을 포위한다는 뜻입니다. 유다는 멸망할 것입니다. 그리고 성전은 파괴될 것입니다. 그런데 그 목적은 막대기로 이스라엘 재판자의 뺨을 치려는 데 있습니다. 즉, 유다의 교만한 지도자들을 꺾기 위해서인 것입니다. 여기에서 "재판자"는 유다의 모든 지도자들을 총칭하는 말입니다. 막대기로 뺨을 맞는 것은 엄청난 굴욕입니다. 더구나 손바닥으로 맞을 때와 달리 얼굴에 심한 손상을 입게 됩니다. 이것은 일시적인 굴욕이 아니라 다시는 회복될 수 없는 완전한 파멸을 의미합니다. 하나님께서는 유다의 지도자들에게 노골적인 적대감을 나타내고 계십니다. 뺨을 쳐도 그냥 치는 것이 아니라 막대기로 치겠다고 말씀하십니다. 거기에 맞아 얼굴이 부서진 지도자들은 다시는 고개를 쳐들고 다니지 못할 것입니다.

어떤 어려움이나 환난이 임한다 하더라도 그것이 나를 겨냥한 것이 아니라면 그렇게 두려워할 필요가 없습니다. 아무리 나라 경제 전체가 침체에 빠져도, 그것이 나를 직접 겨냥한 것이 아니라면 너무 겁낼 필요가 없어요. 왜냐하면 일시적으로는 나 역시 그 와중에서 혼란을 겪고 고생을 할 수 있어도, 그것은 나를 멸망시키는 도구가 아니라 오히려 하나님의 올바른 뜻으로 나아가게 만드는 방편이 될 것이기 때문입니다. 그럴 때에는 딸 군대처럼 담대한 마음으로 서로 격려하며 붙들어 주어야 합니다. 유다의 멸망은 포로로 잡혀 가는 이 백성들을 겨냥한 것이 아니라, 뻔뻔스러운 유다 지도자들을 심판하기 위한 것이었습니다. 그렇기 때문에 잘 참고 견디기만 하면 오히려 모든 것이 더 풍성해지고 자유로워지며 아름다워질 수 있었습니다.

고난 가운데 하나님의 말씀이 들리고 있다면 살아난 것으로 보아도 됩니다. 물에 빠져서 정신을 잃었던 아이의 귀에 엄마의 소리가 들린다면 그 아이의 의식은 이미 회복되고 있는 것이며, 전신마취로 의식을 잃었던 환자의 귀에 가족들의 소리가 들린다면 그 환자의 의식 역시 이미 회복되고 있는 것입니다. 마찬가지로 포로로 잡혀 간 유다 백성들의 귀에 하나님의 말씀이 들린다면 그들은 이미 살아난 것이나 다름없습니다.

하나님의 지혜는 무궁무진해서 우리 머리로는 측량할 수가 없습니다. 막상 어려움을 당하고 있을 때는 도대체 하나님의 뜻을 헤아리기가 어렵습니다. 그러다가 5년이나 10년 정도가 지나면 그제야 '아, 이런 이유로 그렇게 하셨구나!' 하면서 조금씩 감을 잡게 됩니다. 그 당시에는 왜 나를 사랑한다고 하시면서 이런 고통을 주시는지 이해가 안 돼요. 사실 보통 백성들이 이미 기득권을 장악하고 있는 권력자들을 무슨 재주로 몰아내겠습니까? 그것은 불가능한 일입니다. 그러나 하나님께서는 바벨론 유수라는 극약처방을 통해, 교만한 권력자들의 얼굴을 막대기로 치셨습니다. 그 와중에서 포로로 잡혀 간 일반 백성들도 고통을 겪긴 했지만, 이 일 자체는 그들을 겨냥한 것이 아니었습니다.

유다의 악한 지도자들은 우리의 본성을 그대로 보여 주고 있습니다. 하나님께서 마냥 행복하게 내버려 두신다면 우리 중 아무도 성경대로 살지 않을 것이고, 아무도 기도하지 않을 것입니다. 우리 중에 누가 자발적으로 자신을 낮추겠으며, 하나님의 뜻에 복종하겠습니까? 그래서 하나님께서 직접 우리를 낮추시는 것입니다. 우리의 직장을 가져가시고, 집을 가져가시고, 건강을 가져가심으로써 우리를 낮추시는 것입니다. 그것도 조금만 가져가시면 회개하지 않습니다. 1, 2백만 원 문제되는 정도로는 회개하지도 않아요. 뾰루지나 충치 생기는 정도로는 기도할 생각도 하지 않습니다. 바벨론 유수에 해당하는 결정타를 맞아야 비로소 눈빛이 겸손해지고 입에서 기도가 나오기 시작하는 것입니다. 우리는 여간내기들이 아닙니다. 바벨론 유수와 같은 극약처방이 없으면 회개할 생각도 하지 않습니다.

유다의 악한 통치자들은 멀리 있지 않습니다. 바로 우리 속에 있습니다. 사실 누구라도 그런 높은 자리에 앉으면 자기 욕심을 채우려 들지 않겠습니까? 마음대로 그런 자리에 올라갈 수 없어서 그렇지, 올라가기만 한다면 누구든지 그런 식으로 타락할 것입니다. 그러나 낮은 자리에서 교만한 통치자들의 타락한 모습과 그들이 받는 심판을 똑똑히 본 사람들은 높은 자리에 올라가도 절대 그런 식으로 통치하려고 하지 않을 것입니다.

우리는 세상의 끔찍한 죄들을 보면서 나와 전혀 무관한 일인 것처럼 생각해서는 안 됩니다. 내 안에도 그런 끔찍한 죄의 요소가 있으며, 나도 그런 상황에 처하면 범죄할 수밖에 없는 연약한 자라는 것을 깨닫고, 하나님께서 나를 낮추실 때 기쁨으로 받아들여야 합니다. 절대 일어나서는 안 될 일이 일어나기라도 한 것처럼, 하나님께서 나에게 엄청난 잘못을 저지르기라도 하신 것처럼 교만하고 **뻔뻔하게** 화를 내서는 안 됩니다.

고난을 겪다 보면 세상 재미가 없어지고 낙이 없어지는데, 그것은 우리가 정상으로 회복되고 있다는 증거입니다. 그럴 때 하나님께서는 우리를 "딸 군대여"라고 부르시면서, 힘을 내라고 격려하십니다. 실업자들이 군대처럼 척척 줄 맞추어 가는 것 봤습니까? 시험에 떨어진 사람들이 군대처럼 질서정연하게 행군하는 것 봤습니까? 그런데 하나님의 백성들은 그렇게 한다는 것입니다. 아무리 절망적인 상황이라도 하나님의 음성이 들리고 있다면 아무 걱정 할 필요가 없습니다. 그때부터는 하나님께서 직접 내 삶을 주도해 나가실 것이기 때문입니다.

새 목자를 주시리라

하나님께서 유다의 멸망이라는 극약처방을 쓰시고 백성들을 바벨론으로 옮기시는 이유가 무엇입니까? 참 목자를 주시기 위해서입니다. "베들레헴 에브라다야, 너는 유다 족속 중에 작을지라도 이스라엘을 다스릴 자가 네게서 내게로 나올 것이라. 그의 근본은 상고에, 태초에니라"(5:2).

하나님께서 유다 백성들에게 주신 약속은 하나님의 다스림을 받아 풍성한 삶을 누리는 양 떼로 삼아 주신다는 것입니다. 예수님도 "내가 온 것은 양으로 생명을 얻게 하고 더 풍성히 얻게 하려는 것이라"(요 10:10)고 말씀하셨습니다. 미가 당시에 유다를 다스리고 있던 자들은 모두 삯꾼 목자들이었습니다. 하나님께서는 그들을 막대기로 쳐서 멸망시키고, 진짜 목자를 보내 주겠다고 말씀하십니다.

그런데 중요한 것은 이 목자가 유다 고을 중에서도 가장 작은 베들레헴에서 태어난다는 점입니다. "베들레헴 에브라다"는 베들레헴의 옛 명칭입니다. 새 지도자는 예루살렘 출신이 아닙니다. 그는 유다 고을 중에서도 가장 작은 고을에서 태어날 것입니다. 이 예언은 예수님이 베들레헴에서 출생하심으로써 성취되었습니다. 예수님이 태어나셨을 때 동방의 점술가들은 예루살렘을 가장 먼저 찾아갔습니다. 아마도 왕이라면 당연히 왕궁에서 태어났으리라고 생각했기 때문일 것입니다. 그러나 왕궁에는 그런 아기가 없었습니다. 그렇다면 왕이 어디에서 태어났겠느냐고 헤롯이 묻자, 서기관들은 미가의 예언을 근거로 베들레헴이라고 대답했습니다. 그러나 그들 중에 베들레헴을 찾아가 아기 예수께 경배한 사람은 아무도 없었습니다. 그들은 헤롯을 두려워했을 뿐 아니라 현상유지를 더 중요하게 생각했습니다.

그런데 이 위대한 새 지도자는 왜 이 작은 고을에서 태어나셔야 하는 것입니까? 왜 군대의 사령관으로서 호령하며 오시지 않고, 가장 낮은 곳에 가장 낮은 모습으로 오셔야 하는 것입니까? 그의 근본은 상고이고 태초입니다. 즉, 그는 잠시 세상에서 살다가 죽는 보통 인간이 아니라 신성을 가진 영원한 하나님이신 것입니다. 바로 여기에 이스라엘 백성들의 의문이 있었습니다. 왜 신성을 가지신 하나님이 직접 오셔야 합니까? 이스라엘을 독립시키고 원수를 몰아내는 일을 위해서라면 모세나 여호수아나 기드온 같은 인물만 보내셔도 충분하지 않습니까? 도대체 어떤 엄청난 문제가 있기에 하나님께서 직접 오신다는 것입니까? 또 그분은 왜 베들레헴 에브라다처럼 작은 동네에서 태어나셔야 합니까? 왜 그런 분이 당당하게 높은 신분으로 오시지 않고 연한 싹처럼 약한 몸으로 오시는 것이며, 이사야가 묘사한 바 '고난의 종'으로 오시는 것입니까?

근본이 태초이고 상고이신 분이 이렇게 비천한 몸으로 작은 고을에 오셔야 하는 이유는 우리의 경제적인 문제 때문도 아니고 정치적인 문제 때문도 아닙니다. 그것은 우리의 죄 때문입니다. 경제적인 문제나 정치적인 문제나 건강상의 문제 때문이라면 굳이 하나님이 직접 오실 필요가 없습니다. 모세나 여호수아나 엘리야

같은 사람만 보내셔도 충분해요. 그러나 우리의 문제는 죄의 문제, 하나님과 우리 사이에 어긋나 있는 관계의 문제이기 때문에, 우리 인간을 만든 장본인이 오셔야 하는 것입니다. 그분이 직접 와서 해결하지 않으시면 이 문제는 절대 풀리지 않습니다.

우리는 우리의 죄가 얼마나 심각한 결과를 가져왔는지 잘 모르고 있습니다. 그러나 하나님은 그것을 알고 계셨고, 우리가 모르는 사이에 그것을 해결하기 위한 결단을 내리셨습니다. 그것은 바로 하나님의 아들이 인간의 몸을 입고 오셔서 인간의 죄를 대신하여 죽는 것이었습니다. 그래야만 하나님께서 우리 마음의 진정한 주인이 되실 수 있기 때문입니다.

우리가 할 수 있는 가장 위대하고도 어려운 일은, 스스로 하나님 앞에 죄인임을 깨닫고 자기 죄를 청산하며 자발적으로 복종하는 것입니다. 누가 강요하지도 않았는데 스스로 하나님께 나아가 기도하는 것은 우리가 할 수 있는 최고의 일입니다. 하나님은 강요된 경건을 원치 않으십니다. 다른 사람의 눈을 의식해서 억지로 거룩한 척하는 것은 하나님께서 가증히 여기시는 일입니다.

만약 하나님께서 강요된 경건을 원하셨다면 아들을 십자가에 못 박으실 필요도 없었고, 그렇게 오랜 세월을 기다리실 필요도 없었을 것입니다. 천둥 몇 번만 울리고 번개 몇 번만 쳐도 납작 엎드려서 복종할 텐데, 무엇 때문에 십자가가 필요했겠습니까? 그러나 하나님께서 원하시는 것은 우리의 지각이 새로워져서 스스로 자기 모습을 깨닫는 것입니다. 하나님의 존귀함과 아름다움과 거룩하심에 매혹되어서 스스로 그 앞에 나아가 섬기며 높이는 것입니다. 바로 이것을 위해 아들이 비천한 몸으로 세상에 오셔야 했던 것입니다. 오늘 본문은 "네게서 내게로 나올 것이라"고 말씀하고 있습니다. 이것은 이 아들이 오시는 목적이 수많은 백성들을 하나님 앞으로 이끌어 온전한 삶을 살게 하려는 데 있음을 보여 줍니다.

방치되는 이스라엘

그러나 이분이 오시기 전까지, 이스라엘은 상당한 기간 동안 고통 속에 방치될 것입니다. "그러므로 임산한 여인이 해산하기까지 그들을 붙여 두시겠고 그 후에는 그 형제 남은 자가 이스라엘 자손에게로 돌아오리니"(5:3).

하나님은 생각 없이 일하시는 분이 아닙니다. 모든 일에 계획을 가지고 계시며, 때를 정해 두십니다. 하나님은 충분히 시간을 두고 일하시지, 인간처럼 속성으로 급하게 일하시지 않습니다. 왜냐하면 인간의 기질은 그렇게 쉽게 변하지 않기 때문입니다. 만약 누군가의 기질이 변했다면 그는 완전히 딴사람이 되었다고 말해도 될 것입니다. 인간은 하다못해 사탕을 깨뜨려 먹거나 양말을 벗어서 빨래통에 넣는 사소한 습관 하나도 쉽게 바꾸지 못하는 존재입니다. 회개해 놓고서도 기도 응답이 바로 오지 않으면 "회개를 했는데도 왜 응답해 주지 않으십니까? 저 정말 회개하고 변했다니까요. 하나님이 절 안 믿어 주시면 누가 믿어 주겠습니까? 정말 성질나 죽겠네" 하면서 화를 내는 것이 우리 인간의 모습입니다.

인간의 죄성은 한순간에 변하지 않습니다. 말씀을 들었다고 해서 곧바로 받아들이는 게 아니에요. 할 수 있는 한 다른 방법을 찾아보다가, 맨 나중에서야 마지못해 받아들입니다. 마치 물건을 살 때와 같습니다. 우리 중에 처음 들어간 가게에서 곧바로 물건을 사는 사람은 별로 없습니다. 일단 물건 가격을 알아보고 주위 가게들을 다 둘러본 후에도 첫 가게의 가격이 싸면, 그제야 돌아가서 물건을 사지요. 우리는 진리에 대해서도 그렇게 합니다. 처음부터 하나님의 뜻을 받아들이는 것이 아니라, 할 수 있는 한 다른 길을 찾아 보다가 해도 해도 안 되면 맨 나중에서야 마지못해 받아들입니다.

그래서 하나님께서는 유다 백성들이 포로로 잡혀 간다고 해서 모든 것이 바로 회복되지 않을 것이라고 말씀하시는 것입니다. 그는 임산한 여인이 해산하기까지 그들을 붙여 두겠다고 말씀하십니다. 무슨 뜻입니까? 어떤 사람은 이것을 동정녀 탄생에 대한 말씀으로 해석합니다. "보라, 처녀가 잉태하여 아들을 낳을 것이요 그 이름을 임마누엘이라 하리라"(사 7:14)라는 이사야의 예언을 미가도 알고 있었을 테니, 이 참 목자가 인간으로 태어나실 때까지 유다 백성들을 죄 가운데 붙들어 두신다는 뜻에서 이 말을 했으리라고 보는 것입니다. 또는 문자 그대로 여자가 임신을 하면 아이가 태어나기까지 일정한 기간을 보내야 하는 것처럼 이스라엘의 회복도 일정한 기간이 지난 후에 이루어진다는 뜻으로 볼 수도 있습니다. 유다 백성들이 아기를 해산하는 것 같은 고통을 겪기는 하겠지만, 그것은 죽음의 고통이 아니라 생명을 얻는 고통이라는 것입니다.

두 가지 다 일리 있는 해석이지만, 저는 첫 번째 해석이 더 타당하다고 봅니다. 미가서에는 예수 그리스도의 탄생 장소가 너무나 구체적으로 예언되고 있기 때문입니다. 이스라엘 백성들의 문제를 풀 수 있는 열쇠는 딱 하나뿐입니다. 즉, 예수 그리스도께서 오셔야 하는 것입니다. 다른 열쇠는 다 잘못된 것들입니다. 만약 다른 열쇠로도 문이 열린다면, 그것은 비극의 시작이 될 것입니다. 우상에게 절을 했는데 길이 열렸다면, 인간적인 방법을 썼는데 문제가 해결되었다면, 그것은 재앙의 문이 열린 것이나 다름이 없습니다.

그리스도가 육신으로 오시기까지 이스라엘의 노예 상태는 해결되지 않을 것입니다. 그들은 지도자가 없는 이 기간을 통해 자신들이 얼마나 잘못된 지도자들 밑에 있었으며, 자신들의 죄가 얼마나 깊기에 이런 지도자들이 나왔는가에 대해 생각하면서 새 지도자를 기다리게 될 것입니다.

지금까지 우리를 이끌어 온 지도자는 누구입니까? 바로 우리의 정욕입니다. 정욕은 만족이나 감사를 모르게 만듭니다. 잘해 보려고 무진 애를 쓰고 있는데도 "더 잘해야 돼! 더 노력해야 돼!" 하면서 몰아붙입니다. 고등학교 들어가면 대학 가야 한다고 닦달질하고, 대학 가면 대학원 가야 한다고 닦달질하고, 대학원 나오면 취직해야 한다고 닦달질하고, 취직하면 승진해야 한다고 닦달질합니다. 그러다가 그리스도를 만나면 어떻게 됩니까? 그 불안과 갈등에서 해방됩니다. 왜냐하면 그리스도는 우리를 아무 조건 없이 받아 주시기 때문입니다. 아무리 상처를 많이 입고 망가져 있다 하더라도 있는 모습 그대로 받아 주십니다. 그리스도는 "좀더 노력하면 받아줄게" 하시는 법이 없습니다. 이것이 새 목자와 헌 목자의 차이입니다.

그리스도께서 더디 오시는 이유가 무엇입니까? 우리의 죄성 때문입니다. 너무 빨리 오시면 인간들은 분명히 다른 이유를 대면서 "하나님은 왜 우리가 노력할 수 있는 기회조차 빼앗는 것입니까? 도대체 우리를 뭘로 보시는 거예요? 우리를 너무 무시하시는 것 아닙니까?" 하면서 불평할 것입니다. 그렇기 때문에 인간들은 비참한 상태에 충분히 오래 있을 필요가 있습니다. 자신의 무능함과 비참함을 충분히 깨달을 수 있는 기간이 필요한 것입니다. 너무 빨리 도와주면 불평이 나옵니다. 그렇다고 너무 늦게 도와주면 다 죽어 버릴 것입니다. 그래서 하나님께서 정확한 시간에 개입하시며, 개입하신 후에도 충분한 시간을 두고 인도하시는 것입니다. 너무 빨리 회복시켜 주면 금방 자기 욕심을 좇아가게 되어 있습니다.

예전에 어떤 분이 경영하시던 회사가 망했습니다. 그런데 그분의 기도가 "내일 당장 회복시켜 주십시오"라는 것이었습니다. 그래서 제가 "기도를 조금 바꾸어 보시지요. 한 5, 6년 두고 기도해 보십시오"라고 했더니, "아니, 저더러 죽으라는 말입니까?" 하면서 놀라는 것을 보았습니다. 그러나 하나님은 급하게 일하시지 않습니다. 급하게 도와주시면 당장은 감격하고 감사할지 몰라도, 그 감격이 변화로 이어지지는 못합니다. 그래서 하나님은 질질 끌면서 도와주실 때가 많습니다. 그렇게 기다리는 과정을 통해 때로는 울었다가 때로는 웃었다가 하면서 겸손을 배우게 되고 신앙의 변화를 경험하게 되는 것입니다.

고난이 시작된 지 얼마 안 되는 분들이 있습니까? 너무 조급하게 생각하지 마십시오. 고난의 기간이 짧으면 사람은 근본적으로 바뀌지 않습니다. 잠시 겸손해진 듯 고개를 숙이다가도 기회만 주어지면 옛날 실력이 다시 나오게 되어 있습니다. 어느 정도 시간이 지나서 참으로 기가 꺾이고 자신이 하나님 앞에 아무것도 아니라는 사실을 진심으로 인정하게 될 때, 하나님께서는 우리를 회복시키실 것입니다.

그리스도의 통치

미가 선지자는 하나님의 아들이 이스라엘의 목자가 되었을 때, 그 통치가 얼마나 권세 있으며 그 지도력이 얼마나 멀리까지 미칠 것인지에 대해 말하고 있습니다. "그가 여호와의 능력과 그 하나님 여호와의 이름의 위엄을 의지하고 서서 그 떼에게 먹여서 그들로 안연히 거하게 할 것이라. 이제 그가 창대하여 땅 끝까지 미치리라"(5:4).

그리스도의 통치방법이 무엇입니까? 그리스도는 군사력이나 무력이나 돈으로 다스리시지 않습니다. 왜냐하면 인간의 근본적인 문제가 그런 것에 있지 않기 때문입니다. 모세가 이스라엘 백성들을 애굽에서 이끌어 낼 때 사용한 무기가 무엇입니까? 마른 지팡이 하나입니다. 모세는 그 마른 지팡이 하나로 수백만 명을 구원해 냈습니다. 이것은 그가 인간적인 방법이 아니라 하나님의 능력과 이름으로 그 일을 해 냈다는 뜻입니다.

그리스도께서 인간적인 방법으로 다스리시지 않는 것은, 우리를 참으로 위태롭게 만드는 문제가 하나님과 우리의 잘못된 관계에 있다는 사실을 아시기 때문입니다. 지금도 세상에는 불행한 일들이 수없이 일어나고 있습니다. 전쟁이 일어나기도 하고 불의의 사고가 일어나기도 하며 사람들끼리 서로 공격하기도 합니다. 또 다른 사람들과 잘 지내 보려고 무던히 노력하는데도 불구하고 사소한 오해로 관계가 깨지는 일도 비일비재합니다. 이 모든 비극의 원인은 인간이 전적으로 하나님을 의지하지 않는 데 있습니다.

그리스도께서 하시는 일은 하나님만 의지하게 하시는 것입니다. 하나님과 바른 관계에 있기만 하면 우리는 절대 안전합니다.

하나님이 허락하시지 않으면 참새 한 마리도 땅에 떨어지지 않습니다. 더구나 자기 백성들은 그 머리털까지 다 세고 계십니다. 그리스도는 자신을 방어할 군사나 무기 하나 없이 세상에서 사셨는데도 안전했습니다. 하나님과의 관계가 완전했기 때문입니다. 복음서에 여러 번 거듭해서 나오는 이야기가 무엇입니까? 유대인들이 그토록 예수를 잡으려 했는데도 잡지 못했다는 것입니다. 하나님께서는 그를 내주지 않으셨습니다. 그가 십자가에 못 박히신 것도 의도적으로 자처했기 때문이지, 그들의 힘으로 잡은 것이 아니었습니다. 바로 옆에서 예수님을 보았던 제자들은 그가 자진해서 예루살렘으로 올라가기로 굳게 결심하셨다고 전하고 있습니다. 예수님은 약해서 붙잡혀 죽으신 것이 아닙니다. 스스로 십자가로 나아가신 것입니다.

오늘 우리를 위태롭게 만드는 것은 불확실한 미래가 아닙니다. 지금 우리나라는 경제즉으로 큰 어려움을 겪고 있습니다. 그러나 성경이 말씀하는 것이 무엇입니까? 철저하게 하나님을 의지하기만 하면 절대 안전하다는 것입니다. 누구도 우리를 망하게 하지 못한다는 것입니다. 전쟁이나 기근이나 지진이나 불황이나 전염병은 하나님이 부리시는 개에 불과합니다. 하나님의 아들들이 겁낼 필요가 없어요. 우리 밑에 천사 있고, 천사 밑에 마귀 있고, 마귀 밑에 전쟁이나 불황 같은 재난이 있습니다. 물론 우리도 인간이니까 불안할 때가 있습니다. 그러나 우리 급수가 훨씬 높다는 것을 잊지 마십시오. 아무리 시대가 불확실해도 하나님만 의지하면 절대 안전합니다. 주님은 더 풍성한 삶을 주겠다는 약속을 반드시 지키실 것이며, 우리가 이해할 수 없는 오묘한 지혜로 축복하신 하나님을 찬양하게 하실 것입니다.

그의 나라는 창대하여 땅 끝까지 미칠 것입니다. 왕의 능력은 그의 세력이 미치는 범위를 통해 나타납니다. 그런데 그리스도의 세력은 땅 끝까지 미칠 것입니다. 그 나라는 특정 지역에 매이지 않는 나라입니다. 하나님의 백성들이 모인 곳은 어디나 그의 나라입니다. 누구든지 복음을 듣고 그의 이름을 부르기만 하면 죄를 용서받고 성령을 선물로 받을 수 있습니다.

오늘 성경이 우리에게 말씀하는 것이 무엇입니까? 우리는 "딸 군대"라는 것입니다. 겉으로 보기에는 힘없는 사람들이지만, 우리에게는 하나님의 약속이 있다는 것입니다. 그렇기 때문에 우리는 시대적인 상황이 아무리 어려워도 긍정적으로, 적극적으로 받아들여야 합니다. 하나님이 허락하시지 않으면 우리의 머리털 하나 상하지 않을 것입니다. 아무도 우리를 건드릴 수 없습니다.

세상이 우리를 실망시키고 환멸을 주는 것은 이상한 일이 아니라 정상적인 일입니다. 시대가 어려워질수록 하나님의 아름다움에 마음이 빼앗기게 해 주시고 하나님의 신실하심을 붙들게 해 주시기를 간구합시다. 전에는 세상과 하나님 사이에서 방황했다고 하더라도, 이제는 하나님만 전적으로 의지하기로 결단합시다. 우리가 알 수 없는 오묘한 방법으로 축복하실 것을 믿고 고난 중에도 담대하게 나아가는 딸 군대가 되시기를 바랍니다.

13 우리의 평강이신 하나님

이스라엘을 불안하게 만든 것_은혜가 온 후에도 위기는 남아 있다
_세상에 나타나는 하나님 백성의 모습

5:5 이 사람은 우리의 평강이 될 것이라 앗수르 사람이 우리 땅에 들어와서 우리 궁들을 밟을 때에는 우리가 일곱 목자와 여덟 군왕을 일으켜 그를 치리니
6 그들이 칼로 앗수르 땅을 황무케 하며 니므롯 땅의 어귀를 황무케 하리라 앗수르 사람이 우리 땅에 들어와서 우리 지경을 밟을 때에는 그가 우리를 그에게서 건져 내리라
7 야곱의 남은 자는 많은 백성 중에 있으리니 그들은 여호와에게로서 내리는 이슬 같고 풀 위에 내리는 단비 같아서 사람을 기다리지 아니하며 인생을 기다리지 아니할 것이며
8 야곱의 남은 자는 열국 중과 여러 백성 중에 있으리니 그들은 수풀의 짐승 중의 사자 같고 양 떼 중의 젊은 사자 같아서 만일 지나간즉 밟고 찢으리니 능히 구원할 자가 없을 것이라
9 네 손이 네 대적 위에 들려서 네 모든 원수를 진멸하기를 바라노라

5:5-9

"고래 싸움에 새우등 터진다"는 속담이 있듯이, 강한 자들이 다투는 곳에는 약한 자들이 끼어들 여지가 없습니다. 예를 들어 개발 바람이 부는 노른자위 땅을 서로 차지하기 위해 권력자들과 부자들과 폭력배들이 각축전을 벌이는 틈바구니에서 돈도 없고 힘도 없는 사람이 계속 버틴다는 것은 상상하기도 힘든 일입니다.

이스라엘 백성들의 형편이 바로 그러했습니다. 이스라엘 백성들이 살고 있는 가나안 땅은 주위 모든 나라가 눈독을 들이고 있는 노른자위 땅이었습니다. 이 중요한 땅을 아무 힘도 없고 권력도 없는 이스라엘 백성들이 수백 년 동안 차지하고 있었다는 것은 그야말로 기적이 아닐 수 없었습니다. 그 기적은 하나님께서 보이지 않는 손으로 그들을 지켜 주셨기 때문에 가능했습니다. 하나님께서 함께하지 않으셨다면 애초에 그 땅을 차지할 수도 없었을 것이며, 설사 차지했다고 해도 지킬 수 없었을 것입니다.

이스라엘 백성들이 가나안 땅에서 산다는 것은 그 자체가 위기요 긴장이었습니다. 물론 하나님을 온전히 의지했을 때에는 아무 문제 없이 그 땅에서 살 수 있었습니다. 그러나 하나님을 의심하고 스스로 지키려 했을 때에는 강대국들의 시달림을 받아야 했습니다. 이스라엘 백성들이 이해할 수 없는 점이 바로 그것이었습니다. 하나님만 의지하면서 "날 잡아 잡수시오" 하고 손 놓고 있을 때에는 이상하게도 강대국들이 자신들을 이기지 못하는데, 조금만 한눈을 팔고 다른 나라들과 결탁해서 힘을 키우려고만 하면 공격을 받아 넘어지는 것입니다.

미가 선지자가 말씀을 전하던 당시, 남쪽 유다는 앗수르로 인해 심한 어려움을 겪고 있었습니다. 앗수르는 유다를 거의 폐허로 만들었고 멸망 일보직전까지 몰고 갔습니다. 그런데 오늘 선지자는 하나님께서 주실 새 목자가 이스라엘의 평강이 될 것이라고 말하고 있습니다. "주위 나라들이 아무리 요동질을 치고 너희 것을 빼앗으려고 해도, 새 목자는 능히 너희를 지켜 주실 것이며 너희의 평강이 되실 것"이라고 갈하고 있습니다.

앗수르는 유다 모든 지역을 폐허로 만들었지만 예루살렘만큼은 아직 멸망시키지 못했습니다. 그러나 오늘 본문이 이 일만 가리키고 있는 것은 아닙니다. 이 일은 하나의 예표에 불과합니다. 즉, 앞으로 오고 오는 세대에 그리스도께서 얼마나 든든하게 자기 백성들을 지켜 주실지 보여 주는 예표인 것입니다.

사실 우리는 하루하루 살면서 걱정이 많습니다. 세상의 경쟁은 너무나 치열한데, 우리에게는 그 경쟁에서 이길 능력이 없기 때문입니다. 사람들은 세상에서 살아남기 위해 눈에 불을 켜고 경쟁에 뛰어들고 있습니다. 그런데 우리는 하나님을 의지하면 의지할수록 그 경쟁에서 밀려나는 것 같습니다. 우리가 말씀대로 살아도 과연

이 사회에서 살아남을 수 있겠습니까? 하나님의 약속대로 과연 풍성한 삶을 살 수 있겠습니까? 특히 이렇게 무력한 상태에서 악한 자나 능력 있는 자가 집중적으로 괴롭힐 때 과연 이겨 낼 수 있겠습니까?

오늘 말씀은 염려하지 말라고 하면서 "이 사람은 우리의 평강이 될 것이라"고 약속하고 있습니다. 아무리 세상이 요동하며 덤벼들어도 그리스도 안에만 있으면 살아남을 수 있을 뿐 아니라 아주 아름답고 풍성한 삶을 살 수 있다고 약속하고 있습니다.

이스라엘을 불안하게 만든 것

이스라엘 백성들은 불안한 상태에서 살았습니다. 그들은 힘이 없는데, 주변 강대국들은 늘 그들의 땅을 노리고 있었기 때문입니다. 실제로 그들은 자주 다른 나라들의 침략을 받기도 했고 지배를 당하기도 했습니다. 그들이 평화롭게 사는 길은 두 가지밖에 없었습니다. 즉, 그 땅을 포기하고 다른 곳으로 옮겨 가든지, 어느 나라도 넘보지 못하도록 국력을 키워야 했던 것입니다. 상식적으로 볼 때, 그들이 가지고 있는 힘만으로는 도저히 그 좋은 땅을 지킬 수가 없었습니다.

그런데 성경은 이스라엘을 위태롭게 만드는 것이 주위의 강한 나라 그들의 연약함에 있는 것이 아니라 그들의 불신앙에 있다고 말씀합니다. 그들이 반드시 기억해야 했던 사실이 무엇입니까? 하나님의 도우심이 없었다면 애초에 그 땅을 차지하지도 못했다는 것입니다. 따라서 그 땅에서 계속 살 수 있으려면, 여전히 하나님을 의지해야 한다는 사실을 그들은 잊지 말았어야 합니다. '우리가 연약함에도 불구하고 하나님의 도우심으로 이 땅에서 살게 되었으니, 앞으로도 하나님의 도우심으로 살아가자'는 결심만 흔들리지 않았다면 그들은 절대 망하지 않았을 것입니다. 그러나 그들은 그 사실을 잊어버리고 불안에 빠져서 세상적인 방법을 의지했습니다.

우리가 오늘 이 자리까지 오게 된 것은 하나님의 은혜 덕분입니다. 그렇다면 앞으로의 삶도 하나님이 은혜로 이끌어 가실 것을 믿어야 합니다. 아무리 나의 형편이 풍성한 삶과 정반대로 흘러간다고 해도 이 믿음을 놓치면 안 됩니다. 이 믿음을 놓치면 세상의 거센 물결 속에서 허우적거리다가 빠져 죽게 되어 있습니다. 신앙은 대단한 모험입니다. '지금까지 나를 지켜 주신 하나님의 은혜가 앞으로도 나를 지켜 주실 것이다'라는 믿음 하나 붙들고, 어려움을 기꺼이 감수하는 모험입니다.

이스라엘 백성들은 정체성을 잃어버릴 때마다 어김없이 위기를 맞이했습니다. 이스라엘 백성들이 위기에서 살아남을 수 있는 힘은 무기나 군사력에 있지 않았습니다. 자신들의 정체성을 되찾는 데 있었습니다.

미가 선지자는 "이 사람은 우리의 평강이 될 것이라"(5:5상)고 말씀합니다. 무슨 뜻입니까? 하나님이 보내시는 이 참 목자가 오시기 전까지는 평안을 얻지 못한다는 것입니다. 그러나 그가 오시면 모든 적들의 손에서 자기 백성들을 구출하시고 지키심으로써 완전한 평강을 주실 것입니다. 이것은 그리스도가 주실 평강을 약속하는 말씀입니다. 그렇다면 그리스도는 어떤 방식으로 자기 백성들을 안전하게 지켜 주실까요? 군사력을 통해서가 아닙니다. 자신의 희생을 통해서입니다.

성경이 우리에게 반복적으로 말씀하는 바는, 우리가 이 세상에서 방황하며 흔들리는 원인이 군사력에 있지 않다는 것입니다. 영어 단어 몇 개 더 외우느냐, 수학 문제 몇 개 더 푸느냐에 있지 않다는 거예요. 그리스도는 영어 실력이나 처세술이나 세상에서 성공할 수 있는 능력을 주기 위해 오신 것이 아닙니다. 그가 오신 것은 무슨 일이 있어도 하나님을 붙드는 견고한 믿음을 주시기 위해서입니다.

예수님께서는 "너희에게 겨자씨 한 알만한 믿음이 있었더면 이 뽕나무더러 뿌리가 뽑혀 바다에 심기우라 하였을 것이요 그것이 너희에게 순종하였으리라"(눅 17:6)고 말씀하셨습니다. 겨자씨는 굉장히 작은 씨입니다. 그만큼 작은 믿음만 있어도 뽕나무가 뽑히는 역사가 일어난다는 것입니다. 뽕나무는 웬만해서는 뽑히지 않는 나무로 유명합니다. 뽕나무를 뽑는다는 것은 그만큼 불가능한 일을 한다는 뜻입니다. 그런데 뽕나무를 뽑는 것보다 더 어려운 일은 그것을 바다에 심는 것입니다. 나무를 무슨 수로 바다에 심겠습니까? 아무리 심으려고 해도 파도에 밀려 둥둥 떠내려가지 않겠습니까?

그리스도께서 오셔서 해 주시는 일이 바로 이것입니다. 우리에게 견고한 믿음을 주셔서 뽑을 수 없는 것을 뽑게 하시고 심을 수 없는 것을 심게 하시는 것입니다. 바다 한복판에서도 뿌리를 내린 채 흔들리지 않고 굳건히 서 있게 하시는 것입니다. 이것이 "이 사람은 우리의 평강이 될 것이라"는 말씀의 뜻입니다.

구약 기드온 시대에 이스라엘은 미디안의 지배를 받고 있었습니다. 기드온은 '하나님께서 우리를 미워하시는 것이 아닌가?' 라는 의심을 품었습니다. 그런데 어느 날 하나님의 사자가 나타나 자신이 바친 음식을 제물로 받으셨을 때 나온 고백이 무엇입니까? 여호와 살롬입니다. "하나님은 평강이시다! 하나님은 우리와 화해하기를 원하시며 우리에게 은혜 주시기를 원하신다!"는 것입니다.

그리스도께서 우리의 평강이 되실 수 있는 이유가 무엇입니까? 군사력을 증강시켜 주시기 때문이 아닙니다. 그리스도를 군사적인 지도자로만 보았던 사람들은 이스라엘을 진정으로 위태롭게 만든 원인을 몰랐던 사람들입니다. 이스라엘을 위태롭게 만든 것은 그들의 불신앙이었습니다. 하나님을 의심하고 반역하며 기회만 있으면 세상과 손잡으려 하는 태도가 그들을 위태롭게 만들었습니다.

그리스도는 그 모든 반역하는 기질, 못난 자아, 넘어질 수밖에 없는 연약함을 전부 짊어지고 십자가에 못 박혀 죽으셨습니다. 하나님께서는 우리의 반역하는 모습이 아니라 그의 순종하는 모습을 보시고 우리에게 성령을 부어 주십니다. 그렇다고 해서 새로운 마음이 한순간에 생기는 것은 아닙니다. 성령의 역사는 우리 속에서 아주 작게 시작됩니다. 그래서 처음에는 내 속에 성령이 계시는지 안 계시는지조차 잘 느끼지 못합니다. 그러나 성령은 끝까지 싸우십니다. 우리 안에 있는 죄의 습관과 반역하는 본성을 끝까지 물고 늘어지십니다. 그래서 결국은 새로운 마음을 만들어 내시고야 맙니다.

그리스도인들을 위태롭게 만드는 것이 무엇입니까? 독기가 부족한 것도 아니고 능력이 부족한 것도 아닙니다. 우리를 위태롭게 만드는 것은 하나님을 의심하는 마음입니다. 세상 사람들은 목숨 걸고 공부하고 목숨 걸고 일합니다. 그런데 매일 찬송가나 부르고 기도나 하면서 살아남을 수 있겠습니까? 우리가 생각하기에는 도저히 살아남을 수 있을 것 같지가 않습니다. 도저히 믿음만 가지고 살 수 있을 것 같지가 않아요. 좋은 자리나 장래성 있는 자리는 다른 사람들이 눈에 불을 켜고 달려듭니다. 그런데 아무 힘도 없는 우리가 어떻게 그런 자리를 차지할 수 있겠습니까?

그뿐 아니라 악한 자가 우리를 괴롭힐 때에는 아무 대책이 없는 것 같습니다. "도살할 양같이 여김을 받았나이다"(시 44:22)라는 시편 말씀이 피부에 와 닿습니다. 도살할 양은 아무도 지켜 주지 않습니다. 언제 죽느냐가 문제일 뿐입니다. 그만큼 아무 힘도 없고 능력도 없습니다.

그러나 성경이 말씀하시는 것이 무엇입니까? "이 사람은 우리의 평강이 될 것이라!" 그리스도는 우리의 반역하는 본성을 치료하셔서 하나님께 사랑받을 수 있는 자들로 바꾸어 놓으십니다. 세상만 바라보던 눈을 하나님께로 돌려서 무슨 일이 있어도 하나님만 의지하게 만들어 놓으십니다. 당장 세상에서 많은 것들을 잃는 일은 중요치 않습니다. 그런 것들은 얼마든지 다시 회복될 수 있기 때문입니다. 중요한 것은 우리 속에 있는 이 교만한 본성, 죄를 사랑하는 본성을 치료받는 것입니다. 그러면 세상에서 우리의 것을 반드시 지켜 주십니다.

물론 하나님께서 '내 것'을 주신다고 해서 절대 공짜로 주시지는 않는다는 사실을 기억할 필요가 있습니다. 유치원 수준에 있는 사람을 갑자기 대학원에 입학시키는 일 같은 것은 일어나지 않는다는 말입니다. 때가 되면 하나님께서 기초부터 차근차근 다지게 하십니다. 그렇게 열심히 따라가다 보면 어느새 원하는 위치에 도달하게 되는 것입니다. 그런데 그 속도가 굉장히 빠릅니다. 다른 사람보다 세 배, 네 배는 빠릅니다.

이미 말했듯이 우리가 이 자리까지 온 것은 하나님의 은혜 덕분입니다. 그렇다면 앞으로 살아갈 일도 하나님이 책임지신다는 것을 믿으십시오. 지금 남들만큼 무엇을 준비하지 못한다고 해서 걱정할 필요가 없습니다. 때가 되면 기초부터 준비시키십니다. 영어가 필요하다 싶으면 만나는 사람도 외국 사람들만 만나게 하시고 꿈도 영어로 꾸게 하십시오. 미리 걱정할 필요가 없어요. 그러니까 길이 열리지 않을 때에도 침체되지 말고 기도하면서 자신의 영혼을 풍성하게 만드는 일이 중요합니다. 그러다가 기회가 오면 기초부터 열심히 하는 것입니다. 그러면 어느 순간에 하나님이 기뻐하시는 자리로 옮겨 놓으십니다.

그리스도인들의 힘은 어디에서 나옵니까? 철저하게 하나님을 의지하는 데서 나옵니다. 광야에 있던 이스라엘 백성들은 조금만 자기 뜻대로 안 되어도 원망하고 불평했습니다. 바로 그것이 그들을 위태롭게 만들었습니다. 사드락과 메삭과 아벳느고를 보십시오. 용광로 앞에서도 철저하게 하나님을 의지하지 않았습니까? 그들이 "그리 아니하실지라도 우리는 신상에 절하지 않겠다"고 결단했을 때, 하나님께서는 그들의 머리털 하나 그슬리지 않도록 지켜 주셨습니다.

하나님께서는 우리의 신앙을 한계점까지 몰고 가십니다. 한 걸음만 더 가면 죽음의 자리에 이를 때까지 몰고 가서서 우리가 그 지점에서도 하나님을 의지하는지 확인해 보십니다. 그때 우리에게 필요한 것이 '하나님은 이 용광로 속에서도 반드시 나를 살려 내실 것'이라는 확신입니다. 만약 그렇게 하지 않으신다면 그것은 순교의 특별한 축복을 주시기 위함일 것입니다.

그렇다고 순교할까 봐 겁이 나서 미리 믿음의 진도를 늦출 필요는 없습니다. 하나님께서는 자신을 의지하는 자들을 절망의 순간에서 반드시 살려 주십니다. 그런데 아주 특별한 경우에 영원한 축복을 주시려고 작정한 소수의 사람들이 있습니다. 그 사람들만 순교하는 것입니다. 아무나 순교하는 게 아니에요. 그러니까 '내가 하나님을 너무 잘 믿다가 용광로 안에서 타 죽으면 어떡하나? 비참하게 굶어 죽으면 어떡하나?' 하고 미리 걱정할 필요가 없습니다.

믿음은 극단적인 자리까지 가는 것입니다. 그 자리에서도 끝까지 주님을 의지하면 홍해가 갈라질 것입니다. 세상이 뒤집힐 것입니다.

은혜가 온 후에도 위기는 남아 있다

유다 백성들이 하나님의 은혜를 받은 후에도 앗수르의 위협은 사라지지 않을 것입니다. "앗수르 사람이 우리 땅에 들어와서 우리 궁들을 밟을 때에는 우리가 일곱 목자와 여덟 군왕을 일으켜 그를 치리니 그들이 칼로 앗수르 땅을 황무케 하며 니므롯 땅의 어귀를 황무케 하리라. 앗수르 사람이 우리 땅에 들어와서 우리 지경을 밟을 때에는 그가 우리를 그에게서 건져 내리라"(5:5하-6).

유다 백성들의 질문이 무엇입니까? "우리의 죄를 회개했는데도 왜 앗수르가 물러가지 않느냐?"는 것입니다. 미가 선지자는 그것은 2단계에서 하실 일이라고 대답합니다. 1단계에서 하시는 일은 유다 백성들의 믿음을 붙들어 주시는 것입니다. 그리고 그 다음 단계가 앗수르 사람들을 물리치시는 것입니다.

그 당시 이스라엘의 가장 큰 원수는 앗수르였습니다. 그들은 힘이 강하기도 했지만, 무엇보다 말이 통하지 않았습니다. 앗수르는 하나님을 전혀 두려워하지 않았습니다. 조금이라도 하나님을 두려워한다면 약간의 긍휼을 기대해 보겠는데, 그들에게는 그럴 여지가 전혀 없었습니다.

우리 믿는 사람들이 가장 상대하기 어려운 사람들이 이처럼 말이 통하지 않는 사람들입니다. 말만 통하면 어떻게 구슬려 보거나 사정을 해 볼 텐데, 막무가내로 폭력을 휘두르고 폭언을 일삼는 사람은 어찌 해 볼 도리가 없습니다. 그럴 때 우리 마음에는 '믿음만으로는 안 되겠다'는 생각, '눈에는 눈, 이에는 이로 갚고 싶다'는 생각이 들기 쉽습니다. 그러나 하나님께서 하시는 말씀이 무엇입니까? 악을 처리하는 일은 전문가에게 맡기라는 것입니다. 그 전문가는 바로 예수 그리스도십니다.

애굽을 탈출했을 당시 이스라엘 백성들은 전투능력을 전혀 갖추지 못한 오합지졸이었습니다. 그런데도 다른 나라들이 그들을 함부로 공격하지 못했던 것은 이상한 소문이 퍼져 있었기 때문입니다. 그들에게는 여호와라는 신이 있는데 그 신이 애굽의 바로를 열 재앙으로 심판하시고 홍해를 갈라서 그들을 구원하셨다는 소문을 들었을 때, 모든 나라들은 너무 놀라고 충격을 받은 나머지 감히 그들을 공격하지 못했습니다.

그런데 그때에도 이스라엘을 공격한 민족이 하나 있었습니다. 그들이 바로 아말렉 족속입니다. 다른 민족들은 다 두려워서 숨을 죽이고 있는데, 왜 이들만 유독 이스라엘을 공격했을까요? 하나님을 두려워하지 않았기 때문입니다. 그들은 "열 재앙? 내릴 테면 내리라고 해!"라는 식으로 하나님을 무시했습니다. 그래서 하나님께서는 아말렉과 영원히 싸울 것을 선언하셨습니다. 아말렉 족속은 특히 이스라엘이 지치고 피곤해 있을 때 그들을 업신여기고 조롱했습니다. 사실 이스라엘을 공격한다고 해서 그들에게 무슨 큰 이득이 생기는 것도 아니었습니다. 그들은 연약한 자들을 괴롭히는 것이 취미였습니다.

하나님의 백성들이 연약한 처지에 있을 때 업신여기고 괴롭히는 자들은 모두 아말렉 부류에 속합니다. 미가 당시에는 앗수르가 그런 역할을 했습니다. 이사야 선지자는 "너희의 공격 범위는 사마리아까지다. 예루살렘은 건드리면 안 된다"고 여러 번 경고했습니다. 그런데도 그들이 예루살렘을 공격한 것은 '그래, 너희가 여호와를 믿는다고 하는데 얼마나 잘 믿는지 보자' 라는 질투심 때문이었습니다. 하나님의 백성에 대한 질투심 때문에 대군을 이끌고 쳐들어온 것입니다.

대부분의 사람들은 예수 믿는 자들을 조금은 두려워합니다. 그들에게는 남들과 구별되는 경건함이 있기 때문입니다. 그런데 유독 그런 두려움이 없이 미워하기만 하는 사람들이 있습니다. 그런 사람들이 바로 아말렉 족속입니다. 그들은 믿는 자들을 괴롭히는 일에 헌신되어 있습니다. 다른 일에는 반응을 보이지 않다가도 이스라엘만 공격한다고 하면 벌떡 일어나서 설쳐 댑니다. 그들은 만사 제쳐놓고 앞장서서 하나님의 백성을 공격하다가 기쁨으로 멸망하는 족속입니다.

오늘 본문은 앗수르를 "니므롯 땅"이라고 부르고 있는데, 니므롯이 누구입니까? 그는 특별한 영웅으로서, 인간의 능력을 철저하게 믿고 신봉하는 자들의 대명사입니다. 그리스도인들을 가장 멸시하고 천대하는 사람들은 인간의 능력을 절대적으로 믿는 사람들입니다. 그들은 그리스도인들을 볼 때 자기도 알 수 없는 미움과 시기심을 느낍니다. 특히 예수를 믿는다고 하면서도 고생하며 사는 사람들을 볼 때 마음껏 경멸해 주고 싶은 마음이 솟구쳐 올라옵니다.

그들이 이처럼 하나님의 백성을 경멸하는 것은 사실 하나님을 경멸하기 때문입니다. 정상적인 분별력을 가진 사람이라면 하나님의 백성들이 연단받는 것을 보면서 두려워해야 합니다. 이 의로운 사람들이 이 같은 연단을 받아야 한다면, 날마다 죄를 먹고 마시는 자신들은 얼마나 더 무서운 벌을 받아야 하겠습니까? 그러나 아말렉 족속은 고생하는 그리스도인들을 무시하고 업신여김으로써 자신들을 한껏 높이려고 합니다. 하나님께서는 그들과 영원히 싸우겠다고 선언하십니다.

"일곱 목자와 여덟 군왕"은 꼭 일곱 명이나 여덟 명을 가리키는 말이 아니라, 많은 사람들이 계속해서 등장한다는 말입니다. 여기에서 "군왕"은 나실인을 의미합니다. 즉, 이스라엘 백성들이 침략을 받을 때 기름 부음 받은 성령의 사람들을 계속적으로 보내셔서 그 위기를 이기게 하신다는 뜻입니다.

하나님의 백성들은 언제 위험해집니까? 교만할 때입니다. 자기의 돈이나 사회적인 명성을 의지할 때입니다. 그러면 하나님께서 말씀을 거두어 가심으로써 욕심의 노예가 되게 하시고, 사람의 노예가 되게 하십니다. 원래 하나님의 백성들은 하나님만 섬기게 되어 있습니다. 그런데 그들이 하나님의 말씀을 우습게 알 때, 사람의 노예가 되어 사람에게 짓밟히게 하시고 탐욕에 짓밟히게 하십니다. 그러면 얼마나 비참해지는지 모릅니다.

그러나 그렇게 비참해졌을 때라도 하나님 앞에 나아가 부르짖으면서 기도하면, 말씀의 종을 일곱 명, 여덟 명 계속해서 보내 주십니다. 한 명만 보내는 것이 아니라 여러 명을 보내서 동시다발적으로 말씀의 역사를 일으키게 하십니다. 그때 '내가 지금까지 잘 믿는다고 생각했는데, 사실은 바른 신앙에서 얼마나 멀리 흘러 내려왔는가? 나도 모르는 사이에 얼마나 세상으로 흘러 내려왔으며 세속화되어 버렸는가?' 라는 것을 깨닫고 말씀을 붙들면, 앗수르 군대를 하루 저녁에 시체로 만들어 버리십니다. 185,000명을 하루 저녁에 죽여 버려요. 그렇게 강해 보이던 사람들에게서 바람을 확 빼내서 완전히 쭈그러뜨리십니다. 조금 전까지만 해도 내 목을 조르면서 당장이라도 죽일 것처럼 큰소리치던 사람들이 한순간에 힘을 잃게 만드십니다. 어떻게 이런 일이 일어날 수 있습니까?

전문가가 개입하셨기 때문입니다. 이렇게 악한 자들을 다루는 데에는 전문가가 필요합니다. 전문가가 나서면, 아무리 악한 자라도 꼬리를 내리면서 굴복할 수밖에 없습니다. 그러므로 우리는 악의 세력과 직접 싸울 필요가 없습니다. 그저 침체되지 않고 끝까지 정신을 차려서 믿음을 붙들면 그리스도께서 한순간에 상황을 뒤집어 주십니다.

세상에 나타나는 하나님 백성의 모습

오늘 본문은 하나님을 대적하는 세상에서 하나님의 백성들이 두 가지 모습으로 나타나게 된다고 말씀하고 있습니다. 첫째로, 그들은 은혜의 수단으로 나타납니다. "야곱의 남은 자는 많은 백성 중에 있으리니 그들은 여호와에게로서 내리는 이슬 같고 풀 위에 내리는 단비 같아서 사람을 기다리지 아니하며 인생을 기다리지 아니할 것이며"(5:7).

"야곱의 남은 자"란 이런 경쟁적인 세상에서도 끝까지 타락하지 않고 믿음을 지키는 자들을 가리킵니다. 그들은 혈통에 따른 이스라엘이 아니라 영적인 이스라엘입니다. 즉, 신약교회의 그리스도인들인 것입니다. 그들은 여호와에게로서 내리는 이슬 같고 풀 위에 내리는 단비 같습니다. 하나님께서는 끝까지 믿음을 지키는 이 소수의 사람들을 통해 척박하고 황폐한 세상에 이슬과 단비의 은혜를 내리십니다. 그들을 축복의 수단으로 삼아, 믿지 않는 사람들에게 일반은총을 내리시는 것입니다. 세상은 그들로 인해 상식을 갖게 되고, 질서를 지키게 되며, 그나마 사람답게 살게 됩니다.

그러므로 교회의 가장 중요한 역할은 정체성을 잃지 않는 것입니다. 정체성을 잃고 세상과 타협하면, 그들과 어떻게든 잘 지내 보려고 세상의 사상과 습관과 가치관을 받아들이면, 오히려 세상이 교회를 공격하고 성도들의 것을 빼앗아 갑니다. 점점 건전한 상식을 잃고 억지를 부리며 욕망에 눈멀게 됩니다.

세상의 평화는 이처럼 교회의 영성과 깊은 관련이 있습니다. 교회가 구제를 많이 하고 사회봉사를 많이 하는 것도 좋은 일입니다. 그러나 그보다 더 중요한 일은 교회가 교회다워지는 것이며, 교인이 교인다워지는 것입니다. 그러면 사람들이 "왜 그렇게 까다롭게 믿고 융통성 없이 믿느냐?"고 욕할 수도 있습니다. 그러나 한편으로는 교회를 존경할 것이며, 눈에 보이지 않는 이슬 같은 은혜가 그들에게 임해서 좋은 사회를 만들기 위해 노력하게 될 것입니다. 그러나 교회가 교회답지 못하고 교인이 교인답지 못하면, 세상이 교회를 못 잡아먹어서 몸부림을 치게 되며 상식을 잃고 부패하게 됩니다.

지금 우리 사회가 이렇게 마구 꼬여 있는 것은 하나님의 백성들이 제구실을 못하고 있기 때문입니다. 바로 우리가 정체성을 잃어 버렸기 때문이에요. 우리가 세상을 도울 수 있는 첫걸음은 교회의 영광을 회복하는 것입니다. 세상에서 좀 손해 보고 욕을 먹어도 말씀을 붙들고 어떻게 해서든지 하나님을 굳게 의지하려고 애를 쓰면, 하나님께서 이슬 같은 은혜를 내리셔서 세상에 변화가 일어나기 시작합니다.

그 다음으로 하시는 일은 무엇입니까? 우리 믿는 사람들을 사자로 바꾸어 놓으시는 것입니다. "야곱의 남은 자는 열국 중과 여러 백성 중에 있으리니 그들은 수풀의 짐승 중의 사자 같고 양 떼 중의 젊은 사자 같아서 만일 지나간즉 밟고 찢으리니 능히 구원할 자가 없을 것이라"(5:8).

이것은 첫 번째 모습과 너무나 대조되는 모습입니다. 첫 번째 모습은 이슬과 단비처럼 있는 듯 없는 듯, 소리 없이 조용히 영향을 끼치는 모습이었습니다. 그러나 하나님의 백성들에게는 그렇게 조용한 모습만 있는 것이 아닙니다. 그들에게는 젊은 사자의 모습도 있습니다. 사자가 나타나면 어떻게 됩니까? 모든 짐승이 두려워 벌벌 떱니다. 양 떼 중에 젊은 사자가 나타날 때는 더더욱 그렇습니다. 사자는 얼마든지 양들을 물어 죽일 수 있습니다. 무슨 뜻입니까? 하나님을 의지하는 사람은 그만큼 강하다는 것입니다.

저도 예전에는 그것을 잘 몰라서 '나는 약하다, 아무것도 못하는 바보다'라고 생각했습니다. 그런데 자꾸 제 귀에 들리는 음성이 "그렇지 않다, 너는 강하다"는 것이었습니다. 하나님을 의지하고 끝까지 신뢰할 때, 우리는 굉장히 강한 사람이 되어서 세상을 마음대로 물어 죽일 수 있습니다. 이것은 복수를 한다는 뜻이 아닙니다. 하나님의 백성들은 복수하는 데 사자의 힘을 쓰지 않습니다. 그들은 진리를 밝히는 데 사자처럼 담대하며, 사자처럼 힘을 쏟습니다. 그러면 악의 세력이 결코 이길 수 없습니다. 말씀을 붙드는 사람은 결박되지 않습니다. 사람들은 바울의 몸을 결박해서 가둘 수 있었지만, 그의 복음은 가둘 수 없었습니다. 오히려 복음은 감옥에서 더 강력하게 쏟아져 나왔습니다.

교회가 진리를 양보하고 세상과 타협하는 것은 지는 길입니다. 그렇다고 매사에 다투고 싸우며 물고 늘어지라는 뜻은 아닙니다. 아무리 어려움이 있어도 하나님의 계획을 믿고 끝까지 의지하면서 말씀을 붙들라는 것입니다. 교회는 숲 속의 사자입니다. 진리를 증거하는 일에서는 그 누구의 반대도 두려워하지 말아야 합니다.

9절에는 앞으로 오실 그리스도에 대한 축복이 나옵니다. "네 손이 네 대적 위에 들려서 네 모든 원수를 진멸하기를 바라노라."

이 구절은 여호수아가 아말렉 군사와 싸울 때 모세가 끝까지 손을 들고 있던 장면을 생각나게 합니다. 미가 선지자가 보고 있는 것이 무엇입니까? 그리스도의 손이 높이 들려 있는 것입니다. 모세의 손이 들렸듯이, 그리스도의 손이 높이 들려서 우리가 모든 원수를 진멸할 때까지 내려오지 않는 것입니다.

우리는 우리의 힘으로 싸우지 않습니다. 그리스도께서 주시는 성령의 능력으로 싸웁니다. 우리가 그의 이름으로 세상의 죄와 싸워서 승리하기까지, 그리스도의 손은 결코 내려오지 않을 것입니다.

지금 우리를 불안하게 만드는 것이 무엇입니까? 사실 이 세상에는 우리를 불안하게 만드는 요소들이 굉장히 많습니다. 그러나 하나님께서 우리를 택하여 예수를 믿게 하셨다면, 앞으로 살아갈 일에 대해서도 이미 작정해 놓으신 바가 있는 것입니다. 그러니까 무슨 일이 있어도 세상을 쳐다보지 말고 하나님만 의지하십시오. '세상에서는 조금 못살아도 괜찮다. 하나님 한 분 만난 것으로 만족하겠다'는 마음으로 끝까지 나아가 보십시오. 그러면 우리를 능히 건지시는 하나님의 능력을 체험하게 될 것입니다.

예수 믿는 사람은 배짱이 있어야 합니다. '사람이 한 번 죽지 두 번 죽나?' 하는 배짱으로 한계점까지 나아가 보면, 거기에 놀라운 역사와 축복과 은혜가 기다리고 있는 것을 알게 됩니다. 중도에서 포기하면 죽도 밥도 안 돼요. 오늘날까지 날 살려 주셨으면 앞으로도 책임지실 것을 믿고, 세상이 아무리 요동질을 치고 뒤집어지고 격변을 일으켜도 하나님을 의지하십시오. 그것이 우리의 힘이요 능력입니다.

예수님은 악한 자를 물리치는 일에 전문가이십니다. 그러니까 아무리 악한 자가 막무가내로 덤벼도 두려워할 필요가 없습니다. 때가 되면 한순간에 내리치실 것입니다.

우리가 말씀에 충성하면 세상이 우리를 존경할 것입니다. 그리고 우리로 인해 세상에 이슬이 내리고 단비가 내릴 것이며, 상식이 통하는 사회로 바뀌어 갈 것입니다. 학문이 발달하고 분쟁이 사라지며 어려운 사람들을 위한 선한 제도들이 생겨날 것입니다.

하나님께서는 우리를 이슬과 단비로만 만드시는 것이 아니라 사자로도 만드십니다. 진리로 악의 세력을 짓밟고 하나님께 영광을 돌리는 능력의 종으로 만드십니다. 바울은 "내가 약할 그때에 곧 강함이니라"(고후 12:10)고 말했습니다. 우리는 강한 사람들입니다. 젊은 사자들입니다. 사자처럼 담대하게 진리를 붙들고 세상을 고치는 사명을 감당합시다.

14 실패한 유다 교회

외부환경이 주는 두려움 _ 미래에 대한 불안 _ 하나님에 대한 오해

5:10 여호와께서 가라사대 "그날에 이르러는 내가 너의 말을 너의 중에서 멸절하며 너의 병거를 훼파하며
11 너의 땅의 성읍들을 멸하며 너의 모든 견고한 성을 무너뜨릴 것이며
12 내가 또 복술을 너의 손에서 끊으리니 네게 다시는 점쟁이가 없게 될 것이며
13 내가 너의 새긴 우상과 주상을 너의 중에서 멸절하리니 네가 네 손으로 만든 것을 다시는 섬기지 아니하리라.
14 내가 또 너의 아세라 목상을 너의 중에서 빼어 버리고 너의 성읍들을 멸할 것이며
15 내가 또 진노와 분한으로 청종치 아니한 나라에 갚으리라" 하셨느니라.

5:10-15

전쟁의 승패는 수많은 변수에 따라 좌우되기 때문에, 막상 전쟁이 터지기 전까지는 누구도 결과를 정확히 예측하기가 어렵습니다. 수년 전에 일어난 걸프전 때만 해도, 이라크의 후세인 군대가 그렇게 힘없이 무너지리라고는 아무도 예측하지 못했습니다. 오히려 미국이 베트남 전쟁 때처럼 잘못된 전쟁에 개입되는 것은 아닌지 우려하는 사람들이 더 많았습니다. 그런데 막상 뚜껑을 열어 보니 후세인 군대는 종이호랑이에 불과했습니다. 그들은 미군의 막강한 전자무기 앞에 무력하게 무너지고 말았습니다. 그래서 전쟁이 터지기 전에 미리 많은 요인들을 검토해 보고, 과거 전쟁의 사례들을 연구해서 교훈을 얻는 일이 중요합니다.

오늘 본문은 유다의 패인을 설명해 줌으로써 이 시대를 살고 있는 우리 그리스도인들이 그들과 똑같은 오류에 빠지지 않도록 교훈을 주고 있습니다. 실제로 오늘 말씀을 읽으면 유다의 문제와 우리의 문제가 얼마나 닮아 있는지 알게 됩니다.

유다는 왜 멸망했습니까? 그 원인은 두 가지로서, 첫 번째 원인은 군사력에 있었습니다. 하나님께서는 유다가 병거와 말을 많이 준비하고 성을 튼튼하게 건설했음에도 불구하고 멸망할 것이라고 말씀하십니다. 유다는 외부환경에 대단히 민감했습니다. 그래서 다른 나라들이 공격해도 잘 견딜 수 있도록 말도 준비하고 병거도 준비하고 성곽도 높이 쌓았습니다. 우리 생각에는 이렇게 군사력을 키우면 나라를 잘 지킬 수 있을 것 같습니다. 그러나 하나님께서는 이런 준비에도 불구하고 그들이 무기력하게 망할 것이라고 말씀하십니다. 여기에서 나오는 결론이 무엇입니까? 유다는 다른 것으로 자신들을 지킬 생각을 해야지, 말과 병거로 지킬 생각을 해서는 안 된다는 것입니다.

두 번째 원인은 우상 숭배에 있었습니다. 유다에 우상이 많았다는 것은 그만큼 그들이 미래에 대해 불안해했다는 뜻입니다. 그들은 그 불안을 이기기 위해 많은 우상을 끌어들였습니다. 그러나 그 우상들은 심리적인 안정을 얻는 데는 도움이 되었을지 몰라도, 유다를 지키는 데는 전혀 도움이 되지 못했습니다.

이처럼 유다 백성들에게는 외부환경이 주는 두려움과 미래에 대한 불안이라는 두 가지 문제가 있었습니다. 그들은 외부환경, 즉 자신의 불안한 위치에 대한 두려움은 군사력을 키우고 성곽을 쌓는 일로, 미래에 대한 불안은 우상 숭배로 해결하려 했습니다.

이것을 보면 우리들의 상황과 아주 비슷하다는 것을 알 수 있습니다. 오늘날 많은 그리스도인들은 자신들의 형편과 위치에 큰 불안을 느끼면서 좀더 안전한 자리를 확보하고자 합니다. 특히 퇴출을 앞두고 있다든지, 직업 자체가 안정된 것이 아니라든지, 그나마 불안한 직업조차도 갖지 못했을 때, '내가 언제까지 말씀만 듣고 있어야 하는가? 언제까지 기도만 하고 있어야 하는가? 더 늦기 전에 무슨 방법이라도 강구해야 하는 것이 아닌가?'라는 유혹과 혼란이 끊임없이 생길 수 있습니다. 또 미래를 생각해도 딱히 떠오르는 것이 없으니까 자꾸 자격증을 따려고 할 수도 있습니다. 우리나라 자격증으로 안 되면 외국 자격증이라도 딸 마음을 먹을 수 있습니다.

그러나 그렇게 하는 것은 유다의 실패한 전력을 따라가는 일밖에 되지 않습니다. 우리가 확실하게 붙들어야 할 것은 그런 것들이 아니라 하나님 백성으로서의 정체성입니다. 우리의 풍성한 삶은 지금 내 직장이 얼마나 튼튼하냐, 내 수입이 얼마나 많으냐, 내 사회적 지위가 얼마나 안정되며 장래성이 있느냐에 달려 있지 않습니다. 오히려 우리가 생각해야 할 것은 하나님의 백성은 어떤 사람이냐, 나는 무엇 때문에 살아야 하느냐, 나는 하나님의 말씀으로 얼마나 변화되었느냐 하는 것입니다. 결국 이 정체성을 분명히 하는 것만이 우리를 안전하게 지켜 줄 것이며, 미래의 풍성한 삶을 약속해 줄 것입니다.

사실 그리스도인들은 혼란에 빠지기 쉽습니다. 세상에서 듣는 말과 교회에서 듣는 말이 극단적으로 다르기 때문에, 도대체 어느 쪽 말을 따라야 할지 헷갈릴 때가 많이 있습니다. 교회에서는 청년부 회장인데, 세상에서는 실업자입니다. 내가 말씀 듣고 신앙이 좋아졌다고 해서 알아주는 사람은 아무도 없습니다. 오히려 쓸데없는 짓 하지 말고 정신 차리라는 말을 듣기 십상입니다. 실제로 사람들은 무언가 분명한 것을 손에 움켜쥐고 있습니다. 그러나 내 손에는 잡힌 것이 아무것도 없습니다.

하나님께서 말씀하시는 것이 무엇입니까? 우리는 특별한 사람들이라는 것입니다. 특별하기 때문에 세상적인 방법으로는 미래를 보장받을 수 없다는 것입니다. 그렇다고 미래를 위해 아무 준비도 하지 말라는 뜻이 아닙니다. 그런 준비로 해결되지 않는 일, 그런 준비보다 훨씬 더 중요한 일이 있다는 것입니다.

외부환경이 주는 두려움

들판이나 숲 속 외딴 곳에서 야영해 본 사람은 그것이 얼마나 불안한 일인지 잘 알 것입니다. 야영은 어쩌다 한 번 해야 재미있는 것이지, 1년 내내 텐트에서 살아야 한다면 너무나도 불안하고 불편할 것입니다. 텐트는 완전히 무방비 상태입니다. 누군가 텐트를 찢고 공격해 오면 막아 낼 방법이 없어요. 그래서 텐트에서 자려면 누군가 보초를 서든지 안전한 곳을 찾아 텐트를 설치해야 합니다.

그런데 이스라엘과 유다의 국제적인 상황이 마치 산 속에서 텐트를 치고 생활하는 것과 같았습니다. 언제, 어디서, 누가 공격해 올지 예측할 수가 없어서 늘 불안했습니다. 결국 그들이 내린 결론이 무엇입니까? 군사력을 키워서 스스로 지켜야겠다는 것이었습니다. 다시 말해서 자주국방을 해야겠다는 것입니다. 그러나 하나님께서는 유다가 바른 선택을 내리지 못했다고 말씀하십니다. "여호와께서 가라사대 '그날에 이르러는 내가 너의 말을 너의 중에서 멸절하며 너의 병거를 훼파하며 너의 땅의 성읍들을 멸하며 너의 모든 견고한 성을 무너뜨릴 것이며'"(5:10-11).

"그날"은 유다가 멸망하는 날입니다. 하나님께서는 유다가 공격당하는 그날에 그들이 준비한 말이나 병거나 성읍들은 아무 소용이 없을 것이라고 말씀하십니다. 유다가 자주국방을 부르짖은 데에는 자신들의 힘으로 나라를 지키겠다는 의미도 있었지만, 하나님으로부터 독립하겠다는 의미가 강했습니다. 그들은 하나님만 의지하는 삶이 너무나 불안하다는 것을 알았습니다. 하나님께서는 그들을 약하게 만들어서 독자적인 군사작전을 펴지 못하게 하셨습니다. 들판에 텐트 치고 살면서 늘 기도하지 않고서는 견디지 못하게 만드셨어요. 그런데 유다 백성들은 그것이 싫었습니다. 그들은 하나님으로부터 독립해서 독자적인 활로를 찾고 싶었습니다.

  유다도 나라인데, 유사시를 대비해서 말이나 병거를 준비하고 성곽을 높이 쌓는 것 자체가 잘못된 일이라고는 할 수 없습니다. 그럼에도 불구하고 하나님께서 그들의 모든 군사력을 무력하게 만들겠다고 말씀하시는 것은 그들이 하나님을 믿지 못해서 자신들의 힘을 강화하려고 했기 때문입니다.

  싱가포르는 웬만한 나라의 대도시보다 국토가 작은 나라입니다. 그런데 거기에도 공군이 있고 육군이 있고 해군이 있습니다. 아무리 영토가 작아도 나라이기 때문에 군대가 있는 것입니다. 그러나 어느 누구도 싱가포르가 군대의 힘으로 지탱된다고 생각하지는 않습니다. 그 나라를 지탱하는 것은 놀라울 정도로 높은 수준의 도덕성과 효율성입니다. 이 두 가지가 변함없이 지켜지는 이상, 아무도 그 나라를 무시하지 못할 것입니다.

  유다도 나라이기 때문에 말도 있어야 하고 병거도 있어야 하고 성곽도 있어야 합니다. 그러나 유다를 지켜 주는 것은 그런 군사력이 아니었습니다. 유다를 지키는 힘은 그들의 부패하지 않은 신선함에 있었습니다. 그곳 사람들은 늘 새롭고 싱싱했습니다. 아무리 하나님을 모르는 이방인들이라도 이런 나라가 멸망하는 것은 너무 아까운 일이라고 생각할 정도로 신선했습니다. 그런데 유다 백성들은 그 사실을 몰랐습니다. 자신들이 얼마나 특별한 백성인지를 몰랐어요. 유다는 세상에 빛을 비추는 나라였습니다. 그들에게 중요한 것은 서로를 사랑하는 일이었습니다. 그들은 서로를 형제와 자매로 대했고, 이방인들도 손님으로 여겨 환대했습니다. 유다의 힘과 국력은 바로 여기에 있었습니다.

그리스도인들이 돈을 많이 벌어서 누군가를 도와주겠다고 생각하는 것은 잘못입니다. 그리스도인의 가치는 돈에 있지 않습니다. 우리가 남을 도울 수 있는 수단은 돈이 아니라 믿음이요 사랑입니다. 그 누구도 공격하지 않는 것, 아무도 믿어 주지 않는 식구를 믿어 주는 것, 전혀 사랑스럽지 않은 사람을 사랑해 주는 것입니다. 그리스도인들에게는 무엇보다 소망이 있습니다. 그들은 아무리 절망적인 상황에서도 소망을 잃지 않습니다. 돈을 벌어서 기부를 많이 해야 사회를 도울 수 있다고 생각지 마십시오. 우리에게는 그보다 더 큰 것이 있습니다. "은과 금은 내게 없거니와 내게 있는 것으로 네게 주노니 곧 나사렛 예수 그리스도의 이름으로 걸으라!" (행 3:6) 이것을 모르고 세상 사람들처럼 강해져서, 많이 벌어서, 높아져서 교회의 힘을 키우겠다고 생각하는 것은 잘못입니다.

하나님께서는 유다 백성들을 들판에 텐트 치고 살듯이 불안하게 살게 하셨습니다. 그들은 그 위에 하나님의 보이지 않는 보호막이 있다는 것을 믿어야 했습니다. 물론 신앙상태가 좋을 때는 무언가 위에 있는 것도 같았습니다. 그런데 믿음이 떨어지면 매일 밤 적에게 사냥 당하는 악몽에 시달렸습니다. 게다가 말씀대로 산다고 해서 적군이 아주 쳐들어오지 않는 것도 아니었습니다. 순종해도 적군은 쳐들어왔고, 순종하지 않아도 적군은 쳐들어왔습니다. 그러나 그들이 몰랐던 것이 무엇입니까? 말씀대로 살 때 닥치는 어려움과 말씀대로 살지 않을 때 닥치는 어려움은 완전히 다르다는 것입니다.

우리의 고민도 여기에 있습니다. 왜 믿음으로 사는데도 어려움이 찾아옵니까? 아니, 믿음으로 살면 살수록 오히려 더 큰 어려움이 찾아옵니까? 믿음으로 사는데 찾아오는 어려움은 계속 이 방향으로 나아가서 더욱더 믿음으로 살라는 격려입니다. 반면에, 불순종할 때 찾아오는 어려움은 방향을 바꾸라는 경고입니다. 이런 어려움들이 없다면 우리는 완전히 방향감각을 잃고 말 것입니다. 가장 불행한 사람은 잘못된 길로 가고 있는데도 간섭해 주는 이가 아무도 없는 사람입니다. 그것은 어서 망하라는 말과 똑같습니다.

그런데 문제는, 막상 어려움이 닥쳤을 때 그것을 해결하려면 물리적인 힘이 있어야 한다는 것입니다. 돈이나 권력이 있으면 쉽게 해결할 수 있지만, 아무것도 없으면 해결하기가 너무나 어렵습니다. 예를 들어 집에 강도들이 침입했다고 합시다. 그럴 때 성경 펼쳐 들고 "형제님, 잠깐만 기다리세요. 오늘 주님께서 나를 지켜 주겠다고 약속하셨습니다. 지금 내 주위에는 눈에 보이지 않는 보호막이 있습니다. 이거 뚫고 들어오면 큰일 납니다. 어서 회개하고 주님의 품으로 돌아오세요"라고 말한다고 해서 그 말을 듣겠습니까? 오히려 심기를 불편하게 했다고 더 세게 패지 않겠습니까? 그럴 때는 가스총을 쏘든지 주먹을 휘둘러서 한 명이라도 쓰러뜨려야 효과가 있을 것입니다. 그래서 누구나 힘을 가지고 싶어하는 것입니다.

그러나 하나님께서 말씀하시는 것이 무엇입니까? "네가 꼭 힘을 가질 필요가 뭐가 있느냐? 내가 힘 있는 사람, 돈 있는 사람들을 사용해서 도와주면 될 것 아니냐?"는 것입니다. 물론 그래도 문제는 여전히 남습니다. 하나님께서 그렇게 우리를 도와주시기까지 기다리기가 힘들기 대문입니다. 애를 끓이면서 기도하고, 내가 뭐 회개할 건 없나 샅샅이 살펴봐서 회개하고, 부르짖으면서 매달려야 조금씩 들어주시지, 언제 화끈하게 속성으로 도와주신 적이 있느냐는 것이 우리의 불만입니다.

현실적으로 우리는 늘 살기가 불안합니다. 다른 사람들은 그래도 무언가 의지할 만한 게 있는데, 우리는 재주도 없고 능력도 없는 주제에 자존심만 강합니다. 성경은 무엇을 먹을까, 무엇을 입을까 염려하지 말라고 했지만, 실제로 그렇게 살기란 쉽지가 않습니다. 하나님의 나라를 위해 회사에 사표 내고 나면, 바로 그 다음 날부터 염려할 일들이 얼마나 많이 생기는지 모릅니다. 먹을 것, 입을 것 알아서 챙겨다 주는 사람 아무도 없어요. 물론 그렇다고 굶어 죽는 것은 아닙니다. 부모님 눈칫밥 먹으면서 살든지, 다른 방법으로 살든지, 어쨌든 살기는 삽니다. 그러나 우리가 기대하는 삶은 그런 것이 아닙니다. 큰소리치면서 믿지 않는 가족들을 도우며 살기를 원하지, 눈칫밥 먹으면서 겨우겨우 얹혀살기를 원하지 않습니다.

집도 마찬가지입니다. 늘 셋방을 전전하는 사람은 자기 집에서 한번 살아 보는 것이 소원입니다. 주님은 우리에게 집이 없다고 두려워하지 말라고 하셨습니다. 그런데 막상 살아 보면 어떻습니까? 집세가 오를 때마다 새 집을 찾아 헤매기가 너무 고달픕니다. 살 만한 집은 턱없이 비싸고 가격이 맞는 집은 도저히 살 만하지가 못합니다. 그렇다고 아주 길바닥에 나앉는 것은 아닙니다. 어찌어찌해서 집을 얻어 살기는 삽니다. 그러나 그것은 우리가 원했던 풍성한 삶이 아닙니다.

그럴 때 우리 속에는 이런 불안한 상황에서 영구적으로 벗어나고 싶다는 마음이 올라옵니다. 하나님께서 응답해 주시기는 하지만 너무 사람의 애를 태우다가 응답해 주시는 것 같고, 어찌어찌 살기는 하지만 너무 구차한 생활인 것이 싫습니다. 그러니까 하나님의 방법이 아닌 줄 알면서도 인간적인 방법으로 안정을 찾으려 하는 것입니다.

그러나 유다 백성들이나 우리나 깨닫지 못하는 것이 무엇입니까? 이것이야말로 하나님의 특별대우라는 것입니다. 우리가 세상에 적응하지 못할 때야말로 하나님께서 우리를 하늘로 올리셔서 가장 가까이 품고 계시는 때라는 것입니다. 이스라엘 역사상 가장 불안했던 시기는 광야에서 방황하던 40년이었습니다. 그러나 실상은 그때야말로 하나님과 가장 가까이 있던 때였습니다. 그들은 하나님의 품에 안겨서 걸었습니다.

믿음을 가지고 있는데도 하루하루 불안하게 사는 축복은 아무나 받는 것이 아닙니다. 까마귀가 물어다 주는 떡과 고기를 먹고 사는 것, 기도하면 누가 쌀 한 되 가져다주고 계란 열 개 가져다주어서 하루하루 사는 축복은 아무나 받는 게 아니에요. 물론 본인은 '거지 중에서도 상거지 아닌가?' 라고 생각할 수 있습니다. 그러나 하나님께서는 "내가 너를 내 가슴에 품고 있다"라고 말씀하십니다. 세상에서 불안하게 사는 삶은 실패한 삶이 아니라 하나님이 품고 계시는 삶입니다. 그것이 싫어서 인간적인 방법으로 안정을 추구하는 것은 하나님의 품에서 빠져 나가는 것입니다. 한때 저도 그 품에서 조금만 놓여나기를 간절히 기도했던 적이 있습니다. 너무 꽉 붙들고 계시니까 숨통이 막혀서 살 수가 없었습니다.

한 5분만 놓아 주시면 도망칠 생각이었는데, 끝끝내 놓아 주시지 않았습니다.

유다가 멸망하도록 내버려 두신 것은 그들이 말을 사고 병거를 샀기 때문이 아닙니다. 때로는 우리에게도 인간적인 노력이 필요합니다. 아무리 하나님의 품에 안겨 다녀도 저절로 얻을 수 있는 것은 하나도 없습니다. 공부하지 않아도 시험에 붙는 요행 같은 것은 절대 없어요. 유다 백성들의 문제는 인간적인 노력을 했다는 사실 자체에 있었던 것이 아니라, 눈에 보이는 안정을 추구하느라 믿음의 연단을 포기한 데 있었습니다.

하나님은 불필요한 어려움을 주시지 않습니다. 하나님은 우리 아버지십니다. 그것도 참 좋은 아버지십니다. 그런 아버지께서 우리에게 어려움을 주신다면, 그것은 꼭 필요하기 때문에 주시는 것인 줄 알고 기쁨으로 받아들여야 합니다. 그런데 유다 백성들은 그 어려움을 자기 꾀로 피하려 했습니다. 하나님을 의지하는 삶에 따르는 불안이나 어려움이 싫어서 자기들의 힘으로 완전히 안전한 삶을 살려 했습니다.

사실 세상에서 완전히 안전한 삶을 산다는 것이 가능한 일입니까? 그런 삶을 추구하는 것은 마치 전쟁터에 나간 군인이 싸우려들지 않는 것과 같습니다. 물론 전쟁터에도 잠깐의 망중한이 있을 수 있습니다. 잠시 전투가 중단되어 파란 하늘을 바라볼 때도 있고, 사랑하는 사람에게 편지를 쓸 때도 있습니다. 그러나 완전히 무기를 내려놓고 싸우지 않는다는 것은 불가능한 일입니다. 마찬가지로 우리 안에 죄가 있고 원수 마귀가 아직 활동하고 있는 한, 아무 갈등과 싸움과 어려움 없이 편안한 삶을 산다는 것은 불가능한 일입니다. 하나님께서는 사랑하시는 자에게 절대 완전한 안정을 주시지 않습니다. 물론 보이지 않는 손으로 계속 지켜 주시기는 하지만, 여전히 불안한 상태에서 살아가게 하십니다.

컴퓨터에는 하드웨어와 소프트웨어가 있습니다. 하드웨어는 기계이고, 소프트웨어는 프로그램입니다. 그런데 컴퓨터에서 중요한 것은 하드웨어가 아니라 소프트웨어입니다. 보이지 않는 프로그램이 중요한 것입니다. 신앙도 마찬가지입니다. 겉사람보다 속사람이 중요합니다. 그러나 세상은 속사람을 알아주지 않습니다. 그래서 속사람은 팽개쳐 버리고 겉사람만 보기 좋게 만들려 하면 반드시 실패하게 되어 있습니다. 속사람이 먼저 만들어지면 겉사람도 그 수준에 맞추어 만들어집니다. 그런데 우리는 그것을 쉽게 믿지 못합니다.

유다가 실패한 이유가 어디 있습니까? 철저하게 하드웨어 위주로 신앙생활을 한 데 있습니다. 유다의 힘은 소프트웨어에 있었습니다. 하나님과의 관계에서 나오는 놀라운 삶, 신선한 생각, 부패하지 않은 가치관이야말로 유다를 지키는 힘이었습니다. 그러나 그들은 그것만 가지고서는 앗수르 군대를 물리칠 자신이 없었습니다. 그래서 속사람을 포기하고 겉사람을 강하게 하는 데 치중했습니다. 그것이 결국 유다를 멸망시킨 것입니다.

오늘날 많은 교회와 그리스도인들은 유다의 전철을 그대로 따르고 있습니다. 하드웨어를 굉장히 중요하게 생각해요. 한 사람 한 사람이 어떻게 변화되며, 하나님께서 자신들의 공동체에 어떤 말씀을 주시는지에는 별 관심이 없고 교회의 크기에만 관심이 있습니다. 그런 태도에 깔려 있는 전제는 '교회는 어디나 다 마찬가지' 라는 것입니다. 그러나 그렇지 않습니다. 교회의 소프트웨어는 천차만별입니다. 사람들은 교인들이 많이 모이는 교회에는 무언가 새로운 것이 있으리라고 생각합니다. 물론 세상에서는 사람들이 많이 모이는 곳에 무언가 새로운 것이 있을 가능성이 큽니다. 그러나 교회는 그렇지 않습니다. 사람들이 많이 모이는 곳에 새로움이 있는 것이 아니라, 말씀이 살아 있는 곳, 성령의 감동이 있는 곳에 새로움이 있습니다. 교회의 힘은 거기에서 나옵니다.

그렇다면 유다는 영원토록 말 한 필, 병거 한 대 없이 기도만 하고 있어야 합니까? 그렇지 않습니다. 필요하면 하나님께서 말도 준비하게 하시고 병거도 마련하게 하십니다. 그러나 그런 것으로 자신들을 능히 지킬 수 있다고 생각한다면, 그것은 잘못입니다. 하나님을 믿지 못해서 말을 준비하고 병거를 마련하는 것은 잘못이에요. 앗수르나 바벨론은 그렇게 만만한 나라가 아닙니다. 그들이 장만해 놓은 말 몇백 필, 병거 몇백 대 정도로는 상대할 수도 없습니다.

세상 사람들과 똑같은 방식을 사용해서 그들을 이긴다는 것은 불가능한 일입니다. 그들은 자기 목적을 달성하기 위해 눈에 불을 켜고 달려드는 사람들입니다. 그런 사람들을 우리가 무슨 수로 당하겠습니까? 우리의 힘은 그들과 똑같은 방식을 사용하는 데 있지 않습니다. 우리의 힘은 믿음에 있습니다. '세상이 알아주지 않아도 오늘 내 속사람에 일어난 변화는 절대 헛된 것이 아니다. 하나님께서는 나에게 필요한 것을 반드시 주실 것이다' 라는 분명한 믿음으로 나아갈 때, 비로소 승리할 수 있는 것입니다.

하나님께서 우리를 넉넉하게 살게 하시지 않고 불안하게 살게 하시는 것은 대단히 예외적인 축복입니다. 아무리 달갑지 않은 쓴 잔이라도 하나님께서 주신 것은 언젠가 반드시 놀라운 축복으로 나타나게 되어 있습니다.

미래에 대한 불안

하나님께서 두 번째 실패의 원인으로 제시하신 것은 우상 숭배였습니다. "내가 또 복술을 너의 손에서 끊으리니 네게 다시는 점쟁이가 없게 될 것이며 내가 너의 새긴 우상과 주상을 너의 중에서 멸절하리니 네가 네 손으로 만든 것을 다시는 섬기지 아니하리라"(5:12-13).

이스라엘 안에 이렇게 우상 숭배와 복술이 많았다는 것은 참 놀라운 일입니다. 하나님께서 이런 것을 얼마나 싫어하십니까? 그런데도 유다 백성들 가운데에는 이러한 우상 숭배나 복술이나 점이 성행했습니다. 우리는 유다에 이런 관행이 생겨난 경로를 몇 가지로 추적해 볼 수 있습니다.

첫째는 이스라엘 백성들이 다 쫓아내지 못하고 남겨 둔 가나안 족속들의 습성을 배워서 이런 관행이 생겼다는 것입니다. 그들은 하나님을 믿는다고 하면서도 집집마다 드라빔이라는 가나안의 가정 수호신을 두고 섬겼습니다. 미래에 무슨 일이 생길지 불안하니까, 하나님이 안 도와주실 시에는 드라빔이라도 의지하겠다는 것입니다.

둘째는 지도층이 부패하면서 이런 관행이 생겼다는 것입니다. 지도자들이 외국과 교류하면서 보니까 여호와만 섬기는 민족은 자기들밖에 없었습니다. 그런데 다른 민족의 신들을 인정하지 않고 여호와 신앙만 고집해서는 국제관계를 원활히 할 수가 없었습니다. 그래서 외국의 신들과 공주들을 많이 받아들임으로써 세계화를 추구했던 대표적인 인물이 솔로몬입니다. 또 므낫세는 앗수르에서 본 우상의 제단을 성전에 똑같이 만들어 놓기까지 했습니다. 이처럼 유다는 밑에서부터 부패한 것이 아니라 위에서부터 부패했습니다.

셋째는 북쪽 이스라엘의 부패에 영향을 받아 이런 관행이 생겼다는 것입니다. 북쪽 이스라엘은 처음부터 혼합주의적인 신앙을 가지고 있었습니다. 그들은 여호와 신앙에 우상 숭배를 뒤섞어 놓았습니다. 문제는 이런 혼합주의적인 신앙을 가진 이스라엘이 망하기는커녕 오히려 번영했다는 데 있습니다. 그러니까 사람들의 눈에는 마치 하나님께서 이 엉터리 신앙을 축복하시는 것처럼 보였던 것입니다. 말씀대로 살지 않으면 망해야 하는데 그렇게 멋대로 믿어도 잘되니까, 결국에는 유다도 현혹되고 말았습니다.

사람은 누구나 종교성을 가지고 있습니다. 대부분의 사람들은 우리 속에 있는 종교성 자체를 신앙으로 생각하며, 종교란 그런 종교성을 충족시켜 주기 위해 생겨났다는 점에서 전부 똑같다고 생각합니다. 촛불 같은 것을 켜 놓고 노래를 부르면 왜 기분이 좋아집니까? 종교성이 충족되었기 때문입니다. 탑 주위를 돌고 또 돌면서 소원을 빌면 왜 마음이 편안해집니까? 종교성을 마음껏 표현했기 때문입니다. 그러나 성경은 종교성 자체를 신앙이라고 말씀하지 않습니다. 우리의 종교성은 타락한 종교성으로서, 말씀을 듣고 거기에 반응하는 일에 사용될 때에야 비로소 신앙으로 연결될 수 있습니다. 즉, 말씀이 없으면 신앙도 없는 것입니다.

그런데 유다 백성들은 왜 여호와 신앙을 버리고 그렇게 쉽게 우상 숭배로 빠져들었을까요? 책임지기 싫어하는 본성 때문입니다. 하나님께서는 죄를 지으면 반드시 책망해서 바로잡으십니다. 마치 잔소리하는 어머니와 같습니다. 어머니는 자녀가 잘못을 저지를 때, 무슨 수를 써서라도 바로잡으려 듭니다. 그러나 나쁜 친구들은 그렇게 하지 않습니다. 그 사람을 자기들한테 붙들어 놓기 위해 오히려 잘했다고 칭찬하면서 죄를 더 부추깁니다.

여호와 종교는 축복만을 말하지 않습니다. 율법을 지키면 복을 받지만, 지키지 않으면 망한다고 말합니다. 즉, 자기의 죄에 대해 책임을 져야 한다는 것입니다. 어찌 되었든지 간에 망한다는 말을 듣고 좋아할 사람이 누가 있겠습니까? 반면에, 우상들은 아무 책임도 묻지 않고 오로지 축복만 해 주었습니다. 아무리 죄를 지어도 잘했다고 칭찬하면서 "지금까지 여호와 눈치 보느라 힘들었지? 봐, 이제야말로 너답게 살게 되었잖아"라고 격려해 주었습니다. 그러니까 자꾸 우상을 끌어들이게 된 것입니다.

저는 청소년 시절에 공상을 많이 했습니다. 현실은 너무 답답한데 거기에서 빠져나갈 수 있는 길이 전혀 보이지 않았기 때문입니다. 그때 누군가 찾아와서 "현실에 만족하고 감사해라"라고 말했다면 아마 욕을 퍼부었을 것입니다. "어디 나 같은 처지에 한번 있어 봐라, 그런 소리가 나오나" 하면서 대들었을 거예요. 선지자들은 "현실을 인정하고 감사하며 만족해라. 그것이 시작이다"라고 말했습니다. 그런데 유다 백성들이 생각하기에는 감사할 일이 전혀 없었습니다. 다른 나라에 비해 가진 게 뭐가 있다고 감사하겠습니까? 하나님을 의식하지 않는 이방 민족들은 모든 것을 마음대로 할 수 있었습니다. 그런데도 자신들보다 화려하게 잘살고 있었습니다.

미래에 대한 불안이 커질수록 사람들은 먹고 마시는 일에 빠지게 되어 있습니다. 저는 요즘 광우병 파동 때문에 사람들이 고기를 조금 덜 먹게 된 것을 긍정적으로 생각하는 편입니다. 물론 음식점을 하시는 분들은 대단히 어려우시겠지만, 사실 우리나라 사람들은 그동안 먹는 일에 너무 열중했습니다. 마치 내일이 오지 않을 것처럼 목숨을 걸고 먹었어요. 왜 그렇게 했습니까? 미래의 희망이 없었기 때문입니다. 일 년 내내 열심히 일해서 한 200만 원 모아 놓으면 전셋값이 500만 원, 1,000만 원씩 뛰는데 무슨 희망을 가질 수 있겠습니까? 나는 월급 아껴서 한푼 두푼 모으기도 힘든데 남들은 부동산 투기해서 몇 억씩 버는 것을 볼 때 무슨 의욕이 생기겠습니까?

미래가 보이지 않을 때 사람들은 극심한 세속주의에 빠지게 됩니다. 오늘날 우리 민족에게는 미래가 보이지 않는 것 같습니다. 그러니까 젊은이들이 어떻게 해서든지 현재를 즐기려고 합니다. 어려운 직종에서 일하려는 사람이 별로 없어요. 그들은 돈보다 시간을 중시합니다. 한푼 두푼 아껴서 모으는 일을 어리석게 생각하면서, 주말만 되면 여행을 가고 비싼 물건도 선뜻 구입합니다.

요즘 사람들은 신앙에 거의 관심이 없습니다. 예전에는 종교가 술자리의 주된 화제였습니다. 어쩌면 술자리에서 종교 이야기를 가장 많이 했을지도 모르겠습니다. 그러나 이제 그런 자리에서 종교 이야기를 꺼냈다가는 몰매 맞기 십상입니다. 물론 중심에는 하나님을 찾는 마음이 여전히 있습니다. 미래가 불안하니까 겉으로는 우상을 찾으며 방황하지만, 마음속 깊은 곳에는 진정한 삶에 대해 알고 싶어 하는 마음이 있는 것입니다. 그러니까 사람의 외모만 보고 성급하게 판단을 내리면 안 됩니다. 머리도 색색으로 염색하고 옷도 이상하게 입고 말도 험하게 한다고 해서 '저 사람은 신앙에 관심도 없나 보다'라고 생각하면 안 됩니다. 그 사람 속에도 진심으로 구원받고 싶어 하는 욕망이 있습니다.

미래는 하나님의 영역입니다. 인간이 아무리 계획을 세워도 결국 모든 일은 하나님께 달려 있습니다. 미래는 우리가 불안해한다고 해서 해결될 문제가 아닙니다. 미래를 여는 유일한 열쇠는 말씀과 성령의 역사가 있는 공동체에서만 찾을 수 있습니다. 자격증으로는 미래를 열지 못해요. 학벌로는 미래의 문을 열 수 없습니다. 지금 인기 있는 영역도 십 년만 지나면 구태의연해집니다. 그렇다면 영원토록 새롭고 신선한 것은 어디에서 찾을 수 있습니까? 말씀이 있는 공동체에서 찾을 수 있습니다. 거기에서 말씀을 듣고 변화되는 사람은 반드시 하나님께서 사용하신다는 것이 성경의 약속입니다.

하나님에 대한 오해

또한 유다 백성들은 하나님이 인격적인 분이라는 것을 알지 못했습니다. "'내가 또 너의 아세라 목상을 너의 중에서 빼어 버리고 너의 성읍들을 멸할 것이며 내가 또 진노와 분한으로 청종치 아니한 나라에 갚으리라' 하셨느니라"(5:14-15).

유다 백성들은 하나님을 감정이 없는 분으로 생각했습니다. 자신들이 사랑해 드려도 무덤덤하시고 죄를 지어도 무덤덤하신 분으로 생각했어요. 그러나 하나님은 그런 분이 아닙니다. 하나님은 굉장히 예민하신 분입니다. 우리가 조금만 욕심을 죽이고 나아가도 굉장히 기뻐하시며, 조금만 세상과 타협해서 멀어져도 답답해하시고 진노하시는 분입니다.

유다 백성들이 섬겼던 아세라 신은 음란한 여신이었습니다. 유다 백성들은 나무에 벗은 여자의 모습을 새겨 놓고 신으로 섬겼습니다. 그런 목상을 가까이 두고 살 때 무슨 느낌이 들겠습니까?

사람이 얼마나 어리석은지, 한낱 나무인 줄 알면서도 귀를 새겨 놓고 눈을 새겨 놓으면 마치 들을 수도 있고 볼 수도 있는 것처럼 착각해 버립니다. 유다 백성들은 아세라 목상이 자신들을 행복하게 해 주고 기쁘게 해 줄 수 있다고 착각했습니다.

하나님께서는 이 아세라 목상이 유다 백성들의 영적인 순결을 얼마나 더럽혔는지 알고 계셨습니다. 이 말도 못하는 나무토막이 유다 백성들의 의식 깊은 곳에 있는 영적인 방어벽을 전부 파괴시켜 버렸다는 것을 알고 계셨습니다. 그들은 음란의 죄를 마치 음식을 먹는 것처럼 일상적인 일로 생각했습니다. 집에 음란한 사진이나 책이 있으면 어떨 것 같습니까? 한낱 종이쪽지이기 때문에 아무런 영향도 끼치지 않을 것 같습니까? 오늘날 사람들은 성적인 범죄를 과식 정도로 가볍게 생각하고 있습니다. 실제로 성을 음식과 관련해서 다룬 영화가 나온 적도 있습니다. 그러나 성욕과 식욕은 분명히 다른 것입니다.

사람들은 상상하기를 좋아하고, 상상한 것을 그대로 믿고 싶어하며, 상상은 자유라고 말합니다. 그러나 전쟁을 할 때는 혼자 상상하는 것보다 더 위험한 일이 없습니다. 적의 상태를 정확하게 파악해서 전략적으로 대처해야지, 상상으로만 싸우다가는 목숨을 잃게 되기 십상입니다. 영적인 전쟁에서 가장 중요한 것은 하나님의 능력을 끌어오는 것입니다. 그러나 하나님은 멋대로 상상하는 것을 싫어하십니다. 성경은 아주 현실적입니다. 자신의 모습과 현실을 있는 모습 그대로 보고, 하나님 앞에서 그것을 인정하게 만듭니다.

우리는 종종 하나님이 인격을 가지신 분임을 잊어버립니다. 그러나 하나님은 기뻐하실 줄도 알고 분노하실 줄도 아는 분입니다.

어떤 일은 아주 싫어하시고, 어떤 일은 아주 좋아하십니다. 아이들이 부모를 인격체로 생각하지 않을 때 부모는 많은 어려움을 겪습니다. 자기가 화난다고 해서 마구 짜증을 내고 욕심이 난다고 해서 마구 떼를 쓸 때, 정말 버릴 수 없으니까 키우는 것이지 부모라고 해서 마음이 상하지 않는 것이 아닙니다. 그러나 아이가 아름답게 행동할 때 부모는 한없이 기뻐하며 무엇이든지 해 주고 싶어 합니다.

우리의 복도 하나님을 기쁘시게 하는 데 있습니다. 하나님은 우리가 조금만 사랑해도 크게 사랑해 주십니다. 죄나 욕심을 포기했을 때 당장은 섭섭할 수도 있습니다. 그러나 하나님께서는 그 섭섭함을 훨씬 능가하는 것으로 우리를 축복해 주십니다.

유다 백성들은 하나님을 기쁘시게 할 때 하나님께서 얼마나 크게 축복해 주시는지 생각지 않았습니다. 오히려 하나님을 돌부처 취급 하면서 구석으로 치워 버렸습니다. 오늘 하나님께서는 진노와 분한으로 청종치 아니한 나라에 갚겠다고 말씀하고 계십니다.

이같은 유다의 전철을 밟지 않으려면 어떻게 해야 합니까? 더 밝은 진리의 말씀을 통해 하나님 백성의 특권이 무엇인지 바로 깨달아야 합니다. 우리는 세상에서 무엇을 먹을까, 무엇을 입을까 염려하지 못하도록 명령 받은 자들입니다. 왜 그렇습니까? 우리는 하나님 앞에서 대단히 특별한 존재이며 하나님이 사랑하시는 자녀들이기 때문입니다. 하나님 백성의 가장 큰 비극은 자신의 위치를 이 약속에 비추어 보지 않고 세상의 기준에 비추어 보는 것입니다.

세상에서 고난받는 것을 두려워하지 마십시오. 100퍼센트 순종했다고 말할 수는 없지단 그래도 자기 나름대로 믿고자 애를 썼는데도 어려움이 왔다면, 인간적인 방법으로 피하려고 하지 말고 기쁘게 받아들이십시오. 절대 일어나서는 안 될 일이라도 일어난 것처럼 당황하지 말고, 이미 왔어야 할 친구가 온 것처럼 여유를 가지고 맞이하십시오. 하나님께서는 나에게 꼭 필요한 만큼의 어려움만 주신다는 것을 믿고, 하나님을 더욱더 신뢰하십시오.

미래는 철저하게 하나님의 주권에 속한 것입니다. 염려하거나 미리 점치려 들지 말고 우리에게 주어진 오늘 이 순간에 충실합시다. 귀신들이 미래에 대해 이러쿵저러쿵하는 것은 그들의 취미가 하나님의 주권을 침범하는 것이기 때문입니다. 우리는 그런 망령된 일에 관심도 가져서는 안 됩니다. 우리의 길은 말씀이 있는 공동체에 있습니다. 거기에 하나님의 역사가 있고 기적이 있습니다.

두려워하지 맙시다. 오직 하나님을 기쁘시게 하기를 힘씁시다. 속사람을 더 강건하게 하기를 힘씁시다. 그러면 하나님께서 반드시 우리를 사용하셔서 세상의 빛과 소금으로 삼으실 것입니다.

15 하나님의 변론

증인을 세우시다 _ 이스라엘의 불만 _ 하나님의 쟁변

6:1 너희는 여호와의 말씀을 들을지어다. 내게 이르시기를 "너는 일어나서 산 앞에서 쟁변하여 작은 산으로 네 목소리를 듣게 하라" 하셨나니
2 너희 산들과 땅의 견고한 지대들아, 너희는 여호와의 쟁변을 들으라. 여호와께서 자기 백성과 쟁변하시며 이스라엘과 변론하실 것이라.
3 이르시기를 "내 백성아, 내가 무엇을 네게 행하였으며 무엇에 너를 괴롭게 하였느냐? 너는 내게 증거하라.
4 내가 너를 애굽 땅에서 인도하여 내어 종노릇하는 집에서 속량하였고 모세와 아론과 미리암을 보내어 네 앞에 행하게 하였었느니라.
5 내 백성아, 너는 모압 왕 발락의 꾀한 것과 브올의 아들 발람이 그에게 대답한 것을 추억하며 싯딤에서부터 길갈까지의 일을 추억하라. 그리하면 나 여호와의 의롭게 행한 것을 알리라" 하실 것이니라.

6:1-5

한 어머니가 자꾸 가출하는 아들을 앉혀 놓고 따지고 있습니다. "도대체 이 엄마한테 무슨 섭섭한 감정이 있다고 집을 뛰쳐나갔니? 네가 해 달라고 한 것 중에 해 주지 않은 게 뭐가 있다고. 옷 사 달라고 해서 옷 사 줬지, 학원 다닌다고 해서 학원비 줬지, 여행 가겠다고 해서 여비 줬지, 도대체 뭐가 섭섭해서 툭하면 집을 뛰쳐나가는 거야?"

그러면 아들은 평소의 불만을 털어놓을 수도 있고, "저에게 필요한 것은 그런 옷이나 돈이 아니라 사랑과 관심이에요"라고 말할 수도 있으며, 별다른 이유가 없으면 잘못을 빌면서 다시는 집을 나가지 않겠다고 약속할 수도 있습니다.

사실 가까운 사람들은 한 번쯤 이런 격렬한 대화를 나눌 필요가 있습니다. 가까운 사람들은 서로 너무 잘 알고 있기 때문에 '내가 이렇게 행동해도 다 이해해 주겠지' 하면서 거듭해서 어긋난 행동을 하게 되기 쉽습니다. 그러다가 하루 날을 잡아서 그동안 쌓였던 이야기들을 터뜨리면 서로가 깜짝 놀랍니다. 서로 잘 알고 있다고 생각했는데 실제로는 생각의 차이가 너무나 크다는 것을 알게 되기 때문입니다.

때로는 부부 사이에도 이렇게 격렬한 대화의 시간이 필요합니다. 남편과 아내는 서로에게 가장 중요한 존재입니다. 그러나 서로 이해해 주겠지 하는 생각에 각자 할 일에 빠져 상대방을 소홀히 대할 때가 많습니다. 그럴 때 자신들의 생각과 속마음을 격렬하게 주고받음으로써 정상적인 관계를 되찾을 필요가 있습니다.

사실 우리에게는 이런 일이 많이 일어납니다. 정작 중요한 사람은 아무 소리 없이 참아 주니까 뒷전으로 밀어 놓고, 두 번째나 세 번째로 중요한 일들로 생활을 채워 버릴 때가 많이 있습니다. 그럴 때는 하루 날을 잡아서 참고 있던 이야기를 터뜨릴 필요가 있습니다. 잃어버린 권리를 다시 주장하고, 빼앗긴 위치를 되찾을 필요가 있습니다.

이스라엘 백성들에게 가장 중요한 분은 하나님이었습니다. 하나님은 그들 존재의 근거였고, 하루하루 살아가는 원동력이었습니다. 그런데 하나님께서 권리를 주장하지 않으시고 늘 이해해 주시며 부족한 부분을 감싸 주시니까, 오히려 그를 우습게 알아도 되는 분, 덜 중요한 분으로 밀어 내고 말았습니다.

그래서 하나님께서는 오늘 본문에서 하루 날을 잡아 대 논쟁을 벌이고 계십니다. "내가 너희에게 해 주지 않은 것이 뭐가 있느냐? 내가 도대체 뭘 섭섭하게 했기에 너희가 내 언약을 버리고 엉뚱한 길로 가 버린 것이냐?"라고 따지고 계십니다.

하나님께서 이렇게 따지시는 이유가 무엇입니까? 이제는 더 이상 참으실 수가 없기 때문입니다. 하나님께서는 이미 참을 만큼 참으셨습니다. 더 이상 참는 것은 이스라엘을 망하게 만드는 길밖에 되지 않습니다. 그래서 하나님께서는 그들과 한바탕 격론을 벌이고 계십니다. "나도 할 말을 다 할 테니 너희도 할 말이 있으면 다 해 봐라. 그래서 아름답고 정상적인 관계를 회복해 보자"고 말씀하고 계십니다.

증인을 세우시다

대개 가까운 사람들끼리 논쟁을 벌일 때에는 제3자가 끼어들 필요가 없습니다. 가까운 사람들끼리는 이런 자리를 마련하는 것 자체가 어려워서 그렇지, 일단 자리만 마련되고 나면 할 이야기 못할 이야기 다 꺼내 놓기 때문에 오히려 함께 있던 사람도 자리를 피해 주는 것이 좋습니다. 그러나 하나님께서는 이스라엘 백성들과 논쟁하는 자리에 증인을 입회시키고 계십니다. 그 증인은 변호사나 제3의 인물들이 아니라 가나안 땅에 있는 작은 산과 언덕들이었습니다. "너희는 여호와의 말씀을 들을지어다. 내게 이르시기를 '너는 일어나서 산 앞에서 쟁변하여 작은 산으로 네 목소리를 듣게 하라' 하셨나니 너희 산들과 땅의 견고한 지대들아, 너희는 여호와의 쟁변을 들으라. 여호와께서 자기 백성과 쟁변하시며 이스라엘과 변론하실 것이라"(6:1-2).

우리는 이것이 잘 이해되지 않습니다. 하나님께서는 왜 들을 수도 없고 말할 수도 없는 산이나 언덕을 증인으로 세우시는 것입니까? 사실은 우리도 중요한 맹세를 할 때 큰 바위나 오래된 나무 같은 것을 증인으로 세우는 일이 가끔 있습니다. 아마도 사람의 생명은 유한하고 마음도 쉽게 변하므로 잘 변하지 않는 것들을 증인으로 삼아야 그나마 언약이 지속되리라는 생각 때문일 것입니다. 그러나 그것은 상징적인 의미에서 하는 일이지, 실제로 바위나 나무가 언약하는 사람들의 말을 들을 수 있다고 생각해서 하는 일이 아닙니다. 나중에 언약을 어길 시에 그 앞에서 잘잘못을 따질 생각으로 하는 일이 아니에요. 그런데 하나님께서는 산이나 작은 언덕들 앞에서 잘잘못을 따지겠다고 말씀하십니다. 그 이유가 무엇입니까?

첫째로, 하나님의 언약은 그 당시 사람들에게만 해당되는 것이 아니라 후손들에게도 똑같이 적용되는 영속적인 것이기 때문입니다. 즉, 하나님께서 할아버지와 맺은 언약이 그 아들에게도, 증손자에게도, 고손자에게도 똑같은 효력을 갖는다는 것입니다. "나는 그때 없었다"는 말은 통하지 않습니다.

예를 들어 십자가의 효력은 십자가 바로 밑에 있었던 사람에게나 200년 뒤에 태어난 사람에게나 2,000년 뒤에 태어난 사람에게나 똑같은 효력을 갖습니다. "나는 십자가 구경도 못해 봤다"는 말은 통하지 않습니다. 언약의 현장에 있었든지 없었든지 간에, 언약에 속한 사람은 모두 그 효력 아래 있는 것입니다. 그래서 하나님께서는 그때도 있었고 지금도 있는 산이나 언덕을 증인으로 세우십니다.

이스라엘 백성들이 가나안 땅에 들어갔을 때, 하나님께서는 그리심 산과 에발 산을 증인으로 삼아 언약을 확인하셨습니다. 그리심 산은 그들이 말씀에 순종해서 살면 축복을 받는다는 언약에 대한 증인이었고, 에발 산은 그들이 말씀을 저버리면 저주를 받는다는 언약의 증인이었습니다. 또한 하나님께서는 언약의 말씀을 돌에 새기게도 하셨고, 기념이 될 만한 일이 있을 때 돌을 쌓아 증거를 삼게도 하셨습니다. 그 언약은 그 자리에 없는 후손들에게도 해당되는 것이기 때문입니다.

둘째로, 이스라엘 백성들은 유독 산과 언덕에서 많은 범죄를 저질렀습니다. 사람은 평지보다는 산에서 신령한 느낌을 받는 것 같습니다. 유다 백성들도 산 위 나무 아래에서 우상에게 제사를 드렸고 음행을 저질렀습니다. 즉, 산이나 작은 언덕은 이스라엘 백성들의 탈선 현장이었던 것입니다. 아무리 뻔뻔한 범죄자라도 범죄 현장에 가서 검증할 때에는 고개를 숙이는 법입니다. 하나님께서는 범죄를 저지르고서도 태연자약한 백성들을 현장에 데려가심으로써 그들의 죄를 상기시키려 하십니다.

그뿐만 아니라 하나님께서는 앞으로 이들을 심판하시기 위해 가나안 땅에 많은 전쟁과 재앙을 일으키실 것입니다. 그러면 산과 언덕에 있는 나무들도 불타고 들짐승들도 죽을 수밖에 없습니다. 하나님께서는 그런 일이 일어나기 전에, 자연의 파괴가 그 백성들의 탈선 때문이라는 사실을 미리 알려 주고 계십니다.

그러나 무엇보다 중요한 사실은 하나님께서 법적인 절차를 밟고 계신다는 점입니다. 하나님께서는 산과 언덕을 증인으로 세우심으로써 이것이 그냥 한번 해 보는 가벼운 쟁론이 아니라 법적인 일임을 보여 주고 계시며, 엄청난 재앙으로 연결될 수도 있음을 보여 주고 계십니다.

이스라엘의 불만

하나님께서는 먼저 이스라엘 백성들에게 도대체 무엇이 불만이기에 하나님의 언약에서 떠났는지 말해 보라고 하십니다. "이르시기를 '내 백성아, 내가 무엇을 네게 행하였으며 무엇에 너를 괴롭게 하였느냐? 너는 내게 증거하라"(5:3).

하나님께서는 "내가 해 주지 않은 게 뭐가 있기에 그렇게 불만을 품고 탈선하게 되었는지 그 이유를 말해 보라"고 하십니다. 본문에는 이 말씀에 대한 백성들의 대답이 나와 있지 않습니다. 아마도 기록할 만한 가치가 없는 말이었기 때문인지도 모르겠습니다. 그러나 우리의 입장에서는 그 이유를 한번 생각해 볼 필요가 있습니다.

하나님의 백성들이 주로 원망하게 되는 일이 무엇입니까? 하나님께서 자신들을 궁핍하게 하셨다는 것입니다. 사실 하나님의 백성 중에 모든 것을 쓰고도 남을 정도로 풍요롭게 사는 사람은 거의 없습니다. 물론 하나님께서는 자기 백성들의 필요를 채워 주십니다. 그러나 굶어 죽지 않을 정도로만 주시지, 저축하고도 남을 정도로 넘치게 주시지는 않습니다. 우리는 날마다 "일용할 양식을 주옵시며"라고 기도해야 하는 것이 불만입니다. 주시려면 한 십 년치 넉넉하게 주실 것이지, 왜 매일 달랑달랑하게 주셔서 이런 기도를 하게 만드시는 것입니까? 하나님께서는 "내가 해 주지 않은 게 무엇이냐?"고 물으십니다. 그에 대한 우리의 항변은 "그렇다고 넉넉하게 주신 것은 또 뭐가 있나요?"라는 것입니다.

하나님께서 이렇게 하시는 이유가 무엇입니까? 처음부터 넉넉하게 주면 훈련이 되지 않기 때문입니다. 음식이나 재물을 잔뜩 쌓아 놓고 훈련받는 사람은 아무도 없습니다. 궁핍해야 훈련이 되는 것입니다.

또한 우리의 불만은 미래를 예측할 수 없다는 데 있습니다. 하나님께서는 자신의 계획을 미리 알려 주시지 않습니다. 행선지도 알려 주시지 않고 일정도 알려 주시지 않은 채 그냥 "가라"고만 하십니다. 그러다 보니 하나님의 백성들은 미래에 대해 무슨 계획을 세울 수가 없습니다. 그날그날 하루 단위로 살아가는 것이지, 장래에 대해 무슨 대비를 할 수가 없습니다. 예를 들어 처음부터 "너는 결혼할 생각 하지 말고 처녀 권사로 살아라"라고 하시면 아예 포기하고 독신생활을 준비할 텐데, 설교를 들을 때마다 자꾸 결혼의 아름다움에 대한 말씀이 나오니 이것이 결혼을 하라는 말입니까, 말라는 말입니까?

이 문제 역시 훈련과 관계가 있습니다. 갈 길을 미리 알려 주면 훈련이 되지 않습니다. A코스, B코스, C코스 지나 D코스로 간다고 미리 알려 주면, A코스에서 지름길로 질러가 D코스에 벌써 가 있는 것이 사람의 본성입니다.

세 번째 불만은, 하나님을 의지하고 사는데도 어려움이 온다는 것입니다. 오히려 하나님을 모르고 살 때보다 어려움이 더 많이 온다는 거예요. 물론 하나님을 몰랐을 때에도 어려움이 아주 없었던 것은 아닙니다. 그래도 그때는 생각대로 일이 잘 풀리곤 했습니다. 그런데 믿고 나서 기도도 많이 하고 봉사도 많이 하고 있는 지금, 오히려 일이 더 풀리지 않습니다. 이처럼 말씀대로 살지 않아도 어려움이 오고 말씀대로 살아도 어려움이 온다면, 아니 말씀대로 살 때 더 많은 어려움이 온다면 도대체 뭐 때문에 말씀대로 살겠습니까?

이에 대한 하나님의 대답은 이것 역시 훈련 때문이라는 것입니다. 하나님께서는 진리로 우리를 길들이시기 위해 이런 어려움들을 주십니다.

오늘 하나님께서는 이러한 불평불만을 다 이야기해 보라고 하십니다. 평소에 섭섭하게 생각하고 있었던 것들을 다 털어놓으라고 하십니다. 우리는 기도하면서 하나님께 불평할 수 있고, 이해되지 않는 문제들에 대해 항의할 수 있습니다. 시편에도 이런 기도가 많이 나옵니다. "하나님, 언약을 세워 놓고 왜 지키시지 않습니까?"라고 따지는 기도가 많이 나와요. 선지자들도 이해할 수 없는 상황이 벌어졌을 때 "하나님, 왜 이런 일이 일어납니까?"라고 따졌습니다. 하나님께서는 우리에게도 그렇게 하라고 하십니다. 이해되지 않는 일이 일어났다고 해서 그냥 떠나 버리지 말고, 하나님 앞에 나아와 한번 따져 보라고 하십니다. "하나님은 저를 사랑한다고 하시면서 왜 현실은 정반대로 흘러가게 하십니까?" 하면서 질문을 던져 보라고 하십니다.

　이스라엘 백성들의 문제는 이렇게 따져 보지도 않고 곧장 떠나 버린 데 있었습니다. 그들은 하나님께서 넉넉하게 주시지 않으니까 한번 물어보지도 않고 그냥 떠나 버렸습니다. 미래에 대한 계획도 설명해 주시지 않고, 율법을 지켰는데도 어려움을 주시니까 그냥 떠나 버렸어요. 하나님께 물어보지도 않고, 한번 따져 보지도 않고, 설명하실 기회조차 드리지 않고 곧장 떠나 버렸습니다. 이스라엘 백성들은 눈에 보이는 것만 믿었지, 눈에 보이지 않는 하나님의 능력은 믿지 못했습니다. 하나님의 능력을 믿었다면 좀더 기다릴 수 있었을 것입니다.

　하나님께서는 우리가 마음속에 있는 것들을 다 꺼내 놓기를 원하십니다. 여러분 나름대로 열심히 믿어 보려고 애를 쓰고 있는데도 자꾸 어려움이 찾아옵니까? 하나님께 한번 따져 보십시오. "이래 가지고서야 누가 예수 믿겠습니까? 제가 그래도 믿지 않을 때는 잘나가던 사람이었습니다. 그런데 잘 믿기로 하고 나서 제대로 된 일이 도대체 뭐가 있습니까? 하나님, 얘기 좀 해 보세요"라고 따지면서 하나님 앞에서 시간을 보내 보십시오. '왜 하필이면 나에게 이런 어려움이 닥쳤는지 모르겠다'는 생각이 들 때, 사람 붙들고 물어 보지 말고 하나님을 붙들고 물어보십시오.

물론 우리가 묻는다고 해서 하나님의 대답이 곧바로 들리는 것은 아닙니다. 하나님께서는 정해 놓은 때가 이르기 전, 아직 어두운 터널을 통과하고 있는 동안에는 우리의 질문에 침묵을 지키십니다. 그러나 질문에 대한 대답은 들려 주시지 않아도, 하나님께서 나를 지키고 계신다는 사실만큼은 분명히 알려 주십니다. 내 질문은 아직 해결되지 않았습니다. 그러나 분명한 사실은, 하나님께서 내 마음을 지키심으로써 분노가 나를 삼키지 못하도록 막고 계신다는 것입니다. 분노가 부글부글 끓어오르다가도 어느 순간에 스르르 가라앉아 버립니다. 염려가 터질 듯이 부풀어 오르다가도 어느 순간에 픽 하고 사라져 버려요. 그 분노와 염려가 나를 완전한 불신앙으로 몰고 가지 못합니다. 사방은 아직도 어두워서 아무 길도 보이지 않습니다. 그러나 하나님께서 아주 가까운 곳에서 그 큰 손으로 내 마음을 지키고 계신 것이 느껴집니다.

그러다가 하나님의 때가 되면 갑자기 답을 주십니다. 그렇다고 내 질문에 일일이 답을 주시는 것은 아닙니다. 열 가지 질문을 했다고 해서, 1번 답, 2번 답 따로 주시는 것이 아니에요. 마치 내 눈을 가리고 있던 수건이 확 벗겨지듯이, 아침의 찬란한 빛이 쏟아지면서 갑자기 어둠이 물러가듯이, 한순간에 모든 문제가 풀리면서 하나님의 놀라운 뜻을 깨닫게 됩니다.

우리에게는 풀리지 않는 문제들이 많이 있습니다. 그런 문제들을 가지고 하나님 앞에 나아갔다면, 하나님의 때가 이를 때까지 좀 기다릴 생각을 해야 합니다. 하나님은 우리가 버튼을 누르기만 하면 척척 답을 내놓는 자동판매기가 아닙니다. 하나님은 주권자이십니다. 하나님은 자신의 때를 정해 놓고 계십니다. 우리는 그때가 언제인지 모릅니다. 그러나 그것이 곧 우리에게 가장 유익한 때라는 것은 압니다. 우리 안에 있는 죄성이 가장 분명히 밝혀질 때, 우리의 무지와 교만이 그 정체를 온전히 드러낼 때, 하나님께서 개입하시지 않으면 안 될 정도로 악의 세력이 커졌을 때, 하나님의 때는 갑자기 도래합니다.

그리 좋은 예는 아닙니다만, 산부인과에서 출산할 때의 광경을 그려 보면 조금 이해가 될지도 모르겠습니다. 임신부는 아기가 태어나는 정확한 때를 잘 모릅니다. 본인은 배가 아파서 죽을 것 같아도, 의사는 아직 때가 되지 않았다고 하면서 도와줄 생각을 하지 않습니다. 그러다가 언제 의사가 나타납니까? 아기가 태어날 결정적인 순간이 되었을 때입니다. 그 전까지는 아무리 와 달라고 애걸해도 오지 않던 사람이 때가 되면 갑자기 나타나서 모든 일을 처리해 줍니다.

하나님이 하시는 일도 이와 비슷합니다. 우리는 힘들어서 죽을 것 같은데 하나님은 나타나시지 않습니다. 이렇게 아무리 부르짖어도 응답이 없는 기간이야말로 가장 견디기 힘든 기간입니다. 하나님은 나를 사랑하시지 않을 뿐 아니라 관심조차 없으신 것 같습니다. 차라리 하나님을 의지하지 않았더라면 이 지경까지 오지는 않았을 텐데, 하나님만 믿고 앉아 있다가 망하게 된 것만 같습니다. 그럼에도 불구하고 참고 기다리면, 어느 한 순간 하나님의 정확한 때가 도래하면서 모든 의문이 한꺼번에 해결되고 하나님의 영광이 나타납니다.

신앙은 인과응보가 아닙니다. 착한 일을 한 가지 하면 그만큼 보상해 주시고, 기도를 많이 하면 또 그만큼 응답해 주시는 그런 게 아니에요. 신앙에는 무언가 말로 표현할 수 없는 공백이 있습니다. 내 신앙이 1단계에서 2단계로 올라섰다고 해서 바로바로 거기에 해당하는 보상이 주어지는 것이 아닙니다. 신앙이 한 걸음 더 나아갔든 두 걸음 더 나아갔든 상관없이 하나님의 침묵이 계속되는 기간이 있고, 어두운 터널을 통과하는 듯한 기간이 있습니다. 나 혼자 버림 받은 채 세상의 무거운 짐을 다 지고 있는 것 같은 기간이 있어요. 그러다가 어느 한 순간 아침이 찾아오면서 내가 구하지 않은 은혜까지 한꺼번에 쏟아지는 것입니다. 이것이 하나님의 영광입니다. 하나님의 침묵을 견디지 못하는 사람은 이러한 영광을 알 수가 없습니다.

하나님께서 이렇게 하시는 이유가 무엇입니까? 눈에 보이는 것이 하나도 없을 때에도 하나님만 바라보는지 확인하시기 위해서입니다. 신앙은 거래가 아닙니다. 하나님은 하늘에 계신 분이고 우리는 땅에 있는 사람들입니다. 하늘과 땅 사이에 어떻게 거래가 이루어질 수 있겠습니까? 하늘과 땅이 통할 수 있는 길은 믿음밖에 없습니다. 이 믿음을 확인하시려고 우리에게 공백을 주시고 침묵의 기간을 주시는 것입니다.

이스라엘 백성들은 믿음을 사용하지 않았기 때문에 하나님의 언약에서 떠나 버렸습니다. 그들은 믿음을 쓰지 않고 자신들의 머리를 썼습니다. 믿음은 쓰지 않으면 사라집니다. 그렇기 때문에 우리는 어떻게 해서든지 믿음을 자꾸 쓰려고 노력해야 합니다. 작은 불씨가 있을 때 자꾸 후후 불어서 일으켜야 하는 원리와 같습니다. 그렇게 하지 않고 머리를 쓰면 머리카락만 빠지고 일은 풀리지 않습니다.

하나님이 나와 함께하시는 것을 믿으십시오. 그러면 참으로 그가 함께하시는 것을 체험할 수 있습니다. 어려운 일이 생길 때, 하나님께 일하실 수 있는 기회를 자꾸 드리십시오. 그러면 참으로 그가 일하시는 것을 볼 수 있습니다. 그러나 믿음을 사용하지 않고 모든 것을 자기 방식대로 해결하려 드는 사람은 하나님의 영광을 맛보지 못할 것입니다.

하나님의 쟁변

하나님께서 이스라엘 백성들에게 쟁변하시는 말씀이 무엇입니까? "'내가 너를 애굽 땅에서 인도하여 내어 종노릇하는 집에서 속량하였고 모세와 아론과 미리암을 보내어 네 앞에 행하게 하였었느니라. 내 백성아, 너는 모압 왕 발락의 꾀한 것과 브올의 아들 발람이 그에게 대답한 것을 추억하며 싯딤에서부터 길갈까지의 일을 추억하라. 그리하면 나 여호와의 의롭게 행한 것을 알리라' 하실 것이니라"(6:4-5).

이스라엘 백성들이 넘어진 이유가 무엇입니까? 비교를 잘못했기 때문입니다. 그들은 자신들의 모습에 대해 생각할 때, 애굽의 노예 상태에서 부름받았던 최초의 모습, 하나님께서 만들고자 하시는 최종적인 모습과 비교해야 했습니다. 그런데 주위에 있는 가나안 사람들과 비교했기 때문에 하나님께 감사할 수가 없었던 것입니다.

하나님께서 이스라엘 백성들에게 말씀하시는 것이 무엇입니까? "너희가 애굽에서 나온 후부터 요단을 건넌 때까지 40년을 생각하라"는 것입니다. 이스라엘의 모든 비밀은 그 40년 안에 다 들어 있었습니다. 가나안 땅에서 보낸 몇백 년은 그 40년의 확대 내지는 적용에 불과했습니다. 그러니까 이스라엘을 제대로 이해하려면 그 40년을 잘 연구해야 합니다. 다른 것으로는 도저히 이 백성을 이해할 수가 없습니다.

사람의 인격에서 중요한 부분들은 청소년기까지 거의 다 형성되는 것 같습니다. 그 후의 삶도 중요하긴 하지만, 어떤 의미에서는 이미 만들어진 인격의 확대 내지는 적용이라고 할 수 있습니다. 마찬가지로 이스라엘 수백 년 역사의 핵심은 처음 40년 안에 다 들어 있었습니다. 그래서 애굽에서 나온 후부터 길갈까지의 일을 기억하라고 말씀하시는 것입니다.

하나님께서 그 40년 동안 하신 일 중에 가장 중요한 것은 구원이었습니다. 이스라엘 백성들은 어떻게 존재하게 되었습니까? 애굽에서 노예생활 하던 그들을 하나님께서 속량하여 내심으로써 존재하게 되었습니다. "내가 너를 애굽 땅에서 인도하여 내어 종 노릇하는 집에서 속량하였고."

여기에서 속량했다는 것은 값을 지불하고 샀다는 뜻입니다. 그 값은 이스라엘 백성의 수만큼 어린양들이 죽임을 당함으로써 지불되었습니다. 이처럼 어린양으로 속량받지 못한 애굽의 장자들은 전부 죽었습니다. 그렇기 때문에 이스라엘 백성들은 자신들을 애굽 사람들이나 가나안 사람들과 비교하면 안 됩니다. 그들은 속량받지 못한 사람들이고 자신들은 속량받은 사람들이기 때문입니다.

자유인은 자신을 노예와 비교하면 안 됩니다. 때로는 노예가 자유인보다 더 잘살 수 있습니다. 부자 주인의 인정을 받아 비단옷을 입고 다닐 수도 있고, 금귀고리 은귀고리 걸고 다닐 수도 있습니다. 그래도 노예는 노예입니다. 자유는 그 부자 노예가 몸에 걸치고 있는 비단옷이나 장신구와는 비교할 수도 없이 값진 것입니다. 가나안 사람들은 도살의 대상으로 지정된 사람들입니다. 그런 그들과 속량받아 자유인이 된 자신들을 비교하는 것은 너무나 어리석은 일입니다.

마찬가지로 그리스도인들은 세상 사람들과 자신을 비교하면 안 됩니다. 우리는 예수 그리스도의 보혈로 구원받은 사람들이기 때문입니다. 이미 구원받은 사람이 구원받지 못한 사람들과 자신을 비교하면 되겠습니까? 예를 들어 큰 건물이 무너지는 현장에서 구조된 사람이 건물에 깔려 있는 사람과 자신을 비교하면서 "저 사람은 롤렉스 시계 차고 외제 구두 신고 있는데, 난 슬리퍼 신고 있네" 하고 화를 낸다면 얼마나 우습겠습니까? 그런 사람은 다시 건물 밑에 들어가 깔려 있어야 할 것입니다.

아예 비교가 안 되는 것을 비교하려 들면 안 됩니다. 우리가 비교해야 하는 기준은 처음 구원받았을 때의 모습입니다. '그때와 비교해서 지금은 얼마나 그리스도를 더 닮게 되었는가? 얼마나 더 하나님의 뜻을 알게 되었는가? 얼마나 더 구원의 풍성함을 누리게 되었는가?'를 생각해야지, 속량받지 못한 사람과 비교하면 안 됩니다. 그렇게 비교하는 것은 속량받지 못한 그들과 같이 망하겠다는 소리밖에 되지 않습니다. "저 사람은 예수 안 믿어도 저렇게 좋은 차를 타고 다니니 얼마나 좋을까" 하면서 부러워하는 것은 자기도 그 차 타고 같이 지옥 가고 싶다는 말밖에 안 돼요. 왜 비교가 안 되는 것을 자꾸 비교하려 합니까?

또한 하나님께서는 모세와 아론과 미리암을 그들에게 보내 주었다고 말씀하십니다. 땅 한 평 없이 광야를 헤매는 처지였음에도 불구하고 이스라엘 백성들에게는 구체적인 하나님의 은혜가 있었습니다. 미리암은 선지자로서, 구체적으로 적용할 수 있는 하나님의 말씀을 가지고 있었습니다. 이런 말씀이 있는데 두려워할 것이 뭐가 있습니까? 목자의 음성이 들리고 있는데 양이 걱정할 것이 뭐가 있습니까? 걱정을 해도 목자가 해야지, 양이 할 필요는 없습니다. 부모와 함께 있는 아이들이 먹을 양식 걱정하는 것 봤습니까?

예수를 믿으려면 간이 좀 부어야 합니다. 우리는 우리 스스로 걱정할 것이 아니라 하나님으로 하여금 걱정하시게 만들어야 합니다. 디트리히 본회퍼는 걱정할 자격이 있는 분으로 하여금 걱정하게 하자고 말했습니다. 물론 우리도 사람인데 아주 걱정하지 않을 수는 없습니다. 그러나 우리는 조금만 걱정하고, 하나님이 많이 걱정하시게 만들어야 합니다.

적용되는 말씀이 들린다는 것은 하나님께서 우리와 함께하신다는 뜻입니다. 저는 이것을 설교 준비 시간에 주로 확인합니다. 말씀이 바로 해석되면서 살아 움직일 때, 하나님께서 나와 함께하시며 내 모든 어려움을 알고 계신다는 증거를 봅니다. 저는 원래 염려가 많은 사람입니다. 그런데 이렇게 목자의 음성이 들리면 염려가 다 사라져 버립니다. 설교를 들을 때는 염려가 사라지다가도 듣고 돌아서서 다시 염려가 생깁니까? 말씀이 우리 귀에 들리고 있다는 사실이 무엇이 의미하는지 다시 생각해 보십시오.

아론은 제사장입니다. 제사장은 죄를 지어 은혜가 막혔을 때, 그 막힌 관계를 뚫어 주는 사람입니다. 죄가 하나님과 우리 사이를 가로막는다 하더라도 제사장만 있으면 걱정할 필요가 없습니다. 우리의 죄성이 우리를 은혜의 자리에서 몰아내지 못합니다. 제사장이 없으면 하나님의 은혜는 일회적인 것이 될 수밖에 없습니다. 그러나 제사장만 있으면 언제나 그를 통해 하나님의 은혜를 회복할 수 있습니다.

또한 모세는 지도자입니다. 즉, 하나님을 대신해서 길을 인도해 주는 목자인 것입니다. 위기가 닥쳤을 때 지도자가 없으면 전부 우왕좌왕하다가 멸망할 수밖에 없습니다. 그러나 하나님이 세우신 목자가 있으면 그렇게 우왕좌왕할 필요가 없습니다. 이스라엘 백성들에게는 하나님이 세우시고 보증하신 지도자가 있었습니다. 그는 하나님과 대면하여 말씀을 나누던 사람으로서, 그에게는 모호해서 풀지 못할 문제가 하나도 없었습니다. 그런데 두려워할 것이 뭐가 있겠습니까?

지도자가 잘못하면 하나님께서 직접 징계하십니다. 지도자가 잘못했다고 해서 백성들까지 버리시지는 않습니다. 이스라엘 백성들은 광야를 걸어가고 있었지만 거기에는 항상 하나님의 은혜가 있었고, 말씀이 있었고, 눈물이 있었습니다. 또한 하나님께서 친히 그들의 길을 인도해 주셨습니다. 그런데 뭐가 부족하겠습니까? 사람의 눈에는 방황하는 것처럼 보였을지 몰라도, 그들은 놀라울 정도로 정확한 길을 걸어가고 있었습니다.

또한 하나님께서는 그들이 모르는 가운데 모압 왕 발락의 계교를 막아 주셨다고 말씀하십니다. 발락은 선지자를 한 사람 매수해서 이스라엘 백성들을 저주하려 했습니다. 오늘날 우리는 저주의 효력을 믿지 않습니다. 그러나 그 당시 사람들은 저주의 효력을 믿었습니다. 발락은 발람을 매수해서 저주하도록 시켰지만, 성령께서는 발람에게 강하게 역사하심으로써 오히려 축복의 말로 바꾸어 버리셨습니다. 하나님께서는 "너희가 몰랐던 음모도 내가 이렇게 막아 주었는데, 도대체 무엇을 걱정하느냐?"고 물으십니다.

그리고 마지막으로 싯딤에서 길갈까지의 일을 추억하라고 말씀하십니다. 싯딤은 요단 강을 건너기 전에 진을 쳤던 곳입니다. 그들은 강어귀까지 넘쳐흐르는 요단 강의 급류를 바라보면서 어떻게 건널 수 있을까 걱정했을 것입니다. 그러나 하나님께서는 너무나 쉽게 건너게 하셨습니다. 강물을 끊어서 마른 땅을 밟고 건너게 하신 것입니다. 그들은 강을 건넌 후에 원수들이 보는 앞에서 할례를 행했습니다. 그만큼 그들은 변화되어 있었고 하나님께 헌신되어 있었습니다.

광야 40년이 의미하는 바가 무엇입니까? 그 40년은 하나님을 전혀 모르던 노예 민족이 진리로 길들여져서 십자가의 용사가 되는 과정이었으며, 광야는 그들을 훈련하시는 하나님의 학교였습니다. 그들의 생활은 고달팠고 환경은 열악했습니다. 그러나 그들에게는 어린양의 피가 있었고, 하나님이 보내신 지도자들이 있었으며, 원수의 저주를 막는 성령의 능력이 있었습니다. 이런 훈련과정을 통과했기 때문에 급류가 흐르는 강물에도 들어갈 수 있었고, 원수들 앞에서 할례를 행할 수 있었으며, 침묵의 행진으로 여리고 성을 무너뜨릴 수 있었던 것입니다.

이스라엘 백성들의 불평에 대한 하나님의 대답이 무엇입니까? "지금 너희가 겪는 어려움은 광야 훈련의 재판(再版)이다. 너희는 내 군사가 되기 위해 필수적인 훈련과정을 겪고 있는 것이다"라는 것입니다. 하나님께서는 가나안 땅에 들어갔다고 해서 그들을 무한정 풀어놓지 않으셨습니다. 가나안에서는 또 그 나름대로 그들을 훈련시키셨습니다. 광야에서처럼 하시지는 않았지만, 기근이나 이방인들의 침략 등을 통해 훈련시키셨습니다. 그런데 이스라엘 백성들은 어떻게 반응했습니까? 훈련받기 싫어서 집단으로 하나님을 부인하고 도망쳐 버렸습니다. 이를테면 무단탈영을 해 버린 것입니다.

하나님께서 이스라엘 백성들에게 많은 어려움을 주신 것은 그들을 사랑하시지 않아서가 아니었습니다. 거룩한 백성이 되게 하시기 위해서, 다시 한 번 요단 강을 건너고 원수들 앞에서 할례를 행하며 여리고 성을 무너뜨릴 만한 놀라운 믿음을 갖게 하시기 위해서 훈련시키신 것입니다.

사람은 필수적인 것이 걸려 있지 않으면 훈련이 되지 않습니다. 모든 것이 넉넉한 상태에서는 훈련이 되지 않아요. 아무것도 없는 어려운 상황에 처해야 비로소 훈련이 됩니다. 그러나 어렵다고 해서 매사가 다 어려운 것은 아닙니다. 하나님께서는 그 가운데서도 말씀과 위로와 은혜를 주시며, 알지 못하는 중에 사탄의 불화살로부터 우리를 지켜 주십니다. 그런데 무엇이 부족하다고 불평하겠습니까?

이스라엘의 문제는 훈련받기 싫어하는 그들의 교만에 있었습니다. 가나안 땅에 들어가자 스스로 다 된 것처럼 생각해서 훈련받지 않으려 했던 교만과 게으름이 그들을 은혜에서 떼어내 버린 것입니다. 우리는 이런 교만을 버려야 합니다. 그래야 하나님의 은혜에 붙어 있을 수 있습니다.

오늘 성경이 말씀하는 바가 무엇입니까? 기억하라는 것입니다. 하나님께서 무지와 미신 가운데서 나를 어떻게 인도하셨는가, 얼마나 많은 진리로 깨닫게 하셨는가, 앞으로 완성될 나의 모습과 비교할 때 지금 내 모습은 얼마나 부족한가를 생각하라는 것입니다. 그래서 그리스도인들은 늘 새롭게 출발해야 합니다. 오늘도 새롭게 출발하고 내일도 새롭게 출발해야 합니다. 앞으로 완성될 영광스러운 모습을 바라보며 매일 훈련받는 자리로 자신을 낮추어야 합니다.

하나님께서 이스라엘 백성들과 쟁변하시는 이유가 무엇입니까? 그들을 버리시기 위해서가 아닙니다. "너희도 하고 싶은 이야기 실컷 하고 나도 할 말을 다 해서 묵은 감정은 털어 버리고 새롭게 시작해 보자"는 것입니다. 다시 서로에게 중요한 존재가 되자는 것이며, 정상적인 관계를 되찾자는 것입니다.

오늘 하나님께서는 우리를 훈련시키고 계십니다. 왜 그렇게 하십니까? 다시 한 번 요단 강이 갈라지는 능력을 체험케 하시기 위해서입니다. 지척에 도열해 있는 원수들 앞에서도 눈 하나 깜짝하지 않고 할례를 받을 만큼 하나님을 신뢰하는 용사가 되게 하시기 위해서입니다. 난공불락의 성 여리고를 침묵으로 무너뜨리게 하시기 위해서입니다.

하나님께 불만이 있습니까? 오해가 있습니까? 섭섭한 감정이 있습니까? 오늘 다 털어놓으십시오. 그리하여 처음 믿었을 때의 감격, 구원의 감격을 회복하시기 바랍니다. 부부가 하고 싶은 말들을 실컷 한 후에 첫사랑으로 되돌아가듯이, 뜨거운 사랑과 영광과 축복의 삶으로 되돌아가시기 바랍니다.

16 하나님이 원하시는 것

이스라엘 백성들의 신앙관_하나님께 나아가는 잘못된 방법들_종교성과 믿음_겸손히 네 하나님과 함께 행하라

6:6 내가 무엇을 가지고 여호와 앞에 나아가며 높으신 하나님께 경배할까? 내가 번제물 일 년 된 송아지를 가지고 그 앞에 나아갈까?
7 여호와께서 천천의 수양이나 만만의 강수 같은 기름을 기뻐하실까? 내 허물을 위하여 내 맏아들을, 내 영혼의 죄를 인하여 내 몸의 열매를 드릴까?
8 사람아, 주께서 선한 것이 무엇임을 네게 보이셨나니 여호와께서 네게 구하시는 것이 오직 공의를 행하며 인자를 사랑하며 겸손히 네 하나님과 함께 행하는 것이 아니냐?

6:6-8

우리는 누구나 하나님께 가까이 나아가기를 원하며 누구나 은혜를 체험하고 싶어합니다. 누구나 어떻게 하면 하나님께 더 가까이 나아갈 수 있으며, 어떻게 하면 더 큰 은혜와 축복을 받을 수 있을지 알고 싶어 합니다. 그런데 세상에는 하나님을 찾는 사람들이 워낙 많기 때문에 나한테까지는 신경을 써 주실 것 같지가 않습니다. 그래서 특별히 많은 헌금을 내거나 금식을 하거나 열심을 내면서 하나님께 가까이 가 보려고 애를 씁니다.

오늘 미가 선지자는 우리에게 그 문제에 대한 답을 주고 있습니다. 그는 먼저 묻습니다. "어떻게 하면 우리가 하나님 앞에 더 가까이 갈 수 있겠느냐? 어떻게 하면 우리의 죄와 허물을 용서받을 수 있으며 기도 응답을 받을 수 있겠느냐?" 그러고 나서 이스라엘 백성들이 하나님께 나아갈 수 있는 방법으로 생각하고 있던 것들을 하나하나 열거한 후에, 최종적으로 하나님께서 진정으로 원하시는 것이 무엇인지 밝히고 있습니다.

우리가 하나님께 가까이 나아갈 수 있는 길은 일 년 된 송아지나 천천의 수양이나 만단의 기름이나 자기 자식 같은 특별한 예물도 아니고 신비한 체험도 아닙니다. 하나님께 나아갈 수 있는 길은 말씀을 듣고 그 말씀대로 사는 것입니다. 우리의 열심이 중요한 것이 아니라 하나님의 말씀이 중요합니다. 하나님께서 말씀하시면 아무리 내 속에 의심이 생기고 남들이 엉뚱한 소리를 하더라도 그 말씀대로 사는 것이 하나님을 기쁘시게 하는 길이며 그에게 나아가는 길이라고 미가 선지자는 말하고 있습니다.

이스라엘 백성들의 신앙관

이스라엘 백성들이 가지고 있던 신앙관은 정적인 것이었습니다. 즉, 그들은 하나님이 너무 조용히 계신다고 생각했던 것입니다. 그들이 생각하는 하나님은 그들의 삶 속에서 적극적으로 활동하시는 역동적인 분이 아니라 조용히 침묵을 지키고 계신 정적인 분이었습니다. 그래서 그들은 하나님을 움직이려면 무언가 특별한 일을 해야 한다고 생각했습니다. "내가 무엇을 가지고 여호와 앞에 나아가며 높으신 하나님께 경배할까?"(6:6상)

신앙이 없는 사람이라면 몰라도, 신앙이 있는 사람은 누구나 하나님의 은혜를 사모할 것입니다. 어떻게 해서든지 하나님의 보좌 앞에 가까이 나아가고 싶어 하며 하나님의 큰 은혜를 체험하고 싶어 할 것입니다. 이스라엘 백성들도 마찬가지였습니다. 그런데 하나님은 너무 조용히 계셨습니다. 그래서 그들은 무언가 특별한 기도를 하거나 헌신을 해서 하나님을 흔들어 깨우고 관심을 끌어야겠다고 생각했습니다.

이스라엘 백성들이 하나님에 대해 이렇게 정적인 사고방식을 가지게 된 데에는 이유가 있었습니다. 만약 그들이 죄를 지을 때마다 즉각 심판을 하셨다면, 하나님을 굉장히 동적인 분으로 생각했을 것입니다. 그러나 그들이 볼 때에는 자신들이 죄를 지어도 즉각 벌을 주시는 것 같지 않았고, 착한 일을 해도 특별히 상을 주시는 것 같지 않았습니다. 이처럼 악을 행해도 가만히 계시고 선을 행해도 가만히 계시는 하나님이라면, 자신들에게 관심이 없든가 관심이 있더라도 성격 자체가 정적이어서 쉽게 움직이지 않으시는 것 아니겠습니까? 그래서 그들은 하나님께 응답을 받거나 은혜를 체험하려면 무언가 특별한 것을 가지고 나아가야 한다고 생각했습니다.

이것은 이스라엘 백성들만의 생각이 아닙니다. 오늘날 사람들도 거의 대부분 하나님에 대해 이처럼 정적인 사고방식을 가지고 있습니다. 젊은이들은 하나님이 지적인 연구의 대상인 것처럼 "하나님을 찾아보자. 하나님을 발견해 보자"고 말합니다. 하나님은 먼 곳에 조용히 계시는 분이므로 연구를 해서 찾아내야 한다고 생각하는 것입니다. 또 어려움에 빠진 사람은 하나님이 자신에게 너무 무관심하다고 생각해서 그를 흔들어 깨우기 위해 무슨 유별난 짓을 해야 할 것처럼 생각하기도 합니다.

그러나 하나님은 멀리 계신 분도 아니고, 우리에게 무관심한 분도 아니며, 성격이 과묵하신 분도 아닙니다. 오히려 하나님은 이 세상에 일어나는 모든 일을 알고 계시며, 우리의 생각이나 행동에 깊은 관심을 갖고 계시는 분입니다. 단지 자신을 표현하시는 방식과 일하시는 방식이 우리와 다르기 때문에 조용히 계시는 것처럼 보일 뿐입니다.

그렇다면 하나님은 자신을 어떻게 표현하실까요? 바로 이 성경을 통해 표현하십니다. 성경 말고 다른 데서 하나님의 음성을 들으려고 하니까 듣지 못하는 것입니다. 텔레비전 주파수가 맞지 않으면 뉴스가 나오지 않는 것이나 마찬가지입니다.

하나님께서 이처럼 말씀을 통해 자신을 나타내시는 것은, 그가 인격적인 분이시기 때문입니다. 소나 돼지는 인격적인 존재가 아니기 때문에 그들의 말로 가치를 평가하지 않고, 몸무게나 품종으로 가치를 평가합니다. 그러나 사람은 겉모습만 보고 가치를 평가할 수 없습니다. 체격이나 피부색만 가지고 그 사람을 알 수가 없어요. 체격이 크다고 해서 무조건 강하고 거친 것이 아닙니다. 체격이 큰 사람 중에도 바퀴벌레 한 마리 못 잡는 사람이 있습니다. 사람을 알아 보려면 일단 이야기를 나누어 보아야 합니다. 그러면 처음에 가졌던 선입견과 큰 차이가 있다는 것을 알게 됩니다. 생기기는 둔하게 생겼는데 아주 섬세한 사람이 있는가 하면, 생기기는 섬세하게 생겼는데 말귀를 전혀 못 알아듣는 사람도 있습니다. 이처럼 이야기를 나누어 보기 전에는 그 사람에 대해 제대로 평가할 수가 없습니다.

하나님도 마찬가지입니다. 하나님이 가만히 계시기만 하는 분이라면, 아무리 연구해 봐야 제대로 알 수가 없습니다. 하나님 자신이 입을 떼시지 않는 한, 우리는 그분의 뜻에 대해 아무것도 알 수가 없습니다. 그런데 하나님은 무엇을 통해 말씀하십니까? 성경을 통해 말씀하십니다. 그런데 성경도 읽지 않고 설교도 듣지 않으니까, 하나님이 침묵하시는 분처럼 보이고 나에게 무관심한 분처럼 보이는 것입니다. 하나님께서는 이미 성경에 우리가 알아야 할 모든 것을 기록해 놓으셨습니다. 우리는 하나님께 "왜 아무 말씀도 하지 않으십니까?"라고 항의하지만, 하나님께서는 "나는 할 말을 이미 다 했다"고 말씀하십니다.

 그뿐 아니라, 하나님께서는 직접 나서서 일하시는 것이 아니라 자신을 믿고 의지하는 자들을 통해서 일하십니다. 그 사람의 믿음이 크면 아주 역동적으로 일하시고, 믿음이 적으면 조금만 일하십니다. 또 믿음을 가진 사람이 아무도 없으면 침묵을 지키면서 가만히 지켜보기만 하십니다. 그런데 우리는 자기에게 믿음이 없는 것은 생각지도 않고 "왜 답답하게 가만히 계십니까? 좀 움직여 보십시오"라고 불평하는 것입니다.

 이스라엘 백성들이 출애굽 했을 때를 생각해 보십시오. 하나님께서 얼마나 역동적으로 일하셨습니까? 하나님께서는 모세 한 사람을 통해 도저히 상상할 수도 없는 엄청난 능력을 행하셨습니다. 그러나 미가 선지자 때에는 믿음을 가진 사람이 아무도 없었습니다. 하나님이 일하고 싶으셔도 일할 통로가 없었고 수단이 없었습니다. 그래서 조용히 계셨던 것입니다.

 하나님은 조용한 분이 아닙니다. 침묵하는 분도 아닙니다. 하나님은 이미 우리에게 많은 말씀을 해 주셨습니다. 우리가 안 듣고 있을 뿐입니다. 또한 하나님은 많은 일을 하기 원하시는 분입니다. 우리의 믿음이 적어서 그 일을 하실 수 없을 뿐입니다. 이스라엘 백성들은 하나님의 음성을 엉뚱한 데서 들으려 했습니다. 자신들에게 믿음이 없는 것은 생각지도 않고, 하나님이 일하시지 않는다고만 불평했습니다.

하나님께 나아가는 잘못된 방법들

이스라엘 백성들이 하나님의 관심을 끌기 위해, 하나님의 은혜와 축복을 받기 위해 생각해 낸 방법은 무언가 특별한 것을 바치는 것이었습니다. "내가 번제물 일 년 된 송아지를 가지고 그 앞에 나아갈까? 여호와께서 천천의 수양이나 만만의 강수 같은 기름을 기뻐하실까? 내 허물을 위하여 내 맏아들을, 내 영혼의 죄를 인하여 내 몸의 열매를 드릴까?"(6:6하-7).

미가 선지자는 이스라엘 백성들이 무슨 생각을 하고 있는지 알고 있었습니다. 그들은 하나님의 관심을 끌기 위해서는 무언가 특별한 예물을 드려야 한다고 생각했습니다. 미가는 그 예물들을 하나씩 열거하되, 그 강도를 점점 높이고 있습니다. 그 당시 최고의 예물은 일 년 된 수송아지였습니다. 누군가 성전에 일 년 된 수송아지를 바쳤다고 하면, 사람들은 "와!" 하고 감탄하면서 대단한 정성을 바쳤다고 생각했습니다.

그런데 미가 선지자는 여기에서 확 비약을 해 버립니다. 그렇다면 하나님께서 천천의 수양이나 만만의 강수 같은 기름은 기뻐하시겠느냐는 것입니다. 송아지 한 마리가 문제가 아닙니다. 수양 백만 마리를 바치면 기뻐하시겠느냐, 일억 마리 짐승의 기름을 바치면 만족하시겠느냐는 것입니다. 이것은 한 개인이 바칠 수 있는 예물의 양이 아닙니다. 수많은 사람들이 구름같이 모여서 바쳐야 합니다. 끝도 보이지 않을 정도로 많은 사람들이 모여서 폭포 소리처럼 굉장한 소리를 내면서 기도하고, 하늘이 들썩들썩할 정도로 큰 소리로 찬송하면 하나님이 과연 기뻐하실까요? 미가는 아니라고 말합니다.

물론 하나님께서는 많은 사람들이 모여서 예배드리는 것을 좋아하십니다. 신앙이 침체되었을 때는 모일 생각을 하지 않는 것이 특징입니다. 예배 시간에 사람들이 모이지를 않습니다. 예배 시간에 전부 자기 할 일 하러 가 버려요. 그것은 하나님을 업신여기는 짓입니다. 그러나 하나님 앞에 구름같이 많은 사람들이 모였음에도 불구하고 하나님께 전혀 기쁨이 되지 않을 때가 있습니다. 진정으로 하나님께 돌아오기 위해 모인 것이 아니라 자기의 종교성을 만족시키기 위해 모이거나 단순히 행사 및 모금을 위해 모일 때는 아무리 수백만 명이 모여도 기뻐하시지 않습니다.

그러면 도대체 어떻게 해야 하나님의 은혜를 받을 수 있습니까? 여기에서 미가 선지자는 또 한 번 비약을 합니다. 송아지 제물로도 안 되고 백만 마리의 수양으로도 안 된다면 자기 아들을 제물로 바치면 어떻겠느냐는 것입니다. 이것은 우리로서는 도저히 이해할 수 없는 말입니다. 어떻게 자기 아들을 죽여서 하나님께 바칠 수 있습니까? 그러나 그 당시 이방인들은 자기 아들을 죽여서 바치는 것이야말로 최고의 예물이라는 사고방식을 가지고 있었고, 그렇게 아들을 바치는 사람들을 크게 칭송했습니다.

예를 들어 한국전쟁 때 아들 셋이 전부 전쟁터에 나가 전사한 어머니가 있다면 어떻게 대우하겠습니까? 최고의 애국심을 가진 어머니로 칭송하지 않겠습니까? 또 종교계에서는 아들 셋을 전부 목사로 만들거나 신부로 만든 어머니가 있을 때, 돈독한 신앙심을 가진 사람으로 크게 칭송할 것입니다.

하나님께서는 자기 아들을 죽여 제물로 바치는 일을 금하셨습니다. 그럼에도 불구하고 당시에는 이것을 좋은 신앙으로 인정하는 분위기가 있었던 것 같습니다. 그러나 미가 선지자는 그렇게 한들 하나님께서 우리의 허물을 용서하시며 죄를 사해 주시겠느냐고 반문합니다.

종교성과 믿음

사람은 누구나 종교성을 가지고 있습니다. 다른 말로 하면 영적인 갈망을 가지고 있는 것입니다. 어렵거나 힘들 때는 특히 더 신의 도움을 구하고 싶어 합니다. 사람은 자기가 알지 못하는 영적인 실재, 영적인 세계가 있음을 느낍니다. 그리고 누구나 이런 영적인 세계에 자신을 헌신함으로써 신의 특별한 보호와 관심을 체험하고 싶어 합니다.

그러나 이런 종교성은 딱 한 가지 용도에만 써야 합니다. 즉, 하나님의 말씀을 받아들이는 데에만 써야 하는 것입니다. 사람에게 종교성이 없다면 아무리 하나님이 말씀하셔도 인식하지 못할 것입니다. 그러나 종교성을 여기에 쓰지 않고 다른 데 쓰는 것은 마치 주파수를 잘못 맞추는 것과 같습니다. 물을 떠 놓고 소원을 빈다든지 촛불을 켜 놓고 주문을 외우는 데 종교성을 쓸 때, 그것은 곧 거짓과 속임수의 도구가 되어 버립니다.

사도 바울은 "이는 하나님을 알 만한 것이 저희 속에 보임이라. 하나님께서 이를 저희에게 보이셨느니라"(롬 1:19)고 말했습니다. 모든 사람의 마음속에는 하나님을 알 만한 것이 있습니다. 그것이 종교성입니다. 그러나 종교성은 오염되어 있기 때문에, 어떤 자극을 받느냐에 따라 각기 다른 방향으로 나아가게 됩니다. 즉, 어느 쪽으로 자극을 주면 불교적으로 발전하고, 다른 쪽으로 자극을 주면 힌두교적으로 발전하며, 또 다른 쪽으로 자극을 주면 한없는 공상과 신비를 향해 발전하는 것입니다. 여기에서 세상의 수많은 종교들이 발생합니다. 실제로 사람들은 이상한 소리를 듣기도 하고 신비한 체험을 하기도 하며 종교적인 희열을 느끼기도 합니다. 그러나 그것은 타락한 상상력의 산물입니다. 그러한 상상력의 산물로는 하나님을 아는 지식에 이를 수 없습니다.

사람들은 종교의 세계를 분명히 정의내릴 수 없는 신비의 세계로 규정합니다. 존재하는 것 같기는 한데 도대체 무엇인지 명확히 알 수가 없고, 평범한 사람은 접근할 수도 없는 세계로 생각하는 것입니다. 그들은 사제나 무당이나 목사처럼 특별한 사람들만이 그 세계와 자신을 연결시켜 줄 수 있다고 여겨서, 그들이 돈을 내라고 하면 돈을 내고 무엇을 하라고 하면 그것을 합니다. 그러나 이 모든 것은 거짓말이고 속임수입니다. 종교성은 오직 하나님의 말씀을 듣는 데 쓰일 때에만 정직하게 제 역할을 할 수 있습니다.

우리는 하나님과 거래할 수 없습니다. 종이 주인과 거래할 수 있습니까? 그것은 불가능한 일입니다. 종이 쓰는 것은 다 주인의 것이고 종 자신도 주인의 것인데, 어떻게 거래가 성립될 수 있겠습니까? 왕정 시대에는 나라의 모든 것이 왕의 소유였습니다. 물론 신하들마다 자기 땅과 집을 가지고 있었지만, 그것은 왕이 일시적으로 하사한 것이지 그들의 영구적인 소유물이 아니었습니다. 그런데 신하가 왕을 찾아가 "저희 집을 드릴 테니 공주를 주십시오" 하면서 거래하려 든다면, 그것은 왕을 무시하는 처사밖에 되지 않습니다.

성경에서 일관되게 말씀하는 것이 무엇입니까? 우리는 하나님과 거래할 수 없다는 것입니다. 우리가 가지고 있는 것은 모두 하나님의 것이며, 우리 자신도 하나님의 것입니다. 그런데 하나님과 거래를 시도하면서 "하나님, 송아지 한 마리면 되겠습니까? 안 돼요? 그럼 세 마리는 어떻습니까?"라고 말할 수 있습니까? 그것은 하나님을 무시하는 짓입니다.

하나님이 원하시는 것은 무언가를 많이 바치거나 특별한 열심을 내는 것이 아닙니다. 하나님이 원하시는 것은 말씀을 듣는 것입니다. 내 속에 있는 간절한 마음, 은혜를 사모하는 마음, 종교성을 엉뚱한 데 사용하지 않고 말씀 듣는 데 사용하는 것입니다. 그러면 주파수가 맞아떨어지면서 마음의 문이 철커덕 열립니다. 말씀이 우리 속을 비추면서 고장난 부분을 고치기 시작하고 침체되어 있는 부분을 살리기 시작합니다. 이것이 하나님의 은혜이고 축복이며 응답입니다.

사람이 자기의 종교성에 자극을 주어서 만족을 추구하는 것은 죄입니다. 사람들은 자기 안에 있는 종교성을 통해 끝없이 호기심을 충족시키려고 합니다. 그래서 어떤 종교에 기괴한 부분이 있을수록 관심을 가지며, 이상한 신통력이 있다고 생각될수록 깊은 신뢰를 보냅니다. 그러나 그 모든 것은 종교성을 남용하는 행동입니다. 종교성을 가지고 호기심을 채우려 들면 미신에 빠지게 되어 있습니다.

다시 말하지만 우리 안에 있는 종교성을 가장 바르게 사용하는 길은 그것으로 말씀을 듣는 것입니다. 사람은 하나님의 말씀을 들을 때 그것이 진실한 말씀인지 아닌지 인식할 수 있습니다. 우리 속에 있는 종교성이 바른 자극을 받기 때문입니다. 바른 번호만 돌리면 특별한 장치 없이도 금고 문이 열리는 것처럼, 말씀이 비추어지면 우리의 마음 문도 열리게 되어 있습니다. 이것은 수학공식처럼 증명할 필요가 없는 사실입니다. 말씀이 비추어지면 문이 열리도록 이미 입력이 되어 있습니다.

이것 외에 다른 방향으로 종교성을 사용하는 것은 망치로 금고를 깨뜨려 열려고 하는 것만큼이나 잘못된 일입니다. 종교성을 호기심이나 신비로운 체험을 위해 사용하거나, 상상력을 한없이 펼쳐서 자기 만족을 추구하는 데 사용하거나, 남들이 알아듣지도 못할 말을 하면서 자기 경건을 자랑하는 데 사용해서는 안 됩니다. 오직 하나님의 말씀을 듣고 믿음을 불러일으키는 방향으로만 사용해야 합니다.

우리의 믿음은 어떻게 나타납니까? 내 생각을 믿지 않는 데서 나타납니다. 내 생각은 유치하고 내가 아는 것은 부분적이라는 사실을 인정하고 오직 하나님의 말씀만 믿는 데서 나타납니다. 주위 사람들이 아무리 뭐라고 해도 흔들리지 않고 말씀만 붙드는 데서 나타납니다. 이것이 진정한 신비요 경건이요 영적인 생활입니다.

하나님이 원하시는 것은 우리의 종교성을 이용해서 상상력이나 호기심을 충족시키는 것이 아니라, 우리의 지각을 사용해서 하나님이 어떤 분이신지 제대로 아는 것입니다. 그리고 다른 데 한눈팔지 않고 말씀에서 깨달은 하나님을 늘 의식하며 사는 것입니다.

겸손히 네 하나님과 함께 행하라

말씀을 통해 알게 된 하나님을 믿으며 살 때 나타나는 결과는 무엇입니까? "사람아, 주께서 선한 것이 무엇임을 내게 보이셨나니 여호와께서 네게 구하시는 것이 오직 공의를 행하며 인자를 사랑하며 겸손히 네 하나님과 함께 행하는 것이 아니냐?"(6:8)

"사람아"라는 것은 창조자로서 우리 모든 인간을 부르시는 말입니다. 하나님은 이미 선한 것이 무엇인지 보여 주셨습니다. 그런데 이스라엘 백성들은 왜 그것을 몰랐습니까? 무언가 특별한 것을 찾았기 때문입니다. 그들은 기적 같은 특별한 현상이야말로 하나님의 능력이요 응답이라고 생각했습니다.

사실 그들은 말씀을 통해 하나님이 어떤 분이신지 이미 배워 알고 있었습니다. 그런데 다른 나라 백성들을 보니 자신들이 모르는 수많은 신비한 체험을 하고 있었습니다. 거기에는 무언가 새로운 것이 있는 것 같았고 능력이 있는 것 같았습니다. 이스라엘 백성들은 인간의 종교성이 얼마나 깊은 것인지 알지 못했습니다. 자극에 따라 별 희한한 반응이 다 나타날 수 있다는 것, 그러나 그것들은 진실하지 않다는 것을 몰랐어요. 그래서 자기들의 호기심을 채우기 위해 이방 종교를 따라갔습니다.

그러나 하나님께서 그들에게 구하시는 것은 무엇입니까? 공의를 행하며 인자를 사랑하며 겸손히 하나님과 함께 행하는 것입니다. 공의와 인자는 하나님의 대표적인 성품입니다. 하나님은 사람을 외모에 따라 차별 대우 하시지 않습니다. 어떤 사람이든지 있는 모습 그대로 받아 주십니다. 하나님께서는 자신의 부족함을 인정하고 도우심을 구하는 자에게 한없이 자비로우십니다. 그리고 자기 백성들도 그런 모습을 갖기를 원하십니다. 즉, 사람을 외모나 이해관계에 따라 대하지 말고 항상 진실하게 대하라는 것입니다. 자기에게 도움을 구하는 자를 영원히 신실하게 대하라는 것입니다. 하나님께서 말씀을 통해 보여 주신 모습을 그 백성들도 그대로 가지라는 것입니다.

이런 말을 들을 때 우리에게 떠오르는 질문은 "이렇게 하나님의 말씀대로 사는 것이 신비라면 너무 시시하지 않습니까? 그렇다면 우리에게 신비란 없다고 봐야 하지 않습니까?"라는 것입니다. 그러나 천만의 말씀입니다. 우리에게는 신비가 있습니다. 그러나 이 신비는 기적이나 이상한 체험이 아닙니다. 이것은 기괴한 신비가 아니라 정상적인 신비입니다. 아이가 잉태되어 출산되는 과정을 보십시오. 얼마나 신비롭습니까? 또 동물의 세계를 보십시오. 얼마나 신비롭습니까? 물리의 세계를 보십시오. 얼마나 신비롭습니까? 이것은 모두 과학적이며 합리적인 신비입니다.

그러나 그보다 더 역동적인 신비는 하나님께서 믿는 사람 안에서 역사하여 무언가를 변화시키거나 새로이 만들어 내시는 것입니다. 하나님을 모르던 사람이 하나님을 알게 되는 것, 만날 술이나 마시며 행패를 부리던 사람이 울면서 회개하고 돌이키는 것, 복잡한 인간관계와 삶의 문제에 시달려서 바싹 메말라 있던 마음에 감동이 임하는 것, 이런 것들이야말로 기적 중에 기적이요 신비 중에 신비입니다. 오늘날 사람들은 엉뚱한 데서 기적을 찾고 있습니다. 마리아 상이 눈물을 흘리는 것이 기적입니까? 아닙니다. 세상에서 가장 놀라운 기적은 우리 안에서 일어나는 기적입니다.

사람들은 "말씀 듣고 순종하는 것이 신앙의 전부라면 무슨 재미로 신앙생활 합니까?"라고 묻습니다. 이상한 체험도 있고 신비한 체험도 있어야 신앙생활 하는 재미가 있지, 매일 말씀만 듣고 순종하는 것은 너무 단조롭고 지루하지 않느냐는 것입니다. 사실 우리 속에는 타락한 본성이 있어서 정상적인 것보다는 비정상적인 것에서 훨씬 더 재미를 느끼는 것 같습니다. 이를테면 정상적인 교제보다는 금지된 교제를 할 때 더 가슴이 두근거리고, 돈 주고 사 먹는 음식보다 훔쳐 먹는 음식이 더 맛있다고 느끼는 것과 같은 맥락입니다. 그러나 사실 그것은 재미있는 것이 아니라 망하는 지름길입니다. 우리의 타락한 본성은 말씀만으로 만족하지 못하고, 무언가 특별한 것을 원합니다. 그렇기 때문에 하나님께서 은혜로 붙들어 주시지 않으면 이상한 방향으로 흘러갈 수밖에 없습니다.

하나님의 은혜를 얻으려면 어떻게 해야 합니까? 무언가 특별한 것을 바쳐서 환심을 사거나 거래할 생각을 버리고 오직 말씀에 온 마음을 집중해야 합니다. 주위 사람들이 이상한 말을 해도 귀 기울이지 마십시오. 겸손히 행한다는 것은 자기 안에 있는 호기심이나 종교적인 열정을 말씀에 굴복시키는 것입니다. 그러면 하나님께서 말씀을 통해 내 속에 변화를 일으키십니다. 예배를 드리기 전에는 굉장히 답답하고 우울했는데, 말씀을 듣고 나면 그런 마음이 없어져 버립니다. 먹고살 걱정이 태산 같았는데, 말씀을 듣고 나면 '뭐 어떻게 되겠지' 하는 느긋한 생각이 들어요. 어떤 사람이 정말 미웠는데 '저 사람도 그만한 이유가 있었겠지' 하고 이해하는 마음이 생깁니다. 이것이 진정한 기적입니다.

신비로운 것에 대한 호기심을 채우면서 말씀을 듣는다는 것은 불가능한 일입니다. 이상한 체험을 하기 시작하면 마음이 교만해져서 자꾸 하나님과 직통하려 들기 때문입니다. 종교적인 호기심을 채우는 것은 깊은 신앙이나 경건이 아니라 무서운 유혹이요 교만입니다. 특별한 체험을 한 사람들은 다른 사람의 신앙을 인정하지 않으며, 말씀을 들으려 하지 않습니다. 그것은 자기 무덤을 파는 짓입니다. 하나님께서는 특별한 봉사나 예물보다 말씀에 집중하는 것을 가장 기뻐하십니다. 신비한 상상력을 동원하는 대신, 남들의 이상한 소리에 귀 기울이는 대신, 특별한 체험을 추구하는 대신, '오늘은 하나님이 뭐라고 말씀하실까? 어떻게 나의 길을 인도하실까?'에 집중할 때 굉장히 분명한 말씀으로 응답해 주십니다.

하나님은 멀리 계신 분도, 과묵한 분도 아닙니다. 하나님은 우리와 굉장히 가까이 계시며, 우리 속에서 일하고 싶어 하십니다. 그런데 문제는 우리의 생각이 너무 복잡하다는 것입니다. 그 복잡한 생각들을 말씀에 제한하십시오. 지금 다급하게 결정해야 할 일이 있습니까? 너무나 해결하기 어려운 문제가 있습니까? 다 내려놓고 말씀에 집중하십시오. 전심으로 말씀을 듣고 그 말씀에 순종하십시오. 어차피 우리 힘으로는 그 문제들을 해결할 수 없습니다. 우리가 할 수 있는 일은 오직 하나님이 주시는 말씀을 붙들고 거기에 헌신하는 것입니다. 그러면 성령의 능력이 임해서 문제를 해결해 나가기 시작합니다. 만날 사람은 만나게 하시고 만나면 안 될 사람은 못 만나게 하십니다. 여러분이 직접 문제를 해결하려 들지 마십시오. 하나님과 나 사이에 믿음의 통로를 뚫어서, 성령께서 직접 내 문제를 해결하러 오시게 하십시오.

말씀을 듣는다고 해서 엄청나게 많은 말씀을 들을 수 있는 것도 아닙니다. 우리 신앙의 그릇이 그리 크지 않기 때문입니다. 아무리 하나님의 말씀이 쏟아져도 그것을 받을 수 있는 그릇이 간장종지만큼밖에 안 돼요. 우리는 그 간장종지만큼만 믿고 순종하면 됩니다. 다른 사람들은 신비한 상상력을 동원해서 마구 앞으로 달려가고 눈에 보이는 것들을 움켜쥐는데, 간장종지만큼 말씀 듣고 순종하는 것으로 무엇을 할 수 있겠습니까? 그러나 그것이야말로 하나님을 기쁘시게 하는 일입니다. 송아지를 바치는 것보다, 양 백만 마리를 바치는 것보다, 맏아들을 바치는 것보다 훨씬 더 기쁘시게 하는 일입니다.

"저는 어리석고 미련한 사람입니다. 오늘 하나님의 말씀을 들려 주셔서 그 말씀 붙들고 살게 해 주십시오. 제 마음을 바꾸어 주시고, 이 침체된 감정을 녹여 주십시오. 제 입을 열어 하나님을 찬송하게 해 주십시오. 미래를 생각하면 너무나 불안하지만, 그래도 흔들리지 않고 하나님을 믿게 해 주십시오"라고 기도할 때, "저에게도 남들처럼 결혼이나 사업이나 공부의 목표가 있습니다. 그러나 그 목표 자체는 중요하지 않습니다. 오늘 내 속에 오셔서 내 생각을 바꾸어 주시고 감정을 바꾸어 주십시오. 내 입을 사용해 주시고 손발을 사용해 주십시오"라고 기도할 때, 하나님께서는 세상에서 가장 큰 기적을 우리 가운데 이루어 주실 것입니다.

17 하나님의 매

완전한 지혜_유다 백성들의 삶을 공허하게 하시다_유다 백성들의 불순종_왜 매가 필요한가?

6:9 여호와께서 성읍을 향하여 외쳐 부르시나니 완전한 지혜는 주의 이름을 경외함이니라. "너희는 매를 순히 받고 그것을 정하신 자를 순종할지니라.
10 악인의 집에 오히려 불의한 재물이 있느냐? 축소시킨 가증한 에바가 있느냐?
11 내가 만일 부정한 저울을 썼거나 주머니에 거짓 저울추를 두었으면 깨끗하겠느냐?
12 그 부자들은 강포가 가득하였고 그 거민들은 거짓을 말하니 그 혀가 입에서 궤사하도다.
13 그러므로 나도 너를 쳐서 중히 상하게 하였으며 네 죄를 인하여 너를 적막하게 하였나니
14 네가 먹으나 배부르지 못하고 속이 항상 빌 것이며 네가 감추나 보존되지 못하겠고 보존된 것은 내가 칼에 붙일 것이며
15 네가 씨를 뿌리나 추수하지 못할 것이며 감람을 밟으나 기름을 네 몸에 바르지 못할 것이며 포도를 밟으나 술을 마시지 못하리라.
16 너희가 오므리의 율례와 아합 집의 모든 행위를 지키고 그들의 꾀를 좇으니 이는 나로 너희를 황무케 하며 그 거민으로 사람의 치솟거리를 만들게 하려 함이라. 너희가 내 백성의 수욕을 담당하리라."

6:9-16

부모가 자기 자녀를 불러다가 때리는 것과 깡패가 남의 자녀를 잡아다가 때리는 것은 근본적으로 다른 일입니다. 부모가 자기 자녀를 때리는 것은 잘못을 바로잡기 위해서입니다. 그렇기 때문에 도중에라도 잘못을 뉘우치는 기색이 보이면 더 이상 때릴 이유가 없습니다. 그러나 깡패가 아이들을 잡아다가 때리는 데에는 아무 목적이 없습니다. 때리는 것 그 자체가 목적이에요. 그래서 깡패한테 맞은 후에 잘못을 뉘우치고 새 사람이 되는 사람은 아무도 없습니다. 깡패한테 맞는 것은 몸과 마음만 상하게 할 뿐, 아무 유익도 주지 못합니다.

오늘 본문을 보면 하나님께서 유다 백성들을 매질하셨다는 것을 알 수 있습니다. 어떤 집에 가 보면 여러 대의 매가 잘 보이는 곳에 걸려 있는 것을 보게 됩니다. 하나님의 집에도 매가 여러 대 있었습니다. 그 중에는 기근도 있었고, 전쟁도 있었고, 병충해도 있었습니다. 유다 백성들이 잘못할 때마다 하나님께서는 그 중에 한 가지 매를 들어 치셨습니다. 그러나 그들은 그 매를 제대로 맞으려 들지 않았습니다. 오히려 매를 맞을 때마다 하나님을 떠날 핑계로 삼아서, 더 이방 신을 좇아가고 인간적인 방법으로 어려움을 해결하려 들었습니다. 예를 들어 하나님께서 기근의 매를 드시면 이방인들처럼 풍년제를 드리거나 다른 나라에서 곡식을 빌려 와서 해결하려 했고, 전쟁의 매를 드시면 외교관계를 이용해서 피하려 했습니다.

하나님께서는 웬만한 매로는 유다를 정신 차리게 할 수 없다는 것을 아셨습니다. 그래서 아주 무서운 매를 따로 준비하셨습니다. 그것은 예루살렘의 멸망이라는 매였습니다.

완전한 지혜

예전에 어떤 부모가 아들을 직접 경찰서에 끌고 가 처벌을 부탁한 일이 있었습니다. 아무리 타일러도 안 통하고 때려도 안 통하니까, 결국 경찰서까지 끌고 간 것입니다. 자녀가 잘못된 길로 나갈 때, 부모는 매질을 해서라도 바로잡으려 합니다. 그런데 자녀가 약삭빠르게 부모를 피해 다니면서 매를 맞지 않는다면, 그것을 과연 지혜롭다고 말할 수 있을까요?

본인은 지혜롭다고 생각할지도 모르겠습니다. 동태를 잘 살피다가 부모님이 없을 때에만 살짝 집에 들어가 음식이나 옷이나 돈을 가지고 나오면서, 스스로 자기 머리에 감탄할지도 모르겠어요. 그러나 그것은 전혀 지혜로운 일이 아닙니다. 그동안에도 자신은 점점 더 타락해 가고 있습니다. 그보다는 차라리 부모에게 붙들려서 실컷 두들겨 맞고 다시 출발하는 편이 훨씬 지혜로울 것입니다.

9절을 보십시오. "여호와께서 성읍을 향하여 외쳐 부르시나니 완전한 지혜는 주의 이름을 경외함이니라. '너희는 매를 순히 받고 그것을 정하신 자를 순종할지니라.'"

여기 "성읍"이라는 말 앞에는 정관사가 붙어 있습니다. 다시 말해서 '그 성읍'이 되는 것입니다. '그 성읍'은 예루살렘을 의미합니다. 하나님께서 예루살렘을 향해 외치시는 말씀이 무엇입니까? 완전한 지혜는 인간적인 수단이나 방법이나 꾀를 동원해서 매를 피하는 것이 아니라, 하나님의 뜻을 인정하고 순히 매를 맞는 일이라는 것입니다.

사람의 꾀는 당장 눈앞에 있는 어려움을 면하고 보는 것입니다. 이를테면 돈이 없는데 물건을 갖고 싶을 때 카드로 사 버리거나 돈을 빌려서 사 버리는 식입니다. 유다 백성들의 지혜가 바로 그런 것이었습니다. 하나님께서 어려움을 주시면 그냥 그 어려움을 당해야 하는데, 임기응변으로 자꾸 해결해 버렸습니다.

하나님께서는 그들에게 더 이상 도망치지 말고 겸허하게 하나님의 뜻을 수용하라고 하시면서, 그것이 완전한 지혜라고 말씀하십니다. 주의 이름을 경외하라는 것은 주의 이름을 바라보라는 뜻입니다. 더 이상 인간의 꾀를 의지하지 말고 순순히 하나님의 매를 맞으라는 뜻입니다. "너희는 매를 순히 맞고 그것을 정하신 자를 순종할지니라."

그들이 지금 이렇게 어려운 상황에 처하게 된 것은 하나님의 뜻에 따라 이루어진 일입니다. 그러니 그 사실을 인정하라는 것입니다. 그들은 하나님의 매를 맞으면서도 자신들의 삶을 바꾸려 하지 않았습니다. 직장을 빼앗아 가시면 빼앗아 가신 대로 지출을 줄이고 살아야 하는데, 빚을 끌어다가 여전히 풍족하게 살려 했습니다. 또 무슨 어려운 일이 생기면 하나님께 돌아올 생각을 하는 것이 아니라 오히려 더 반항하면서 '갈 데까지 가 보자' 하는 식으로 버텼습니다.

우리 생각에는 한번 어려워진 처지를 인정하고 나면 완전히 그 자리에 눌러앉게 될 것 같고 다시는 재기하지 못할 것 같습니다. 그러나 하나님께서는 그렇지 않다고 말씀하십니다. 지금 처지를 인정한다고 해서 절대 비참하게 끝나지 않는다는 거예요. 하나님이 주신 어려움을 순히 받는 것이 오히려 완전한 지혜라는 것입니다.

우리는 어려움이 올 때 너무 두려운 나머지 여러 가지 궁리를 하고 여러 가지 방법을 시도해 봅니다. 그러나 그것은 인간의 꾀입니다. 하나님께서 쓴 약을 주시면 눈 딱 감고 마셔 버리는 것, 가난하게 만드시면 가난한 대로 사는 것, 고생하게 하시면 고생해 버리는 것, 욕먹게 하시면 욕먹어 버리는 것, 그것이 지혜입니다. 지금 내 모습이 마음속에 그리고 있던 모습과 다르다고 해서 인정하지 않고 자꾸 피하려고 들 때, 어려움은 계속될 수밖에 없습니다.

유다 백성들의 삶을 공허하게 하시다

하나님께서는 유다 백성들의 삶을 공허하게 하겠다고 말씀하십니다. "네가 먹으나 배부르지 못하고 속이 항상 빌 것이며 네가 감추나 보존되지 못하겠고 보존된 것은 내가 칼에 붙일 것이며 네가 씨를 뿌리나 추수하지 못할 것이며 감람을 밟으나 기름을 네 몸에 바르지 못할 것이며 포도를 밟으나 술을 마시지 못하리라"(6:14-15).

먹으나 배부르지 못하고 속이 항상 빈다는 것이 무엇입니까? 옛날에는 그런 경우가 많았습니다. 뱃속에 회충이 많아서 아무리 먹어도 배부른 줄 몰랐습니다. 그런데 유다가 그렇게 된다는 것입니다. 기를 쓰고 돈을 모았는데 나중에 결산해 보면 엉뚱한 데로 새 나가서 남은 것이 거의 없습니다. 씨를 뿌려도 거두지 못하고, 감람 열매를 밟아도 기름을 바르지 못하며, 포도 열매를 밟아도 술을 마시지 못합니다. 이렇게 고생은 실컷 했는데도 나는 하나도 못 누리고 남들이 다 가져다 버린다면 얼마나 억울하겠습니까?

이것은 유다 백성들이 농사지은 것이나 모은 재산들을 하나도 쓰지 못하고 바벨론 포로로 잡혀 갈 일을 가리키는 말씀입니다. 마치 부인들이 시장에 가서 10원, 20원 깎는 것도 모자라 주인이 안 볼 때 한 줌 더 얹어서 사 온 콩나물을 버스 안에 두고 내리는 것과 같습니다. 그럴 때 얼마나 허망합니까? 누가 그거 가져다가 국 끓여 먹을 걸 생각하면 속이 다 부글부글 끓지 않습니까? 그런데 하나님께서 유다 백성들을 그렇게 만드시겠다는 것입니다. 그 이유가 무엇입니까?

그리스도인들에게 무엇보다 중요한 것은 구원입니다. 결혼이나 돈이나 지위나 차나 집은 거기에 부수적으로 따라오는 선물입니다. 그런데 정작 중요한 구원은 저버리고 부수적인 선물을 더 좋아하며 붙잡을 때, 아무리 먹어도 배부르지 않고 아무리 쌓아도 남지 않고 아무리 노력해도 열매를 거두지 못합니다. 예를 들어 어떤 여자가 왕자와 결혼했다면, 온갖 좋은 선물이 그 뒤에 다 따라올 것입니다. 그런데 그 선물이 너무 좋아서 왕자는 거들떠보지도 않는다면 어떻게 되겠습니까? 결국 모든 것을 잃고 쫓겨날 것입니다.

그렇다면 사람이 이 세상에서 어느 정도 형통한가에 따라 신앙 상태를 점검할 수 있을까요? 그렇지는 않습니다. 때로는 하나님께서 기뻐하시지 않는데도 형통할 수 있습니다. 너무 욕망이 강해서 아무리 말씀하셔도 듣지 않을 때는 일시적으로 형통하도록 내버려 두시기 때문입니다. 마치 아이들에게 아무리 주의를 주어도 뜨거운 것을 만지려 할 때, "어디 한번 만져 봐라. 얼마나 뜨거운지 알게" 하는 것과 같습니다.

이방 선지자 발람이 바로 이 경우에 해당합니다. 발람은 이스라엘 백성들을 저주하는 자리에 가면 안 되었습니다. 그러나 그는 마음속으로 이미 가기로 결정해 놓고 하나님의 뜻을 물었습니다. 이처럼 돈에 대한 유혹이 너무 강해서 이미 말릴 수 없는 상태에 있었기 때문에, 하나님께서는 그를 가게 내버려 두셨습니다. 한번 가서 자기 눈으로 직접 보고 깨닫기 전에는 절대 그 욕심을 포기하지 못할 것을 아셨기 때문입니다. 하나님께서는 이스라엘을 저주하려는 발람의 입술을 붙잡아 축복의 말로 바꾸셨습니다. 그러나 발람 자신은 여호수아의 칼날에 죽임을 당했습니다.

이런 식으로 하나님께서 내 마음대로 하도록 허락하시는 것은 절대 복이 될 수 없습니다. 내 욕심껏 나아가도록 길이 활짝 열리는 것은, 당장은 형통해 보여도 결국은 망하는 길입니다. 때로는 기도는 응답이 되었는데, 영혼은 더 파리해지는 경우가 있습니다. 하나님께서 기쁨으로 응답하신 것이 아니기 때문입니다.

반대로, 하나님께서 매사를 어렵게 만드시는 경우가 있습니다. 가지고 있던 것들을 하나도 남김없이 가져가셔서 인생 밑바닥으로 떨어뜨리시는 경우가 있습니다. 이것은 겉보기에는 형통치 않은 삶 같지만, 실제로는 하나님께서 연단하고 계시는 것입니다.

무언가 손에 잡히는 것이 있으면 믿음으로 살게 되지 않습니다. 그래서 전부 가져가셔서 오로지 하나님 한 분만 바라보게 하시는 것입니다. 이럴 경우에는 세상 것은 잃어도 하나님을 얻게 됩니다. 병원에 누워서 성령을 체험하고, 부도난 자리에서 성령을 체험합니다. 이렇게 망하는 것은 오히려 좋은 일입니다. 유다 백성들이 앞으로 경험할 일이 바로 이것입니다. 하나님께서는 그들을 포로로 만들어 그 믿음을 새롭게 하실 것입니다. 이러한 연단에는 반드시 끝이 있게 마련입니다.

또한 사랑하는 백성들이 더 많은 열매를 맺게 하려고 형통치 못하게 하시는 경우가 있습니다. 예수님께서는 "무릇 과실을 맺는 가지는 더 과실을 맺게 하려 하여 이를 깨끗케 하시느니라"(요 15:2)고 말씀하셨습니다. 여기에서 깨끗케 하신다는 것은 주변에 있는 가지나 꽃망울 같은 것들을 제거해서 더 풍성한 열매를 맺게 하신다는 뜻입니다. 예수님께서는 자기 백성들이 세상에서 복잡한 삶을 사는 것을 기뻐하시지 않습니다. 그래서 본인은 여러 가지 일을 하고 싶어 해도 주님이 가지를 치셔서 중요한 일에만 집중하게 하십니다. 이것은 하나님이 그를 사랑해서 하시는 일입니다.

마지막으로, 하나님께서 완전히 포기하셨기 때문에 형통케 하시는 경우가 있습니다. 하나님이 택하신 백성이 아니기 때문에 세상에서 자기 하고 싶은 대로 하도록 내버려 두시는 것입니다. 이런 사람들은 마치 잔칫집 돼지와 같습니다. 지금은 실컷 먹지만 마지막 순간에는 심판을 받게 되어 있습니다.

그래서 세상 모든 일이 항상 뜻대로 잘 풀리는 사람은 택한 백성이 아닐 확률이 높습니다. 하나님의 백성은 그렇게 모든 일이 잘 풀릴 수가 없습니다. "나의 갈 길 다 가도록 만사형통하리라"

는 찬송가 가사도 있지간, 사실은 만사불통할 때가 더 많습니다. 그리고 이렇게 내 뜻대로 안 되는 것이야말로 하나님의 지혜요 복입니다. 그럴 때 불평할 것이 아니라 오히려 "하나님, 제 뜻대로 안 되어서 감사합니다. 죽이든 살리든 알아서 해 주십시오"라고 하면서 완전히 맡겨야 합니다. 그러면 정말로 하나님이 알아서 해 주십니다.

이처럼 현실적으로 형통한가, 형통하지 못한가만 보고 하나님의 복이다, 아니다 단정지을 수는 없습니다. 만약 내가 하나님을 믿고 있는데도 형통치 못하고 어려움이 온다면, 그것은 꼭 필요해서 주시는 어려움인 줄 알고 감사해야 하며, 그 처지에서 할 수 있는 일을 하면서 기다려야 합니다. 병들었으면 병든 대로 링거 꽂고 치료받으면서, 입원실에 같이 있는 사람들 전도하면서 지내는 것이고, 가난하게 하셨으면 가난한 대로 부족하게 살면서, 그 상황에서 할 수 있는 일을 하면서 지내는 것입니다.

이런 말을 하면 "예수 믿는 게 참 무섭다"고 말하는 분들이 있습니다. 그러나 하나님의 지혜는 거기에서부터 시작됩니다. 우리의 가능성이 끝나는 곳에서부터 시작되는 것입니다. 그것이 싫어서 자꾸 인간적인 방법을 동원하여 피하려 들면 마음이 점점 더 강퍅해지게 되고, 결국에는 포로가 되어 바벨론으로 잡혀 가게 됩니다.

유다 백성들의 불순종

하나님께서는 유다 백성들이 하나님 앞에서 무엇을 잘못했는지 열거하고 계십니다. 그들은 선한 것이 무엇인지 하나님께서 이미 보여 주셨음에도 불구하고 그것을 하지 않았습니다. "악인의 집에 오히려 불의한 재물이 있느냐? 축소시킨 가증한 에바가 있느냐? 내가 만일 부정한 저울을 썼거나 주머니에 거짓 저울추를 두었으면 깨끗하겠느냐? 그 부자들은 강포가 가득하였고 그 거민들은 거짓을 말하니 그 혀가 입에서 궤사하도다"(6:10-12).

"악인의 집에 오히려 불의한 재물이 있느냐?"는 말씀은 우리 귀에 자연스럽게 들리지 않습니다. 왜냐하면 악인의 집에는 불의한 재물이 있는 것이 당연하기 때문입니다. 그래서 어떤 번역 성경은 히브리 단어를 약간 바꾸어서 "악인의 집에 불의의 재물이 있는 것을 내가 잊겠느냐?"라고 번역하기도 했습니다. 다시 말해서 하나님께서 절대 그것을 용서하지 않고 기억하시겠다는 의미로 본 것입니다. 여하튼 하나님께서는 예루살렘에 사는 자들을 악인으로 보고 계시며, 그들의 집을 가득 채우고 있는 재물을 불의의 재물로 보고 계십니다.

장사하는 사람들은 부정한 저울과 거짓 저울추를 사용해서 물건의 양을 속여 팔았습니다. 장사하는 사람들은 조금씩만 속여도 이문이 얼마나 늘어나는지 잘 압니다. 예를 들어 옛날에는 쌀을 어떤 식으로 깎아서 되어 주느냐에 따라 이문에 큰 차이가 발생했습니다. 상인들은 중간에서 이문을 남기는 자들입니다. 그러니까 줄 것은 할 수 있는 한 주지 않으면서, 받을 것은 악착같이 받아내야 돈을 벌 수 있습니다. 줄 것 다 주고 받을 것 겨우 챙겨 받으면 부자가 될 수 없어요. 또 부자들은 부자들대로 강포를 행해서 이자나 빚을 갚지 못한 사람들을 전부 팔아 버렸고, 거민들은 거민들대로 뇌물을 받고 거짓 증거를 했습니다.

하나님께서 말씀하시는 것이 무엇입니까? 왜 그렇게 억지로 부자가 되려 하느냐는 것입니다. 하나님의 백성들은 그저 밥 먹고 살 수 있으면 됩니다. 그런데 왜 자꾸 인간적인 방법으로 무리해서 많은 것을 쌓으려 하느냐는 것입니다. 은혜를 받았으면 무언가 남을 위해 희생하는 것이 있어야 합니다. 은혜를 받았다고 하면서도 자기 것은 무섭게 챙긴다면, 그 은혜가 과연 온전한 은혜겠으며 그 신앙이 과연 참된 신앙이겠습니까?

하나님께서는 우리가 살기 위해 몸부림치지 않아도 필요한 것들을 채워 주겠다고 약속하셨습니다. 이것은 참 믿기 어려운 약속입니다. 그러나 믿어야 합니다. 이것을 믿지 못하면, 강한 성령 체험을 했다고 주장하는데도 다른 사람들에게는 아무 은혜의 국물도 흘러가지 않는, 참으로 이상한 신앙이 나오게 되어 있습니다.

하나님께서 자기 백성들에게 기본적으로 요구하시는 바는 남의 것을 건드리지 말라는 것입니다. 남의 것은 아예 가질 생각도 하지 말라는 거예요. 나에게 주어진 작은 것에 만족하라는 것입니다. 공부 좀 못해도 자기 자식에게 만족해야지, 머리 마구 쥐어박으면서 "아, 저 집 애는 전교 1등 했다는데, 넌 누구 닮아서 이 모양이냐?" 하고 구박하는 것은 죄입니다. 또 "우리 집 마누라는 밥만 많이 먹고 바가지만 긁는데, 저 여자는 정말 상냥하네" 하면서 남의 부인을 곁눈질하는 것도 죄입니다. 남의 것에는 아예 눈길도 주지 말아야 합니다.

또 되도록 줄 것은 빨리 주고 받을 것은 천천히 받겠다는 마음을 가져야 합니다. 물론 그렇게 하면 악착같이 제 것을 챙기는 사람들처럼 돈을 많이 벌 수가 없습니다. 그래도 그렇게 하라는 것입니다. 하나님의 백성에게 중요한 것은 남의 행복을 해치지 않는 것입니다. 남의 행복을 해쳐 가면서까지 자기 이익을 추구하지 않는 것입니다.

우리는 의로운 것과 선한 것을 구별할 줄 알아야 합니다. 의로운 것은 남에게 피해를 주지 않는 것입니다. 줄 것 주고 받을 것 받는 것이 의로운 것입니다. 그러나 선한 것은 거기에서 한 걸음 더 나아가는 것입니다. 즉, 다른 사람을 복되게 하기 위해 내 것을 손해 보고 희생하는 것입니다. 하나님께서 그 백성들에게 원하시는 것은 선한 것입니다. 미가 선지자도 하나님께서 선한 것이 무엇인지 우리에게 보이셨다고 말했습니다. 그런데 선한 삶은 고사하고 의로운 삶마저 살지 못할 때, 하나님과 우리의 관계에는 금이 가기 시작합니다.

예루살렘 사람들은 자신들의 행복을 위해 남들은 얼마든지 불행해져도 괜찮다는 생각을 가지고 있었습니다. 그들에게 하나님께서는 무엇이라고 말씀하십니까? "그러므로 나도 너를 쳐서 중히 상하게 하였으며, 네 죄를 인하여 너를 적막하게 하였나니"(6:13).

하나님께서는 이미 유다에게 중상을 입히셨습니다. 유다는 중병에 걸린 사회였습니다. 이것은 그들 자신의 힘으로는 치료할 수 없으며 대수술이 필요하다는 뜻입니다. 또 적막하다는 것은 아무것도 없다는 뜻입니다. 사람도 없고 돈도 없고 아무것도 없다는 것입니다.

지금 우리 사회도 중병에 걸려 있습니다. 우리나라의 문제들이 왜 잘 해결되지 않습니까? 사실은 중병에 걸려 있는데도, 간단한 정책 하나로 회복될 수 있을 것처럼 생각하기 때문입니다. 이런 상황에서 한순간에 돈벼락 맞을 기대를 하거나, 예전에 돈 잘 벌던 시절처럼 전부 누리고 살 생각을 하면 안 됩니다. 오히려 현실을 있는 그대로 인정하고, 지금 처지에 자족하는 것에서부터 출발해야 합니다.

왜 매가 필요한가?

예루살렘 사람들에게 왜 매가 필요합니까? 그들은 단지 하나님의 뜻을 몰라서 실수하고 있는 것이 아니라 의도적으로 잘못된 길을 가고 있기 때문입니다. "너희가 오므리의 율례와 아합 집의 모든 행위를 지키고 그들의 꾀를 좇으니 이는 나로 너희를 황무케 하며 그 거민으로 사람의 치솟거리를 만들게 하려 함이라. 너희가 내 백성의 수욕을 담당하리라"(6:16).

그 당시, 세상에는 두 개의 교회가 있었습니다. 하나는 북쪽 이스라엘이었고, 하나는 남쪽 유다였습니다. 유다는 그래도 비교적 말씀에 충실한 편이었지간, 이스라엘은 일찍부터 세상적인 방법을 끌어들여 번영을 누렸습니다. 이렇게 세상적인 방식을 끌어들이는 데 앞장선 사람들이 바로 오므리와 그 아들 아합입니다. 그들은 외교와 종교 혼합정책을 통해 이스라엘을 번창케 했습니다. 그 당시 주위 나라들은 전부 바알을 섬기고 있었습니다. 그래서 그들과 군사동맹을 맺으려면 바알과도 계약을 맺어야 했습니다. 오므리와 아합은 이 일을 적극적으로 추진했습니다.

문제는 유다도 그것을 좋게 여겨서 신앙의 순수성을 버리고 적극적으로 그 길을 따라가기 시작했다는 것입니다. 물론 인간적으로 보면 오므리의 길이 현명했습니다. 강대국에 둘러싸여 있는 작은 나라가 군사동맹도 맺지 않은 채 어떻게 버틸 수 있겠습니까? 그러나 하나님은 그것을 싫어하셨습니다. 하나님께서 유다에게 원하신 것은 그들이 좀 작아도, 좀 번창하지 못해도 성경적인 신앙을 지키는 것이었습니다.

말씀을 버리고 세상적으로 잘되는 것은 절대 축복이 아닙니다.

교회가 세상적으로 부흥하는 것은 절대 부흥이 아니에요. 하나님께서는 "내가 언제 너희더러 너희 식대로 부흥하라고 했느냐? 어떤 경우에도 너희가 놓치지 말았어야 할 것이 있지 않으냐?"고 물으십니다. 말씀을 버리고 인간적인 방법으로 잘되려 하는 것은 아합의 길을 가는 것입니다. 당장은 잘되는 것 같아도 결국 모든 것이 황폐해질 것입니다. 유다가 "우리는 하나님이 주신 것만 가지고 살겠다. 우리가 연약해서 맞게 되면 맞을 것이고, 터지게 되면 터질 것이다. 그러나 말씀만큼은 놓치지 않겠다. 이것이 우리 예루살렘의 신앙이 아니냐?"고 했다면, 하나님께서 그들을 지켜 주셨을 것입니다.

"너희가 내 백성의 수욕을 담당하리라"고 하실 때, "너희"는 예루살렘 지도자들을 가리킵니다. "너희가 세상을 따라갔기 때문에 겉으로는 잘된 것 같아도 속으로는 비참해지고 말았다. 이제 그 책임을 너희 지도자들이 감당하라"는 것입니다.

우리도 조심해야 합니다. 주위 사람들이 세상적인 방법으로 잘될 때 절대 흔들리지 마십시오. 잘되지 않으면 좀 어떻습니까? 못살면 좀 어떻고, 무능하면 좀 어떻습니까? 이 순수한 신앙을 지키는 것이 더 중요합니다. 교회도 마찬가지입니다. 주변 교회들이 세상적인 방법으로 잘될 때 부러워하면 안 됩니다. 인간적인 수단과 방법을 써서 요란하게 사는 것보다 지금 있는 모습 그대로 하나님을 신뢰하면서 살 때, 반드시 축복받게 되어 있습니다.

유다의 지도자들은 자신들이 더 앞장서서 세상을 따라감으로써 예루살렘을 변질시켰습니다. 하나님께서는 그들을 심판하겠다고 말씀하십니다. 우리는 하나님의 백성들을 잘못된 길로 인도한 지도자들이 얼마나 무서운 벌을 받게 되는지 알아야 합니다. 많은 지도자들이 '그래도 나는 교회를 부흥시켰다. 하나님의 나라를 확장시키기 위해 열심히 일했다'는 것으로 만족하려 합니다. 그러나 그것은 자기가 한 일이 아닙니다. 엄청난 결과가 나타났다면 그것은 하나님이 하신 일이지 자기가 한 일이 아니에요. 그렇기 때문에 '내가 이렇게 큰일을 했으니, 혹시 잘못이 있어도 용서해 주시겠지'라고 생각하는 것은 엄청난 착각이 아닐 수 없습니다. 주님은 결과와 상관없이 그가 어떤 방법을 사용했는지, 그 백성의 신앙을 어떻게 오염시켰는지에 대해 물으실 것입니다.

발람을 보십시오. 그는 엄청난 축복과 예언을 했습니다. 성령께서 그를 강하게 주장하셨기 때문입니다. 그렇다고 해서 발람의 죄가 없어진 것은 아닙니다. 그가 이스라엘 백성을 축복한 것은 하나님이 하신 일이었습니다. 그는 결국 자기 욕심 때문에 여호수아에게 죽임을 당했습니다.

오늘 성경이 말씀하는 것이 무엇입니까? 하나님의 법을 따르지 않고 세상적인 방식을 따르는 하나님의 백성은 마치 부모의 말씀을 듣지 않는 깡패 아들과 같습니다. 그럴 때 하나님께서는 바벨론의 손에 붙여서라도 정신을 차리게 하십니다. 그럴 때 그것을 인간적인 방법으로 피하려 들면 문제가 생기고 상황이 복잡해집니다. 어려움을 주시면 주시는 대로 받아들여야 합니다. 물론 세상적으로 볼 때는 어리석기 짝이 없는 짓이지만, 사실은 이것이야말로 진정한 하나님의 지혜입니다.

이 세상에 있는 악의 세력은 우리를 정신 차리게 하려고 존재하는 것입니다. 그들이 공연히 우리 것을 빼앗아 가는 게 아니에요. 하나님께서 깡패 아들들을 그들에게 맡겨서 정신 차리게 하시는 것입니다.

   우리의 삶은 구원에 따르는 하나님의 선물이라는 것을 기억하십시오. 하나님의 은혜를 떠나서 하는 일에는 열매가 없습니다. 세상의 부귀와 영화는 안개와 같은 것입니다. 그런 허망한 것을 정말 중요한 구원과 바꾸려 들어서는 안 됩니다. 그런 것에 삶의 목적을 두지 말고, 하나님을 알아 가는 것에 삶의 목적을 두십시오. 하나님을 알아 가면서 기다리면 놀라운 일이 일어나게 되어 있습니다. 목사는 목사대로 꾸준하게 말씀을 밝혀 나가고, 교인은 교인대로 말씀 들으면서 5년, 10년 지내다 보면 상황이 확 달라져 있는 것을 알게 될 날이 옵니다. 전혀 해결되지 않을 것 같은 문제들이 해결되기 시작하는 날이 옵니다.

   하나님의 백성들은 결심을 해야 합니다. '나는 절대 나 잘되자고 남의 눈에 눈물 흐르게 하지 않겠다. 나에게 주신 작은 것에 만족하면서 살겠다'는 결심을 해야 합니다. 이것이 믿음의 기본입니다. 여기에서 좀더 나아가려면 남을 위해 손해 볼 생각까지 해야 합니다. 은혜는 은혜대로 받았다고 하면서 돈은 돈대로 무섭게 긁어모으는 사람은 바벨론에 잡혀 가게 되어 있습니다.

   우리에게 어렵고 답답한 일이 닥치는 데에는 다 뜻이 있습니다. 고생하지 않으려고, 남에게 싫은 소리 듣지 않으려고 이리 빼고 저리 빼는 것은 완전한 지혜가 아닙니다. 고생하는 것 두려워하지 말고, 욕먹는 것 두려워하지 말고, 살든지 죽든지 하나님 앞에 모든 것을 맡김으로써 기쁨과 감사와 성령의 충만함을 회복하는 성도들 되시기를 축원합니다.

18 소망이 없는 이유

유다 사회를 보는 선지자의 심정_열매가 없는 이유
_말씀의 씨가 뿌려지도록

7:1 재앙이로다, 나여! 나는 여름 실과를 딴 후와 포도를 거둔 후 같아서 먹을 송이가
없으며 내 마음에 사모하는 처음 익은 무화과가 없도다.
2 이와 같이 선인이 세상에서 끊쳤고 정직자가 인간에 없도다. 무리가 다 피를
흘리려고 매복하며 각기 그물로 형제를 잡으려 하고
3 두 손으로 악을 부지런히 행하도다. 그 군장과 재판자는 뇌물을 구하며 대인은
마음의 악한 사욕을 발하며 서로 연락을 취하니
4 그들의 가장 선한 자라도 가시 같고 가장 정직한 자라도 찔레 울타리보다 더하도다.
그들의 파수꾼들의 날, 곧 그들의 형벌의 날이 임하였으니 이제는 그들이
요란하리로다.
5 너희는 이웃을 믿지 말며 친구를 의지하지 말며 네 품에 누운 여인에게라도 네 입의
문을 지킬지어다.
6 아들이 아비를 멸시하며 딸이 어미를 대적하며 며느리가 시어미를 대적하리니
사람의 원수가 곧 자기의 집안 사람이리로다.

7:1-6

세상에서 인간을 가장 긍정적으로 보는 사람이 있다면 아마도 목회자일 것입니다. 목회라는 것 자체가 인격적으로 완성된 사람들을 대상으로 삼고 있지 않습니다. 여러 가지로 부족하고 문제도 많다는 것을 알지만, 그 속에 숨어 있는 작은 가능성 하나에 희망을 걸고 헌신하는 것이 목회입니다.

과거에 불량배 생활을 했던 목사님이 있었습니다. 그는 목사가 된 후 다시 불량배 집단에 들어가 복음을 전하고 권투를 가르쳤습니다. 그는 "사람을 때리고 싶을 때는 샌드백을 쳐라. 돈이 필요하면 남의 것을 빼앗지 말고 구두를 닦든지 휴지를 주워라"라고 가르쳤습니다. 그가 이렇게 할 수 있었던 것은 그들에 대한 작은 믿음이 있었기 때문입니다. 자신이 변화된 것처럼 그 불량배들도 마음으로 믿어 주고 진실하게 대한다면 선한 열매를 맺을 수 있다는 소망이 있었기 때문입니다.

그런데 철저하게 소망이 없는 사회가 있습니다. 그 사회는 가난한 사회도 아니고 배우지 못한 사회도 아닙니다. 모든 이들의 마음이 너무나도 이기적이 되어서 남의 말을 아예 들으려 하지 않는 사회, 오로지 자신만 생각하며 어떤 변화도 거부하는 사회야말로 소망이 없는 사회입니다.

오늘 본문을 보면, 미가 선지자가 유다 사회에 철저히 절망하고 있음을 알 수 있습니다. 그는 "이 사회는 안 된다"고 단정하고 있습니다. 왜 그렇습니까? 유다가 가난하기 때문이 아닙니다. 무식하기 때문도 아닙니다. 미가가 이런 식의 단정을 내린 데에는 두 가지 이유가 있었습니다. 첫째로, 그들은 남의 말을 들으려 하지 않았습니다. 한평생 속아서 산 사람들처럼 철저하게 서로를 불신했습니다. 둘째로, 그 사회에는 하나님의 말씀이 뿌려지지 못하도록 원천적으로 봉쇄하는 구조적인 장애가 있었습니다. 그렇기 때문에 유다에는 소망이 없다는 진단을 내리고 있는 것입니다.

유다 사회를 보는 선지자의 심정

지금 유다 사회를 바라보고 있는 미가의 심정은 어떤 것입니까? "재앙이로다, 나여! 나는 여름 실과를 딴 후와 포도를 거둔 후 같아서 먹을 송이가 없으며 내 마음에 사모하는 처음 익은 무화과가 없도다"(7:1).

여름 실과를 따 버린 과수원에는 더 이상 기대할 것이 없습니다. 초여름이라면 앞으로도 과실이 맺힐 것을 기대하겠지만, 늦은 여름의 과수원은 이미 볼 장을 다 본 과수원입니다. 포도를 다 거두고 난 후의 포도밭도 마찬가지입니다. 거기에는 아무것도 기대할 것이 없습니다. 미가 선지자가 바라본 유다는 이미 볼 장을 다

본 사회였고, 기대할 것이 하나도 없는 사회였습니다. "이미 나올 것은 다 나왔다. 더 이상 희망을 걸 만한 것이 없다"고 선지자는 개탄하고 있습니다.

그가 이렇게 유다 사회를 부정적으로 진단하는 이유는 무엇입니까? 그들 가운데 선한 자나 정직한 자를 찾아볼 수 없었기 때문입니다. "이와 같이 선인이 세상에서 끊쳤고 정직자가 인간에 없도다. 무리가 다 피를 흘리려고 매복하며 각기 그물로 형제를 잡으려 하고"(7:2).

미가 선지자가 유다 사회에 기대했던 것은 신선하고 아름다운 열매였습니다. 성경에서 '열매'를 말할 때에는 대단히 독특한 의미가 있습니다. 즉, 하나님의 백성들이 말씀에 순종하며 자기의 정욕을 쳐서 복종시킬 때 나타나는 아름다운 삶의 모습을 가리킬 때 '열매'라는 말을 쓰는 것입니다.

사람의 마음속에는 부패한 본성이 있습니다. 그 부패한 본성대로 행할 때에는 삶에서 썩은 냄새가 나게 되어 있습니다. 그것은 지극히 자연스러운 현상입니다. 열흘 정도나 한 달 정도 전혀 몸을 씻지 않으면 어떻게 됩니까? 아무리 좋은 옷을 입고 향수를 뿌려도 지독한 냄새가 납니다. 마찬가지입니다. 사람들이 더 가지고 싶고 더 즐기고 싶고 더 우쭐거리고 싶은 자기의 욕심대로 행하면 자연히 썩은 냄새가 나게 되어 있습니다. 반면에, 그 욕심을 쳐서 말씀에 복종시키고 남을 믿어 주며 남을 위해 희생할 때에는 향기가 나면서 다른 이들에게 굉장히 신선한 충격을 주게 되는데, 이것이 하나님의 백성들에게 나타나는 열매입니다.

우리가 열매를 찾는 이유는 열매 하나하나가 가지고 있는 독특한 맛 때문입니다. 사과에는 사과의 독특한 맛이 있고 배에는 배의 독특한 맛이 있기 때문에 찾는 거예요. 그런데 사과나 배가 그 독특한 맛을 잃어버린다면, 무엇 때문에 사과를 찾고 배를 찾겠습니까?

하나님께서 그 백성들을 사랑하시는 것은 그들이 세상적으로 성공했기 때문이 아닙니다. 하나님께서 그들을 찾으시고 사랑하시는 것은 그들만의 독특한 맛, 신선한 맛 때문입니다. 어린아이들은 누구나 욕심을 부리게 되어 있습니다. 그런데 아주 어린 아이가 자기도 먹고 싶은 것을 다른 아이에게 양보할 때 "세상에, 이런 애도 다 있네!" 하는 감탄이 나오지 않습니까? 하나님의 백성에게 꼭 나타나야 하는 열매가 바로 이런 것입니다.

어떤 사람에게는 그 열매가 겸손으로 나타납니다. 겸손한 사람을 만나면 마음이 그렇게 편할 수 없습니다. 꼭 새 힘이 솟는 것 같습니다. 또 어떤 사람에게는 사랑으로 나타납니다. 대부분의 사람들은 남들을 만날 때 '저 사람은 저기에 써먹으면 좋겠고, 이 사람은 여기에 써먹으면 좋겠다' 라는 식으로 비즈니스 개념이나 이해관계에 따라 평가하는 경우가 많은데, 이런 사람은 그런 계산 없이 있는 모습 그대로 받아 주고 좋아해 줍니다. 그러면 상대방도 굉장히 큰 위로를 받게 되고, 절로 마음이 열리는 것을 경험합니다. 몇 시간씩 앉아서 이야기해도 속에 뭐가 들어 있는지 알 수가 없는 사람은 오래 사귀어도 불편합니다. 그러나 투명하게 자기 자신을 내놓고 이야기하는 사람을 만나면 참으로 신선한 느낌이 듭니다.

그런데 유다 사회에서는 이런 열매들을 전혀 찾아볼 수가 없었습니다. 마치 여름 실과를 따고 난 과수원처럼 겸손도 없고, 사랑도 없고, 진실함도 없이 그저 살벌하기만 했습니다. 오히려 그 사회에서는 겸손한 사람이 바보 취급을 당했고, 남을 믿으면 반드시 손해를 보게 되어 있었습니다. 그러니까 아무도 겸손하지 않았고 아무도 남을 믿지 않았습니다. 온통 자기 욕심대로 사는 사람들이 내뿜는 썩은 냄새만 진동했습니다.

이런 일은 연쇄 효과를 내게 되어 있습니다. 어떤 사람이 다른 사람을 믿었다가 속아 넘어갑니다. 그러면 그 사람은 다시는 남을 믿지 않을 뿐 아니라, 자기도 남을 속이게 됩니다. 그러면 그 피해자는 다른 사람을 속이게 되고, 그 다른 피해자도 또 다른 사람을 속이게 됨으로써 결국 그 사회에는 순진한 사람이 한 명도 남지 않게 됩니다. 처음에는 남을 속여서 이익을 볼 수도 있습니다. 그러나 이렇게 사회 전체가 속이는 곳이 되어 버리면, 결국에는 처음에 속인 사람에게도 그 피해가 돌아오게 됩니다.

미가 선지자가 말하는 것이 무엇입니까? 이 사회에는 선인이 없으며 정직한 사람도 없다는 것입니다. 전부 피를 흘리려고 매복하며 형제를 잡으려고 기다린다는 것입니다. 겉으로는 웃으면서 이야기하지만, 마음속에는 비수를 품고 있습니다. 어떻게 해서든지 꼬투리를 찾아서 공격하거나 이용하려 하고 있습니다.

정직해지려면 용기가 필요합니다. 그런데 어렵게 자존심을 버리고 용기를 내서 자기의 실수를 이야기했는데 그 결과 엄청난 비난을 받거나 손해를 보게 되었다면, 과연 누가 정직해지려고 하겠습니까? "당신이 그런 잘못을 저지른 건 문제지만, 그래도 이렇게 밝힌 일은 정말 높이 평가할 만하다"고 인정해 주어야 다른 사람들도 정직해질 용기를 내는 것이지, 정직하게 잘못을 인정했을 때 오히려 벌 떼처럼 달려들어서 공격을 한다면 그 후로는 아무도 정직하게 나서려 하지 않을 것입니다.

"선인"은 남의 행복을 소중하게 생각해서 자기의 이익을 포기하는 사람입니다. 남을 위해 자기의 시간을 포기하고 자기의 돈을 포기하고 자기의 노력을 쏟는 사람입니다. 그런데 그런 사람한테 "저 사람은 원래 저렇게 바보 같은 데가 있다니까" 하면서 오히려 이용해 먹으려고 할 때, "저 사람이 왜 저렇게 교회에서 봉사 많이 하는 줄 알아? 할 일이 없어서 그렇대" 하면서 짓밟아 버릴 때, 다시는 남을 위해 수고하거나 희생할 생각이 들지 않을 것입니다.

정직함과 인자함은 하나님의 백성에게 가장 중요한 덕목입니다. 정직함은 철저하게 하나님이 주신 것만으로 만족하면서, 하나님이 주시지 않은 것을 넘보지 않는 것입니다. "남들이 아무리 잘 살아도 나는 부러워하지 않는다. 남들이 아무리 성공해도 나와는 상관 없는 일이다. 나는 오직 하나님이 주신 것으로 만족하겠다"고 하는 것입니다.

그러나 하나님의 백성들은 단지 정직한 데서 그치지 않습니다. 그러기에는 하나님의 은혜가 너무나 크고 감사하기 때문입니다. 그래서 스스로 서원을 합니다. 이를테면 큰 병에 걸려서 죽게 되었다가 나은 사람이 병원비로 들어갔을 돈의 일부를 하나님께 바치거나 가난한 사람들에게 준다든지, 병원에서 보냈을 시간의 일부를 장애인 시설이나 외국의 난민촌 봉사에 쓰는 것입니다. 이것이 진정한 의미의 서원이요 낙헌제입니다.

그런데 유다에서는 이런 것을 찾아볼 수 없었습니다. 모든 것이 철저한 거래관계로만 이루어졌습니다. "네가 나를 속였어? 좋아! 내가 그렇게 만만한 사람이 아니라는 것을 보여 주지", "네가 나한테 피해를 입혔다 이거지? 어디 너도 한번 당해 봐라" 하는 사람들만 가득했을 뿐, 정직함이나 감사나 자원봉사나 희생이나 수

고는 찾아볼 수가 없었습니다.

  우리에게는 이러한 선지자의 말이 오히려 비현실적으로 들릴 수 있습니다. 남들이 다 나를 속이려 하는 것을 알면서 일부러 손해를 볼 필요는 없지 않습니까? 누군가 나한테 피해를 입혔다면 어떻게 해서든지 보상을 받아 내야 나도 살 수 있지 않겠습니까? 물론 개인적으로는 그렇게 하는 것이 옳고 똑똑한 짓일지도 모릅니다. 그러나 전체적으로 볼 때에는 그런 이기심이 하나님의 애정을 놓치게 만들 수 있습니다.

  어떤 사회든지 발전하려면 하나님 보시기에 아름다운 부분이 있어야 합니다. 아무리 작아도 가능성이 보이는 부분이 있어야 하나님이 함께하시는 것입니다. 그런데 이렇게 철갑을 두른 듯 철저하게 자기중심적으로 살 때, 본인들은 재미있게 살지 몰라도 하나님은 철저한 환멸을 느끼십니다.

열매가 없는 이유

  유다 사회는 어쩌다가 이처럼 강퍅해져서 철갑을 두르게 되었을까요? 우리는 그 답을 예수님의 씨 뿌리는 비유에서 찾아볼 수 있습니다.

  예수님은 천국에 대해 말씀하시면서, 사람의 마음에는 여러 종류가 있다고 하셨습니다. 그 중에서도 가장 부정적인 것이 길가와 같은 마음입니다. 길바닥은 사람들이 계속 밟고 다니는 곳이기 때문에 단단할 수밖에 없습니다. 거기에는 아무리 씨를 뿌려도 싹이 나지 않습니다. 결국 그 씨는 새들에게 다 쪼아 먹혀 버립니다.

  미가 선지자가 볼 때 유다 백성들의 마음이 바로 그러했습니다.

얼마나 단단한지 말씀이 들어갈 여지가 없었어요. 이런 경우에는 씨만 뿌려서는 안 되고, 쟁기로 땅을 완전히 갈아엎어야 합니다.

어떤 경우에 마음이 이렇게 단단해집니까? 우선, 마음속에 상처가 있을 때 마음이 단단해지기 쉽습니다. 예를 들어 가족 중 한 사람이 구원파 같은 이단에 빠지는 바람에 가정이 무너지는 경험을 한 사람은 기독교에 마음을 열기가 어렵습니다. 또 예수 잘 믿는다는 사람에게 돈을 떼였거나 사기를 당한 사람도 마음 문을 닫아걸고 열 생각을 하지 않습니다. 자기 나름대로 확고한 신념을 가진 사람들도 마찬가지입니다. 기독교를 받아들이면 자기의 신념이 흔들릴까 봐 두려워서 기독교를 받아들이려 하지 않습니다.

우리는 돌이나 나무로 만든 신상을 우상이라고 생각하지만, 진짜 우상은 우리 속에 있는 욕망의 표현물입니다. 돈에 욕심이 있는 사람은 그 욕심을 표현할 수 있는 신을 만들어 냅니다. 성욕이 있는 사람은 또 그것을 표현할 수 있는 신을 만들어 냅니다.

요즘은 우상이 이론이나 사람으로 나타나는 것 같습니다. 공산주의자들에게는 무력으로 기존 질서를 뒤엎는 공산 혁명이 우상입니다. 또 우리나라 청소년들은 자기 속에 있는 억눌림과 불만을 표출해 주는 가수나 음악의 제단에 젊음을 바치든지, 입시의 제단에 젊음을 바치고 있습니다. 얼마 전, 서울 부근의 기숙 학원에 불이 나는 바람에 여러 명의 수험생들이 목숨을 잃는 사건이 있었습니다. 왜 이런 비극이 일어납니까? 학벌이 우상이 되었기 때문입니다. 대학을 단순한 공부의 터전으로 보는 것이 아니라 자기의 행복과 미래를 보장해 주는 절대적인 가치로 보기 때문입니다.

구원은 우리 안에서 나오지 않습니다. 아무리 인간을 쥐어짜고 또 쥐어짜도 구원은 나오지 않습니다. 구원은 밖에서 옵니다. 인간은 밖으로부터 무언가를 받아들여야 바른 방향으로 나아갈 수가 있습니다. 그래서 예수님께서도 "네 눈이 성하면 온몸이 밝을 것이요 눈이 나쁘면 온몸이 어두울 것이니"(마 6:22-23)라고 말씀하셨습니다. 몸의 모든 기관이 바른 방향으로 나아려면 눈이 밖으로부터 빛을 흡수해야 합니다. 그래야 사람이 넘어지지 않고 바로 갈 수 있는 것입니다.

앞이 보이지 않는 상태에서 달리면 어떻게 됩니까? 얼마 안 가서 넘어질 수밖에 없습니다. 미국의 유명한 천체 물리학자 한 사람은 어릴 때 실명해서 맹인이 되었습니다. 그런데 그 사람은 앞이 보이지 않는다는 사실을 인정하지 않고 자전거를 탄 채 전속력으로 달리다가 넘어져서 이를 다 부러뜨렸습니다. 그 후에 그는 자신이 앞을 보지 못한다는 현실을 인정하고 겸손하게 공부하기 시작했고, 마침내 세계 최고의 천체 물리학자가 될 수 있었습니다.

젖 먹던 힘까지 다 짜낸다고 해서 구원을 얻는 것이 아닙니다. 구원을 얻으려면 밖으로부터 빛을 받아들여야 합니다. 계시를 받아들여야 하고 하나님의 말씀을 받아들여야 합니다. 우리에게 여러 가지 어려움을 주시는 것은 이 단단한 마음을 열어서 하나님의 말씀을 받아들이게 하시기 위해서입니다. 그런데 유다 사회는 어려움이 오면 올수록 자신을 밀폐시키고 안으로만 웅크려서 빛이 들어갈 여지를 만들지 않았습니다.

그뿐 아니라 그들에게는 말씀의 씨가 떨어지지 못하도록 완강하게 막는 저항세력이 있었습니다. 그 저항세력은 바로 유다의 지도자들이었습니다. "두 손으로 악을 부지런히 행하도다. 그 군장과 재판자는 뇌물을 구하며 대인은 마음의 악한 사욕을 발하며 서로 연락을 취하니 그들의 가장 선한 자라도 가시 같고 가장 정직한 자라도 찔레 울타리보다 더하도다. 그들의 파수꾼들의 날, 곧 그들의 형벌의 날이 임하였으니 이제는 그들이 요란하리로다"(7:3-4).

유다의 지도자들은 자신들의 기득권을 유지하기 위해 백성들이 말씀을 듣지 못하도록 방해했습니다. 이를테면 우민정책을 쓴 것입니다. 우리나라에서도 독재자들이 이런 정책을 써서, 국민들이 조금만 의식을 가지려 하면 큰 운동경기를 열었던 적이 있습니다. 유다의 지도자들은 백성들이 신앙을 회복하지 못하도록 선지자들을 죽였고, 우민정책을 써서 세속주의에 빠져 살게 만들었습니다. 이처럼 세속주의와 구조적인 모순은 서로 맞물려 있습니다.

하나님의 백성에게 중요한 것은 세상이 아닙니다. 물론 하나님의 백성에게도 돈이 필요하고 지식이 필요하고 권력이 필요하지만, 그 자체가 목적이 되어서는 안 됩니다. 하나님의 백성은 하나님을 알아 가는 것을 목적으로 삼아야 합니다. 우리는 하나님을 아는 만큼 의지하게 되어 있고, 의지한 만큼 위대한 삶을 살게 되어 있습니다. 그러므로 하나님의 백성은 함께 성경을 연구하고 나누고 깨닫고 배워 가는 일에 힘써야 합니다. 또한 우리는 사람들을 사랑하는 것을 목적으로 삼아야 합니다. 우리가 세상에 존재하는 것은 사람들을 사랑하기 위해서입니다.

세상을 보면서 환멸을 느낍니까? 사람들을 보면서 실망을 느낍니까? 당연한 것입니다. 세상은 우리를 배신하게 되어 있습니다. 세상에 헌신했던 사람들 중에 배신당하지 않은 사람이 없어요. 세상과 사람들에게는 빨리 실망하면 할수록 좋습니다. 이제는 삶의 목적을 바꾸십시오. 세상이 아니라 하나님을 알아 가는 데 목적을 두고, 남을 사랑하는 데 목적을 두십시오. 남을 사랑하려면 자기 자신에게 먼저 만족하고 감사해야 합니다. 이렇게 자기 자신에게 만족하다 보면 남이 소중하게 보이기 시작합니다. 그때 깨닫는 것이 무엇입니까? '야! 남을 행복하게 하는 것이야말로 최고의 축복이구나' 라는 것입니다. 이것이 우리가 존재하는 이유입니다.

유다 백성들은 자신들의 상처를 스스로 치료하려고 했습니다. 그리고 지도자들은 백성들이 깨우치지 못하도록 우민정책을 써서 세속주의에 빠지게 만들었습니다. 하나님의 백성은 하나님을 알아가는 것이 목적이 되어야 하는데, 이들은 돈 모으는 것이 목적이 되어 버렸습니다. 남을 행복하게 해 주는 것이 목적이 되어야 하는데, 자신을 행복하게 하는 것이 목적이 되어 버렸습니다. 미가 선지자는 이 사회에 희망이 없다고 진단하고 있습니다.

말씀의 씨가 뿌려지도록

유다 사회가 변화되려면 어떻게 해야 합니까? 방법은 하나밖에 없습니다. 말씀의 씨가 뿌려져야 하는 것입니다. 그렇지 않으면 유다 사회는 절대 변화될 수가 없습니다. 그래서 하나님께서 준비하신 것이 무엇입니까? 그들이 가진 것들을 다 빼앗아 가는 엄청난 고난입니다. 하나님께서는 그 고난을 통해 약속의 말씀을 붙들게 하심으로써 유다 사회에 소망을 주고자 하셨습니다.

우리는 사람을 볼 때 그 사람이 현재 가지고 있는 사회적 지위나 부나 지식을 보아서는 안 됩니다. 이미 다 높아진 사람은 끝물 포도와 같아서 더 이상 신선한 것이 나올 수 없습니다. 하나님께서 높이기로 작정하시면 하루아침에도 높아질 수 있으며, 낮추시기로 작정하시면 하루아침에도 낮아질 수 있습니다.

그러므로 중요한 문제는 그가 지금 얼마나 높은 자리에 있으며 얼마나 많이 가지고 있느냐가 아니라 하나님의 말씀을 받아들이고 있느냐 하는 것입니다. 말씀을 받아들이고 있는 사람은 마치 씨가 파종된 밭과 같습니다. 말씀이 뿌려졌다면 일단 기대를 가져 볼 만합니다.

그런데 말씀을 받아들이는 것보다 더 중요한 일은 그 말씀대로 사는 것입니다. 말씀을 듣는 것과 그대로 사는 것에는 많은 차이가 있습니다. 말씀은 참신하기 때문에 듣는 사람이 많을 수 있습니다. 그러나 그 말씀대로 살기는 어렵습니다. 그러려면 자기의 세상적인 가치관들을 다 내려놓아야 하기 때문입니다.

유다의 지도자들은 말씀의 씨 자체를 뿌리지 못하도록 막고 있었습니다. 그럼에도 불구하고 이사야나 미가, 예레미야, 그 밖에 이름이 알려지지 않은 많은 선지자들이 죽음을 무릅쓰고 말씀의 씨를 뿌렸습니다.

하나님께서는 우리가 말씀대로 살아 열매 맺기를 원하십니다. 말씀에 순종하는 사람은 기계적으로 순종하지 않습니다. 왜냐하면 그 사람 자체가 변하지 않는 한, 말씀에 순종하려야 할 수가 없기 때문입니다.

내가 말씀에 순종해서 살 때, 그것은 나 한 사람의 삶으로 끝나는 것이 아니라 나의 삶을 지켜보고 있는 수많은 사람들에게 영향을 끼칩니다. 내가 믿음으로 결단하고 순종함으로써 열매를 맺으면, 내가 알지 못하는 수백 명, 수천 명의 사람들이 확신을 얻게 됩니다. '아, 저렇게 사는 법도 있구나! 저렇게 어렵게 살면서 승리하는 법도 있구나!' 라는 큰 자신감을 얻게 됩니다.

이처럼 믿음으로 행하는 한 사람이 그 사회에 있느냐 없느냐가 아주 중요합니다. 그 한 사람이 수많은 사람에게 신선한 충격과 용기를 주며, 하나님의 긍휼을 끌어올 수 있기 때문입니다. 남이 나에게 무슨 짓을 했느냐에 너무 좌우되지 마십시오. 그런 짓을 당했을 때, 억울한 일을 당했을 때, 상처를 입었을 때, 큰 곤경에 빠졌을 때 내가 어떻게 반응하느냐가 그 일 자체보다 훨씬 더 중요합니다. 내가 믿음으로 반응하면 수많은 사람들이 확신을 얻게 될 뿐 아니라 하나님의 역사가 나타나기 시작합니다. 그러면 마음이 닫혀 있던 사람들도 "아, 하나님이 살아계시긴 한가 보구나" 하면서 놀라게 되고, 그럼으로써 메마른 땅에 신선한 변화의 바람이 불기 시작합니다. 이 모든 일이 믿음을 가진 한 사람으로부터 비롯되는 것입니다.

5절과 6절을 보십시오. "너희는 이웃을 믿지 말며 친구를 의지하지 말며 네 품에 누운 여인에게라도 네 입의 문을 지킬지어다. 아들이 아비를 멸시하며 딸이 어미를 대적하며 며느리가 시어미를 대적하리니 사람의 원수가 곧 자기의 집안 사람이리로다."

유다 사회는 아무도 믿을 수 없는 사회였습니다. 심지어 자기 가족조차 믿을 수 없을 정도로 불신이 팽배해 있는 사회였습니다. 사람이 세상에서 살려면 어딘가 믿고 기댈 만한 데가 있어야 합니다. 아무리 완벽하게 일한다 해도 사람은 실수하게 되어 있으며, 따라서 남의 도움이 필요하기 때문입니다. 만약 100퍼센트 완벽해야만 살아남을 수 있다면, 모두들 얼마 가지 않아 정신병자가 되고 말 것입니다.

특히 집은 그 어느 곳보다 편안한 장소가 되어야 합니다. 가족들에게 책잡힐까 봐 두려워서 집안에서도 정장을 차려입어야 하고 말 한마디 한마디 다 신경 써야 한다면 도저히 살 수가 없을 것입니다. 그런데 유다 사회가 바로 그런 사회였습니다. 가족들끼리도 믿을 수가 없었습니다.

인간관계는 연쇄적인 것입니다. 누군가 한 사람을 믿어 주면 그 믿음이 계속해서 전파되지만, 누군가 한 사람을 의심하면 또 그 의심이 계속해서 전파되어 결국에는 사회 전체가 불신에 빠지게 됩니다. 4절을 보십시오. "그들의 가장 선한 자라도 가시 같고 가장 정직한 자라도 찔레 울타리보다 더하도다. 그들의 파수꾼들의 날, 곧 그들의 형벌의 날이 임하였으니 이제는 그들이 요란하리로다."

유다는 얼마나 불신이 팽배해 있었던지, 가장 선한 사람도 가시 같았습니다. 좀 기대려고 해도 가시같이 찔러서 기댈 수가 없었어요. 좀 뚫고 들어가려고 해도 찔레 울타리로 둘러싼 것처럼 들어갈 틈이 없었습니다. 결국 그들은 하나님이 정하신 파수꾼의 날에 다 불타 버릴 수밖에 없게 되었습니다.

우리나라 사람들은 모래와 같다고 합니다. 한 사람 한 사람은 똑똑한데, 전체적으로 보면 결속력이 없다는 것입니다. 자기의 이익에는 민감하지만 전체의 안전은 생각지 않습니다. 그러니까 사회 어느 한 구석이 무너지기 시작하면 전체가 급속도로 무너질 수밖에 없습니다. 서로를 묶어 줄 기본적인 신뢰가 없기 때문입니다. 우리 사회가 이렇게 험악해진 것은 서로 믿지 않기 때문입니다. 노동자는 정부를 믿지 않고, 기업은 노동자를 믿지 않습니다. 아무도 서로를 믿지 않습니다.

사람들은 무언가 대가를 지불하고 손해를 보면서까지 신뢰를 구축하려 하지 않습니다. 그러나 이 사회를 다시 건설하려면 누군가 한 사람이 손해를 무릅쓰고서라도 다른 사람을 믿어 주어야 합니다. 사람들은 이상적인 사회가 한순간에 도래할 것처럼 생각하면서 자기가 해야 할 몫의 노력은 하려 들지 않습니다. 어떤 철학자는 "내일 세상에 종말이 오더라도 나는 오늘 한 그루의 사과나무를 심겠다"고 했는데, 저는 남을 믿는 것이야말로 사과나무를 심는 일이라고 생각합니다. 그래야 하나님의 긍휼이 이 사회에 임할 수 있고, 복음의 새로운 계절이 도래할 수 있는 것입니다.

만약 어떤 사람이 말씀을 듣고 교회나 목회자에 대한 신뢰가 회복되기 시작했다면, 이미 큰 변화가 시작된 것입니다. 내가 몸이 아플 때 한 교인이 관심 가져 주는 것을 보고 인간에 대한 신뢰가 회복되기 시작했다면, 이미 굉장한 축복이 시작된 것입니다. 이제부터 얼음이 녹고 꽃이 피고 열매가 맺힐 것입니다.

예수님께서는 복음이 전해졌을 때 생길 일에 대해 다음과 같이 말씀하셨습니다. "사람들이 너희를 끌어다가 넘겨줄 때에 무슨 말을 할까 미리 염려치 말고 무엇이든지 그 시에 너희에게 주시는 그 말을 하라. 말하는 이는 너희가 아니요 성령이시니라. 형제가 형제를, 아비가 자식을 죽는 데 내어주며 자식들이 부모를 대적하여 죽게 하리라. 또 너희가 내 이름을 인하여 모든 사람에게 미움을 받을 것이나 나중까지 견디는 자는 구원을 얻으리라"(막 13:11-13).

사람이 가장 가까운 가족조차 믿을 수 없다면 그것은 하나님의 은혜가 떠나고 있다는 중요한 증거입니다. 그러나 그런 불신의 관계도 축복으로 바뀔 수 있습니다. 어떻게 그렇게 될 수 있습니까? 가족들 가운데 신실한 신자가 생겼을 때, 처음에는 그를 미워해서 죽는 자리에까지 내주는 분리가 일어납니다. 이를테면 서로 연결되지 못하고 평행선을 달리는 것입니다. 처음에는 신앙을 빼앗기지 않기 위해 이렇게 분리된 길을 갈 수밖에 없습니다. 그러나 어느 정도 믿음이 자라고 나면 믿는 자의 사랑이 믿지 않는 자들을 삼키게 됩니다. 언젠가 믿는 자가 믿지 않는 자에게 도움을 줄 때가 오는데, 그때 이 평형선이 합쳐지면서 하나님의 사랑으로 믿지 않는 가족들을 설득할 수 있게 되는 것입니다.

이 시대 사람들의 마음은 돌짝밭처럼 메말라 있습니다. 무엇보다 무서운 것은 인간에 대한 신뢰를 잃어버렸다는 것입니다. 사람들은 서로를 믿지 않고 찔레 울타리로 자신을 철통같이 두르고 있습니다. 그러면 결국 그 사회는 정신병자의 사회가 될 수밖에 없습니다. 오늘 우리에게 고난을 주시는 것은 이 철통 같은 이기심을 깨기 위해서입니다.

그동안 우리는 돈 벌고 돈 쓰는 재미 때문에 자기 마음이 돌보다 더 단단해지고 있는 것을 알지 못했습니다. 이제 그 모든 마술은 끝났습니다. 이제는 세상에 철저하게 환멸을 느껴야 하고, 세상 사는 재미도 잃어버려야 합니다. 유학이 능사가 아니고 고시가 별것이 아님을 알아야 합니다. 이제는 하나님을 아는 것이 목적이 되어야 하고, 다른 사람을 사랑하는 것이 목적이 되어야 합니다.

하나님을 알면 알수록 믿음이 자라게 되어 있고, 믿음이 자라면 자랄수록 하나님의 능력이 나타나게 되어 있습니다. 학벌중심주의가 우리 사회에 가져온 결과가 무엇입니까? 교육 전체가 붕괴해 버린 것입니다. 대학을 절대적인 우상으로 섬기는 한, 어떤 교육 정책을 세우고 누가 장관이 되어도 결국은 실패하게 되어 있습니다.

세상에서 가장 어려운 일은 다른 사람을 사랑하는 것입니다. 다른 사람을 사랑하는 것이야말로 많은 연구가 필요하고 많은 준비가 필요한 일입니다. 왜냐하면 그 사람이 요구하는 것이 곧 그 사람의 진정한 필요는 아니기 때문입니다. 그 사람은 돈을 달라고 하는데, 사실은 돈이 그 사람에게 필요한 것이 아닐 때가 너무나도 많습니다.

또 남을 사랑하려면 내 속에 있는 욕심을 먼저 죽여야 합니다. 내 속에 있는 탐욕의 우상이 파괴될 때에야 다른 사람의 소중함이 눈에 들어오기 시작하고, 그 사람이 가진 99퍼센트의 부정적인 면보다 1퍼센트의 가능성이 보이게 됩니다. 다른 사람을 인정해 주십시오. 그들을 더 온전하게 만들기 위해 내가 희생해야 할 것이 무엇인지 생각하십시오. 그러면 그 희생이 소년의 보리떡 다섯 개, 물고기 두 마리가 되어 수많은 사람들을 살리는 기적으로 나타날 것입니다.

오늘 이 시대가 이처럼 우리에게 환멸을 주는 것은 잘못된 목적을 바로잡으라는 하나님의 부르심입니다. 더 이상 세상에 목적을 두지 않고 하나님을 알아 가는 것과 다른 사람을 사랑하는 데 목적을 둠으로써, 이 사회에 하나님의 긍휼을 끌어오는 반석처럼 든든한 성도들이 되시기를 바랍니다.

19 하나님만 바라보는 신앙

하나님의 백성들이 겪는 어려움의 성격_하나님만 바라보는 신앙_하나님의 치료방식_하나님의 치료과정_모든 사람이 보게 되리라

7:7 오직 나는 여호와를 우러러보며 나를 구원하시는 하나님을 바라보나니 나의 하나님이 나를 들으시리로다.
8 나의 대적이여, 나로 인하여 기뻐하지 말지어다! 나는 엎드러질지라도 일어날 것이요 어두운 데 앉을지라도 여호와께서 나의 빛이 되실 것임이로다.
9 내가 여호와께 범죄하였으니 주께서 나를 위하여 심판하사 신원하시기까지는 그의 노를 당하려니와 주께서 나를 인도하사 광명에 이르게 하시리니 내가 그의 의를 보리로다.
10 나의 대적이 이것을 보고 부끄러워하리니 그는 전에 내게 말하기를 "네 하나님 여호와가 어디 있느냐?" 하던 자라. 그가 거리의 진흙같이 밟히리니 그것을 내가 목도하리로다.

7:7-10

집에 전기가 고장났는데, 그 고장난 정도가 경미하면 굳이 전문가를 부를 필요가 없습니다. 예를 들어서 퓨즈가 끊어졌다면 굳이 한전 직원을 부르지 않아도 얼마든지 고칠 수 있을 것입니다. 그런데 동네의 큰 변압기가 고장난 경우처럼 문제가 커서 아무나 고칠 수 없을 경우에는 전문가가 올 때까지 기다려야 합니다.

오늘 본문에서 미가 선지자는 오직 하나님만 기다리겠다고 말하고 있습니다. 그 이유는 유다의 문제가 누구나 쉽게 고칠 수 있는 간단한 것이 아니었기 때문입니다. 그들의 문제는 하나님께서 친히 오시지 않으면 고칠 수 없는 대단히 복잡하고 전문적인 문제였습니다.

우리는 그리스도인들이 당하는 문제 거의 대부분이 전문적인 문제라는 사실을 알아야 합니다. 그리스도인이 당하는 문제 중에 신앙 없는 삼촌이나 친구들이 도와줄 수 있는 것은 아무것도 없습니다. 물론 친분 있는 이들 중에 도와주려고 나서는 사람이 아주 없는 것은 아닙니다. 그러나 얼마 지나지 않아 모두 손을 들고 물러나 버립니다. 왜 그렇습니까? 겉으로 보기에는 쉬운 문제 같은데, 안으로 들어가면 들어갈수록 사람의 힘으로 해결할 수 없다는 사실이 드러나기 때문입니다. 도저히 어디서부터 풀어 나가야 할지 실마리를 찾을 수가 없습니다.

그렇기 때문에 어려움에 빠진 성도들이 할 수 있는 일은 오직 하나님을 바라보는 것밖에 없습니다. 물론 성도들도 인간적인 방법을 궁리해 보기도 하고, 사람들에게 도움을 청해 보기도 합니다. 그러나 시간이 지날수록 분명해지는 사실은, 사람은 아무도 이 문제를 해결할 수 없으며 하나님께서 친히 오셔서 해결해 주셔야만 한다는 것입니다.

하나님의 백성들이 겪는 어려움의 성격

하나님의 백성들이 겪는 어려움은 아무나 도울 수 있는 것이 아닙니다. 그 점을 잘 알고 있었던 미가 선지자는 어려움에 빠진 하나님의 백성들을 대표하여, 자신은 오직 하나님 한 분만 바라본다고 강하게 고백하고 있습니다. "오직 나는 여호와를 우러러보며 나를 구원하시는 하나님을 바라보나니 나의 하나님이 나를 들으시리로다"(7:7).

선지자는 두 번씩이나 강하게 하나님만 바라본다고 말하고 있습니다. 여기에서 하나님을 바라본다는 것은 개인적인 어려움 속에서 바라본다는 뜻이 아닙니다. 큰 어려움에 빠져서 도무지 어떻게 해결해야 할지 모르고 있는 유다 백성들을 대표하여 "이것은 아마추어가 손댈 문제가 아니라 전문가가 해결해야 할 문제이며 하나님이 아니면 고칠 수 없는 문제이다. 그러므로 우리는 하나님만 바라보아야 한다"고 고백하는 것입니다.

이미 살펴본 대로 예루살렘의 문제는 두 가지였습니다. 한 가지는 그들 가운데 자행되고 있는 불의였습니다. 그들의 불의는 정상적인 방법으로는 고칠 수 없을 정도로 고질이 되어 있었습니다. 특히 지도자들이 자기 욕심을 채우기 위해 진리를 대적하고 불의를 일삼을 뿐 아니라 하나님의 나라를 점점 더 어두운 곳으로 끌고 가고 있었기 때문에, 선한 양심을 가진 자들은 두려움에 사로잡히지 않을 수 없었고 나라의 장래를 생각하며 낙심하지 않을 수 없었습니다. 이에 대해 미가 선지자는 "하나님은 하실 수 있다. 사람의 힘으로는 고칠 수 없는 불의라도 하나님은 고치실 수 있다"고 말하고 있습니다.

또 한 가지 예루살렘의 문제는 바벨론에 포로로 잡혀 가는 것이었습니다. 미가 선지자는 그것을 미리 내다보고 있습니다. 유다가 망해서 바벨론에 포로 잡혀 간다면 그들에게는 더 이상 소망이 없다고 보아야 할 것입니다. 바벨론이 망하지 않는 이상 유다는 회복될 가능성이 없습니다. 아직 예루살렘은 망하지 않았지만, 미가 선지자는 최악의 상태에 빠져서 바벨론 포로로 끌려갈 그들의 미래를 내다보고 있습니다. 그러나 그는 그런 최악의 경우를 내다보면서도 소망을 버리지 않습니다. 그때라도 하나님은 고치실 수 있다는 것을 알기 때문입니다.

하나님의 백성들이 전적으로 물리적인 어려움에만 빠지는 경우는 거의 없습니다. 예를 들어 한 그리스도인이 큰 병이 생겨서 수술을 받게 될 때, 그의 문제가 건강에만 한정되는 경우는 거의 없습니다. 건강은 표면적인 문제입니다. 그 배후에는 그렇게 건강을 해치게 되기까지 누군가와 좋지 않은 관계로 오랫동안 마음이 상했다거나 잘못된 생활습관이 있는 등, 또 다른 문제가 있을 수 있습니다. 만약 건강에만 국한된 문제라면 의사만 의지해도 얼마든지 해결할 수 있을 것입니다. 그러나 실제적인 문제는 영적인 데 있고 건강은 그 문제의 부산물에 불과하다면, 아무리 유능한 의사라도 근본적으로 해결해 줄 수가 없습니다.

어떤 그리스도인이 파산 직전에 처해 있다고 합시다. 그것이 단지 돈에 관련된 문제라면 어디에서든지 돈을 빌려서 해결할 수 있습니다. 그러나 그것이 잘못된 가치관이나 세상을 향한 욕망에서 비롯된 문제라면, 하나님께서 이미 여러 번 경고하셨음에도 불구하고 계속 세상으로 달려간 결과라면, 과연 누가 그것을 해결해 줄 수 있겠습니까? 하나님께서 직접 그의 재산을 불어 버리셨는데, 어떤 돈 많은 사람이 그를 도와줄 수 있겠습니까? 설사 누가 도와주려고 덤벼들었다가도 밑 빠진 독에 물 붓는 것 같은 상황 앞에 결국은 손을 들고 물러날 것입니다.

다른 일들도 마찬가지입니다. 하나님께서 자기 백성들의 인격 깊은 곳에 자리잡고 있는 교만과 거짓을 빼내기 위해 물리적인 어려움을 주시고 가난을 주시고 건강을 치실 때, 누가 감히 하나님의 손에서 그를 건져 낼 수 있겠습니까? 하나님께서는 자기 백성을 연단하실 때 얕은 물에 빠뜨리시지 않습니다. 도저히 살아나올 수 없는 깊은 물에 빠뜨려서 큰 절망 가운데 자기의 실상을 보게 하십니다.

그렇다고 그리스도인이 당하는 모든 어려움을 영적으로 해석해 버린다면 불필요한 두려움과 불신앙이 야기될 것입니다. 예를 들어 아기가 조금만 열이 나도 사탄의 역사라고 생각해서 과민하게 반응하는 것은 현명한 일이 아닙니다. 그러나 우리가 당하는 대부분의 어려움에는 그 어려움 자체보다 훨씬 더 심각한 영적인 불순종이나 꺾이지 않는 교만이 있다는 사실은 유념할 필요가 있습니다.

미가 선지자는 예루살렘의 어려움이 단순히 군사적인 문제나 재정적인 문제가 아니라는 것을 알았습니다. 단순히 군사적인 문제라면 외국 군대를 끌어오면 될 것이고, 재정적인 문제라면 돈을 빌려 오면 될 것입니다. 그러나 그들의 문제는 사람이 도울 수 없는 것이었습니다. 말씀의 능력을 의심하고 세상을 따라간 데서 비롯된 대단히 복잡하고 어려운 문제였기 때문에, 하나님이 아니면 아무도 해결할 수 없었습니다.

하나님만 바라보는 신앙

미가 선지자는 이런 어려움을 해결하는 유일한 방법은 오로지 하나님만 바라보는 것이라고 말합니다. "오직 나는 여호와를 우러러보며 나를 구원하시는 하나님을 바라보나니 나의 하나님이 나를 들으시리로다"(7:7).

지금 유다의 상태는 어떻습니까? 회복이 불가능할 정도로 망가져 있습니다. 세상적인 안목으로 보아도 도대체 어디서부터 손을 대야 할지 모를 정도로 골치 아픈 상태이며, 영적으로 보면 더욱 절망적인 상태입니다. 그래서 같은 시대를 살았던 이사야는 예루살렘이 머리부터 발끝까지 성한 곳이 한 군데도 없다고 말했습니다. "발바닥에서 머리까지 성한 곳이 없이 상한 것과 터진 것과 새로 맞은 흔적뿐이어늘 그것을 짜며 싸매며 기름으로 유하게 함을 받지 못하였도다"(사 1:6).

하나님의 백성이 어떻게 이 정도로 만신창이가 될 수 있습니까? 이것은 당연한 결과입니다. 원래 하나님의 백성은 하나님의 도움 없이는 단 한 순간도 살 수 없는 사람들로서, 자기 속 깊은 곳에 있는 죄성과 끊임없이 씨름하며 살아야 합니다. 그러나 다른 사람들은 우리처럼 살지 않습니다. 세상에 목적을 두고 달려가서 돈도 잘 벌고 승진도 잘 합니다. 반면에, 나는 말씀과 씨름하고 죄와 씨름하고 정욕과 싸우다 보니 되는 일이 하나도 없습니다. 그럴 때 '그래, 일단은 세상 것부터 붙잡고, 하나님이나 신앙은 그 다음에 생각하자'는 결론을 내리기 쉽습니다. 그런데 실제로 씨름을 포기하면 어떻게 됩니까? 속에 있던 죄악이 두드러기처럼 온몸에 솟기 시작합니다. 머리부터 발끝까지 성한 곳이 없을 정도로 온몸이 죄로 만신창이가 되어 버립니다.

환경적인 어려움과 반역하는 기질 중에서 어느 쪽이 더 고치기 어렵다고 생각합니까? 우리는 흔히 환경적인 어려움이 더 고치기 어렵다고 생각합니다. 예를 들어 유다 백성들은 바벨론의 손에서 벗어나는 일이 더 어렵다고 생각했습니다. 그러나 실제로 더 고치기 어려운 것은 반역하는 기질입니다. 예를 들어 어떤 청년이 대학을 졸업했는데 취업이 잘 안 된다면, 직장을 구하는 문제가 어떤 문제보다 크게 보일 것입니다. 그러나 하나님께서는 그의 속에 있는 교만과 거짓과 반역하는 기질의 문제를 더 크게 보십니다.

사실 우리 같은 인간들이 하나님의 뜻대로 산다는 것은 그 자체가 불가능하고 말이 되지 않는 일입니다. 그래도 늘 자기의 죄와 씨름하고 하나님 앞에서 몸부림치는 동안에는 만신창이가 되지 않습니다. 그러나 이런 싸움을 슬그머니 포기하는 순간, '매일 죄 붙들고 씨름해 봐도 나아지는 게 없잖아. 이제 이런 문제는 접어

두고 다른 사람들처럼 세상일에 열심을 내자'고 생각하는 순간, 온몸에 두드러기가 솟으면서 만신창이가 되는 것입니다.

사실 우리는 원래부터 만신창이였습니다. 하나님께서 은혜로 붙들어 주셔서 악화되지 않고 있었을 뿐입니다. 그러다가 하나님 앞에서 죄와 씨름하기를 포기하고 구렁이 담 넘어가듯이 슬그머니 넘어가려 할 때, 그 모든 죄성들이 현실적인 문제로 불거져 나오기 시작합니다.

하나님께서는 우리가 우리 속에 있는 교만과 좀더 씨름하고, 우리 속에 있는 죄성과 좀더 씨름하기를 원하십니다. 그러면 바벨론 같은 세상의 문제들은 하나님께서 해결해 주겠다고 말씀하십니다.

하나님의 치료방식

하나님께서는 만신창이가 된 자신의 백성을 어떤 방식으로 치료하십니까? 필요한 돈을 주거나 병을 고쳐 주거나 사회적인 관계를 회복시킴으로써 치료하시지 않습니다. 하나님의 사랑을 받지 못하도록 막고 있는 걸림돌을 제거함으로써 치료하십니다.

하나님은 늘 우리를 사랑하시기 때문에 그의 은혜만 임한다면 어떤 어려움이든 해결될 수 있습니다. 우리 속 깊은 곳에는 죄성이 있으며, 자기 죄를 인정하지 못하게 만드는 교만과 자존심이 있습니다. 만약 그 자존심과 고집을 버리고 하나님만 어린아이처럼 신뢰한다면, 미가 선지자의 표현대로 하나님만 바라본다면, 어떤 어려운 문제도 고침받을 수 있습니다. 아무리 절망적인 상황에 빠져 있다 하더라도 단번에 끄집어내실 것이며, 아무리 침체되어 있고 감정적으로 깊은 상처를 입었다 하더라도 한순간에 치료해 주실 것입니다.

그런데 하나님 앞에서 자기의 죄성과 교만을 있는 그대로 인정하기가 너무나 어렵습니다. 왜 그렇습니까? 이미 하나님의 사랑을 경험했고 은혜에 길들여져 있기 때문입니다. 부모에게 사랑을 많이 받은 자녀일수록 자존심이나 고집이 대단해서 자기 잘못을 좀처럼 인정하지 않는 법입니다. 예를 들어 높임만 받던 재벌의 아들들 같은 경우에는 완전히 망하기 전까지는 절대로 자기가 망했다는 사실을 인정하지 않습니다. 우리는 하나님을 믿으면서도 남들보다 잘살아야 한다고 생각합니다. 아니, 더 잘살지는 못해도 남들보다 못살지는 않아야 한다고 생각합니다. "내가 왜 저 친구보다 못살아야 합니까? 내가 왜 저 친구보다 늦게 취직해야 합니까?" 하면서 하나님께 반항하고 불평을 터뜨립니다.

우리의 치료를 어렵게 만드는 것은 이러한 교만과 고집뿐입니다. 이것만 버리고 어린아이처럼 하나님을 바라본다면 고침받지 못할 문제가 없습니다. 우리의 어려움은 전문적인 어려움이기 때문에 이 사람 저 사람에게 호소해 봤자 소용이 없습니다. 오직 하나님이 오셔야만 치료될 수 있습니다. 옆에서 도와주겠다는 사람들을 쫓아다니는 것은 시간 낭비입니다. 하나님과 일대일로 해결하는 것이 가장 빠른 길입니다.

하나님의 치료과정

미가 선지자는 이 치료가 단시일 내에 끝나지 않는다는 것을 알고 있었습니다. 그래서 3절에서 이렇게 말하고 있습니다. "나의 대적이여, 나로 인하여 기뻐하지 말지어다! 나는 엎드러질지라도 일어날 것이요 어두운 데 앉을지라도 여호와께서 나의 빛이 되실 것임이로다."

어려움을 당했을 때 제일 고통스러운 일은 하나님을 모르는 사람들 앞에서 수치를 당하는 것입니다. 지금까지는 '우리는 하나님의 도우심을 받는 사람들이기 때문에 아무리 어려운 형편에 떨어진다 해도 하나님을 모르는 짐승 같은 사람들보다는 나을 것'이라고 생각해 왔습니다. 그런데 막상 어려움이 닥쳤을 때 믿지 않는 사람들이 하는 말이 무엇입니까? "이런 상황에서 네 신앙이 무슨 도움이 되느냐? 네가 믿는 하나님은 왜 너를 도와주지 않느냐? 네 하나님은 도대체 어디 있느냐?"라는 것입니다.

우리는 하나님께서 왜 이런 모욕을 당하시면서도 가만히 계시는지 알 수가 없습니다. 그러나 하나님께서는 자신의 이름을 높이는 것보다 우리를 바른 모습으로 만들기를 더 기뻐하십니다. 물론 하나님께서도 자신의 이름이 모욕당하는 것을 싫어하십니다. 특히 이방인들이 하나님에 대해 이러쿵저러쿵하는 것을 아주 싫어하십니다. 그러나 그것이 싫다고 해서 자기 백성들의 불신앙을 그냥 내버려 두시지는 않습니다. '너희만 참 신앙을 갖게 된다면 내 거룩한 이름이 모욕당하는 것은 얼마든지 참겠다'는 것이 하나님의 마음입니다.

하나님께서는 자기 백성들이 죄 가운데 있을 때 징계하십니다. 자신의 이름이 모욕당하는 것을 감수하면서까지 그 백성을 징계하십니다. 하나님께서는 이처럼 우리와 함께 기꺼이 조롱을 받으심으로써 우리의 고통에 동참하십니다.

그러나 언제까지나 그렇게 참고만 계시는 것은 아닙니다. 반드시 자신의 손상된 이름을 회복시키실 때가 있습니다. 그 백성들을 온전히 치료하심으로써 하나님의 이름도 회복시키시는 때가 있는 것입니다. 하나님의 백성들이 멸시 천대를 당할 때 보면 완전히 소멸되어 사라질 것만 같습니다. 그러나 어느 순간부터 다시 살아나기 시작합니다. 그것도 그냥 살아나는 것이 아닙니다. 과거에 조롱하던 자들이 입을 다물지 못할 정도로 순결하게 살아납니다. "과연 너희 하나님은 살아 계시는구나!"라는 말이 절로 나올 정도로 아름답게 살아납니다.

그래서 미가 선지자가 예루살렘의 대적에게 기뻐하지 말라고 말하는 것입니다. 하나님의 백성들에게 고난은 끝이 아닙니다. 오히려 새로운 시작입니다. 그들은 엎드러지지만 다시 일어날 것입니다. 세상 사람들은 한번 엎드러지면 다시 일어나지 못하며, 세상 나라들은 한번 망하던 다시 회복되지 못합니다. 그러나 하나님의 백성들은 엎드러져도 다시 일어납니다. 어두운 데 앉아 있어도 완전히 캄캄한 상태에 빠지지는 않습니다. 왜냐하면 하나님께서 그들의 빛이 되어 주시기 때문입니다.

성도들이 넘어지는 것을 목격한 사람들은 누구나 오래 살 필요가 있습니다. 그것을 보면서 기뻐하고 좋아했던 사람들은 특히 더 오래 살 필요가 있어요. 오래 살아서 하나님의 백성이 재기하는 것을 반드시 보아야 합니다. 내가 쓰러지고 넘어지는 것을 보고 기뻐하며 조롱한 사람들이 있습니까? 한 백 살 정도 살게 해 달라고 기도하십시오. 내가 얼마나 아름답게 다시 일어서는지 그들의 두 눈으로 똑똑히 보게 해 달라고 구하십시오.

여기에서 어두운 데 앉는다는 것은 포로로 잡혀 간 상태를 가리키는 말입니다. 포로에게는 소망이 없습니다. 고향을 떠나 바벨론 한쪽 구석에 포로로 앉아 있는 유다 백성들에게 무슨 소망이 있겠습니까? 그런데 놀라운 것은 그 어두운 곳에도 빛이 있다는 것입니다.

실제로 바벨론에는 하나님의 빛이 있었습니다. 선지자들의 두루마리가 있었고, 에스겔 같은 선지자가 있었고, 다니엘이나 모르드개 같은 지도자가 있었습니다. 예루살렘에서는 선지자들이 그렇게 목이 터져라 외쳐도 듣지 않던 백성들이, 포로로 잡혀 간 그곳에서는 말씀을 듣기 시작했습니다. 오히려 포로 되어 간 그곳에 더 풍성한 말씀과 은혜가 넘쳤습니다. 나라는 사라지고 없었지만, 그들에게는 빛이 있었습니다. 그 작은 빛은 점점 더 큰 빛이 될 것입니다. 그리고 그 큰 빛은 태양처럼 밝은 빛이 되어 온 세상을 비추게 될 것입니다.

아무리 절망적인 상황에 빠져 있어도 말씀이 있고 믿음의 선배가 있으며 공동체를 이끌 지도자가 있다면 빛이 있는 것입니다. 그러면 아무리 어두운 데 앉아 있어도 마음까지 어두워지지는 않습니다. 이처럼 작은 빛이라도 빛이 있으면 이미 살아난 것이나 다름이 없습니다. 물론 구체적인 방법은 잘 모릅니다. 어떻게 자신이 재기할 것인지, 어떻게 부채를 청산하고 집안의 어려운 문제를 해결하며 세상의 빛과 소금으로 나타나게 될지 그 방법은 전혀 모릅니다. 그러나 그가 쓰러져 있는 어두운 곳에 말씀의 빛이 비친다면, 그는 분명히 다시 일어날 것입니다.

어떤 분이 감옥에 들어가게 되었습니다. 그런데 그곳에서 성경을 읽으면서 그동안 세상 재미에 빠져 하나님을 무시하며 교만하게 산 것을 철저하게 회개하게 되었고, 예전의 은혜를 회복하게 되었습니다. 그분은 감옥이 전혀 춥지 않고 어둡지 않더라고 고백했습니다. 감옥에 햇빛은 들어오지 않았지만, 하나님이 마음의 빛이 되어 주셨기 때문에 너무나 따뜻하고 밝았다고 고백했습니다.

그런데 하나님께서는 왜 자기 백성들을 빨리 치료해 주시지 않고 오랜 기간을 통해 치료하시는 것일까요? 그것은 우리 속에 있는 근본적인 문제들이 그렇게 쉽게 드러나지 않기 때문입니다. 자기 죄성을 온전히 깨달으려면 오랜 시일이 필요합니다. "내가 여호와께 범죄하였으니 주께서 나를 위하여 심판하사 신원하시기까지는 그의 노를 당하려니와 주께서 나를 인도하사 광명에 이르게 하시리니 내가 그의 의를 보리로다"(7:9).

하나님께서 내 문제를 완전히 회복시키실 때까지 나는 그의 노를 당해야 합니다. 다시 말해서 하나님의 때가 되기까지는 어려운 처지에 그대로 있어야 한다는 것입니다. 우리는 어려운 일이 닥칠 때 금방 무릎을 꿇고 회개합니다. 싹싹 빌면서 다시는 그렇게 하지 않겠다고 다짐합니다. 그런데 그때만 지나고 나면 어떻게 합니까? 회개한 것 다 잊어버리고 다시 같은 죄를 짓습니다. 근본적인 문제가 해결되지 않았기 때문입니다.

그래서 하나님께서는 우리를 깊은 웅덩이에 빠뜨려 놓고, 하나님의 때가 될 때까지 내버려 두십니다. 우리는 기도도 했다가 인간적인 방법도 써 보았다가 하나님을 원망하기도 했다가 결국은 자포자기하는 단계까지 나아갑니다. 그리고 그 단계에서도 상황에 아무 변화가 없으면 그때부터 곰곰이 자기 자신에 대해 생각하면서, 자기 속에 얼마나 무섭고 악한 죄성이 있는지 깨닫기 시작합니다.

어려움에 빠진 사람이 맨 처음에 하는 일은 마구 몸부림을 치면서 "하나님, 이 문제만 해결해 주시면 교회도 잘 나가고 감사헌금도 많이 바치겠습니다" 하고 기도하는 것입니다. 그래도 반응이 없으면 돈 많은 삼촌한테 전화 걸고 친구한테 전화를 걸어서 해결해 보려고 합니다. 그리고 그것으로도 해결이 안 되면 마구 원망도 해 보고 죽을 생각도 해 봅니다. 그러다가 결국에는 말씀 앞에 나아오게 됩니다. 그러면 말씀이 자기 속을 깊이깊이 비추기 시작합니다. "봐라, 네 교만이 뼛속까지 사무쳐 있다. 네 죄성이 온몸에 퍼져 있다. 그런데 그까짓 돈 몇 푼으로 해결이 되겠느냐? 세상적인 방법으로 해결이 되겠느냐?"는 말씀이 들리기 시작합니다.

문제가 너무 쉽게 해결되면 하나님의 놀라운 영광 속에 들어갈 수 없습니다. 사람들의 인정이나 돈 버는 일이 전부인 줄 알고 하나님께 나아갈 생각을 하지 않아요. 하나님께서 깊은 어두움에 빠뜨리시고 아무리 부르짖어도 못 본 척 내버려 두셔야, 비로소 말씀으로 자신을 비추어 보게 되고 자신의 죄성을 뿌리까지 보게 됩니다.

죄의 깊이를 알지 못하는 사람은 영광의 높이도 알지 못합니다. 그런 사람은 조금만 형편이 나아져도 곧장 세상으로 달려가 버립니다. 참으로 귀한 모든 것은 하나님의 영광에 있습니다. 그 앞에 나아가면 나아갈수록 어려움은 사라지고, 비참하던 모습은 어느새 존귀하게 변하기 시작합니다. 이것이 우리를 치료하시는 전문가의 방식입니다.

하나님이 주시는 어려움에는 때가 있습니다. 일정한 때를 정해 놓으시고 그때가 오기 전까지는 우리를 어려움 속에 내버려 두십니다. 유다 백성들에게는 70년이 정해진 기간이었습니다. 그때가 되기 전에는 어떤 방법을 써도 꺼내 주지 않으실 것입니다. 그 깊은 웅덩이 속에 있는 기간은 오직 하나님만 바라보는 기간입니다. 한순간이라도 하나님을 바라보지 않으면 살아남을 수가 없는 기간입니다. 우리는 해바라기처럼 오직 하나님 한 분만 바라보면서 그 기간을 보내야 합니다.

그런데 사실은 그 기간이야말로 하나님과의 밀월 기간이라고 할 수 있습니다. 세상의 복잡한 일에 매이지 않고 하나님만 바라보는 그때야말로 하나님과 가장 가까이에서 교제하고 만나는 기간이며, 하늘과 땅이 가장 가까이 만나는 기간인 것입니다. 그때는 하나님께서 바로 옆에서 숨을 쉬시는 것 같고 손만 뻗어도 만져질 것 같습니다. 세상의 영광은 가짜로 보이고, 오히려 천국이 생생하게 느껴집니다. 그때는 하루라도 성경을 읽지 않으면 살 수가 없습니다. 그리고 따로 할 일도 없으니까 매일 교회에 갑니다. 사실 세상 친구들을 만나려도 만날 형편이 못 됩니다. 두 번 얻어먹으면 한 번은 밥값을 내야 하는데, 그 돈조차 없으니 만날 수가 없는 것입니다. 그러니까 교회 가서 밥 얻어먹고 하나님 앞에만 붙어서 삽니다.

때로는 하나님께서 그 기간을 단축해 주시기도 합니다. 자기의 이런 처지를 기뻐하고 감사하고 만족하면서 살면, 그만큼 하나님의 때가 가까워지는 것입니다. 이처럼 믿음은 역사하는 힘이 큽니다. 그러나 그와 반대로 계속해서 불평하고 원망하는 사람에게는 계속 기간이 연장됩니다.

미가 선지자는 "주께서 나를 인도하사 광명에 이르게 하시리니 내가 그의 의를 보리로다"라고 말합니다. 이 광명이 무엇입니까? 갑자기 아침이 찾아오는 것입니다. 끝없는 어두움의 터널을 통과하다가 한순간에 어두움이 끝나고 빛이 쏟아지기 시작하는데, 그 회복되는 속도가 얼마나 빠른지 자기도 놀라고 남도 놀랄 정도입니다. 그리스도인의 고난에는 반드시 이런 아침이 찾아오게 되어 있습니다.

연단을 겪고 난 후에 하나님의 백성들이 깨닫게 되는 것이 무엇입니까? 자신들은 세상 누구보다 책임이 크다는 것입니다. 이방인들이 한 대 맞아야 한다면 자신들은 열 대 맞아야 한다는 거예요. 사실 하나님의 진리를 듣고 배운다는 것이 얼마나 큰 특권인지 모릅니다. 이런 특권을 누리고 있으면 세상에서는 좀 손해 볼 생각을 해야 하는데 아무것도 손해 보지 않고 살려고 할 때, 하나님께서는 우리에게 무거운 책임을 물으십니다.

우리는 세상 사람들과 달라야 합니다. 그래서 세상에서 미리 시련을 주시고 어려움을 주셔서 진짜 하나님의 백성이 되게 하시는 것입니다. 흠도 티도 없는 모습으로 만들어서 천국에 데려가시는 것입니다. 전혀 변한 구석이 없는데도 잘살고 있습니까? 그렇다면 곧 하나님의 프로그램이 시작되든지, 천국에 못 가든지 둘 중에 하나입니다. 여기에는 예외가 없습니다. 하나님께서는 여러분의 속에 있는 교만과 죄성을 다 짜내신 후에 흠도 티도 없이 만들어서 천국으로 데려가실 것입니다.

모든 사람이 보게 되리라

하나님의 백성들이 연단당하는 것을 본 사람들은 모두 오래 살아야 합니다. 오래 살아서 이들이 어떻게 치료받고 회복되는지 보아야 합니다. 특히 하나님의 백성들을 업신여기고 멸시했던 자들은 더 오래 살아서 이 놀라운 회복의 광경을 보아야 합니다. "나의 대적이 이것을 보고 부끄러워하리니 그는 전에 내게 말하기를 '네 하나님 여호와가 어디 있느냐?' 하던 자라. 그가 거리의 진흙같이 밟히리니 그것을 내가 목도하리로다"(7:10).

하나님 백성들의 고난은 언제 끝이 납니까? 그들을 고통스럽게 하던 상황이 종료될 때가 아닙니다. 그들의 명예가 회복되고 그들로 인해 조롱당했던 하나님의 거룩한 이름이 회복될 때 비로소 끝이 납니다. 그렇기 때문에 상황이 조금 호전되었다고 해서 모든 고난이 끝났다고 생각하는 사람은 어리석은 사람입니다. 상황이 호전되는 것은 회복의 시작에 불과합니다. 하나님께서 그 백성을 어느 수준까지 존귀하게 하실지 아무도 상상할 수 없습니다.

믿음의 그릇을 너무 작게 가져서 사소한 것으로 만족하지 마십시오. 그것은 겸손한 것이 아닙니다. 나를 통해 하나님께서 마음껏 영광을 받으시도록 마음 문을 활짝 열어 놓아야 합니다. 조금 상황이 나아졌다고 해서 다시 자기 욕심을 좇아 달려나가는 사람은 아직 고생을 제대로 못한 사람입니다. 고난이 끝난 것 같을 때 더욱더 정신을 차려서 나 때문에 조롱당한 하나님의 이름이 온전히 찬양 받으실 순간까지 믿음으로 나아가야 합니다.

하나님께서 돈을 주신다고 해서 그 돈을 앞에 두면 안 됩니다. 하나님께서 집을 주신다고 해서 그 집을 앞에 두면 안 돼요. 바빠지기 시작한다고 해서 그 바쁜 일을 하나님과의 관계보다 앞에 두면 안 됩니다. 어떻게 해서든지 하나님 앞에서 가난하고 부족하고 갈급한 모습으로 머무를 때, 하나님께서는 놀라운 축복을 주기 시작하십니다. 그런데 불행히도 사람들은 이 자리까지 가지 못합니다. 조금만 유명해져도 바쁘게 여기저기 돌아다니고, 조금만 형편이 좋아져도 이것저것 사들이면서 욕심을 채우려고 합니다. 그렇게 하면 원수들이 진흙에 밟히는 일이 일어나지 않습니다.

원수 중에는 진흙에 밟혀야 할 나쁜 원수만 있는 것이 아니라 좋은 원수도 있습니다. 예를 들어 나를 인간적으로 사랑하기 때문에 더 하나님을 욕했던 가족이나 친구들은 내가 회복되는 것을 보면서 함께 하나님을 찬양하며 영광 돌리게 될 수 있습니다. 그러나 짐승처럼 자기 교만에 따라 사람들을 학대하고 짓밟던 원수들은 진흙에 내동댕이쳐질 것입니다. 그런 사람들에 대해서는 전혀 동정심을 가질 필요가 없습니다.

오늘 성경이 우리에게 말씀하는 바가 무엇입니까? 우리가 당하는 어려움은 전문가가 아니면 고치지 못한다는 것입니다. 단순히 돈이나 병이나 결혼이 문제가 아니고, 우리 속 깊은 곳에 있는 타락한 본성이 문제라는 것입니다. 이것은 사람이 고칠 수 없습니다. 하나님만 고치실 수 있습니다.

어떻게 고치십니까? 우리를 절망 가운데 방치해 두심으로써 고치십니다. 아무리 기도하고 원망하고 사람에게 도움을 구하고 자기 학대를 해도 내버려 두시다가, 말씀으로 돌아와서 100퍼센트 굴복할 때 회복시키십니다. "하나님은 저보다 저를 더 정확하게 알고 계십니다. 저는 하나님의 것입니다. 알아서 해 주십시오" 하고 맡길 때, 하나님께서는 자신을 보여 주시고 그 영광을 나누어 주시며 세상에서 경험할 수 없는 축복을 주십니다.

지금 어려움에 빠져 있습니까? 옆에서 사람들이 도와주겠다고 나서도 흔들리지 말고 하나님과 직접 만나십시오. 우리의 문제는 사람이 해결해 줄 수 없는 전문적인 문제입니다. 하나님이 직접 개입해 달라고, 하나님이 주시고자 하는 축복을 전부 이루어 달라고 기도하십시오. 그리고 빨리 응답해 주시지 않는다고 낙심하지 마십시오. 우리가 완전히 회복되려면 하나님의 때가 이르러야 합니다. 그때가 오면 갑자기 광명이 찾아오면서, 하나님의 놀라운 영광과 축복을 맛보게 될 것입니다.

20 하나님의 인자와 성실

예루살렘의 회복_선지자의 기도_세상에 대한 심판_선지자의 찬양

7:11 네 성벽을 건축하는 날, 곧 그날에는 지경이 넓혀질 것이라.
12 그날에는 앗수르에서 애굽 성읍들에까지, 애굽에서 하수까지, 이 바다에서 저 바다까지, 이 산에서 저 산까지의 사람들이 네게로 돌아올 것이나
13 그 땅은 그 거민의 행위의 열매로 인하여 황무하리로다.
14 원컨대 주는 주의 지팡이로 주의 백성, 곧 갈멜 속 삼림에 홀로 거하는 주의 기업의 떼를 먹이시되 그들을 옛날같이 바산과 길르앗에서 먹이옵소서.
15 가라사대 "네가 애굽 땅에서 나오던 날과 같이 내가 그들에게 기사를 보이리라."
16 가로되 "열방이 보고 자기의 세력을 부끄러서 손으로 그 입을 막을 것이요 귀는 막힐 것이오며
17 그들이 뱀처럼 티끌을 핥으며 땅에 기는 벌레처럼 떨며 그 좁은 구멍에서 나와서 두려워하며 우리 하나님 여호와께로 돌아와서 주로 인하여 두려워하리이다.
18 주와 같은 신이 어디 있으리이까? 주께서는 죄악을 사유하시며 그 기업의 남은 자의 허물을 넘기시며 인애를 기뻐하심으로 노를 항상 품지 아니하시나이다.
19 다시 우리를 긍휼히 여기셔서 우리의 죄악을 발로 밟으시고 우리의 모든 죄를 깊은 바다에 던지시리이다.
20 주께서 옛적에 우리 열조에게 맹세하신 대로 야곱에게 성실을 베푸시며 아브라함에게 인애를 더하시리이다."

7:11-20

집에서 사용하는 가전제품이 고장 나서 수리해 보면 기술자의 성실성에 따라 아주 다른 결과가 나타나는 것을 보게 됩니다. 무성의한 기술자는 대충 훑어보고 고장 난 데가 없으니 가져가라고 합니다. 그래도 고쳐 달라고 하면 건성으로 손질해 주기는 하는데, 막상 집에 가져와서 사용해 보면 전혀 고쳐지지 않았다는 것을 알게 됩니다.

그러나 성실한 기술자에게 물건을 맡기면 어떻게 합니까? 일단 그 자리에서 사정없이 분해하기 시작합니다. 전부 망가뜨릴 듯이 분해를 해서 원래 형체를 찾아볼 수 없게 만들어 버립니다. 그것을 볼 때 물건을 맡긴 사람은 걱정이 되지 않을 수 없습니다. '물건을 잘못 맡긴 것은 아닐까? 고장 난 데만 고쳐 달랐더니 완전히 못쓰게 만들어 버렸잖아.' 그러나 그 기술자는 결국 고장 난 곳을 완전히 고친 후에 다시 원래 상태로 조립해서, 고장 나기 전보다 훨씬 성능이 좋은 물건으로 만들어 놓습니다. 이것이 바로 성실성입니다. 성실한 사람은 일단 자기에게 맡겨진 것은 무슨 일이 있어도 온전하게 고쳐 놓습니다.

유다 백성들은 거의 회복이 불가능할 정도로 고장이 많이 나 있었습니다. 미가 선지자가 예루살렘을 보면서 느낀 것이 무엇입니까? 이렇게 망가진 사람들도 하나님의 백성들로 다시 치료될 수 있겠는가 하는 것입니다. 사람의 형편을 볼 때 유다가 치료되어 원래의 영광을 회복한다는 것은 영 불가능한 일 같습니다. 그러나 하나님을 바라보면 얼마든지 치료될 수 있음을 믿게 됩니다. 왜냐하면 하나님은 성실하고 인자하신 분이기 때문입니다.

하나님의 손에 맡기기만 하면 아무리 크게 고장이 났고 부서져 있더라도 반드시 회복될 수 있습니다. 하나님의 손에 맡기기만 하면 대충 훑어보고 돌려보내시는 예가 없어요. 도저히 원래 모습을 찾아볼 수 없을 정도로 분해시키신 다음, 하나하나 고쳐서 결국에는 고장 나기 전보다 훨씬 더 좋은 모습으로 고쳐 놓으십니다. 미가는 바로 이러한 확신으로 자신의 예언을 마치고 있습니다.

오늘 본문에는 여러 가지 형태의 말씀이 나오고 있습니다. 예언이 나오는가 하면 선지자의 기도가 나오고, 그 기도에 대한 하나님의 응답이 나옵니다. 그리고 이스라엘을 괴롭힌 원수들에게 어떻게 보응하실지에 대한 이야기가 기원의 형식으로 나오고 있습니다. 유다와 예루살렘이 회복될 때에는 그동안 그렇게 잘난 체하면서 하나님의 백성들을 무시했던 이방인들의 영광도 끝장날 것입니다. 선지자는 결론적으로 하나님을 찬양하고 있습니다. 병들고 고장 난 이스라엘을 이토록 놀랍게 고치시는 하나님의 성실하심을 생각할 때 이러한 찬양이 나오는 것은 당연한 일입니다.

예루살렘의 회복

똑같이 고장 난 물건이라 해도 완전히 폐기 처분 해야 할 물건과 다시 고쳐서 쓸 수 있는 물건 사이에는 근본적인 차이가 있습니다. 완전히 폐기 처분 해야 할 물건은 이미 가치를 완전히 잃어서 더 이상 쓸모가 없습니다. 그러나 다시 고쳐서 쓸 수 있는 물건은 잠시만 쓸 수 없을 뿐, 그 가치까지 완전히 잃은 것은 아닙니다.

예루살렘이 파괴되었을 때 사람들은 이제 예루살렘의 가치가 완전히 끝나 버렸다고 생각했습니다. 그도 그럴 것이 성전은 완전히 파괴되었으며, 그 안에 있던 물건들도 다 부서지거나 바벨론으로 옮겨진 데다가 사람들마저 포로로 잡혀 가서 예루살렘은 이미 끝장난 것이나 다름없는 상태였습니다. 그러나 선지자는 예루살렘이 파괴되고 해체되었다고 해서 그 가치마저 다 잃은 것은 아니라고 말하고 있습니다. "네 성벽을 건축하는 날, 곧 그날에는 지경이 넓혀질 것이라"(7:11).

지금 예루살렘이 깨어지고 부서진 것은 폐기 처분 되기 위해서가 아니라 재건되기 위해서입니다. 그리고 다시 재건될 때에는 그 한계가 한없이 넓어질 것입니다. 여기에서 "그 지경이 넓혀질 것이라"는 것은 경계가 없어진다는 뜻입니다. 지금까지는 예루살렘 성벽이 있어서 어디서부터 어디까지가 예루살렘인지 분명히 알 수 있었지만, 그때는 이런 경계가 없어져서 그 영향력이 미치는 곳은 전부 예루살렘에 속하게 된다는 것입니다.

또한 "지경"이라는 말에는 '말씀, 법령'이라는 뜻이 있습니다. 그래서 어떤 사람은 예루살렘에서 나온 말씀, 예루살렘이 선포한 법령의 효력이 무한히 미친다는 뜻으로 해석하기도 합니다. "지경"을 한계로 해석하든 법령으로 해석하든 결과는 마찬가지입니다. 즉, 예루살렘의 영향력은 과거처럼 지역에 제한되지 않고 한없이 확장될 것입니다.

그렇다면 도대체 어디까지 확장될까요? 12절을 보십시오. "그날에는 앗수르에서 애굽 성읍들에까지, 애굽에서 하수까지, 이 바다에서 저 바다까지, 이 산에서 저 산까지의 사람들이 네게로 돌아올 것이나."

여기에서 앗수르와 애굽은 세계 전체를 의미합니다. 아마 그때 세계지도가 있었다면 북쪽 앗수르부터 남쪽 애굽까지 그려져 있었을 것입니다. 앗수르에서 애굽까지 사람들이 돌아온다는 것은 곧 전 세계가 예루살렘의 영향권으로 들어온다는 뜻입니다. 하나님께서 예루살렘을 파괴시키신 것은 이처럼 온 세상 사람들을 하나님께 돌아오게 하시기 위해서였습니다.

그렇다면 예루살렘의 병은 무엇이었습니까? 예루살렘은 어디가 고장이 났기에 이렇게 완전히 분해되어 수리를 받아야 하는 것입니까? 그들의 문제는 하나님을 제대로 알지 못한 데 있었습니다. 그들은 하나님을 이스라엘에만 국한된 민족 신 내지는 지역 신으로 생각했습니다.

그 당시 사람들은 나라마다 다스리는 신이 따로 있고, 지역마다 다스리는 신이 따로 있다고 생각했습니다. 그래서 다른 나라 사람들은 물론이고 이스라엘 백성들도 모압에는 모압의 신이 있고 에돔에는 에돔의 신이 있듯이 이스라엘에는 여호와라는 신이 있다고 생각한 것입니다. 심지어 하나님께서 시내 산에 나타나셨다고 해서 산에만 계신 신으로 여겨서, 농사를 짓는 평지에서는 다른 신의 도움을 받아야 한다고 생각하기도 했습니다. 이처럼 그들은 하나님을 다른 신들과 대등한 위치에 놓고, 하나님 외에도 얼마든지 다른 신을 섬길 수 있다고 생각했습니다. 오히려 여호와와 다른 신을 함께 섬기면 나라도 더 부강해지고 안전해질 것이라고 생각했습니다.

물론 그들도 머리로는 하나님께서 이 세상 모든 것을 만드시고 지키시는 분이라는 것을 알고 있었습니다. 그러나 실제로는 그렇게 크신 분으로 생각지 않았습니다. 왜냐하면 자신들이 작은 민족이었기 때문입니다. 자신들이 작으니까 자신들의 하나님도 작게 생각한 것입니다. 이것이 그들의 무서운 병이었습니다.

하나님께서 앗수르나 애굽 같은 큰 나라를 택하지 않고 이 작은 민족을 택하신 것은, 작지만 거룩하고 정결한 백성을 원하셨기 때문입니다. 그는 이 작은 백성들을 통해서 자신을 나타내기를 부끄러워하지 않으셨습니다. 그러나 그들은 자신들이 힘이 없고 작으니까 하나님도 다른 잘사는 나라의 신들보다 힘이 없고 작을 것이라고 오해했습니다. 하나님께서는 자신을 온전히 나타내시려고 이스라엘을 택하시고 예루살렘을 택하셨는데, 그들은 오히려 하나님을 격하시키고 하나님의 본질을 흐려 놓았던 것입니다.

그래서 하나님께서는 예루살렘을 쳐부수셨습니다. 그것도 그냥 부순 것이 아니라 콩가루처럼 형체도 없이 부수어서, 그 당시 가장 강력한 나라였던 바벨론으로 잡혀 가게 하셨습니다. 그리고 그곳에서 모든 민족 위에 뛰어나신 자신의 모습을 드러내셨습니다. 그러니까 예루살렘이 무너지고 부서짐으로써 오히려 하나님의 모습이 제대로 드러나게 되고, 하나님을 아는 지식이 물이 바다를 덮음같이 온 땅에 퍼지게 된 것입니다.

오늘날 많은 그리스도인들은 자신들이 가난하다고 해서 하나님까지 가난하신 것처럼 생각하고 있습니다. 경기가 좋을 때에는 축복해 주실 수 있지만 경기가 나쁠 때에는 큰 능력을 나타내실 수 없는 분처럼 생각하고 있습니다. 그러나 하나님은 경기가 나쁠 때 더 큰 능력을 행하실 수 있는 분입니다. 지금처럼 우리나라가 경제적으로 어렵고 정치적으로 혼란스러울 때 더 큰 능력을 나타내실 수 있는 분이에요. 내가 건강할 때보다는 병들었을 때, 떵떵거리며 잘살 때보다는 궁핍하며 힘들고 비참할 때 더 큰 능력을 행하실 수 있는 분입니다.

하나님을 내 작은 머릿속에 제한하는 것은 무서운 병입니다. 내가 정해 놓은 이 틀을 깨야 합니다. 하나님은 산의 하나님만 되시는 것이 아니라 평지의 하나님, 바다의 하나님도 되십니다. 경기가 좋을 때의 하나님만 되시는 것이 아니라 경기가 나쁠 때의 하나님도 되시며, 건강할 때의 하나님만 되시는 것이 아니라 병들었을 때의 하나님도 되십니다. 그러니까 그리스도인들은 어려울 때 더 소망을 가져야 하고, 힘들 때 더 감사해야 하며, 약해질 때 더 기뻐해야 합니다. 왜냐하면 하나님은 내 형편과 상관없이 강한 분이시기 때문입니다.

이스라엘은 믿음으로 사는 민족이었습니다. 믿음으로 다른 민족들과 다르게 살면서 하나님의 영광을 나타내는 것이 그들의 특권이요 사명이었어요. 그런데 그들은 그 믿음을 팔아먹고 다른 나라 백성들과 똑같이 살아 버렸습니다. 그래서 중병에 걸린 것입니다.

우리도 마찬가지입니다. 아무 길이 보이지 않는 데서도 믿음으로 사는 것이 우리의 본질입니다. "너 어떻게 먹고살래?"라고 물으면 "믿음으로!"라고 대답하는 것, "너 어떻게 결혼할래?"라고 물어도 "믿음으로!"라고 대답하는 것, "너 어떻게 공부할래?"라고 물어도 "믿음으로!"라고 대답하는 것이 정상적인 그리스도인의 모습입니다. 그런데 믿음이 아니라 처세술로, 모아 놓은 돈으로, 뇌물로, 세상적인 방법으로 살려고 할 때, 우리는 예루살렘처럼 중병에 걸리게 되어 있습니다.

하나님께서는 중병에 걸린 예루살렘을 완전히 분해하신 후에 다시 짓겠다고 하셨습니다. 그것도 예전과 똑같이 짓는 것이 아니라 그 지경을 무한히 넓혀서 애굽도 들어오고 앗수르도 들어오고 에돔도 들어오고 모압도 들어오고 암몬도 들어올 수 있도록 거대하게 짓겠다고 하셨습니다. 이것이 바로 신약의 교회입니다.

선지자의 기도

미가 선지자는 포로 되어 간 곳에서 목자 없이 고통당하는 백성들의 모습을 미리 내다보면서 이렇게 기도하고 있습니다. "원컨대 주는 주의 지팡이로 주의 백성, 곧 갈멜 속 삼림에 홀로 거하는 주의 기업의 떼를 먹이시되 그들을 옛날같이 바산과 길르앗에서 먹이옵소서"(7:14).

선지자는 유다 백성들이 고통당하지 않게 해 달라고 기도하지 않았습니다. 예루살렘이 무너지지 않게 해 달라고 기도하지도 않았습니다. 그는 이미 예루살렘의 병이 깊어서 큰 수술을 받지 않으면 도저히 회생할 수 없다는 것을 알고 있었습니다. 그의 눈에는 갈멜 속 삼림의 양 떼처럼 흩어져 있는 백성들의 모습이 보였습니다. 그는 심판은 기정사실이지만, 이 백성들을 다시 주의 지팡이로 불러모아서 예전처럼 바산과 길르앗의 푸른 초장에서 먹여 달라고 기도하고 있습니다.

"갈멜 속 삼림에 홀로 거하는 주의 기업의 떼"라는 구절은 여러 가지로 해석할 수 있습니다. 어떤 사람은 숲 속에서 양 떼들이 쉬고 있는 모습을 가리킨다고 말합니다. 그러나 망한 나라의 백성들이 숲 속에서 쉴 처지는 못 될 것입니다. 왕을 잃은 백성, 목자를 잃은 양 떼는 어떻게 됩니까? 숲 속 깊숙이 도망쳐서 다시는 나오지 않습니다. 갈멜의 숲은 아주 깊은 곳이어서 양들이 구석구석 숨어 있으면 도저히 찾아낼 수 없는 곳이었던 것 같습니다. 이스라엘 백성들은 전 세계에 노예로 흩어져서 사람의 힘으로는 도저히 다시 모을 수 없는 상태가 될 것입니다. 그래서 선지자는 전 세계 구석구석에서 노예생활을 하게 될 백성들을 다시 모아 달라고 기도하고 있습니다.

하나님께서는 이 기도에 무엇이라고 응답하고 계십니까? "가라사대 '네가 애굽 땅에서 나오던 날과 같이 내가 그들에게 기사를 보이리라'"(7:15).

하나님께서는 다시 한 번 출애굽의 역사를 일으키겠다고 말씀하십니다. 이 두 번째 출애굽은 단순히 바벨론에서 탈출하여 돌아오는 것이 아니라 죄에서 탈출하여 돌아오는 것입니다. 지리적인 이동이 아니라 영적인 소속이 바뀌는 것입니다.

세상에서 가장 큰 기사는 사람들이 죄에서 떠나 하나님의 백성이 되는 것입니다. 여기에는 여러 가지 재앙이나 홍해를 가르는 식의 기적이 필요치 않습니다. 40년씩이나 광야를 여행할 필요도 없습니다. 여기에 필요한 기사는 한 가지뿐입니다. 즉, 하나님의 독생자 예수 그리스도께서 십자가에 못 박혀 죽으시고 죽은 자 가운데서 부활하시기만 하면 되는 것입니다.

예수님의 죽음과 부활에는 모든 재앙과 모든 기적이 다 포함되어 있습니다. 십자가는 열 가지 재앙을 합친 것보다 더 무서운 재앙이며, 부활은 모든 기적을 합친 것보다 더 큰 기적입니다. 주 예수의 이름을 부르는 사람은 누구나 이 부활의 능력을 얻어 그 자리에서 소생할 수 있습니다. 조금 전까지만 해도 땅이 꺼져라 한숨을 쉬던 사람도 기도만 하고 나면 생글생글 웃기 시작합니다. 악한 습관을 가지고 있던 사람도 부르짖기만 하면 그것을 끊을 수밖에 없는 환경에 처하게 됩니다. 절망적인 상황에 빠져 있던 사람도 예배만 드리면 되살아납니다. 왜 그렇습니까? 예수 그리스도를 죽음에서 살린 부활의 능력이 그 속에 공급되기 때문입니다. 세상 사람들은 이것을 절대 이해하지 못합니다. 조금 전까지만 해도 세상에 종말이 온 것처럼 죽어 가던 사람이 예배 한 번 딱 드리고 오더니 흥얼흥얼 찬송을 부르고 부탁하지 않은 커피까지 타 주는 것을 절대 이해하지 못해요.

그래서 예수 믿는 사람에게 가장 나쁜 것이 자기 감정에 충실한 것입니다. 예배 시간에 은혜가 임해서 기분이 풀리려고 하는데도 일부러 억누르면서 일관되게 침체된 모습으로 집에 돌아가는 것은 좋은 일이 아니에요. 저희 식구들은 저라는 사람을 알 수가 없다고 합니다. 조금 전까지만 해도 침체되어서 인상을 찌푸리고 있던 사람이 금방 기분이 좋아져서 함께 주님을 찬양하자고 하니 도대체 어느 장단에 맞추어야 할지 모르겠다는 것입니다. 그럴 때 제가 하는 말이 "이런 꼴 한두 번 보나?"라는 것입니다. 지금까지 계속 이렇게 살아왔는데 무엇이 새삼스럽냐는 거예요. 저의 원래 모습은 쉽게 화를 내거나 소심해지는 것입니다. 그러나 성령이 임하시면 눈에 빛이 나고, 마음이 담대해집니다. 이것은 우리에게 주어진 놀라운 비밀입니다. 그리스도를 부활시킨 그 능력이 우리에게도 임하는 것입니다.

목자의 지팡이는 두 가지 역할을 합니다. 양이 위험한 곳으로 가면 휘어 있는 지팡이 끝부분으로 다리를 걸어서 잡아당깁니다. 그러면 양이 아무리 앞으로 나아가려고 해도 나아갈 수가 없습니다. 그리고 맹수가 오면 지팡이를 휘둘러서 쫓아내 버립니다.

우리가 위험한 길로 가려고 할 때, 아무리 애를 써도 진도가 나가지 않는 이유가 무엇입니까? 예수님께서 뒷다리를 딱 걸어서 잡아당기고 계시기 때문입니다. 이때 예수님이 쓰시는 지팡이는 때리기 위한 지팡이가 아닙니다.

아이가 기기 시작하면 아무 데나 가려고 하는 것이 문제입니다. 보행기에 태워 놓아도 아무 데나 가다가 보행기에 탄 채 고꾸라지기 십상입니다. 그래서 어떤 엄마는 보행기에 줄을 매서 책상 같은 곳에 묶어 놓습니다. 그래야 아기가 다치지 않기 때문입니다. 지금 이스라엘은 보행기째 고꾸라진 것과 같습니다. 그들은 하나님을 믿지 못하고, 제멋대로 이방으로 나아가 그들의 신들을 받아들이다가 고꾸라져 버렸습니다.

주님께서는 어떻게 자기 백성을 보호하시고 인도하십니까? 주님이 사용하시는 지팡이는 말씀과 성령입니다. 말씀을 들으면 자기 멋대로 세운 계획들이 전부 무너져 버립니다. 정욕으로 나아가지 못하고 주저앉게 됩니다. 또 성령께서 우리 안에 계시면서, 마치 어머니가 아이를 지도하듯이 "이것은 틀렸다. 저런 쪽으로 한번 생각해 봐라" 하면서 쉴 새 없이 지도해 주시며, 무엇을 어떻게 해야 할지 생각나게 해 주십니다.

그러므로 우리에게 중요한 것은 지금 내가 얼마나 침체되어 있느냐, 지금 내 상황이 얼마나 어려우냐 하는 것이 아닙니다. 우리에게 중요한 것은 어떤 상황에서라도 하나님 앞에 나아가 부르짖으면서 성령을 간구하는 것입니다. 그러면 한순간에 되살아날 수 있습니다.

세상에서 가장 미련한 사람은 자기 감정이나 자존심 때문에 계속 빈곤한 상태에서 버티는 것입니다. 그런 사람은 기도 시간에도 자기 기도는 하지 않고 옆 사람 기도만 들으면서 '무슨 기도를 저렇게 하냐?' 하고 판단합니다. 그런 사람은 집에 들어가기만 하면 따뜻한 밥이 기다리고 있는데 자존심 때문에 주린 배를 끌어안고 어두운 골목에서 버티고 있는 고집쟁이 아들과 같습니다.

우리 마음이 침체되고 남이 미워지는 것은 성령의 감동이 바닥났기 때문입니다. 그럴 때에는 사람을 볼 필요가 없습니다. 하나님께 바로 나아가 마음을 쏟아 놓아야 합니다. "하나님, 성령의 배터리가 다 떨어졌습니다. 믿고 싶은데 도저히 믿음이 생기지 않습니다. 머리로는 알겠는데 마음에 전혀 와 닿지 않습니다. 제발 도와주십시오" 하면서 매달려야 합니다.

그러면 한순간에 변화가 일어나기 시작합니다. 가슴이 뜨거워지면서 눈물이 흐르기 시작하고, 하나님의 지극히 크신 능력이 보이기 시작하며, 하나님이 역사하실 것과 영광 받으실 것에 대한 소망이 생기기 시작합니다. 우리에게 있는 부활의 능력은 출애굽의 능력과는 비교도 할 수 없이 큰 것입니다. 그런데도 기도하지 않고 자기 감정대로 주저앉아 있는 어리석음을 범하지 마시기 바랍니다.

세상에 대한 심판

예루살렘이 회복될 때 세상은 어떻게 될까요? "그 땅은 그 거민의 행위의 열매로 인하여 황무하리로다"(7:13).

예루살렘이 다시 재건될 때, 온 세상은 자기 행위로 인해 황무해질 것입니다. 세상 사람들은 자기 힘을 믿고 돈을 믿고 지식을 믿습니다. 그들은 믿음의 연단에 대해 전혀 알지 못합니다. 그들이 볼 때 고난은 다 무능함에서 나오는 것입니다. 능력이 있으면 무엇 때문에 그런 고생을 하겠습니까? 다 고생할 만하니까 하는 것이라는 게 그들의 생각입니다. 그래서 그들은 연단받고 있는 하나님의 백성들을 무시하고 비웃습니다.

그런데 그렇게 무시했던 하나님의 백성들이 재기할 때는 어떻게 됩니까? 마치 태양이 갑자기 어둠을 뚫고 솟아오르듯이 영광스럽게 솟아오릅니다. 그러면 그동안 세상 사람들이 자랑하던 모든 것들이 빛을 잃고 무색해집니다.

믿지 않는 사람들은 집 있는 것을 자랑하고, 좋은 차 있는 것을 자랑하고, 자식 공부 잘하는 것을 자랑하며 믿는 사람들을 조롱합니다. "너는 그 나이 되도록 집 한 채 없이 뭐 하는 거냐? 너네 하나님은 집도 안 사 주냐? 교회에 갖다 바칠 생각 하지 말고 집이나 장만할 생각 해!" "너네는 살기도 못사는데 애들까지 공부 못해서 어떡하냐?" 그런데 그렇게 영원히 못살 줄 알았던 사람들이 어느 한 순간 살아나기 시작합니다. 그런데 그 영광이 얼마나 찬란한지 집이나 차나 자식 자랑이 다 무색해져 버리고 떠들던 입이 꾹 닫혀 버립니다.

하나님께서 자기 백성들을 축복하시기 시작하면 세상의 어떤 영광이나 자랑도 그 앞에 내놓을 수가 없습니다. 너무 영광스러워서 다른 것은 전부 그 앞에서 사라져 버립니다. 이것이 온 땅이 황무해진다는 말의 의미입니다.

16절과 17절에는 좀더 심각한 이야기가 나오고 있습니다. "가로되 '열방이 보고 자기의 세력을 부끄려서 손으로 그 입을 막을 것이요 귀는 막힐 것이오며 그들이 뱀처럼 티끌을 핥으며 땅에 기는 벌레처럼 떨며 그 좁은 구멍에서 나와서 두려워하며 우리 하나님 여호와께로 돌아와서 주로 인하여 두려워하리이다.'"

지금까지 세상 사람들은 돈 조금 있는 것 가지고 거들먹거리면서 하나님의 백성들을 벌레 취급 했습니다. 어쩌다 집에 찾아와도 반가워하지 않고 떨떠름하게 대했어요. 그런데 그렇게 업신여기고 무시했던 그들을 하나님께서 축복하실 때 얼마나 그 충격이 큰지 입이 막히고 귀가 막힌다는 것입니다. 너무나 당당하고 영광스러운 그들의 모습과 대조적으로, 뱀처럼 티끌을 핥으면서 기어다니고 벌레처럼 벌벌 떨면서 기어다닌다는 것입니다.

여기에는 이중적인 의미가 있습니다. 하나님께서는 이 세상에서도 때가 되면 우리를 영광스럽게 하십니다. 그러나 그것은 서곡에 불과합니다. 더 중요한 것은 하나님의 심판대 앞에서 영원히 우리를 영광스럽게 하시는 것입니다. 그때가 되면 세상에서 모든 것을 누리면서 큰소리치던 사람들은 뱀처럼, 벌레처럼 꾸물거리면서 비참한 위치로 떨어질 것이며, 그것이 그들의 영원한 지위가 될 것입니다. 반면에, 세상에서 연단받으면서 '나는 내일 죽더라도 죄와 타협하지 않고 하나님 한 분만 믿겠다. 어떻게 해서든지 하나님의 선한 도구로 사용되겠다' 는 각오로 산 사람들은 태양같이 빛날 것이며, 그것이 그들의 영원한 지위가 될 것입니다.

그 영원에 비하면 세상에서 사는 기간은 지극히 짧습니다. 그 짧은 기간을 자기 욕심과 교만으로 살다가 영원히 티끌을 핥으며 사는 것이 얼마나 어리석은 짓입니까? 현명한 사람은 투자를 잘해야 합니다. 지금 이 세상에 투자하겠습니까, 영원한 천국에 투자하겠습니까? 사실 젊었을 때 쾌락을 즐기고 싶지 않은 사람은 아무도 없을 것이며, 욕심대로 살고 싶지 않은 사람도 아무도 없을 것입니다. 그러나 그 짧은 쾌락과 욕심을 즐기면 영원히 티끌을 핥으며 지옥의 뜨거운 불 사이를 기어다니게 될 것입니다. 정말 현명한 사람은 주님과 함께 영원히 빛나기 위해 지금 놀고 싶은 것 놀지 않고, 누리고 싶은 것 누리지 않고 기꺼이 벌레 취급을 당하면서 사는 사람입니다.

여기에서 많은 것을 누린 사람이 천국에서도 많은 것을 누리는 것은 공평하지 않습니다. 우리는 둘 다 가지려 해서는 안 됩니다. 현명한 거래는 이 세상을 팔아서 천국을 사는 것입니다. 두 가지를 다 누리려 하는 것은 지나친 욕심입니다. 세상에서 많은 것을 가진 사람이 천국에서도 많은 것을 가지는 일은 있을 수 없습니다. 여기에서 수많은 칭찬과 박수를 받은 사람이 거기에서도 크게 칭찬받는 일은 있을 수 없어요.

우리는 둘 중에 한 가지를 택해야 합니다. 여기에서 좀 부족하게 살고 거기에서 많이 갖겠습니까, 여기에서 많이 갖고 거기에서 다 빼앗기겠습니까? 여기에서 욕먹고 거기에서 칭찬받겠습니까, 여기에서 칭찬받고 거기에서 욕먹겠습니까?

선지자의 찬양

미가는 마지막으로 하나님을 찬양하고 있습니다. "주와 같은 신이 어디 있으리이까? 주께서는 죄악을 사유하시며 그 기업의 남은 자의 허물을 넘기시며 인애를 기뻐하심으로 노를 항상 품지 아니하시나이다"(7:18).

미가는 왜 하나님을 찬양하고 있습니까? 하나님은 우리를 철저히 고치시는 분이기 때문입니다. 하나님은 우리의 고장 난 부분을 고치기 위해 일단 해체부터 하십니다. 하나님이 한번 손을 대시면 너무나 철저하게 해부하시기 때문에 완전히 부서져서 다시는 회복되지 못할 것처럼 보입니다. 그러나 그 결과는 어떻습니까? 고장 나기 전보다 훨씬 더 깨끗하고 완전하게 치료됩니다. 죄지을 기회가 없어서 죄짓지 않는 것이 아니라 죄가 정말 싫어서, 하나님이 정말 좋아서 죄를 멀리하는 사람으로 바뀌는 것입니다.

19절을 보십시오. "다시 우리를 긍휼히 여기셔서 우리의 죄악을 발로 밟으시고 우리의 모든 죄를 깊은 바다에 던지시리이다."

우리가 하나님을 찬양할 수밖에 없는 이유는 우리 안에 있는 불치병인 죄를 완벽하게 고쳐서 정말 거룩한 백성으로 만들어 놓으시기 때문입니다. 우리의 죄성을 발로 밟고 깊은 바다에 던져서 다시는 우리를 지배하지 못하게 하시기 때문입니다.

만약 우리에게 죄의 흔적이 조금이라도 남게 된다면 하나님의 치료는 실패하게 될 것입니다. 실제로 우리 속에서는 썩은 고름 같은 죄가 끊임없이 흘러나오고 있습니다. 우리는 잠시라도 악한 생각을 하지 않고서는 견디지 못하는 자들입니다. 그런데 어떻게 우리의 죄를 발로 밟으시며 깊은 바다에 던지실 수 있습니까? 예수 그리스도의 십자가 보혈로 그렇게 하실 수 있습니다.

하나님께서는 끝없이 흘러내리는 그리스도의 피로 우리를 깨끗케 하십니다. 그리고 연단을 통해 우리의 체질을 바꾸어 놓으십니다. 체질이 바뀌면 예전에 즐기던 거짓말이나 질 나쁜 농담이나 술 같은 것은 생각만 해도 싫어지고, 주님을 찬양하며 성도들과 교제하는 것이 정말로 좋아집니다.

그러나 그렇게 되려면 말씀뿐 아니라 고난이 있어야 합니다. 예루살렘이 깨지듯이 한 번은 크게 깨져야 마음속에 남아 있던 우월감이나 자만심이 사라지고 모든 사람을 용납할 수 있게 됩니다. 우리 믿음의 폭이 왜 그렇게 좁습니까? '그래도 내가 학벌이 있는데', '그래도 내가 사회적 지위가 있는데', '그래도 내가 모태신앙인데' 하는 마음이 있기 때문입니다. 그런데 하나님이 한 번 그것을 크게 깨뜨리시면 '아, 내가 정말 별거 아닌 것 가지고 자랑하면서 살았구나' 라는 깨달음이 오면서 다른 성도들이 귀하게 보이기 시작합니다.

20절을 보십시오. "주께서 옛적에 우리 열조에게 맹세하신 대로 야곱에게 성실을 베푸시며 아브라함에게 인애를 더하시리이다."

결국 우리는 하나님의 성실과 인애를 찬양하지 않을 수 없습니다. 그의 손에 맡겨진 백성은 고쳐지지 않으려야 고쳐지지 않을 수가 없습니다. 하나님께서는 자기 백성을 해체하고 분해하고 청소하고 부속을 갈아 끼워서 반드시 자신이 원하시는 모습으로 만들어 놓으십니다.

지금 여러분의 인생 계획이 틀어지고 있습니까? 그렇다면 이미 하나님의 손에 붙들린 것입니다. 하나님께서는 우리가 온전하게 고쳐질 때까지 절대 포기하지 않으실 것입니다. 그러므로 하나님의 손에 붙들렸다면 다른 생각 버리고 "하루라도 빨리 하나님이 원하시는 사람으로 만들어 주십시오"라고 기도해야 합니다.

오늘 우리 모두가 "하나님은 내 연약함과 상관없이 크신 분입니다. 그 부활의 능력으로 내 연약함을 뒤집어 힘이 되게 하시고, 하나님이 원하시는 새 사람 되게 해 주실 줄 믿습니다"라고 고백하게 되기를 바랍니다.

믿음의 글들

1. 낮은 데로 임하소서 이청준
2. 재를 남길 수 없습니다 김 훈
3. 사랑의 벗을 찾습니다 최창성
4. 그분이 홀로서 가듯 구 상
5. 당신의 날개로 날으리라 D. C. 윌슨/정철하
6. 새벽을 깨우리로다 김진홍
7. 사랑이여 빛일레라 구 상·김동리 외
8. 나 여기에 있나이다 주여 박두진
9. 침묵 (개정증보판) 엔도 슈사쿠/공문혜
10. 새롭게 하소서 ① 기독교방송국
11. 생명의 전화 (절판) 생명의 전화 편
12. 울어라 사랑하는 조국이여 앨런 페이튼/최승자
13. 제2의 엑소더스 신시아 프리만/이종관
14. 기탄잘리 (절판) R. 타고르/박희진
15. 성녀 줄리아 모리 노리꼬/김갑수
16. 마음의 마음 김남조
17. 이제와 우리 죽을 때에 김남조
18. 위대한 몰락 엔도 슈사꾸/김갑수
19. 예수의 생애 엔도 슈사꾸/김광림
20. 그리스도의 탄생 엔도 슈사꾸/김광림
21. 너희에게 이르노니 (절판) B. S. 라즈니쉬/김석환
22. 땅끝에서 오다 김성일
23. 당신은 원숭이 자손인가 김석길
24. 세계를 변화시킨 13인 H. S. 비제베노/백도기
25. 어디까지니이까? (절판) 김 훈
26. 주여 알게 하소서 (절판) 테니슨/이세순
27. 고통의 하나님 (절판) 필립 얀시/안정혜
28. 각설이 예수 이천우
29. 이디스 쉐퍼의 라브리 이야기 (개정판) 이디스 쉐퍼/양혜원
30. 땅끝으로 가다 김성일
31. 광야의 식탁 ① 오성춘
32. 광야의 식탁 ② (전2권) 오성춘
33. 어머니는 바보야 윤 기·윤문지
34. 벌거벗은 임금님 (절판) 백도기
35. 여자의 일생 엔도 슈사꾸/공문혜
36. 이 땅에 묻히리라 전택부
37. 말씀의 징검다리 정장복·김수중
38. 해령(海嶺) 上 미우라 아야꼬/김혜강
39. 해령(海嶺) 下 (전2권) 미우라 아야꼬/김혜강
40. 우찌무라 간조 회심기 (개정판) 우찌무라 간조/양혜원
41. 지금은 사랑할 때 엔도 슈사꾸/김자림
42. 두려움을 떨치고 애블린 해넌/박정관
43. 빛을 마셔라 김유정
44. 제국과 천국 上 김성일
45. 제국과 천국 下 (전2권) 김성일
46. 천사의 앨범 하마다 사끼/김갑수
47. 기도해 보시지 않을래요? 미우라 아야꼬/김갑수
48. 십자가의 증인들 임영천
49. 이들을 보소서 이재철
50. 새롭게 하소서 ② (전2권) 고은아 엮음
51. 거지들의 잔치 도날드 비셀리/송용필
52. 내 경우의 삼청교육 임석근
53. 목사님, 대답해 주세요 박종순
54. 위대한 신앙의 사람들 제임스 로슨/김동순
55. 두번째의 사형선고 김 훈
56. 구약의 길잡이 쟈끄 뮈쎄/심재율
57. 신약의 길잡이 쟈끄 뮈쎄/심재율
58. 이상구 박사의 복음과 건강 이상구
59. 이 민족을 주소서 한국기독교여성문인회
60. 믿음의 육아일기 나연숙
61. 전도, 하면 된다 박종순
62. 영혼의 기도 이재철
63. 주 예수 나의 당신이여 이인숙
64. 뒷골목의 전도사 김성일
65. 내 집을 채우라 김인득
66. 보니파시오의 회심 ① 권오석
67. 보니파시오의 회심 ② (전2권) 권오석
68. 빛을 위한 콘체르토 ① 신상언
69. 빛을 위한 콘체르토 ② (전2권) 신상언
70. 사랑은 죽음같이 강하고 김성일
71. 너 하나님의 사람아 ① 서대운
72. 너 하나님의 사람아 ② (전2권) 서대운
73. 속, 빛을 마셔라 김유정
74. 구원에 이르는 신음 신혜원
75. 엄마, 난 하나님의 선물이에요 이건숙
76. 홍수 以後 ① 김성일
77. 홍수 以後 ② 김성일
78. 홍수 以後 ③ 김성일
79. 홍수 以後 ④ (전4권) 김성일
80. 히말라야의 눈꽃 – 썬다 싱의 생애 이기반
81. 여섯째 날 오후 정연희
82. 주부편지 ① 한국기독교여성문인회

83	러빙 갓 (개정증보판) 찰스 콜슨/김지홍	124	너의 남자를 진정으로 사랑하려면 린다. 딜로우/양은순
84	백악관에서 감옥까지 (개정증보판) 찰스 콜슨/양혜원	125	사랑은 언제나 오래 참고 김성일
85	84번에 합본	126	썬글라스를 끼고 나타난 여자 조연영
86	이 때를 위함이 아닌지 임영수	127	회개하소서, 십자가의 원수된 교회여 허 성
87	가정, 그 선한 싸움의 현장 이근호	128	남자도 잘 모르는 남자의 성 (개정판) 아치볼드 D. 하트/유선명
88	땅끝의 시계탑 ① 김성일	129	새신자반 이재철
89	땅끝의 시계탑 ② (전2권) 김성일	130	아바 ① 정문영
90	하나님 하나님, 사랑의 하나님 이상구	131	아바 ② (전2권) 정문영
91	손바닥만한 신앙수필 김호식	132	즐거운 아프리카 양철교회 프리츠 파벨칙/추태화
92	부부의 십계명 전택부 · 윤경남	133	공중의 학은 알고 있다 ① 김성일
93	저녁이 되매 아침이 되니 정연희	134	공중의 학은 알고 있다 ② (전2권) 김성일
94	임영수 목사의 나누고 싶은 이야기 임영수	135	이 또한 나의 생긴 대로 김유심
95	사해(死海)의 언저리 엔도 슈사꾸/김자림	136	들의 꽃 공중의 새 이기반
96	다가오는 소리 김성일	137	아이에게 배우는 아빠 (개정판) 이재철
97	질그릇 속의 보화 낸시 죠지/김애진	138	공짜는 없다 정구영
98	그 그을음 없는 화촉의 밤에 이혜자	139	미팅 지저스 (절판) 마커스 보그/구자명
99	주부편지 ② 한국기독여성문인회	140	내 인생, 내 마음대로 할 수 있나요 김석태
100	「믿음의 글들」, 나의 고백 이재철	141	마음의 야상곡 엔도 슈사꾸/정기현
101	양화진 정연희	142	예수의 道 이기반
102	무엇을 믿으며 어떻게 살 것인가 임영수	143	청정한 빛 서중석
103	실존적 확신을 위하여 구 상	144	사랑은 스스로 지치지 않는다 샤를 롱삭/정미애
104	맹집사 이야기 맹천수	145	빛으로 땅끝까지 ① 김성일
105	무거운 새 김광주	146	빛으로 땅끝까지 ② (전2권) 김성일
106	성탄절 아이 멜빈 브랙/손은경	147	평양에서 서울까지 47년 김선혁
107	삶, 그리고 성령 임영수	148	예수에 관한 12가지 질문 마이클 그린/유선명
108	왜, 일하지 않는가 찰스 콜슨 · 잭 액커드/김애진	149	내 잔이 넘치나이다 정연희
109	겸손의 송가 문흥수	150	천사 이야기 빌리 그레이엄/편집부
110	김수진 목사의 일본 개신교회사 김수진	151	도사님, 목사님 김해경
111	산 것이 없어진다 이재왕	152	이것이 교회다 찰스 콜슨/김애진 외
112	기독교 성지순례와 역사 박용우	153	현대인에게도 하나님이 필요한가 해롤드 쿠시너/유선명
113	주여, 사탄의 왕관을 벗었나이다 김해경	154	배신자 스탠 텔친/김은경
114	꼴찌의 간증 이건숙	155	잊혀진 사람들의 마을 (절판) 김요석
115	노년학을 배웁시다 윤경남	156	사이비종교 위고 슈탐/송순섭
116	일터에 사랑 토니 캄플로/이승희	157	하나님이 고치지 못할 사람은 없다 박효진
117	시인의 고향 박두진	158	열린 예배 실습보고서 에드 답슨/박혜영 · 김호영
118	사도일기 나연숙	159	죽음, 가장 큰 선물 헨리 나웬/홍석현
119	믿는 까닭이 무엇이냐 임영수	160	우리는 낯선 땅을 밟는다 김호열
120	내게 오직 하나 사랑이 있다면 전근호	161	나의 세계관 뒤집기 성인경
121	땅끝의 십자가 ① 김성일	162	행동하는 사랑, 헤비타트 밀라드 풀러/김선형
122	땅끝의 십자가 ② (전2권) 김성일	163	아브라함 ① 김성일
123	가정의 뜻, 금혼잔치 베품의 뜻 전택부	164	아브라함 ② (전2권) 김성일

165	회복의 목회 이재철		206	우리가 알고 있는 것들, 성경에는 없다 오경준
166	부도 잘 모르는 부부의 성 (개정판) 조셉 딜로우/김선형·김웅교			
167	대천덕 자서전-개척자의 길 대천덕/양혜원			
168	예수원 이야기-광야에 마련된 식탁 현재인/양혜원			
169	희망의 사람들, 라르슈 (개정판) 장 바니에/김은경			
170	친구에게-우정으로 양육하는 편지 유진 피터슨/양혜원			
171	회복의 신앙 이재철			
172	사랑으로 조국은 하나다 박세록			
173	열흘 동안 배우는 주기도문 학교 임영수			
174	성령의 능력으로 사역하라 잽 브래드포드 롱/홍석현			
175	시편으로 드리는 매일 기도 유진 피터슨/이철민			
176	스크루테이프의 편지 C. S. 루이스/김선형			
177	청년아, 울더라도 뿌려야 한다 이재철			
178	책읽기를 통한 치유 이영애			
179	아름다운 빈손 한경직 김수진			
180	거북한 십대, 거룩한 십대 유진 피터슨/양혜원			
181	성경, 흐름을 잡아라 존 팀머/박혜영·이석열			
182	복음서로 드리는 매일 기도 유진 피터슨/이종태			
183	정말 쉽고 재미있는 평신도 신학 1 송인규			
184	정말 쉽고 재미있는 평신도 신학 2 송인규			
185	순전한 기독교 C. S. 루이스/장경철·이종태			
186	2주 동안 배우는 사도신경 학교 임영수			
187	이기적인 돼지, 라브리에 가다 수잔 맥콜리/김종철·박진숙			
188	영적으로 뒤집어 읽는 베드타임 스토리 크리스 패브리/박경옥			
189	고통의 문제 C. S. 루이스/이종태			
190	성령을 아는 지식 J. I. 패커/홍종락			
191	참으로 신실하게 이재철			
192	치유하는 교회 더그 뮤렌/심영우			
193	한밤의 노크 소리 마틴 루터 킹/심영우			
194	날마다 큐티하는 여자 김양재			
195	세기를 뒤흔든 전도자 조지 휘트필드 J. C. 라일/홍종락			
196	예기치 못한 기쁨 C. S. 루이스/강유나			
197	아는 만큼 누리는 예배 송인규			
198	강한 딸 키우기 리사 맥민/홍상희			
199	내게 있는 것 이재철			
200	출간 준비 중			
201	여자도 잘 모르는 여자의 성 아치볼드 D. 하트 외/김종철·박진숙			
202	천국과 지옥의 이혼 C. S. 루이스/김선형			
203	사람의 향기, 신앙의 향기 박명철			
204	치유의 꿈, 루카스 이야기 정진호			
205	구하지 않은 것까지 응답받는 기도 정요석			

목회와 설교

창세기 강해설교 / 김서택
하나님의 형상, 사람의 모습 (창 1-3장)
대홍수, 그리고 무지개 언약 (창 4-11장)
약속의 땅에도 기근은 오는가 (창 12-17장)
불의한 시대를 사는 의인들 (창 18-21장)
죽음의 한계를 넘어선 신앙 (창 22-25장)
팥죽 한 그릇의 거래 (창 25-28장)
천사와 씨름한 사람 (창 29-32장)
꿈을 가진 자의 연단 (창 33-39장)
은잔의 테스트 (창 40-44장)
열두 아들이 받은 축복 (창 45-50장)

사사기 강해설교 / 김서택
위대한 부흥의 불꽃, 이스라엘의 사사들 1
위대한 부흥의 불꽃, 이스라엘의 사사들 2
위대한 부흥의 불꽃, 이스라엘의 사사들 3
위대한 부흥의 불꽃, 이스라엘의 사사들 4

소선지서 강해설교 / 김서택
하나님의 불붙는 사랑 (호세아/전2권)
가시 같은 이웃 (오바댜)
부흥을 기다리는 사람들 (요엘)
헐고 다시 세워라 (아모스)
박 넝쿨의 사랑 (요나)
네 원수를 내가 갚으리라 (나훔)
전쟁 없는 나라 (미가)

설교론 / 김서택
건축술로서의 강해설교
강해설교의 기초
강해설교와 목회

요한복음 설교집 / 이재철
요한과 더불어-두 번째 산책 (요 4-6장)
요한과 더불어-세 번째 산책 (요 6-8장)
요한과 더불어-네 번째 산책 (요 9-10장)
요한과 더불어-다섯 번째 산책 (요 11-12장)
요한과 더불어-여섯 번째 산책 (요 13-15장)
요한과 더불어-일곱 번째 산책 (요 16-17장)
요한과 더불어-여덟 번째 산책 (요 18-19장)
요한과 더불어-아홉 번째 산책 (요 20장)
요한과 더불어-열 번째 산책 (요 21장)
요한과 더불어 에센스 ⑩, ⑨, ⑧
2003 예배와 설교 핸드북 / 정장복 외

청년 · 청년사역
대학생활 길잡이 학원복음화협의회 편
청년 사역자 핸드북 학원복음화협의회 편
청년사역, 맨땅에 헤딩하지 말자! 고직한 · Young2080
압살롬, 뒤틀린 영성의 길 조호진
요셉의 회상 지유철
예수는 평신도였다 정진호

어린이를 위한 책/오디오・메시지북 외

어린이

꼬마성경 구약 (전8권)/프랜 쌔춰 그림
  노아
  요셉
  모세
  여호수아
  룻
  다윗
  다니엘
  요나

꼬마성경 신약 (전8권)/프랜 쌔춰 그림
  첫 번 크리스마스
  예수님은 특별한 아이였어요
  예수님은 가르쳐 주셨어요
  예수님은 놀라운 일을 하셨어요
  예수님은 고쳐 주셨어요
  예수님은 이야기해 주셨어요
  예수님은 재판을 받으셨어요
  첫 번 부활절

쌔미와 숨바꼭질 (전4권) 다니엘 제이 혹스타터 그림
걱정많은 참새 투덜이 메릴 드니
음치 종달새 딱꾸 캐롤라인 나이스트롬
보물나무 트렌트・스몰리/주디 러브
만화 성서대전 (전4권) 리비 위드・짐 파게트
성경전과 – 구약 셀리나 헤이스팅스・에릭토마스
성경전과 – 신약 셀리나 헤이스팅스・에릭토마스
어린이 낮은 데로 임하소서 조성자 글/신가영 그림
니나는 하나님이 궁금해요 안젤리카 슈탐퍼・베티나 굇첸베에크
오늘 우리 아이에게 무슨 일이 일어났을까? 볼프강 기이스・임케 죄닉센
토비아스의 우물 맥스 루케이도・더글러스 클로바
너를 사랑하기 때문에 맥스 루케이도・밋첼 하인즈
퀼트 할머니의 선물 제프 브럼보・게일 드 마켄
꼬꼬닭 모자가 어때서? 제프 브럼보・게일 드 마켄

시집
실낙원의 연인들 최일도・김연수
기탄잘리 R. 타고르/박희진
박두진 유고 시집 당신의 사랑 앞에 박두진

역사서
독일사 앙드레 모로아/전영애
소련사 제프리 호스킹/김영석
중국사 구쯔마/윤혜영
중국 개신교회사 김수진

오디오・메시지북 외
오디오북 낮은 데로 임하소서 이청준 원작/설영범 읽음
메시지북 비전의 사람 이재철
메시지북 하나님의 영으로 한경직
오디오 참으로 신실하게 이재철
오디오 내게 있는 것 이재철
오디오 인간의 일생 이재철

예수꾼의 놀이꺼리-겨울편 전국재
묵상의 숲 속에서 이기반
스위트필그림의 기적 클레이튼 설리번
실베스트르, 나의 어린 왕자 프랑스와즈 르페브르
그 어느 날, 한 마리 개는 모니끄 마르땡 그림
세상에서 가장 멋진 프로포즈 조연경 글/조소희 그림
여호와는 나의 목자시니 곽정명 그림
얏호! 군대 간다 문현덕 글・그림
인생의 사계절 임영수
새로 쓴 성서한국을 꿈꾼다 이승장
매일 기도 수첩 편집부
동방 (전5권) 김성일
야훼의 밤 (전4권) 조성기
with – 데니스와 이모 데니스 한・심현지
레프트 비하인드 팀 라헤이・제리 젠킨스/홍종락
대천덕 신부가 말하는 토지와 경제정의 대천덕/전강수・홍종락
KAL 007, 풀리지 않는 의혹들 버트 슐로스버그/홍종락
김마리아: 나는 대한의 독립과 결혼하였다 박용옥

구상 문학 총서 / 구상
제1권 모과 옹두리에도 사연이
제2권 오늘 속의 영원, 영원 속의 오늘
제3권 개똥밭